高职高专电子商务与物流管理专业系列教材

电子商务实训教程

陈月波　编著

西安电子科技大学出版社

内 容 简 介

本书是高校电子商务专业以及非电子商务专业适用的辅助教材。全书共有 8 章，由五个项目实训、两个实验平台及多套综合练习题组成。

本书前 5 章为电子商务项目实训，主要介绍了五个实训项目。其中，第 1 章介绍网上开店与创业；第 2 章介绍电子支付；第 3 章介绍电子商务安全技术；第 4 章介绍网络营销；第 5 章介绍招标、投标与电子合同。第 6、7 章为模拟实验。其中，第 6 章为劳动部助理电子商务师模拟实验；第 7 章为浙科电子商务模拟实验。第 8 章为综合练习题及答案。书后附有三套助理电子商务师考试试题。全书配有一定的理论知识介绍，内容丰富，结构合理。本书同样适合广大电子商务爱好者和大专院校相关专业的师生阅读、参考。

图书在版编目 (CIP) 数据

电子商务实训教程/陈月波编著. —西安：西安电子科技大学出版社，2010.10(2019.3 重印)

高职高专电子商务与物流管理专业系列教材

ISBN 978-7-5606-2469-3

Ⅰ. ① 电… Ⅱ. ① 陈… Ⅲ. ① 电子商务—高等学校：技术学校—教材 Ⅳ. ① F713.36

中国版本图书馆 CIP 数据核字(2010)第 149878 号

责任编辑 樊新玲 万晶晶

出版发行 西安电子科技大学出版社(西安市太白南路 2 号)

电 话 (029)88242885 88201467 邮 编 710071

网 址 www.xduph.com 电子邮箱 xdupfxb001@163.com

经 销 新华书店

印刷单位 北京虎彩文化传播有限公司

版 次 2010 年 10 月第 1 版 2019 年 3 月第 3 次印刷

开 本 787 毫米×1092 毫米 1/16 印张 22

字 数 519 千字

定 价 46.00 元

ISBN 978-7-5606-2469-3/F

XDUP 2761001-3

如有印装问题可调换

前　言

本书由项目实训和模拟实验两部分组成。本书的实训课学时数控制在 32～46 课时范围内。本书的项目实训大部分可以利用网络平台实现，模拟实验部分则利用了当前流行的实验平台。实训项目和模拟实验平台代表性广泛且较实用。

本书共 8 章，前 5 章为电子商务项目实训，主要介绍了五个实训项目。其中，第 1 章介绍网上开店与创业，内容包括网上开店基础、淘宝网开店、淘宝店后台管理、学生淘宝开店创业案例等模块；第 2 章介绍电子支付，内容包括支付宝的使用、网上银行、手机银行等模块；第 3 章介绍电子商务安全技术，内容包括加密与解密、数字证书、Outlook Express 签名邮件和加密邮件的收发等模块；第 4 章介绍网络营销，内容包括 E-mail 营销、新闻组营销、企业网站营销等模块；第 5 章介绍招标、投标与电子合同，内容包括招标与投标、电子合同签订等模块。第 6、7 章为模拟实验。其中，第 6 章为劳动部助理电子商务师模拟实验；第 7 章为浙科电子商务模拟实验。第 8 章为综合练习题及答案。

本书由陈月波主编，解勤华编写了第 7 章，浙江商业职业技术学院吴林华编写了第 3、4、5、8 章，其余章节由陈月波编写。

在本书编写过程中，参考了大量的有关电子商务与网络营销的教材与网络资料，在此，向这些参考文献的作者深表谢意。同时，对因工作疏漏而未能列出的参考文献的作者深表歉意。

在西安电子科技大学出版社的帮助与支持下，本书得以顺利出版，谨在此致谢！

编　者

2010 年 5 月

目　　录

第1章　　网上开店与创业 1

模块一　网上开店基础 1

一、利用第三方平台开店 1

二、建立和经营网上商店的几个环节 2

三、利用第三方平台开店和运营注意事项 3

四、C2C 网站的营利模式 4

思考题 4

模块二　淘宝网开店 4

一、淘宝网相关概念解释 5

二、淘宝网商品管理规则 6

三、项目实训——在淘宝网开店 9

思考题 24

模块三　淘宝店后台管理 24

一、淘宝店铺的功能 24

二、店铺分类 25

三、网上商店前台功能 25

四、后台管理系统的主要功能 26

五、项目实训——淘宝店后台管理系统的使用 26

思考题 37

模块四　学生淘宝开店创业案例 37

一、店铺的创建 37

二、淘宝店交易流程 40

三、淘宝店铺的管理 41

四、淘宝店铺的服务 45

第2章　电子支付 47

模块一　支付宝的使用 47

一、支付宝简介 47

二、第三方支付平台 48

三、支付宝服务 49

四、支付宝企业用户服务内容 49

五、申请实名认证 50

六、项目实训——用支付宝支付 50

思考题 67

模块二　网上银行 68

一、网上银行的概念 68

二、个人网上银行服务 68

三、企业网上银行服务 70

四、动态口令 71

五、计算机安全 72

六、网上银行使用安全 72

七、密码安全提示 72

八、项目实训——个人网上银行的操作 73

思考题 87

模块三　手机银行 87

一、手机银行的概念 87

二、工商银行手机银行的特点和优势 88

三、手机银行的安全性 88

四、项目实训——工商银行手机银行的开通 90

思考题 99

第 3 章　电子商务安全技术 100

模块一　加密与解密 100

一、Base64 编码 100

二、对称加密算法的基本原理 101

三、DES 算法 103

四、非对称加密算法 103

五、项目实训——对文件进行加密和解密 106

思考题 108

模块二　数字证书 109

一、数字证书的基本概念 109

二、数字证书在电子邮件中的应用 111

三、项目实训——数字证书的申请、安装、导入和导出 111

思考题 118

模块三　Outlook Express 签名邮件和加密邮件的收发 119

一、数据加密 119

二、数字签名原理 119

三、数字签名算法 120

四、数字签名实现 121

　　五、数字时间戳技术 121

　　六、项目实训——Outlook Express 签名邮件和加密邮件的收发 122

　　　思考题 131

第 4 章　网络营销 132

　模块一　群发 E-mail 营销 132

　　一、网络营销的基本概念 132

　　二、E-mail 营销 135

　　三、E-mail 营销的一般过程 138

　　四、supmail 10 软件说明 138

　　五、项目实训——超级邮件群发机的下载、安装、设置及使用 139

　　　思考题 145

　模块二　新闻组营销 145

　　一、新闻组的概念 146

　　二、新闻组的优点 146

　　三、新闻组的命名规则 147

　　四、国内外著名的新闻组 147

　　五、在新闻组中开展营销应注意的问题 149

　　六、项目实训——配置 Outlook Express 邮件账号并使用新闻组 149

　　　思考题 155

　模块三　企业网站营销 155

　　一、企业网站营销常见的方式 156

　　二、网站建设的流程 157

　　三、网站推广的步骤 158

　　四、选择虚拟主机应注意的事项 158

　　五、网站建设相关知识 159

　　六、项目实训——域名与空间的申请及 CuteFTP 的下载、安装和使用 162

　　　思考题 166

第 5 章　招标、投标与电子合同 167

　模块一　招标与投标 167

　　一、招标文件与投标文件的概念 167

　　二、招标书编制的一般原则 168

　　三、编制方法 168

　　四、制作投标书应注意的事项 168

　　五、网络招标与投标平台的功能 169

　　六、项目实训——在助理电子商务师平台上实现招标与投标 170

　　　思考题 180

模块二　电子合同签订 180
　　一、电子合同的概念 180
　　二、合同签订 181
　　三、电子合同的特点 181
　　四、电子签章 181
　　五、项目实训——在助理电子商务师平台上签订电子合同 182
　　思考题 183

第6章　劳动部助理电子商务师模拟实验 184
　实训一　B2C网上购物 184
　实训二　B2B交易 194
　　一、B2B交易流程(不含电子合同) 194
　　二、B2B交易流程(含电子合同) 208
　实训三　C2C交易 212
　实训四　网络营销 215
　实训五　电子数据交换 223
　实训六　网上单证 230

第7章　浙科电子商务模拟实验 234
　实训一　B2B交易 243
　实训二　B2C交易 249
　实训三　网络营销 253
　实训四　网上物流 256
　实训五　网上支付 259

第8章　综合练习题及参考答案 262
　综合练习题一 262
　综合练习题二 268
　综合练习题三 275
　综合练习题四 282
　综合练习题五 285
　综合练习题六 289
　综合练习题参考答案 301

附录一　助理电子商务师考试试题一(附参考答案) 305
附录二　助理电子商务师考试试题二(附参考答案) 313
附录三　助理电子商务师知识测试模拟试题(附参考答案) 334
参考文献 340

第1章　网上开店与创业

模块一　网上开店基础

➲ 教学目标

1. 了解网上开店的基础知识。
2. 掌握网上开店的基本流程。

➲ 工作任务

1. 比较第三方网上开店平台。
2. 在腾讯拍拍网上开店来销售自己的商品。

一、利用第三方平台开店

网上开店一般有两种方式。一种是设立专门的网站作为销售平台，从网站的维护、更新，到宣传、销售都自己包办，其优点是网站的设计可以创出自己的个性吸引顾客，更可以自己设立网站论坛，及时收到买家的意见反馈，缺点是投入的成本、精力和时间也多。另一种是利用第三方网站提供的平台开店来销售自己的商品，如易趣、淘宝、有啊、拍拍等网站平台，其缺点是网页设计单一、缺乏个性，当然优点很多，最大的优点是利用大型网站的知名度提高自己店铺的流量和点击率，如淘宝网的日流量超过了 1.5 亿。目前网上开店大部分都选择后者，即在第三方平台上开店来销售自己的商品。这种方法一般需要由以下几步来实现：

(1) 完成在第三方网上开店的注册，成为其会员。通常可以选择在淘宝网、腾讯拍拍网上实践。注册可按照网站的提示进行，开店一般需要身份证认证或者支付宝认证等工作，通过认证后就可以开店了。

(2) 货源准备和组织。网下可以到一些大的批发市场去进货，也可以给一些厂家或者品牌做代理；网上可以找一些有批发业务的网站。同时要考察供货商是否诚信，是否有退、换货可能(比如出现质量问题或者滞销，在一定时间内可以退、换货)，这样可大大减少自己的风险。

(3) 商店的定位。要看哪种货物好卖，不妨作个市场调研，或者先在网站上搜索一下，了解销售同类商品的人有多少，其销售情况如何，产品价格如何，店铺如何设计，产品如何介绍等等，对市场进行分析，做到"知己知彼"。一般网上比较好销售的是：网下有，但是网上价格比网下低很多，比如数码类产品；网下有，但是代理点少，很多地方买不到，从网上才能买到；具有地方特色的工艺品、食品等，还有外贸订单产品的余货或者直接从国外带回来的较知名的商品。

二、建立和经营网上商店的几个环节

网上商店的主要软件系统有商品目录及其查询系统、购物车和在线支付系统。一般来讲，建立和经营一个完整的网上商店应该把握以下环节：

(1) 商店名称。网上商店的名称包括域名、商店的名字，要使顾客能够记住该商店名称、域名以及所经营的产品，使顾客一提到该商店的名称就能了解其经营的项目和提供的服务。

(2) 商店装饰。店面的外观对顾客的购买决策同样具有一定影响。一个布局合理、装饰精美的商店容易引起顾客的浏览欲望，也有利于增加销售量。

(3) 商品摆放。在网上商店中，建立商品的目录结构，提供网站导航和搜索功能，使顾客可以快速、便利地寻找到他需要的商品和相关信息。

(4) 购物车。方便灵巧的购物车可以使顾客感觉到良好的服务，增加顾客的信心，它是连接商品和支付的关键环节。

(5) 收银台。支付系统是网络交易的重要环节，除了可以利用网站已经开通的在线支付手段之外，银行汇款和货到付款也是常用的结算方式。

(6) 商品更新。对网上商店进行日常维护，清除销售完的商品，将新产品尽早上架。对长期滞销的产品也要定期进行清理。

(7) 商品目录。好的商品目录可以使顾客通过最简单的方式找到其需要的商品，并可以通过文字说明、图像显示、用户评论等充分了解产品的各种信息。从顾客的购买心理和行为来看，网上商店的产品分类和查询系统以及产品详细介绍等对网上购物订单成功率有重要影响。

(8) 商品分类。通常网上购物者事先对所需商品特性、价格等有一定的计划或者期待，上网之后，一般会到合适的分类目录中查找，如果找不到合适的目录或者查询没有结果，这个顾客也许很快会离开网站，这是经营者最不愿意看到的结果。

(9) 商品介绍。当消费者选定一件产品后，更希望了解详细的资料，如外观、功能、体积、重量、品质等。然而，并非每个网站都能满足消费者的要求，如果得不到详细的信息，则很难成交。

(10) 价格优惠。许多消费者利用网络购物的一个重要原因是价格便宜。对产品的功能、外观等挑选完成之后，另一个要考虑的重要因素就是产品价格了。能否获得一定折扣是决定顾客是否将该产品放入购物车的重要因素之一，因此，商家提供一定的价格优惠是明智之举。

(11) 售后服务。顾客对售后服务保证措施同样很在意，容易退货、质保体系完善等对顾客购买动机影响力最大，甚至超过了顾客服务和产品选择。清楚、明白地告诉消费者，什么样的条件下可以退货，退货后多长时间可以将货款返还，往返运输费用由谁来承担；交易完成之后多长时间内如产品出现质量问题可以包换或保修，这些都是顾客关注的问题。良好的售后服务是减少顾客后顾之忧的策略之一。

(12) 送货时间和费用。顾客希望能在最短时间内收到货物，这是一个毫无疑问的事实。

通常情况下同城 24 小时内免费送货，异地送货则根据距离以及所选择的承运部门不同而决定时间和运输费用。

(13) 可能出现的纠纷。订单形成之后，在发货和配送阶段，由于网上商店本身的工作失误，也常常会造成交易在最后时刻无法完成。典型的问题有产品质量问题、产品与网站介绍有出入、产品与顾客订单要求不符、包装问题、送货时间延期等，这些问题同样需要给予高度重视，尽量减少人为的失误，提高交易成功率。在构建网站的初期，商家应该考虑这些问题并想办法妥善处理。

三、利用第三方平台开店和运营注意事项

一般来说，网上开店的前三个月是聚集人气的时候，这个时候要多学习优秀卖家的经验，及时根据市场调整自己的经营方向，积累客户，只要服务好，口碑就好，老客户会不断介绍新客户。网上开店需要不断学习，只要坚持下去就可能成功，只要用心做应该是不难的。以下几点可供初学者借鉴：

(1) 要当好老板先要学习当顾客。可以到淘宝、拍拍等网站，当一次买家，熟悉网上购物的整个流程，这有助于提高自己的经营水平。

(2) 选择合适的商品。最好是做一些特别的、有个性的商品，以吸引顾客的注意；选择自己容易找到货源的商品，利用地区价格差异来赚钱。

(3) 建立个人网站、博客、空间等宣传自己的网店，提高网店的人气和访问流量。

(4) 价格的制定，尽量采用免费、低价的策略。确定的价格不轻易降价，也不轻易更改。

(5) 网店名字和商品介绍要吸引人。网店的名字要起得醒目，网上商品大部分买家是无法看到实物的，需要拍出清晰的商品照片，还要有详细的商品描述，这样对买家有更大的吸引力。

(6) 及时更新商品。把新商品挂到橱窗的明显位置，标题设计要有吸引力。

(7) 售后服务要周到。卖出商品后，要在第一时间和买家取得联系，发货后尽快给买家发一封发货通知信，最好能附上包裹单的照片，让买家能看清楚上面的字迹和具体编号等信息，让买家更放心，也让买家感到亲切，这对提高"回头率"很重要。

(8) 重视"信用度"评价。商品网上成交时，提供平台的网站将按商品成交价的比例收取一定的交易服务费，达成交易后，买卖双方都有义务为对方作信用评价，高信用度对于网店的经营至关重要，所有买家都会以信用度来选择是否购买卖家的商品。

(9) 诚信第一。网络上经营诚信第一。在网上，每个卖家都有一个关于诚信的记录，买家都可以看到卖家以前的销售状况以及别的买家对卖家的评价。不诚信的卖家很难在网络上经营下去。

(10) 货源尽量从厂家直接进货，如果是找批发商拿货，尽量以 A 价拿货。一般拿货价分为 A 价、B 价、C 价三种，A 价最低，C 价最高。不过以 A 价拿货，必须一次量要很多才行。

(11) 店标、店铺的公告、个人空间、论坛的头像和签名档等要做好，这很重要。一些从论坛中发现店铺的朋友会直接进入店铺个人空间，因此，空间也是吸引顾客的一部分。公告则要言简意赅，一定要写在前面。

(12) 要了解和熟悉自己销售的东西。当买家询问的时候，回答不知道，买家会认为买

家不专业；也不能胡乱回答，说错了，买家就会退货、给差评，也许以后再也不来买了。

(13) 信心很重要。生意不好时，一定要保持热情。

(14) 对待顾客要诚恳，不要夸大宝贝的优点，不能说谎，也不能隐瞒宝贝的瑕疵。否则，就算买家不退货，下次也不会买你的东西了。

(15) 多为买家着想，不仅售前、售中的服务要好，售后的服务也要好。

四、C2C 网站的营利模式

C2C(Consumer to Consumer)是一种用户对用户的电子商务模式，C2C 商务平台就是通过为买卖双方提供一个在线交易平台，使卖方可以主动提供商品上网拍卖，而买方可以自行选择商品进行竞价。表 1-1 给出了 C2C 网站的营利模式。

表 1-1　C2C 电子商务网站的营利模式

营 利 模 式	收入的具体形式
店铺费用	年租费/月租费
交易服务费	按交易金额以一定比例提成
商品登录费	产品图片发布费、橱窗展示费
特色服务费	产品的特色展示费用
广告费	推荐位费用、竞价排名
搜索费用	关键字搜索
其他辅助服务收费	物流服务收费、支付交易费

 思考题

1．目前可以免费网上开店的网站有哪些？请分别比较，并从中选择比较适合大学生开店的网站。

2．请选择一家网站进行网上开店尝试。

3．本模块中提到的两种网上开店方式各有什么优缺点？

4．网上开店到底有没有前途？请你在本校学生中间作一个调查。

5．网上商店推广有哪些技巧？

6．比较第三方网上开店平台。

7．在腾讯拍拍网上开店来销售自己的商品。

模块二　淘宝网开店

教学目标

掌握淘宝网开店全过程。

➲ 工作任务

1. 进行实名注册、身份验证。
2. 进行宝贝发布。
3. 管理店面。
4. 进行商品的营销。
5. 了解商品发布规则。
6. 使用支付宝。
7. 评价。

一、淘宝网相关概念解释

(1) 虚拟物品的定义：无邮费，无实物性质，通过数字或字符发送的商品。目前"网络游戏虚拟物品交易区"类目下的商品由卖家人工确认为虚拟物品。买家购买"虚拟物品"时付款到支付宝账户，在"卖家已发货，等待买家确认"的状态下，若不发生退款，根据支付宝超时机制，3天后该笔货款将自动打给卖家。而非虚拟物品使用支付宝交易，若不发生退款，则支付宝超时打款期限是：快递10天，平邮30天。

(2) 如何搜索自己发布的宝贝？可以选择两种方法搜索自己发布的宝贝：通过淘宝首页的搜索框，选择"搜索宝贝"，键入关键字或宝贝名称来进行搜索；通过淘宝首页的搜索框，点击搜索框旁的"高级搜索"，选择"搜索店铺"，根据提示键入自己的会员名或者自己店铺的名称。

(3) 何谓系统自动代理加价？系统自动代理加价是指卖家在发布宝贝时选择并点击"拍卖"，并在"加价幅度"一项中选择"系统自动代理加价"，之后淘宝系统会自动代理加价的幅度，卖家也就不能自己设置加价的幅度了。

(4) 仓库中的宝贝如何上架？"上架"是指将放在仓库里面的宝贝发布到淘宝网上，放在仓库里面的宝贝其他淘宝会员是看不到的，只有将其上架，才能进行出售。可以通过以下方式将宝贝上架：登录"我的淘宝">>"我是卖家">>"仓库里的宝贝"，在"等待上架的宝贝"和"全部卖完的宝贝"中，选择想出售的宝贝，然后点击"上架"按钮，宝贝即被发布到淘宝网上。或者可以选中该宝贝并点击下方的"上架"按钮，即可发布宝贝。

(5) 提前结束交易怎么办？宝贝发布后，如果发布期还未结束，但想将商品下架，只要此时还没有买家对此出价或购买，就可以通过以下方式提前下架：登录淘宝网后，在"我的淘宝">>"我是卖家">>"出售中的宝贝"，点击"下架"即可，或者只需要将宝贝数量填写为"0"，点击保存，该宝贝就会直接进入仓库。如果该宝贝已经有人出价，对于拍卖的宝贝，需征得出价人同意，然后在该宝贝页面右上方点提前成交，结束该拍卖，宝贝会直接进入仓库。建议必须先与买家联系进行说明，因为提前成交的商品也是属于交易成功的，如果因为描述有误导致不能成交而必须提前结束，一定要先和买家联系沟通，以避免引起不必要的交易纠纷。

(6) "宝贝快照"。"宝贝快照"就是宝贝的一张照片，记录了成交当时宝贝的模样。宝贝快照将作为买卖双方发生交易的凭证，任何交易纠纷或者投诉都将以快照为准。淘宝网在拍下宝贝的时候，都会生成一个宝贝快照，那么即使卖家再对这个宝贝进行编辑修改，也不会影响这笔交易的信息，只要成功拍下，就会将当时拍下的所有信息记录为"宝贝快照"，任何交易纠纷或者投诉都将以快照为准。

(7) 宝贝的出售方式，选择拍卖还是一口价？根据自身需要选择拍卖或者一口价。拍卖可以最快地增加店铺浏览率，增加卖家的信用度，但一般利润较少，需要协调的环节较多；一口价十分方便快捷，利润相对较高，但是对提高店铺浏览率帮助不大。

二、淘宝网商品管理规则

在淘宝网发布宝贝不能违反淘宝网的规则，具体的淘宝网禁售品可以查询淘宝网规则—淘宝网交易规则—卖家规则—商品发布管理规则。淘宝网制定商品管理规则如下：

自然季度内，违反商品发布规则累计满30件、60件，将会被处以限制发布商品、关闭其店铺并下架所有未出价商品的处罚。每一自然季度将对未处于限权状态会员的累计数字进行清零，处于限权状态的会员限权到期，累计数字也会清零，重新累计。对违反"商品发布管理规则"的行为，将根据会员违规的情节和程度，对会员直接作出删除商品信息、限制交易权限甚至冻结用户账号的处罚。

1) 禁止和限制发布的物品管理规则

禁止发布的物品包括毒品、任何形式的发票，不具有效性和流通性的为收藏目的转让的情况除外；股票、公司债券及其他证券，不具有效性和流通性的为收藏目的转让的情况除外；彩票，不具有效性和流通性的为收藏目的转让的情况除外；任何形式的政府文件，如身份证、档案、各类许可证、介绍信、学历证书、涉及国家秘密的资料或者文件等；伪造、变造的物品，如伪造的证件、票据、钱币、执照和许可证等；人体器官、遗体；黄色淫秽物品、性服务；有反动、淫秽、种族或者宗教歧视或其他法律禁止内容的出版物、文件、资料等；非法所得之物，如走私、盗窃或抢劫所得；任何形式的枪支、弹药及相关器材，如枪械、枪械仿制品(如仿真枪)、子(炮)弹、消音器、火药、麻醉注射枪等以及相关产品如说明书、包装盒等；易燃、易爆物品，有毒、有腐蚀性的化学物品，如火药、烟花爆竹等；管制刀具，如匕首、三棱刀(包括机械加工用的三棱刮刀)、带有自锁装置的弹簧刀(跳刀)以及其他类似的单刃、双刃、三棱尖刀；警用和军用物品、设备，如监视、监听类设备、警服、警徽、手铐、警灯、警笛、警用器械等；其他武器，如弓弩、钢珠、铅珠等；其他可能危害他人安全或利益或用于违法目的的物品，如撬锁设备、强效催情用品、解密软件、导弹发射程式、个人私密资料、汽车反雷达测速仪、电子狗、电击器、手机监听器、汽车隐性喷雾等。

2) 重复铺货商品管理规则

完全相同以及商品的重要属性完全相同的商品，只允许使用一种出售方式(从一口价、拍卖、团购中选择一个)，发布一次。违反以上规则，即可判定为重复发布，并将受到淘宝网的相关处罚。这里所说的"重要属性"包括：

颜色：同款商品不允许以颜色不同分别发布(例如数码产品类目、网游类目、家电类目、汽车配件及饰品)。

大小规格：同款商品不允许以大小规格不同分开发布(例如男装、女装、童装、鞋帽)。

同款商品不允许附带不同的赠品或附带品分别发布(例如数码产品类目、动漫类目、母婴类目、运动类目)。

同款商品通过更改其价格、时间、数量、组合方式及其他发布形式进行多次发布,属于重复铺货(包含但不仅限于如下情况:一件商品每天发布一次,或以一口价和拍卖的方式分别发布等)。

服务类商品以相同价格、相同服务的不同表现形式发布,属于重复铺货(包含但不仅限于如下情况:恤烫画服务,烫画价格相同的请以一件商品发布,花样可在描述中展示)。

其他淘宝网认定为重复铺货的商品发布情况。

3) **支付方式不符商品管理规则**

卖家在商品信息中拒绝使用支付宝或者违反支付宝流程,淘宝网判定其商品为支付方式不符商品。其中包括:卖家发布商品信息时,在商品标题或商品描述中以其他方式拒绝使用支付宝;卖家在商品信息中,附加违反支付宝支付流程的交易条件(包含但不仅限于如下情况:在商品信息中要求买家必须先确认收货后才发货等)。

4) **商品价格、邮费不符商品管理规则**

发布商品的定价或者邮费不符合市场规律或所属行业标准,滥用网络搜索方式实现其发布的商品排名靠前,影响淘宝网正常运营秩序的,淘宝网判定其相关商品为价格、邮费不符商品。其中包括:

商品的价格或邮费违背市场规律和所属行业标准的(包含但不仅限于如下情况:"雪纺吊带衫",一口价 1 元,平邮 100 元);

商品的价格和描述价格严重不符的(包含但不仅限于如下情况:商品发布一口价为 1 元,但是却在宝贝描述中标注产品其他价格);

以过高或过低的价格发布赠品或者店铺积分兑换的商品(赠品和店铺积分兑换的商品,建议不要单独发布,直接在其他出售的商品中说明即可,如单独发布,则请以该商品的实际价格发布)。

5) **信用炒作商品管理规则**

买卖双方以抬高信用为目的而发布的商品,淘宝网判定为信用炒作商品。其中包括:

发布纯信息,即无独立载体信息的(包含但不仅限于如下情况:减肥秘方、赚钱方法、会员招募、商品知识介绍、免费信息以及购物体验介绍等)。

发布免费获取、低价商品的(包含但不仅限于如下情况:无偿从发行方获得的优惠券或资格权、免费商品、软件下载、电子刊物(凡是通过网络传输的一切电子商品)、电子邮件地址邀请等;1 元以下虚拟类商品(不包括 Q 币/收费 Q 秀/点卡按元充/游戏货币、Q 币/收费 Q 秀/点卡按元充/新手卡不能低于 0.1 元);1 元及 1 元以下服务类商品等)。

在商品留言、心情故事及宝贝描述中有明显换好评行为的文字内容的商品。

将一件商品拆分为多个页面发布,属于信用炒作商品(包含但不仅限于如下情况:商品和商品的运费分开发布)。

限制买家购买数量的虚拟物品,属于信用炒作商品(包含但不仅限于如下情况:限制某件商品一个 ID 只能购买一件)。

6) **广告商品管理规则**

商品描述不详、无实际商品、仅提供发布者联系方式以及非商品信息的商品(住宅类除外),淘宝网判定为发布广告商品。其中包括:

- 以一口价或拍卖方式发布已经出售或者仅供欣赏的商品。
- 发布自己或者别人生活照、实体店铺的店面图片或者介绍、品牌故事、行业知识或者纯粹贴图(供人欣赏的商品)。
- 以批发、代理、已售勿拍、广告、海报、招商等形式发布的商品。
- 发布相关免费网站注册的信息。
- 发布仅提供发布者联系方式或其他非出售商品信息的商品。

7) 放错类目/属性商品管理规则

商品属性与发布商品所选择的属性或类目不一致,或将商品错误放置在淘宝网推荐各类目下,淘宝网判定为放错类目/属性商品。其中包括:
- 商品属性与发布商品所放置的类目不一致。
- 商品属性与发布商品所设置的属性不一致。
- 在淘宝网首页推荐各类目下出现的和该类目无关的商品。

8) 乱用关键字商品管理规则

卖家为使发布的商品引人注目,或使买家能更多地搜索到所发布的商品,而在商品名称中滥用品牌名称或和本商品无关的字眼,扰乱淘宝网正常运营秩序的行为,淘宝网判定其相关商品为乱用关键字商品。其中包括:

卖家在所出售的商品标题中使用并非用于介绍本商品的字眼(包含但不仅限于如下情况:标题为"MISSHA 杏子去角质面膜 瘦身健美用品热销中"等)。

卖家故意在所出售的商品标题中使用淘宝网正在热推的关键词,并且该关键词和内容商品无直接关联。

卖家在所出售的商品标题中使用非该商品制造或生产公司使用的特定品牌名称(包含但不仅限于如下情况:"橡果同厂出品*第二代*浙江-双超*豪华液压摇摆踏步机",实际商品品牌为"双超",不可在标题中使用其他品牌)。

卖家在所出售的商品标题中出现与其他商品和品牌相比较的情况(包含但不仅限于如下情况:"可媲美 LV 的真皮手袋"等)。

在标题中使用"最大"、"最高"、"最好"等最高级陈述(包含但不仅限于如下情况:"【淘宝最低价】包身蓬蓬裙"等)。

9) 标题、图片、描述等不一致商品管理规则

所发布的商品标题、图片、描述等信息缺乏或者多种信息相互不一致的情况,淘宝网判定其为形式要件违规商品。

所谓"形式要件",是指商品标题、图片、描述、付款方式及卖家所展示的其他商品信息。

除虚拟商品和服务性质商品外,其他商品以无图片的形式发布;

商品必要要素缺乏的商品发布(包含但不仅限于如下情况:商品标题、商品描述中只有无含义的数字和字母等);

商品必要要素相互不符的商品发布(包含但不仅限于如下情况:商品标题是"925 纯银小海星戒指",但是商品图片却是一条项链的图片等);

商品信息中包含诽谤、谩骂、色情、暴力威胁等攻击性言语以及其他非商品信息的(包含但不仅限于如下情况:在商品标题或描述中私自公布他人 ID、聊天记录、交易纠纷、使用不文明语言等)。

三、项目实训——在淘宝网开店

1．淘宝网开店的一般程序

如图 1-1 所示为淘宝网开店的一般程序。

图 1-1　淘宝网开店的一般程序

2．注册淘宝网会员

(1) 进入淘宝网主页后，点击淘宝网首页右上角的"免费注册"，如图 1-2 所示。显示新会员注册页面，根据提示填写基本信息，包括会员名、密码、邮箱等信息，如图 1-3 所示。

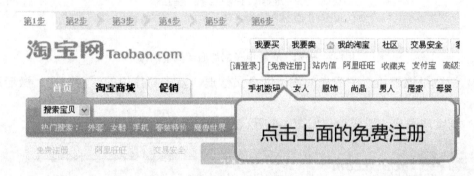

图 1-2　免费注册

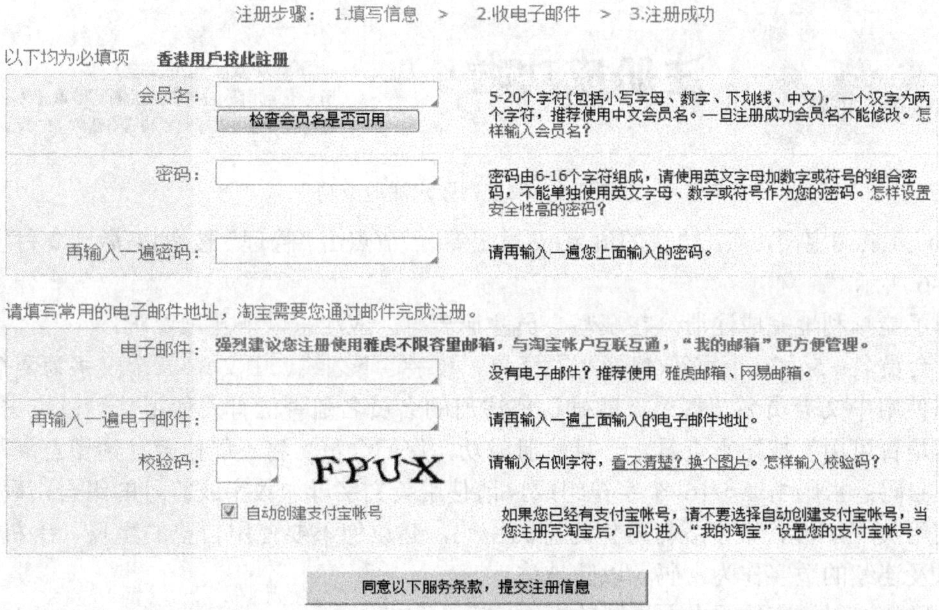

图 1-3　注册淘宝网会员

(2) 进入注册页面，填写会员名和密码，如图 1-3 所示。

(3) 输入一个常用的电子邮件地址，用于激活您的会员名。

(4) 将校验码添入右侧的输入框中。

(5) 仔细阅读淘宝网服务协议，同意条款后点击提交。

(6) 此时，淘宝网将发送一封确认信到刚才您所填写的电子邮箱中，如图1-4所示。

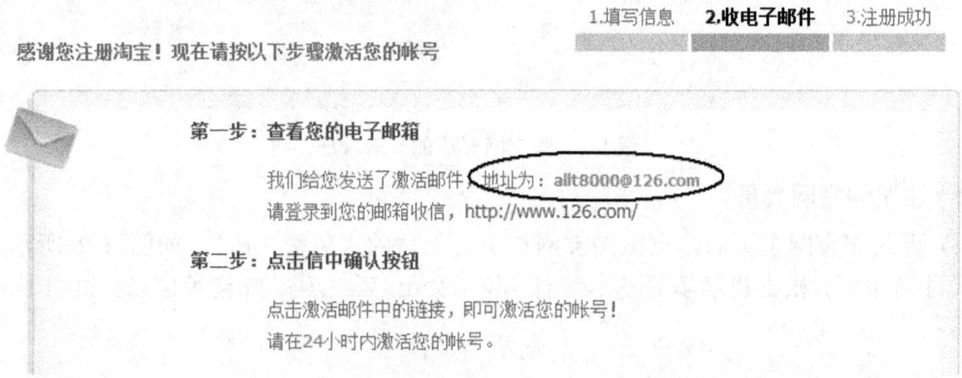

1.填写信息　　**2.收电子邮件**　　3.注册成功

感谢您注册淘宝！现在请按以下步骤激活您的帐号

第一步：查看您的电子邮箱

我们给您发送了激活邮件，地址为：allt8000@126.com
请登录到您的邮箱收信，http://www.126.com/

第二步：点击信中确认按钮

点击激活邮件中的链接，即可激活您的帐号！
请在24小时内激活您的帐号。

图1-4　提示"查看电子邮件激活淘宝网账户"

(7) 请登录该邮箱，完成您的淘宝网会员注册，点击邮件中的激活链接，激活淘宝网账户。

(8) 淘宝网账户注册成功！如图1-5所示。

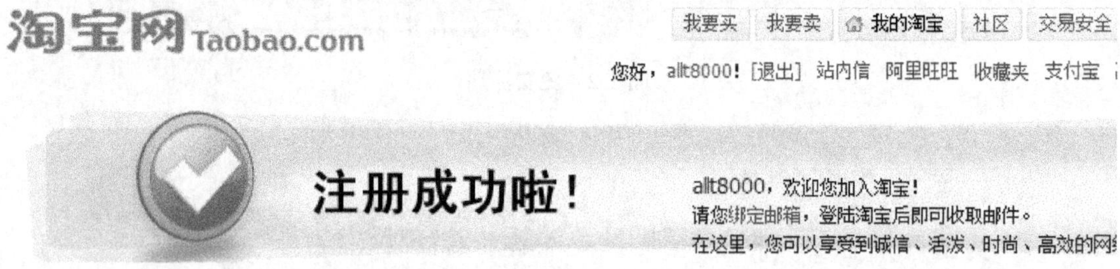

淘宝网 Taobao.com

我要买　我要卖　我的淘宝　社区　交易安全

您好，allt8000！[退出]　站内信　阿里旺旺　收藏夹　支付宝

注册成功啦！

allt8000，欢迎您加入淘宝！
请您绑定邮箱，登陆淘宝后即可收取邮件。
在这里，您可以享受到诚信、活泼、时尚、高效的网络

图1-5　淘宝网账户注册成功

(9) 登录淘宝网，点击"我的淘宝/支付宝专区"/(点击"管理"按钮)来激活支付宝账户，如图1-6所示。

为了能顺利地完成注册，在填写会员注册表时，应注意以下几项要求：

• 会员名：5～20个字符(包括小写字母、数字、下划线、中文)，一个汉字为两个字符，推荐您使用中文会员名。如果不能确认您注册的会员名是否已有人使用，可以点击"检查会员名是否可用"按钮来查看。一旦注册成功，您的会员名将不能修改，请留意填写。

• 密码：密码由6～16个字符组成，请使用英文字母加数字或符号的组合密码，不能单独使用英文字母、数字或符号作为您的密码。建议您不要使用自己的生日、手机号码、姓名以及连续的数字作为密码，以防被盗。

• 确认密码：需要跟上面填写的密码完全一致。

• 电子邮件：由于无法正常收取激活信，暂不接受qq.com的电子邮件。请填写除此以外的您最常用且有效的邮件地址。此邮箱用来激活您的会员名，它是您和淘宝网、会员之间交流的重要工具。注册邮箱具有唯一性，也是淘宝网鉴别会员身份的一个重要条件。因此，请您填写真实有效的信息。

● 校验码：出于安全考虑，您需要按照图片显示的字符输入校验码。校验码请务必在英文状态或半角模式下输入，否则系统将会提示您校验码出错。

● 若未能及时收取确认邮件激活您的会员名，淘宝网将保留对会员名的处置权。

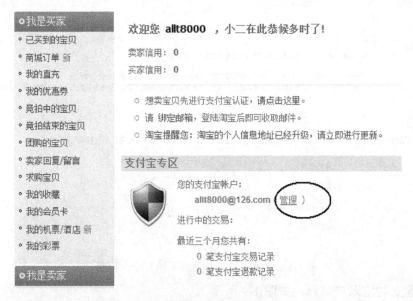

图 1-6　登录淘宝网(可免费获得支付宝账户)

3. 激活支付宝

淘宝网会员注册成功，就免费获得支付宝账户(账号和密码和淘宝网会员一样)。

(1) 进入支付宝网站 https://www.alipay.com，可以用淘宝网账号登录，如图 1-7 所示。

图 1-7　登录支付宝网站

(2) 登录支付宝以后，必须重新填写个人信息，如图 1-8 所示。

输入注册信息，请按照页面中的要求如实填写，否则会导致您的支付宝账户无法正常使用。注意：支付宝账户分为个人和公司两种类型，请根据自己的需要慎重选择账户类型。公司类型的支付宝账户一定要有公司银行账户与之匹配。

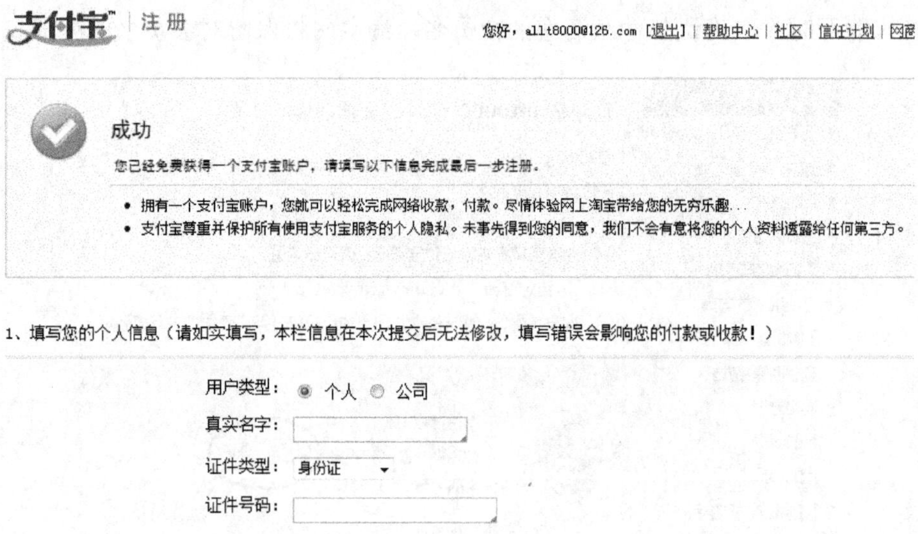

图 1-8 登录支付宝以后重新填写个人信息

(3) 设置支付宝账户信息，如图 1-9 所示。

输入支付宝账户、密码及校验码，点击"登录"，填写正确的信息，保存并立即启用支付宝账户就可以激活支付宝账户了。

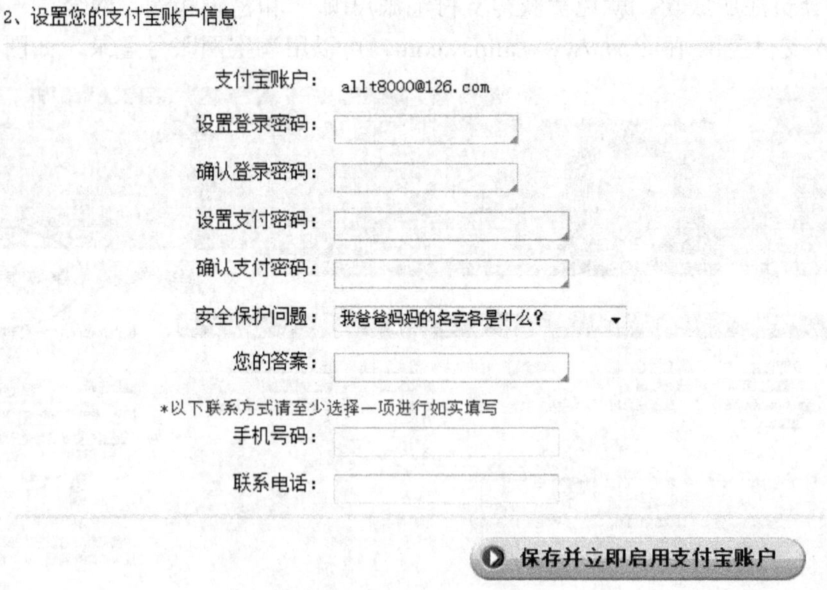

图 1-9 设置支付宝账户信息

正确填写注册信息后，支付宝会自动发送一封激活邮件到您注册时填写的邮箱中(请确保注册时填写的 E-mail 真实有效)。登录邮箱，点击邮件中的激活链接，激活您注册的支付宝账户。可以看到，账户激活后才可以使用支付宝的众多功能。激活成功，支付宝注册成功，即可体验网上安全交易的乐趣，如图 1-10 所示。

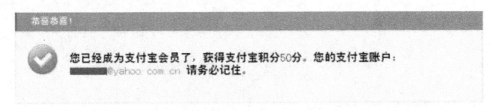

图 1-10　支付宝注册成功

4．个人类型支付宝(开店前的)实名认证

(1) 申请支付宝实名认证的操作流程：登录支付宝账户(账户类型：个人账户)，在"我的支付宝"首页，请点击"申请认证"，如图 1-11 所示。

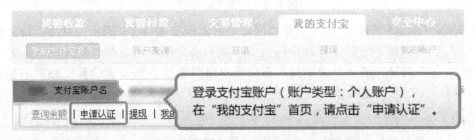

图 1-11　登录支付宝账户，点击"申请认证"

(2) 有两种进行实名认证的方式可选，请选择其中一种，点击"立即申请"。如通过"支付宝卡通"来进行实名认证，点击"立即申请"按照提示步骤来申请开通。如选择"通过其他方式来进行实名认证"，点击"立即申请"，如图 1-12 所示。请正确选择您身份证件所在的地区，正确选择后才能顺利地完成您的支付宝实名认证。(此流程以中国大陆用户为例。)

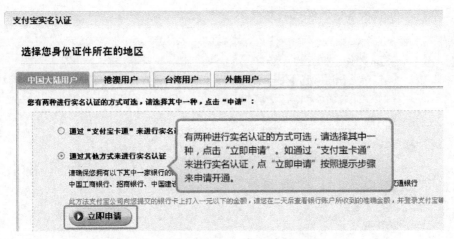

图 1-12　选择"通过其他方式来进行实名认证"

（3）选择"通过其他方式"进入支付宝实名认证的页面，如图 1-13 所示。请正确填写您的身份证件号码及真实姓名，点击"提交"继续。

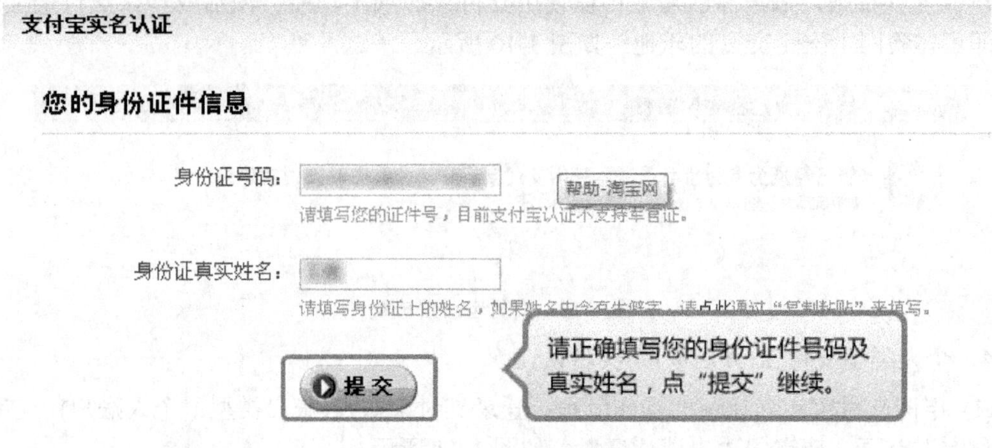

支付宝实名认证

您的身份证件信息

身份证号码： ▢▢▢▢▢▢▢▢▢　帮助-淘宝网
请填写您的证件号，目前支付宝认证不支持军官证。

身份证真实姓名： ▢
请填写身份证上的姓名，如果姓名中含有生僻字，请点此通过"复制粘贴"来填写。

▶ 提 交

> 请正确填写您的身份证件号码及真实姓名，点"提交"继续。

图 1-13　输入身份信息

（4）输入身份证号码和姓名，选择"提交"后出现如图 1-14 所示的页面。请正确填写"您的个人信息"和"您的银行账户信息"，填写银行账户信息时，如发现填写的个人信息与银行信息不相符，请"点此更换身份信息"进行修改。如果您的真实姓名中包含生僻字，请在银行开户名下面的输入框中填写您的银行开户名。

— 您的个人信息 —

支付宝账号： ▢▢▢@yahoo.com.cn

真实姓名： ▢

证件号码： ▢▢▢▢　（修改身份信息）

详细地址：

固定电话： ▢▢▢ － ▢▢▢ － ▢▢▢

手机号码：
请至少填写固定电话和手机号码中的其中一项。

> 请正确填写"您的个人信息"和"您的账户信息"，填写银行账户信息时，如发现填写的个人信息与银行信息不相符，请"点此更换身份信息"进行修改。如果您的真实姓名中包含生僻字，请在银行开户名的下面的输入框中填写您的银行开户名。

— 您的银行账户信息 － 该银行账户仅用于认证您的身份，您仍可以使用其它银行账户进行充值和提现！

银行开户名： ▢
ⓘ 必须使用以 ▢▢ 为开户名的银行账户进行认证。
如您没有合适的银行账户，修改身份信息

开户银行名称： ▢▢▢ ▾

开户银行所在省份： ▢▢▢ ▾
在下列城市的工商银行开户的用户请在本栏中选择：宁波/大连/青岛/厦门/深圳/三峡。

开户银行所在城市： ▢▢▢ ▾

个人银行账号：

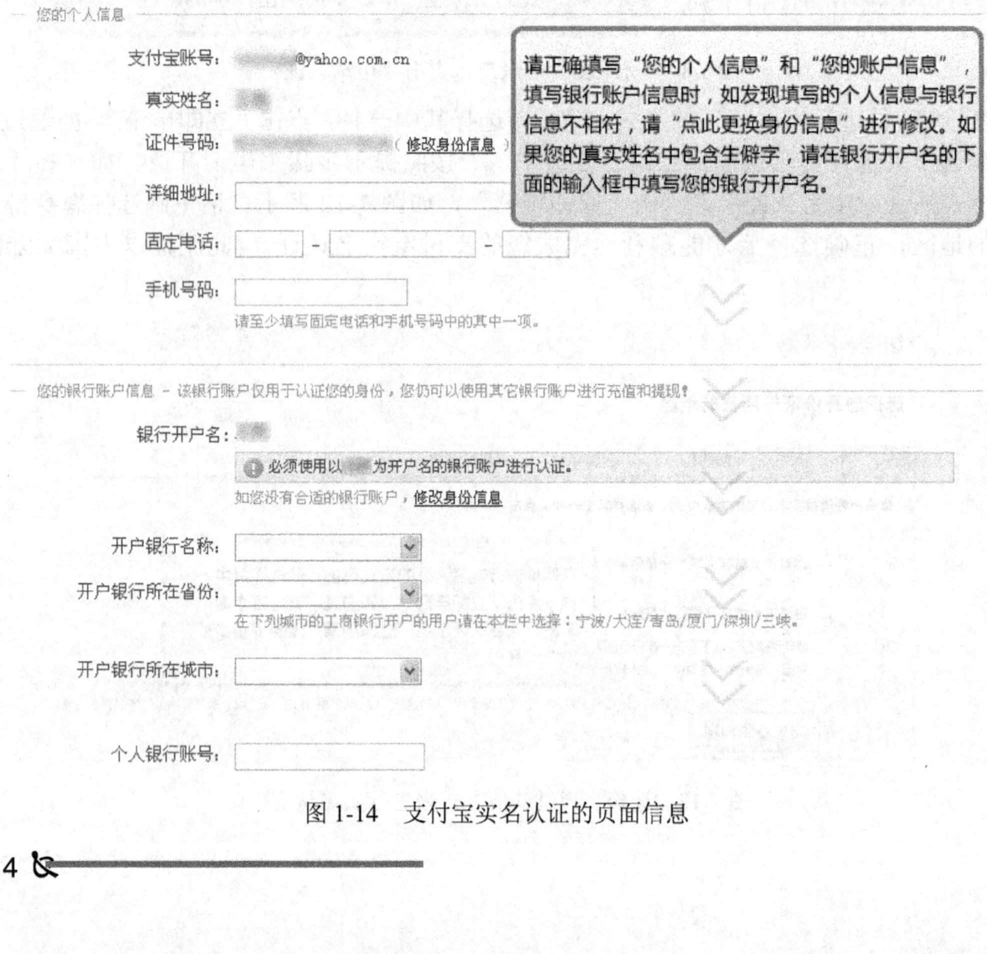

图 1-14　支付宝实名认证的页面信息

（5）选择提交后出现如图 1-15 所示的核对页面。请核对您所填写的"您的个人信息"和"您的银行账户信息"，确认无误后请点击"确认提交"以保存所填写的信息。

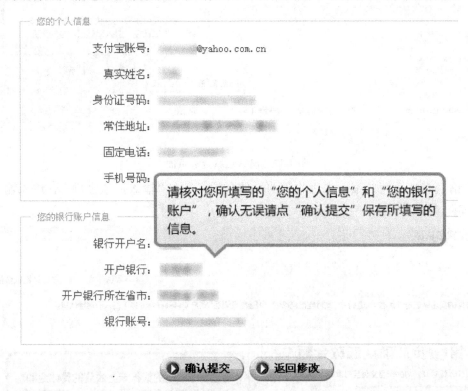

图 1-15　银行账户信息核对页面

（6）认证申请提交成功，等待支付宝公司向您提交的银行卡打入一元以下的金额，并请在 2 天后查看银行账户所收到的准确金额，再登录支付宝账户，点击"申请认证"，输入所收到的金额，如图 1-16 所示。

图 1-16　认证申请提交成功

（7）确认汇款金额。登录"支付宝账户"/"我的支付宝"，点击"申请认证"进入确认汇款金额页面，如图 1-17 所示。

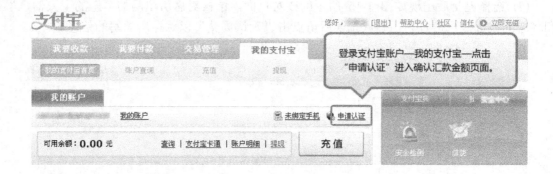

图 1-17 确认汇款金额页面

(8) 请查看您填写的银行卡上收到的具体金额，点击"输入汇款金额"，进入输入金额页面，如图 1-18 所示。

图 1-18 输入金额页面

(9) 输入您收到的准确金额，点击"确定"继续完成确认，如图 1-19 所示。您有两次输入的机会，请正确填写您收到的准确金额，两次失败后需要重新提交银行账户进行审核。

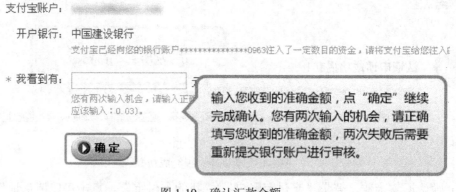

图 1-19 确认汇款金额

(10) 输入的金额正确后，即时审核您填写的身份信息，请耐心等待 2 秒钟，如图 1-20 所示。

图 1-20　身份信息审核

(11) 审核通过，即通过支付宝实名认证，如图 1-21 所示。

图 1-21　审核通过，即通过支付宝实名认证

5. 商家认证流程

商家类型账户的认证总时间为 3~15 个工作日。

(1) 登录 www.alipay.com，找到认证入口，如图 1-22 所示。

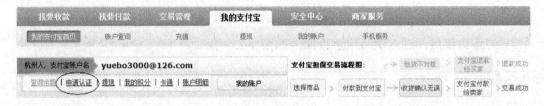

图 1-22　认证入口

(2) 点击"卖家实名认证"，进入认证页面确认，如图 1-23 所示。

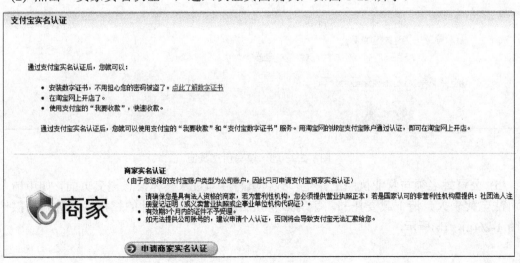

图 1-23　进入认证页面确认

(3) 确认后，即进入阅读协议页面，如图 1-24 所示。

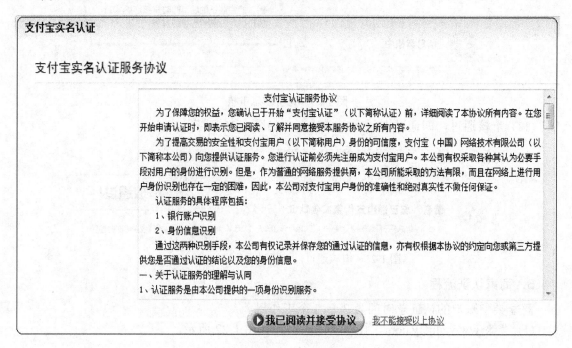

图 1-24　阅读协议页面

(4) 同意协议后，进入填写信息页面，如图 1-25 所示。

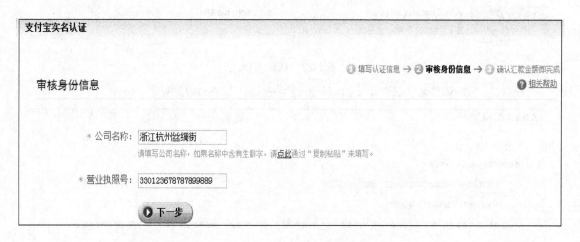

图 1-25　进入填写信息页面

(5) 公司姓名须与营业执照上完全一致，填写后即进入具体信息提交页面，如申请人非公司法定代表人，请下载委托书，填写后再上传身份证彩色原件的扫描件或数码拍摄件，如图 1-26(a)、(b)所示。

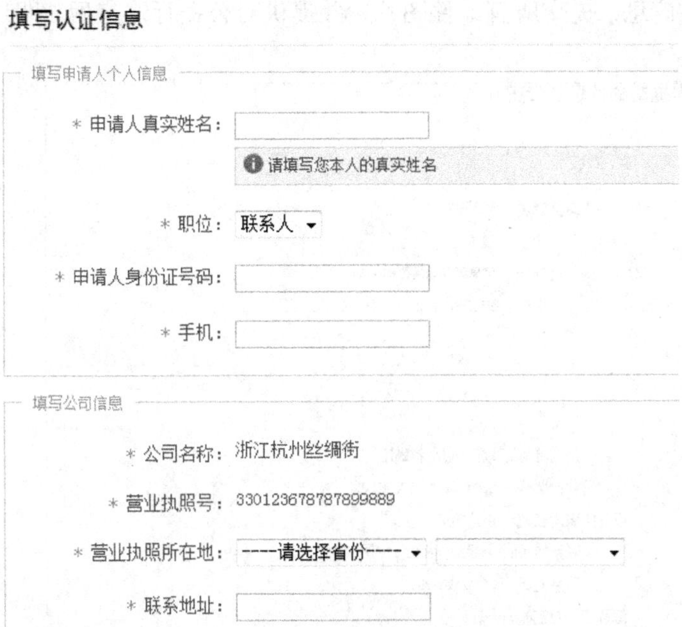

填写认证信息

填写申请人个人信息

* 申请人真实姓名：[   ]

    🛈 请填写您本人的真实姓名

* 职位：联系人 ▾

* 申请人身份证号码：[   ]

* 手机：[   ]

填写公司信息

* 公司名称：浙江杭州丝绸街

* 营业执照号：330123678787899889

* 营业执照所在地：----请选择省份---- ▾   [▾]

* 联系地址：[   ]

(a) 填写认证信息(1)

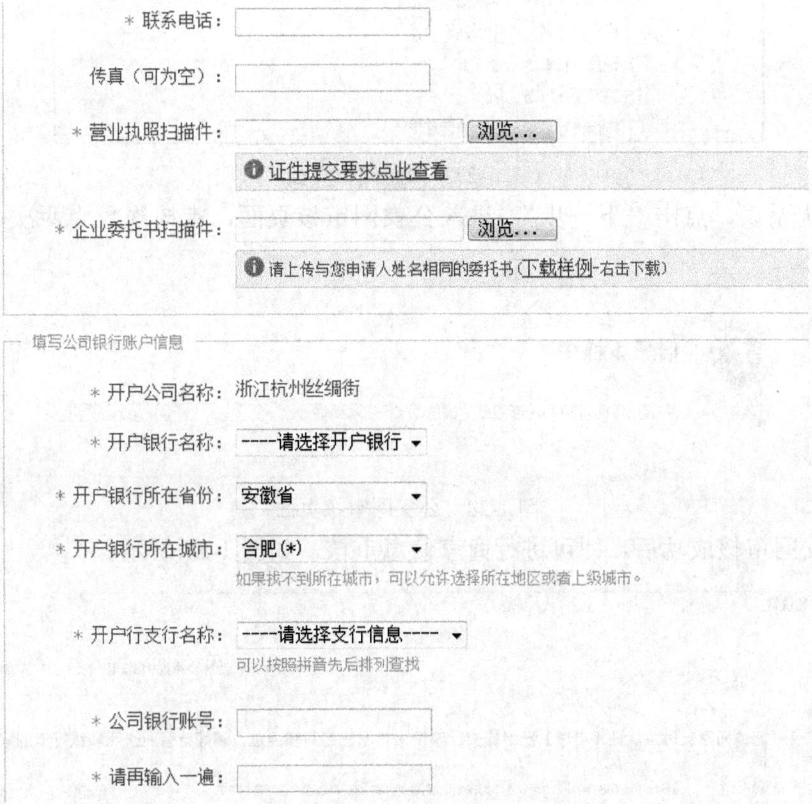

* 联系电话：[   ]

传真（可为空）：[   ]

* 营业执照扫描件：[   ] [浏览…]

    🛈 证件提交要求点此查看

* 企业委托书扫描件：[   ] [浏览…]

    🛈 请上传与您申请人姓名相同的委托书（下载样例-右击下载）

填写公司银行账户信息

* 开户公司名称：浙江杭州丝绸街

* 开户银行名称：----请选择开户银行 ▾

* 开户银行所在省份：安徽省 ▾

* 开户银行所在城市：合肥(*) ▾

    如果找不到所在城市，可以允许选择所在地区或省上级城市。

* 开户行支行名称：----请选择支行信息---- ▾

    可以按照拼音先后排列查找

* 公司银行账号：[   ]

* 请再输入一遍：[   ]

(b) 填写认证信息(2)

图 1-26 具体信息提交页面

(6) 填写完申请人信息，提交所有证件图片，并提供对公银行账户后，即进入信息确认页面，如图 1-27 所示。

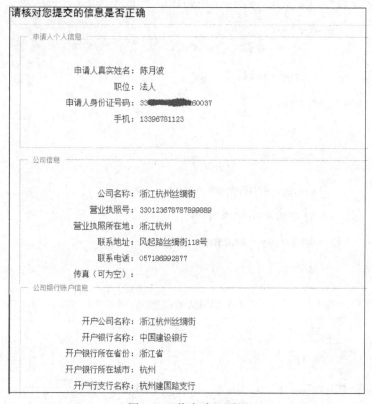

图 1-27　信息确认页面

(7) 确认无误，点击"下一步"，进入公安网审核页面，审核次数为两次，如图 1-28 所示。

图 1-28　公安网审核页面

(8) 公安网审核成功后，即可进行商家信息审核，如图 1-29 所示。

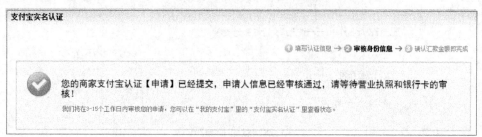

图 1-29　商家资料审核

(9) 商家信息审核成功后，即进行银行信息审核。

(10) 银行对公账户审核成功，即可确认金额。

(11) 点击"继续"进入汇款金额，此金额为小于一元，且为近期在对公账户中入账的。

(12) 确认金额成功后，即完成所有商家认证，如图 1-30 所示。

图 1-30　完成所有商家认证

6．发布宝贝和开设店铺的流程

如图 1-31 所示为发布宝贝和开设店铺的流程。

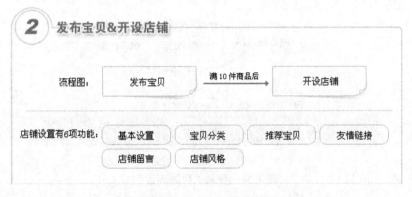

图 1-31　发布宝贝和开设店铺的流程

7．宝贝出售流程

如图 1-32 所示为宝贝出售流程。

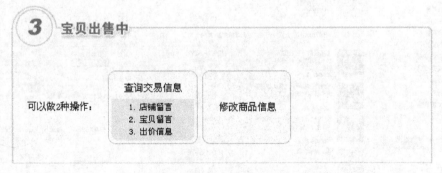

图 1-32　宝贝出售流程

8．宝贝成交后的处理流程

如图 1-33 所示为宝贝成交后的处理流程。

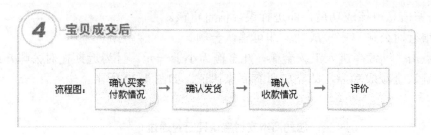

图 1-33　宝贝成交后的处理流程

9．评价

在淘宝网上建立交易 3 天并且完成支付宝付款后，可以登录"我的淘宝"/"我是买家(我是卖家)"/"已买入的宝贝(已卖出的宝贝)"进行评价。如果在评价前已完成了支付宝全额退款，将不能进行评价。2006 年 3 月 10 日起，只有使用支付宝并且交易成功者方可进行评价并计分。根据以下的方法来进行评价：

(1) 可以登录"我的淘宝"/"我是买家(我是卖家)"/"已买入的宝贝(已卖出的宝贝)"进行评价，如图 1-34、1-35、1-36 所示。

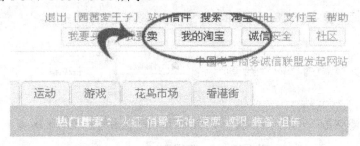

图 1-34　登录"我的淘宝"

图 1-35　对已买入的宝贝进行评价

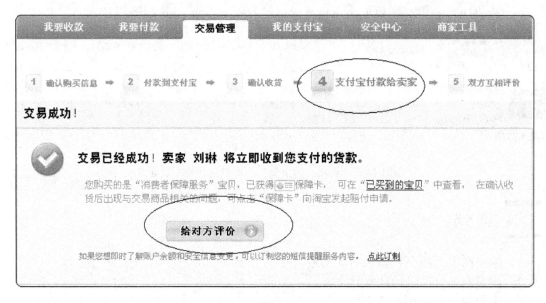

图 1-36　对已卖出的宝贝进行评价

(2) 点击"评价"后会出现评价页面，请根据页面的各项提示进行填写，完成评价，如图 1-37 所示。

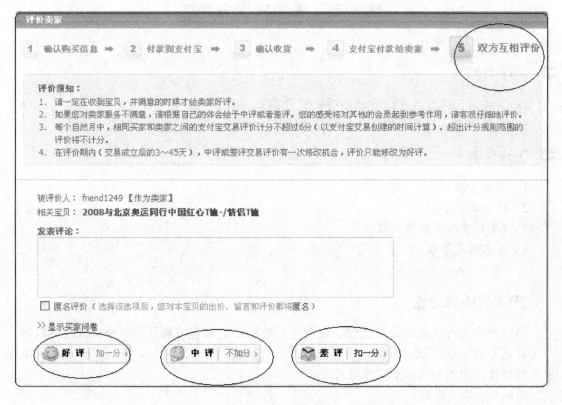

图 1-37　评价页面

(3) 查看"已卖出的宝贝"的"我已评价"页面，如图 1-38 所示。

图 1-38 "已卖出的宝贝"的"我已评价"页面

 思考题

1．淘宝网上开店有什么优势和劣势？
2．淘宝网上开店应该注意什么？
3．淘宝网上开店如何推广？
4．淘宝网上开店做什么生意较好？

模块三 淘宝店后台管理

⊃ 教学目标

1．了解淘宝店后台系统管理各项目使用方法。
2．掌握淘宝店后台系统管理与操作技巧。

⊃ 工作任务

1．买卖管理。
2．商品类别管理。
3．"店铺管理"和店面装修。
4．个人信息管理。

一、淘宝店铺的功能

淘宝网为通过认证的会员提供了免费开店的机会。只要达到开店的要求，就可以拥有一间自己专属店铺和独立网址。在这个网页上可以放上所有的宝贝，并且根据自己的风格来进行布置，如同一间网下实体店。

店铺具有以下功能：

- 在相关类目中设置自己的店铺，提高店铺浏览率；
- 每个店铺可推荐自己的 6 件宝贝；

- 每个店铺可设置有个性的店标；
- 每个店铺拥有店铺公告，可通知相关买家一些信息；
- 对自己的宝贝进行分类管理；
- 设置友情店铺链接，店与店的联合，吸引买家的点击和购买。

只有通过认证，点击后台管理栏目的"我要卖"，成功发布上架 10 件以上可售商品后，登录"我的淘宝"/"我是卖家"/"免费开店"，进行店铺开设操作。所有操作完成后，就会拥有属于自己的淘宝店铺和相应地址。

二、店铺分类

好的店铺分类，将会大大方便买家进行针对性浏览和查询，从而提高成交量。店铺分类除了淘宝网提供的模板形式外，也可以自行设计。

店铺有"推荐宝贝"和"橱窗推荐"两种。

(1) 店铺推荐宝贝：出现在每个宝贝介绍页面的底部或者在店铺最中间的推荐位上，买家浏览宝贝及店铺时第一眼就能看到这些被推荐的宝贝。该推荐同时也会出现在旺旺对话框的推荐宝贝中，与淘友聊天时，对方可直接在旺旺对话框中看到推荐的宝贝。店铺推荐宝贝数量只有 6 件，由卖家自行选择，在"我的淘宝/管理我的店铺/推荐宝贝"中设置。

(2) 橱窗推荐：当买家选择搜索或者点击"我要买"根据类目来搜索时，橱窗推荐宝贝就会出现在页面中，橱窗推荐位是通过搜索的方法让您的宝贝能有更多的浏览量及点击率。橱窗推荐位的数目是据您的宝贝数、开店时间、信用度(卖家信用度 + 买家信用度的一半)及交易额度而定的。橱窗推荐位(又称卖家热推)在"我的淘宝/出售中的宝贝"中设置。 关于橱窗推荐具体可看橱窗式销售规则。

如果想暂时停业，建议把出售中的宝贝都下架。如果店铺连续 6 周少于 10 件宝贝，那么店铺会被彻底屏蔽。只要重新发布 10 件宝贝，再点击免费开店操作，店铺会在 24 小时之后恢复。店铺被屏蔽后，其他一切信息都还在。

三、网上商店前台功能

网上商店是将所售商品或服务的相关信息在网上展示，供消费者浏览、选购的网站。网上商店的功能是实现商品或服务的买卖，其前台功能主要包括：

(1) 会员登录：会员登录前显示登录框，登录后显示"**您已登录"等字样，可修改会员资料和密码。

(2) 推荐商品：指在首页出现的推荐商品，包括商品缩图、名称、价格等。

(3) 特价商品：指定特价商品。

(4) 热卖商品：公布热卖商品。

(5) 多级商品分类检索：按类别检索商品。

(6) 商品搜索：可按类别和关键词搜索商品。

(7) 购物车：像超市实际的购物车一样，将欲购买的商品放置其中，可以更改数量或撤销某商品。

(8) 收银台和订单生成：购物后，可进入收银台，确认支付和配送方式后生成订单。

(9) 网站公布：发布公告。

(10) 顾客点评：在每个商品的详细介绍中，带有顾客点评，会员可以发布自己的评论。

(11) 留言板：供顾客自由留言。

(12) 友情链接：与其他网站交换友情链接。

(13) 广告位：安排动画广告。

(14) 用户支持：用户可在线提交反馈，管理员在后台查看。

四、后台管理系统的主要功能

(1) 密码管理：系统管理员可管理其他管理员的账户，设定工作人员的不同操作权限，修改管理密码等。

(2) 商品类别管理：包括添加、删除、修改商品分类。可按实际需要，设置多级商品分类。分类商品管理，在不同的类别下管理商品，包括商品上传、修改和删除等功能。商品资料包括商品名称、品牌、产地(生产商)、市场价、VIP 会员价、商品详细介绍等。商品的图片展示分为缩图和正式图。

(3) 订单管理：包括以下 4 种。

① 待处理订单：由于网上购物的特殊性，并非所有确认订单的会员都是真实需要购买商品的，所以在系统中增加了"待处理订单"的管理。可以通过电话，邮件等方式和会员联系，当会员正式确认需要购买时，确认订单，订单就进入了"处理中订单"的列表中。

② 处理中订单：显示用户已经确认购买的订单。"处理中订单"包括订单配送确认和收款确认的步骤。可以由管理员进行确认，确认时系统自动发送邮件给顾客。

③ 历史订单：完成了配送和收款的订单是已经完成的订单，可以将其存档，供日后查对之用。

④ 订单系统：按时间统计销售额等信息。

(4) 会员管理：修改、删除会员信息，确认或取消 VIP 会员等。

(5) 网站管理：具体包括以下 7 种。

① 评论管理：可管理顾客点评。

② 公告管理：发布、删除商店公告。

③ 弹出窗口管理：控制是否在首页弹出广告窗口，修改窗口内容等。

④ 广告位管理：管理网站上的固定广告位和浮动广告，可控制是否使用浮动广告。

⑤ 友情链接：可增加、删除友情链接。

⑥ 访问统计：查询访问统计。

⑦ 其他管理：修改关于网站的联系方式、付款方法、版权信息等资料。

(6) 配送支付管理：在用户生成订单时需要指定配送和支付方式，该功能专门增加或删除这些配送和支付方法。

五、项目实训——淘宝店后台管理系统的使用

(1) 登录网店后台管理系统。登录淘宝网店即进入后台管理系统，如图 1-39 所示。

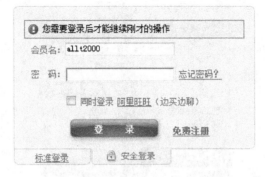

图 1-39 淘宝网店登录页面

(2) 输入密码，进入后台管理系统页面，如图 1-40 所示。后台管理系统的主要栏目及内容如图 1-41 所示。

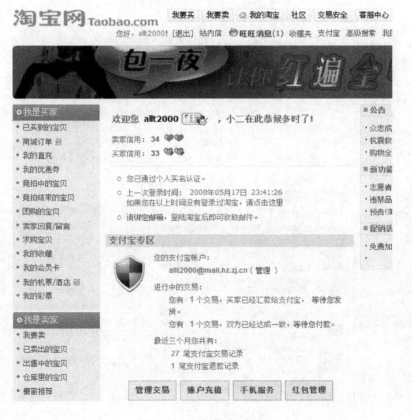

图 1-40 后台管理页面

图 1-41　后台管理系统主要栏目

(3) 查看"已买到的宝贝"，如图 1-42 所示。

图 1-42　查看"已买到的宝贝"

(4) 查看"出售中的宝贝"，如图 1-43 所示。

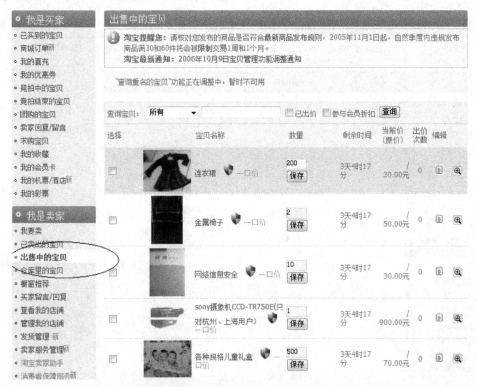

图 1-43 查看"出售中的宝贝"

注：图中"摄像机"的"象"应为"像"，因他人页面无法修改，特此说明。类似情况，不再加注。

(5) 查看"仓库里的宝贝"，如图 1-44 所示。

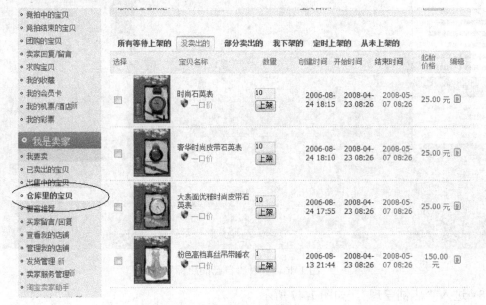

图 1-44 查看"仓库里的宝贝"

(6) 查看"买家留言/回复"，如图 1-45 所示。

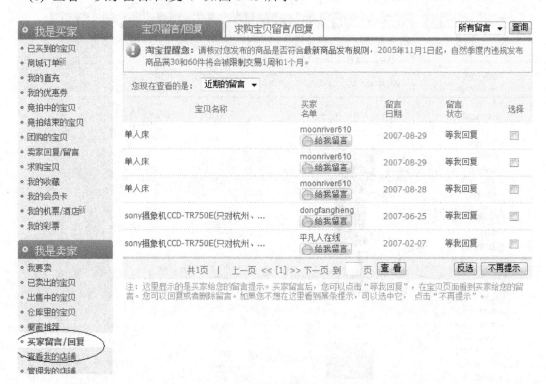

图 1-45　查看"买家留言/回复"

(7) 查看"自己的店铺"，如图 1-46 所示。

图 1-46　查看"自己的店铺"

(8) 进入"店铺管理"，如图 1-47 所示。

图 1-47　"店铺管理"页面

(9) 进行"店铺风格"选择,如图 1-48 所示。

淘宝提供 7 类店铺风格的模板供您选择,您可以通过以下方式定义店铺风格,登录"我的淘宝">>"我的店铺管理">>"店铺风格"选择您需要的模板。

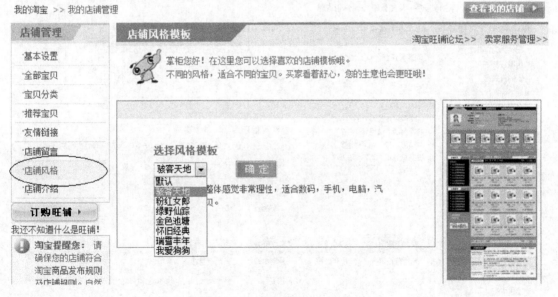

图 1-48　"店铺风格"选择

(10) "店铺介绍"选择,如图 1-49 所示。

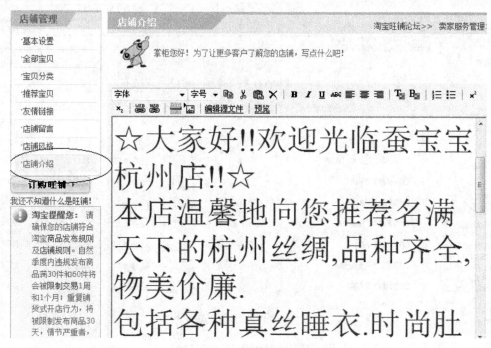

图 1-49 "店铺介绍"选择

(11) 查看"信用管理">>"评价管理",如图 1-50 所示。

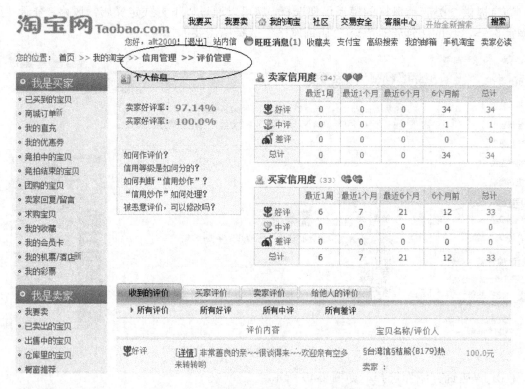

图 1-50 查看"信用管理">>"评价管理"

(12) 进入"客户服务">>"投诉/举报"页面,如图 1-51 所示。

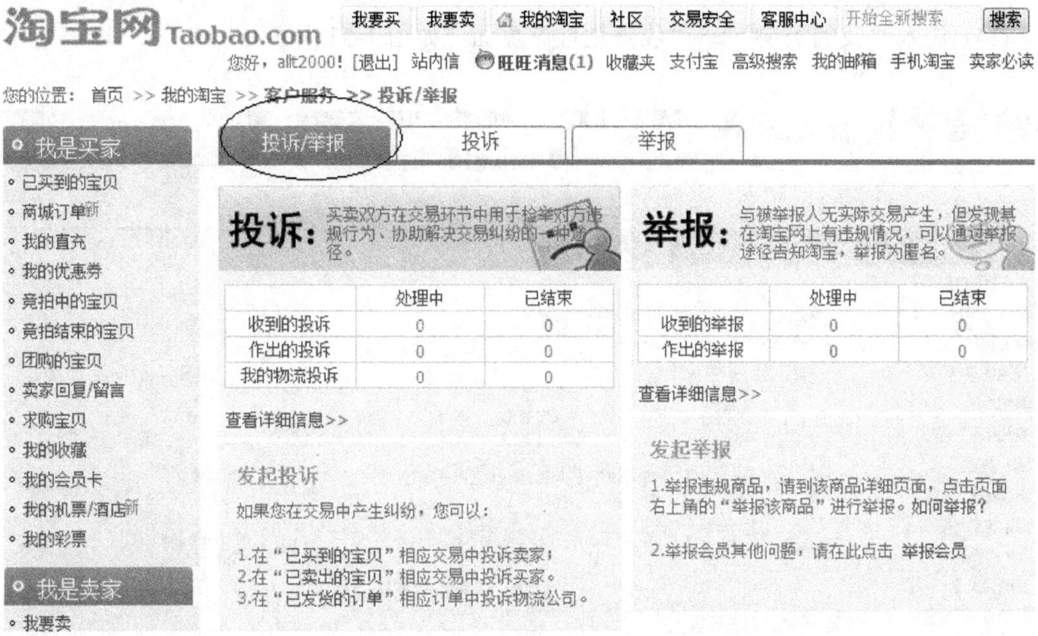

图 1-51 "客户服务" >> "投诉/举报" 页面

(13) 进入"我的资料" >> "编辑个人信息"页面，如图 1-52 所示。

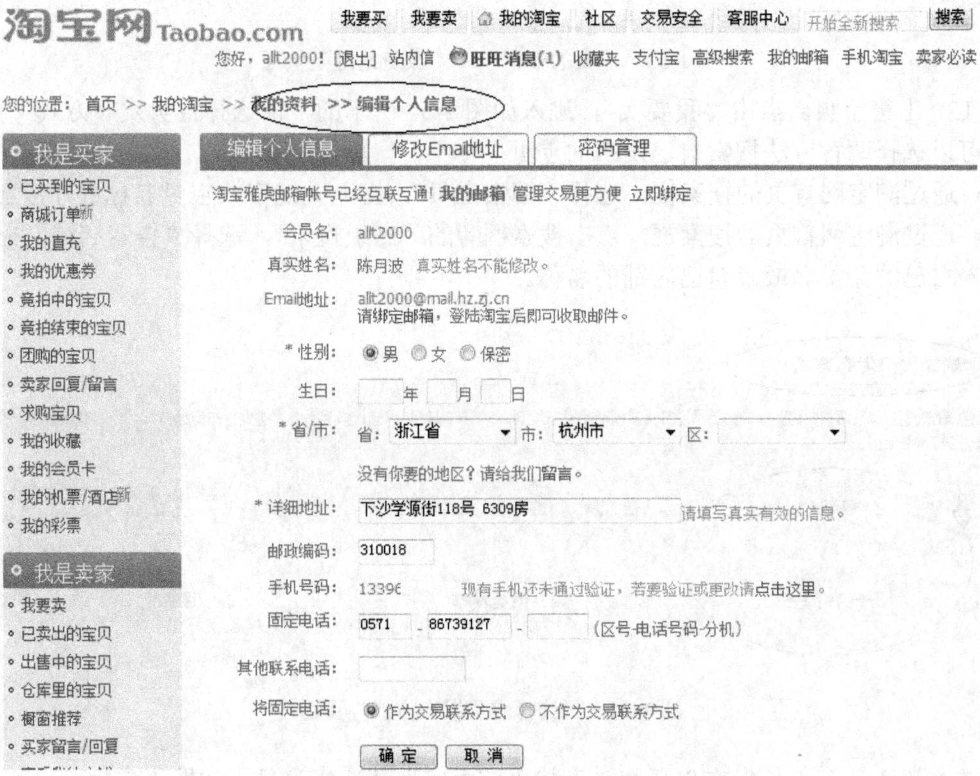

图 1-52 "我的资料" >> "编辑个人信息" 页面

(14) 进入"我的资料" >> "收货地址"页面，如图 1-53 所示。

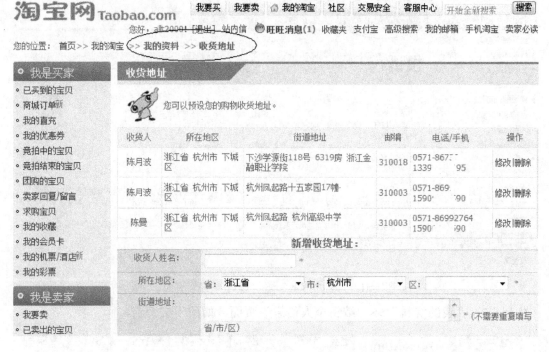

图 1-53　"我的资料" >> "收货地址"页面

(15) 出售宝贝。点击"我要卖"，进入如图 1-54 所示的"请选择宝贝发布方式"页面。可以选择两种方法搜索自己发布的宝贝：

● 通过淘宝网首页的搜索框，选择"搜索宝贝"，键入关键字或宝贝名称进行搜索；

● 通过淘宝网首页的搜索框，点击搜索框旁的"高级搜索"，选择"搜索店铺"根据提示键入自己的会员名或者自己店铺的名称。

图 1-54　"选择宝贝发布方式"页面

(16) 进入"一口价发布"页面，查找"棕绷床"并选择类目，如图 1-55 所示。

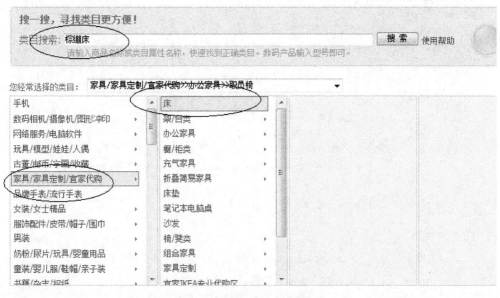

图1-55 查找"棕绷床"并选择类目

(17) 填写"棕绷床"宝贝信息，如图1-56所示。

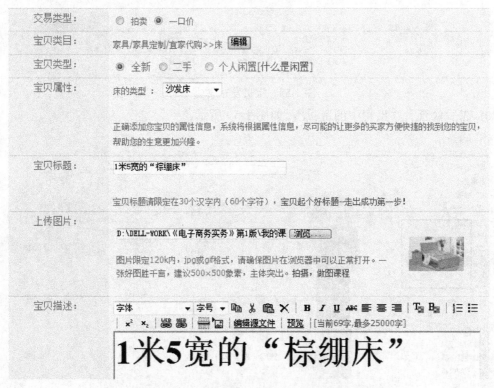

图1-56 填写"棕绷床"宝贝信息

(18) 填写"价格、运费"等宝贝信息，如图1-57所示。

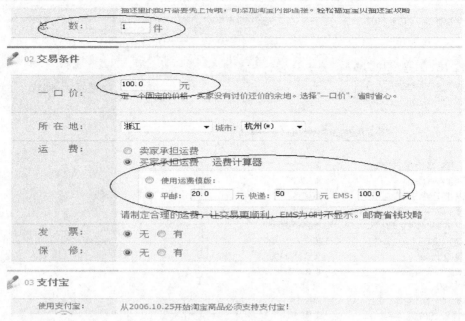

图 1-57 填写"价格、运费"等宝贝信息

(19) 宝贝发布成功,如图 1-58 所示。

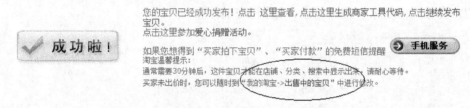

图 1-58 宝贝发布成功

(20) 在后台查看"出售中的宝贝",如图 1-59 所示。

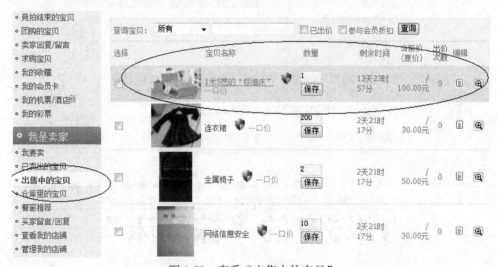

图 1-59 查看"出售中的宝贝"

(21) 查看刚发布的宝贝的效果,如图 1-60 所示。

图 1-60　查看刚成功发布的宝贝

 思考题

1. 注册淘宝会员,登录后台,并使用后台管理系统的各项功能。
2. 如何进行投诉和举报?
3. 怎么看待淘宝后台的评价管理和评价的作用?

模块四　学生淘宝开店创业案例

淘宝店铺从一颗星星到钻石,再到皇冠,从中起决定作用的是经营。不管大卖家还是小卖家,不仅要用心去创建自己的店铺,更要把店铺经营起来。向成功经营者学习,并通过个人实践获取一些宝贵经验,不断地提高自己的经营能力,从而把店铺经营得更出色。下面就以店铺"浓情巧克力 0831"为例,介绍店铺的创建、装饰及经营,个人店铺地址为 http://shop33516698.taobao.com。

一、店铺的创建

1) 创建店铺

注册淘宝账号,通过实名认证、身份认证、银行卡认证来开通支付宝,然后发布 10 样宝贝,就可以拥有店铺了,如图 1-61 所示。

图 1-61　"浓情巧克力 0831"淘宝店

2) 店铺装饰

要经营好店铺，首先要好好装饰一下店铺。通过添加音乐代码可以添加自己喜欢的音乐；同时可以添加计数器，计数器能记载总的访问人气；也可以去网店装饰中心，委托专业人员设计，不过需要付费；也可以向淘宝购买旺铺，旺铺能更好地展示商品，使其更具体美观，也能让买家更容易搜索到自己的商品，所以很多大卖家会采取购买旺铺，来提高自己店铺的形象，从而吸引更多的用户，如图 1-62 所示。

店铺公告
幸福店
欢迎光临本店
幸福店
欢迎光临本店

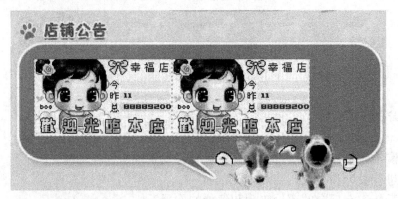

图 1-62　店铺装饰效果

3) 加入消费者保障计划

消费者保障计划是淘宝为保证买家的利益特别推出的一项卖家经营的标志，如图 1-63 所示。买家看见该标志的商品，有优先购买欲望，因为拥有该标志的商品保证买家的利益，如果买家对商品不满或商品存在不足的地方，可以向淘宝投诉，扣取保证金里的费用，所以买家还是可以放心购买的，如图 1-64 所示。卖家要向支付宝公司提交 1000 元保证金。

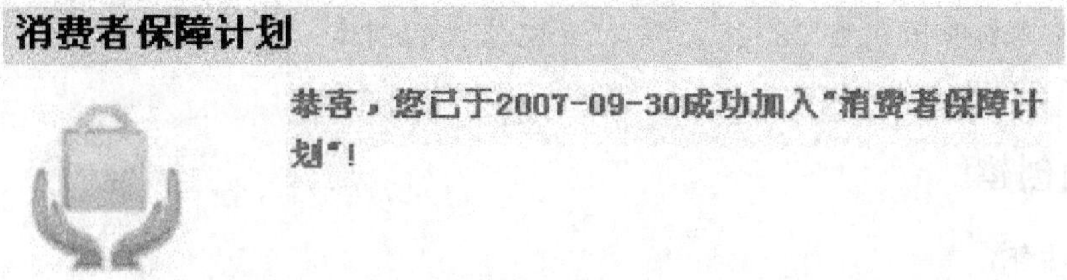

消费者保障计划
恭喜，您已于2007-09-30成功加入"消费者保障计划"！

图 1-63　消费者保障计划

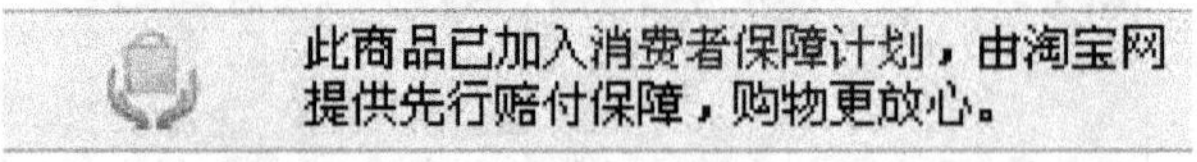

此商品已加入消费者保障计划，由淘宝网提供先行赔付保障，购物更放心。

图 1-64　商品加入消费者保障计划

4) 实现自动发货功能

自动发货是淘宝向卖虚拟物品的卖家推出的一项 24 小时无人看管即方便买家购买的功能。此店铺已经实现 24 小时自动发货，自动发货能大幅增加交易金额，提高销售量，如图 1-65 所示。

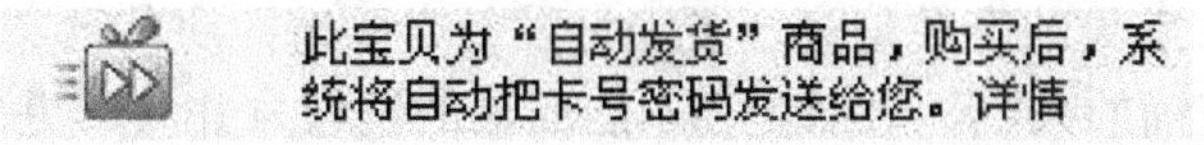

此宝贝为"自动发货"商品，购买后，系统将自动把卡号密码发送给您。详情

图 1-65　自动发货商品

　　自动发货是很多大卖家提升自己业绩的重要武器，不是所有的卖家都能获得自动发货的权限，因为它规定了一个店铺虚拟物品要占总商品的 95%以上，且支付宝周交易要在 8000 元以上，所以很多小卖家是不容易拥有这个权限的。对于没有自动发货权限的卖家，他们应该通过努力，不断地寻找更优秀的货源，不断地降低进货的成本，从而使自己在竞争中更具有优势。

　　大卖家拥有自动发货功能权限后，不仅节省了大量的看管时间，而且也能让自己的销售量猛增，因为 24 小时自动发货可使卖家不在线的情况下依然能销售商品，就等于这个店铺永不打烊，直到某个商品销完为止，而大卖家要做的就是有空把货放上架，调整价格，给买家评价等。

　　5）网络营销

　　网络营销是以互联网为主要手段进行的、为达到一定营销目标的营销活动。网络营销贯穿于企业开展网上经营的整个过程，包括信息发布、信息收集，到开展网上交易为主的电子商务阶段，网络营销一直都是一项重要内容。如图 1-66 所示为选择营销对象，图 1-67 所示为向潜在顾客发送邮件。

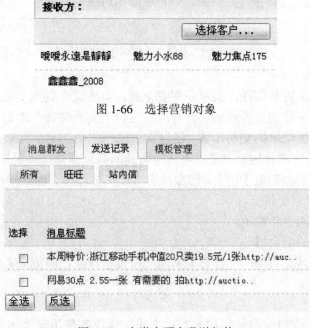

图 1-66　选择营销对象

图 1-67　向潜在顾客发送邮件

　　网络营销是每个经营者都要学会的一项营销策略。网络营销多种多样，在淘宝网上主要采用 E-mail 营销，因为每个用户有固定的 ID，并且淘宝网给广大卖家就提供了一个 E-mail 营销模板，用起来很方便也很容易，只要编辑自己要营销的内容，向自己的潜在顾客和老顾客选择发送就可以了，顾客收到后便知道店铺最新推出的宝贝和一些宝贝促销活动，能

让新老顾客获取本店宝贝的有关信息，更能激发新老顾客购买的欲望，从而更好地提高商品的点击率，增加店铺的人气，进而提高本店商品的销售量并获取更多的盈利机会。

二、淘宝店交易流程

1) 支付交易安全

支付安全隐患一直是制约电子商务发展的重要瓶颈，也是很多消费群体首要考虑的问题。支付宝的面世，使这些问题得到了一定的缓解。支付宝(中国)网络技术有限公司是国内领先的独立第三方支付平台，由阿里巴巴集团创办。支付宝(www.alipay.com)致力于为中国电子商务提供"简单、安全、快速"的在线支付解决方案，如图1-68所示。

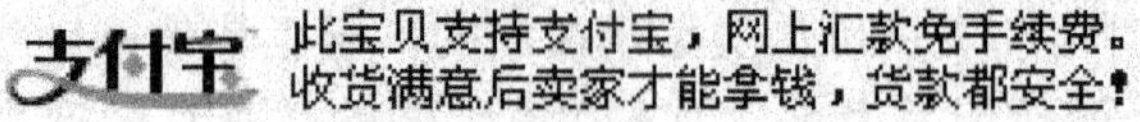

支付宝 此宝贝支持支付宝，网上汇款免手续费。
收货满意后卖家才能拿钱，货款都安全！

图1-68 支付宝支持商品

交易是买卖双方进行买卖活动最关键的一步，它在店铺过程中扮演着中介的角色。其中涉及支付安全问题，淘宝交易双方交易时，建议使用支付宝支付，如图1-69所示。

图1-69 支付宝让卖家得到财富

2) 支付宝的好处

(1) 支付宝让买家得到信任，买家获得安全感，自然就会关照卖家的生意。

(2) 根据淘宝网现行的交易规则，只有通过支付宝交易的评价才记分。

(3) 支付宝提供更简单的交易步骤。通过支付宝产生的交易，卖家在交易列表中可以很直接地看到买家要求的收货地址、联系电话等明确的买家信息，只要按信息发货就可以了。

(4) 支付宝提供更多的展示机会，淘宝网官方在作热门推荐时会对所有网商提出一个要求，那就是买家要使用支付宝。

(5) 支付宝带来的合作物流。

(6) 支付宝带来的安全感。

(7) 支付宝使用是免费的。不管是买家向支付宝里打款，还是卖家从支付宝提款，这些服务项目都是免费的。

3) 密码安全

淘宝登录密码、支付宝登录密码和支付密码，建议都使用英文加数字的组合形式。定期对密码进行修改，绑定手机，申请密码保护，使用密保邮箱。进行交易时建议下载淘宝证书，绑定个人手机，开通短信提醒，只要资金变动便会有邮件和短信通知。

4) 交易管理

交易管理能查询双方买卖交易记录，延长买家收货时间，修改交易价格，关闭交易同时能给买家发货，或给卖家付款等功能，如图 1-70 所示。

| 交易管理 | | | | | | | | | |

显示的交易： 卖出交易 ▼ 买入交易 卖出交易 付款 发货 确认收货 退款交易(1) 红包 合并付款

类型	创建时间	行为	交易对方	商品名称	金额（元
🕷	2008年01月10日	卖出	绝对信誉66 给我留言	征途1000点-10元卡 自动发货	8.80
🕷	2008年01月10日	卖出	小妖七月 给我留言	征途 30元卡 (非四川专区卡)	103.20
🕷	2008年01月10日	卖出	taonjun 和我联系	悠游一卡通自动发货6[批发通道无数量限制]	13.27
🕷	2008年01月10日	卖出	181sss 和我联系	三国群英传225点卡/悠游一卡通15元卡 自动发货5	66.40

图 1-70　交易管理

5) 交易防骗技巧

由于网络购物处于发展期，还不够成熟，同时很大一部分消费群体是新手，所以有些骗子往往从这些人群入手，很多骗子会利用价格低或发一些中奖短信或通过自动发货骗取支付宝卡的密码：

(1) 不要轻易接收陌生人通过聊天工具、电子邮箱等途径传送的文件。

(2) 不要随意打开邮箱中收到的莫名邮件，不要点击其中的链接，更不要在莫名链接中输入账户邮箱和密码等。

(3) 支付宝公司目前不提供淘宝旺旺在线服务，请大家注意辨别陌生会员身份。卖家的头像下方会显示"支付宝小二"字样。

(4) 查看交易信息及投诉信息，一定要登录支付宝的官方网站 http//www.alipay.com，或者是淘宝网 http//www.taobao.com 进行查询。为保障用户的账户安全，请用户尽快修改您的账户密码和密码保护问题，并第一时间申请支付宝数字证书！

三、淘宝店铺的管理

1) 物流订单管理

物流订单管理是一种管理物流配送工具，它可以选择很多操作内容，也可以自己联系订单。物流和店铺经营密切相关，如果店铺是出售一些实物，比如衣服、箱包、电脑、手机等，就需要涉及物流配送环节，通过物流订单管理。可以查询以下图表信息，本店作为虚拟物品发出去的商品都不需要放在物流订单中，淘宝网提供了国内很多著名的快递公司，并提供了商品快递的价格表，所以对卖家来说不用担心物流这一环节。

物流订单管理能更好处理订单配送环节，物流是电子商务的重要环节，应把两者联系起来，不能把物流忽略掉，如图1-71、图 1-72 所示。

图 1-71　物流订单管理

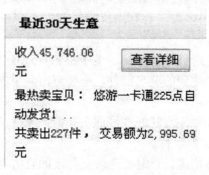

图 1-72 5 kg 以下商品的物流选择

2) 生意报告管理

生意报告管理主要是反映日交易产生的利润、交易量、交易金额。懂得经营和管理还不能认为就很优秀了，一个店铺或公司最重要的环节就是财务这一部分，懂得理财，学会理财是很有必要的。通过生意报告这一环节能清晰地反映店铺的月收入、日交易金额、日交易量，如果分得更仔细点，每件商品的利润都能反映出来。最近 30 天的生意情况如图 1-73 所示，日交易量统计如图 1-74 所示，日交易金额统计如图 1-75 所示。

最近30天生意

收入45,746.06元　　　查看详细

最热卖宝贝：悠游一卡通225点自动发货1 ..

共卖出227件，交易额为2,995.69元

图 1-73 最近 30 天生意情况

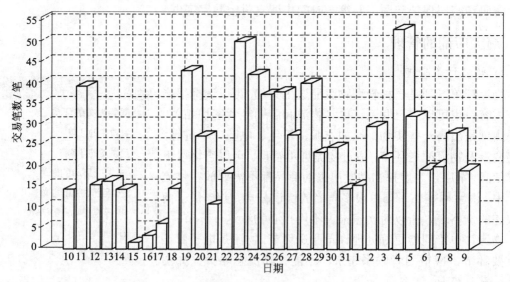

图 1-74 日交易量统计

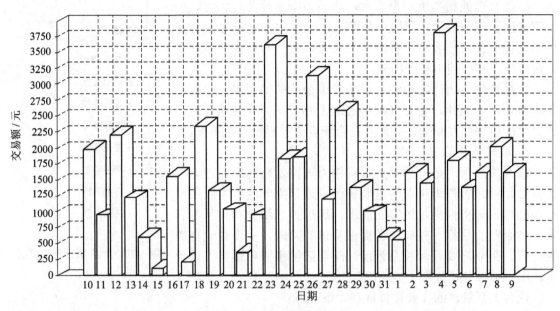

图 1-75　日交易金额统计

借助这些图表可以更好地理财，分析本店铺的财务状况，客观上能反映出店铺的经营效果。这些图表都是店铺财务报表的重要资料，便于制订下周或下个月的目标，从而更好地实施、完成。通过努力提高销售量和销售额，对各方面都有鼓舞作用。

3) 网店管理

阿里网店管理软件是一款为卖家精心设计的新功能软件，内容丰富，不过每月要收费30元。

店铺管理只管理自己的店铺，可以对基本设置信息如标题、图标基本信息、公告栏进行修改，同时可以对宝贝进行分类，可推荐社区 6 个推荐位，并能管理店铺风格和介绍，也能给店铺留言。店铺管理软件如图 1-76 所示。

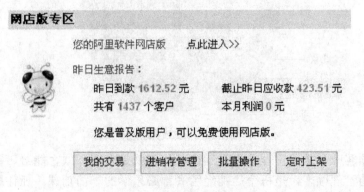

图 1-76　店铺管理软件

拥有淘宝网店，就拥有了很多权限，也有利于管理自己的店铺。"店铺管理"页面如图1-77 所示。

店铺管理就相当于一个后台，店面做得是否美观大方，一切都来源于这个后台，利用后台可以对图 1-77 中的选项进行操作。店铺后台管理要花一些时间去研究，创意和构思很多都在后台完成，在店铺中显现出来。

店铺管理是店铺的心脏，就相当于企业的管理层，起到领导决策作用。因此，要好好利用好这个心脏，并有效地管理，让自己的店铺焕发光彩，并使其在市场竞争中显得与众不同。

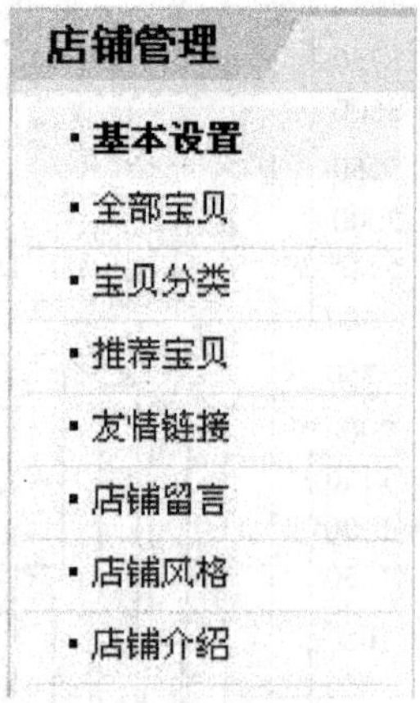

4) 顾客关系管理

顾客关系管理是一种以关系营销为理论基础的现代理念，其核心是将顾客作为企业的重要资源，通过完善的顾客服务和深入的顾客分析来满足顾客的需求，通过关系细分和关系发展来达到企业的目标。在向顾客提供价值的同时，实现企业自身的价值。企业需要顾客关系管理，淘宝店铺也需要顾客关系管理。用户地域分析如图 1-78 所示。

店铺管理

· **基本设置**
· 全部宝贝
· 宝贝分类
· 推荐宝贝
· 友情链接
· 店铺留言
· 店铺风格
· 店铺介绍

图 1-77   "店铺管理"页面

顾客关系管理的重要性体现在以下几点：

(1) 获取一个新顾客的成本是保留一个老顾客成本的 5 倍。

(2) 顾客的利润率主要来自于老顾客的寿命期限。

(3) 20%的顾客的业务占据了公司或淘宝店铺 80%的业务。

(4) 一个满意的顾客可带来 8 笔潜在生意，一个不满意的顾客会影响 25 人的购买意愿。

(5) 网上顾客距竞争对手只有点击一下鼠标那么近。

(6) 70%的重复购买是不经意完成的，而不是因为忠诚。

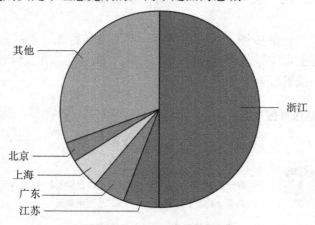

图 1-78   客户地域分析

对自己的顾客应有效地管理并进行划分，顾客就是上帝，顾客能给店铺创造价值，带来利润，有效地管理顾客，是每个店铺经营者都必须学的一门功课，抓住顾客的心，店铺经营便能更上一层楼。

5) 评价管理

评价管理主要是给买家和卖家增加信用的一项管理工具，评价是买卖双方增加信用的依据。好评如图 1-79 所示，批量评价如图 1-80 示，评价成功如图 1-81 所示。

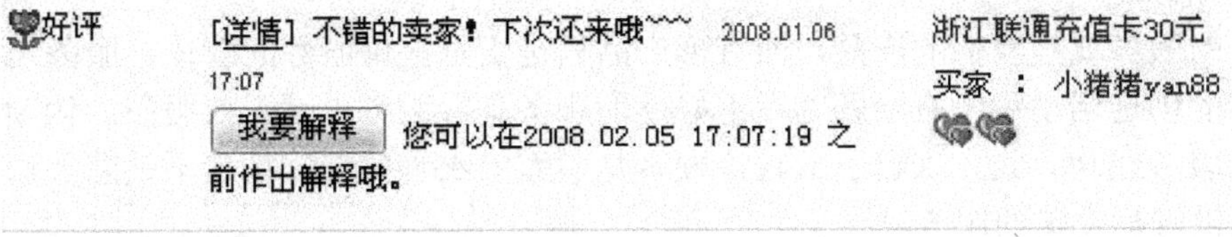

好评 [详情] 不错的卖家！下次还来哦~~~ 2008.01.06 17:07

我要解释 您可以在2008.02.05 17:07:19 之前作出解释哦。

浙江联通充值卡30元

买家 ： 小猪猪yan88

图 1-79 好评

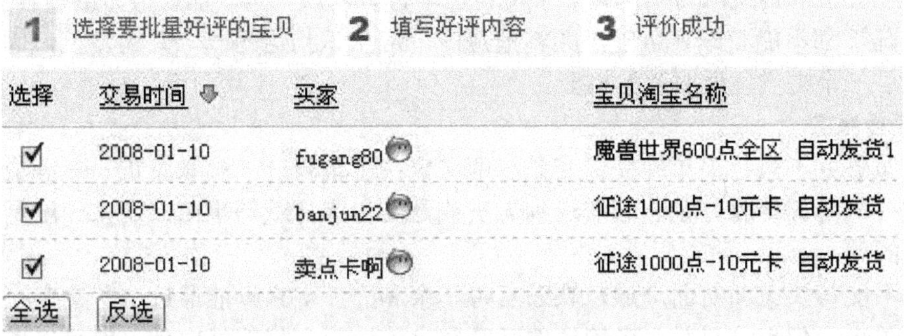

1 选择要批量好评的宝贝　　2 填写好评内容　　3 评价成功

选择	交易时间 ⬇	买家	宝贝淘宝名称
☑	2008-01-10	fugang80	魔兽世界600点全区 自动发货1
☑	2008-01-10	banjun22	征途1000点-10元卡 自动发货
☑	2008-01-10	卖点卡啊	征途1000点-10元卡 自动发货

全选 反选

图 1-80 批量评价

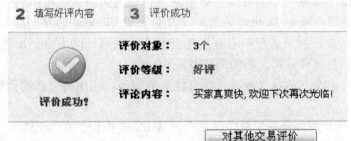

2 填写好评内容　　3 评价成功

评价成功！

评价对象： 3个

评价等级： 好评

评论内容： 买家真爽快，欢迎下次再次光临！

对其他交易评价

图 1-81 评价成功

批量评价管理是阿里软件推出的业务，在其身上能大致反映出买卖家的信用。

人无信不立，一个店铺如果没信用，生存的时间是有限的，金庸先生为淘宝题词："宁可淘不到宝，绝不能弃诚信。"淘宝一开始便推出了诚信制度，信用度是衡量卖家诚信的重要考核标准，所以评价在这里发挥了很大作用，它就是诚信制度的实施者，通过双方好评加一分，中评不加分，差评扣一分。因此卖家都很重视评价，希望自己能获取更多的好评，同一会员本月内在本店最多加 6 分，多次购买同样商品只能加 1 分，信用度通过双方好评不断累加，从 0 到星星再到钻石最后到皇冠，

四、淘宝店铺的服务

网商，顾名思义是网络中的商人，在淘友的交易中，交易双方是相互看不到对方的，既无法通过眼睛看到对方的喜怒哀乐，也不能像在实体店里那样，通过观察顾客对商品的关注度或者顾客的衣着打扮、言行举止来为顾客推荐商品。那么，如何把握顾客的喜好，并有针对性地推荐出自己的宝贝并成交？良好的服务意识，就是网络经营的不二法则。

1）服务理念

优良的服务就是我们的产品，而有形产品只是卖家提供服务的载体。服务是一种具有美好境界的创造活动；没有给顾客留下好感的服务是零服务，是无效服务。让顾客成为回头客才算服务成功。收入来自于顾客，顾客是卖家的衣食父母。顾客不是慈善家，顾客需要卖家提供舒适完美的服务。

卖家提供服务的基本依据是顾客的需求。卖家应当以自己优良的服务行为去感化顾客，而不要被社会上的传统陋习所同化。宁可自己辛苦、麻烦一点，也要努力给顾客提供方便。在任何情况下都不能与顾客争吵，顾客抱怨时，应认识到这是一个天赐良机，因为顾客为卖家创造了一个提供优质服务的机会。

2）售后服务

售后服务并不只是简单地完成交易，即买家拍下宝贝——卖家发货——等货到了，支付宝打款——写评价就好了。若非遇到无货或是支付宝打款等事由，卖家一般是不会主动联系买家的。

由于不能与买家面对面沟通，缺乏友善和亲和力，卖家只能通过一些文字上的沟通来建立人脉关系，但也许只是一条简短的旺旺留言或一封友好的站内信，便可以增加买家对卖家好感。

发生交易纠纷，卖家应如何处理？处理好一件交易纠纷远远比得到一位新买家更有价值。淘宝公司开通用户服务24小时免费为广大卖家和买家解决各种问题，这些客服部门对淘宝的发展非常重要，因为客服中心直接与广大会员联系。广大会员反映的各种淘宝问题和建议，对淘宝的发展有非常大的帮助和改进。

在淘宝网开店也要非常重视服务。学会优质的服务，相信淘宝店铺会做得更大、更好、更成功。

（说明：本案例由浙江金融职业学院电子商务05级黄崇哈同学提供。）

第 2 章　电子支付

模块一　支付宝的使用

➲ **教学目标**

1. 了解支付宝的基本情况。
2. 掌握支付宝支付流程。

➲ **工作任务**

1. 了解支付宝服务内容。
2. 支付宝账号注册。
3. 支付宝卡通的使用。
4. 支付宝充值选择与充值方法。
5. 支付宝实名认证。
6. 支付宝支付的过程。
7. 一元购物支付流程。

一、支付宝简介

浙江支付宝网络科技有限公司是国内领先的独立第三方支付平台,由阿里巴巴集团创办。支付宝公司自 2004 年创建以来,始终以"信任"作为产品和服务的核心,不仅从产品上确保用户在线支付的安全,同时让用户通过支付宝在网络间建立起相互信任。

短短几年时间,支付宝用户就覆盖了整个 C2C、B2C 以及 B2B 领域。截至 2009 年底,支付宝交易总额接近 2000 亿元人民币。支付宝创新的产品技术、独特的理念及庞大的用户群正在吸引越来越多的互联网商家主动选择支付宝作为其在线支付体系,已涵盖了虚拟游戏、数码通信、商业服务、机票等行业。这些商家在享受支付宝服务的同时,更拥有了一个极具潜力的消费市场。目前,中国工商银行、农业银行、建设银行、招商银行、上海浦发银行等各大商业银行以及中国邮政、VISA 国际组织等各大机构均与支付宝建立了深入的战略合作关系,不断根据用户需求推出创新产品,成为金融机构在电子支付领域最为信任的合作伙伴。

二、第三方支付平台

所谓第三方支付平台，就是一些与国内外各大银行签约并具备一定实力和信誉保障的第三方独立机构提供的交易支持平台。目前我国著名的第三方支付平台有：支付宝 (http://www.alipay.com/)、财付通(http://www.tenpay.com/)、快钱(http://www.99bill.com/)、云网 (http://www.cncard.net/)、 iPay 中国在线支付网 (http://www.ipay.cn/) 以及环迅 IPS(http://www.ips.com.cn/)等。

第三方支付平台的优点主要有：

(1) 第三方支付平台采用了与众多银行合作的方式，从而大大地方便了网上交易的进行。对于商家来说，不用安装各个银行的认证软件，从一定程度上简化了操作，降低了费用。

(2) 第三方支付平台作为中介方，可以促成商家和银行的合作。对于商家第三方支付平台可以降低企业运营成本；对于银行，可以直接利用第三方的服务系统提供服务，帮助银行节省网关开发成本。

(3) 第三方支付平台能够提供增值服务，帮助商家网站解决实时交易查询和交易系统分析，提供方便及时的退款和支付服务。

(4) 第三方支付平台可以对交易双方的交易进行详细记录，从而防止交易双方对交易行为可能的抵赖以及为在后续交易中可能出现的纠纷问题提供相应的证据。

第三方支付平台存在的问题有：

(1) 盈利问题。现阶段，各大型第三方支付平台在被使用过程中，只收取少量的使用费用或者完全免费，这对于需要巨大资金支持的一个安全性要求较高的平台来说，无疑是一个亟需解决的问题。

(2) 从事资金吸储而形成的资金沉淀问题。据粗略估算，每天滞留在第三方平台上的资金至少有数百万元。根据结算周期不同，第三方支付公司将能取得一笔定期存款或短期存款的利息，而利息的分配就成为一个大问题。第三方支付平台中的大量资金沉淀，如缺乏有效的流动性管理，则可能存在资金安全隐患，并可能引发支付风险和道德风险。不久前上海一家小型第三方支付公司"卷款而逃"的案例给我们敲响了警钟。

(3) 第三方支付平台很难辨别资金的真实来源和去向，使得利用第三方平台进行资金的非法转移、洗钱、贿赂、诈骗、赌博以及逃税漏税等活动有了可乘之机。为了安全起见，支付宝的密码输入设置了密码安全控件，在输入密码前，必须安装安全控件，安装安全控件时，用户应该注意以下几点：

① 在安装安全控件时，需要关闭占用较大内存的程序。

② 如果安装了证券股票类软件，则需要用户卸载。

③ 如果安装了其他有可能发生冲突的软件，如 3721、网络优化程序或者防火墙，则需要用户将这些软件卸载或者暂停使用。

④ 请使用 IE 6.0 及以上的浏览器版本。

⑤ 使用电脑者的登录身份是 admin，不是 guest。

⑥ 不要拦截 ActivX 控件。

三、支付宝服务

支付宝是现阶段我国最大的第三方支付平台。支付宝个人用户服务内容主要有：

(1) 网上购物付款服务。支付宝是国内领先的独立第三方支付平台，由阿里巴巴集团创办。支付宝为电子商务提供"简单、安全、快速"的在线支付解决方案。

(2) 担保支付服务。支付宝担保支付服务是支付宝的一项基本的支付服务，利用支付宝的信用中介，为网上购物的买家提供放心的网上支付服务。

(3) 买家保障计划。买家保障计划是淘宝网针对买家购物提供的一项先行赔付服务。买家在淘宝网上购物，产品质量问题的责任方是卖家时，淘宝仅以卖家被冻结的保证金为限向符合条件的买家先行赔付。

(4) 银行卡卡通支付服务。卡通是支付宝与建行、招行、中国邮政以及国内各个城市商业银行等联合推出的一种全新的网上支付服务。在网上购物不需要开通网上银行，只要输入一次支付密码，就可以安全快捷地完成网上付款。

(5) 网上收款服务。支付宝提供下面几种收款服务供用户选择。

① 支付宝交易收款：享有支付宝担保，即使与陌生人交易也安全。

② 即时到账交易收款：即时到账，对方付款后立即到达用户的账户，简单且快速。

③ AA 制收款：为聚会、K 歌等 AA 活动，轻松向用户的朋友集体收费。

(6) 手机购物支付。在不方便上网的地方，可以通过 WAP 购物网站购买想要的商品，并且通过手机支付，轻松付款给对方。

(7) 信贷。卖家信贷是由阿里巴巴公司与中国建设银行合作推出的一项个人小额信贷服务。卖家信贷是指卖家以其已成交而没收到货款的交易为担保，并以卖家个人名义向中国建设银行申请的贷款，用于解决个人的短期资金需求。

四、支付宝企业用户服务内容

(1) 网站集成支付宝。支付宝公司为用户提供以下具体的服务：

① 提供消费者最全面易用的资金通道：网上银行、银行卡通、邮政网汇 e、支付宝账户余额。

② 领先的担保交易服务让消费者的网购安全顾虑降为零。

③ 7×24 小时用户服务。

④ 签约后可立刻申请支付宝技术支持，5 个工作日内为用户提供集成服务。

(2) 商家营销工具。

① 在线客服：用户不用安装阿里旺旺或者雅虎通，即可轻松与商家在线沟通。

② 积分管理：商家可以给用户发送积分，进行积分礼品的发货管理。

③ 促销红包：小生意，大智慧。新用户、老用户、潜在用户都需要商家用心去维系；发送促销红包，表达真挚的关怀。

(3) 安全中心。根据用户的账户资金情况，进行实时安全检查。

① 数字证书是使用支付宝的双保险。

② 上次登录 IP 地址记录，亡羊补牢也不晚。

（4）行业支付解决方案。这一服务内容涵盖以下行业：

① 航空机票直销行业。

② 游戏运营商 B2C 直销行业。

③ 保险行业。

（5）商家交易和资金管理。

① 为了方便商家交易和资金管理，支付宝为广大商家提供了交易查询管理平台和资金查询管理平台。

② 可以在平台上高效地进行订单确认、修改商品价格、商品发货、退款退货处理、账户资金明细查询、账户资金明细下载、资金充值、资金提现等一系列管理操作。

五、申请实名认证

"支付宝实名认证"服务是由浙江支付宝网络科技有限公司提供的一项身份识别服务。支付宝实名认证同时核实会员身份信息和银行账户信息。通过支付宝实名认证后，相当于拥有了一张互联网身份证，可以在淘宝网等众多电子商务网站开店，出售商品，增加支付宝账户拥有者的信用度。支付宝实名认证的步骤包括：

第一步，登录 https://www.alipay.com，进入用户的支付宝账户，点击"我的支付宝"，然后点击"申请认证"。

第二步，了解支付宝实名认证的功能后，点击"立即申请"。

第三步，阅读支付宝认证服务协议，点击协议后面的"我已阅读并接受协议"。

第四步，选择用户身份证所在的地区，如选择"中国大陆用户"，然后点击"立即申请"。

第五步，填写用户的身份证信息，一定要真实，否则认证将不能通过。

第六步，认真填写个人的详细信息和银行账号信息，点击提交。接下来，核对用户所填写的"您的个人信息"和"您的银行账户"，确认无误后请点击"确认提交"保存所填写的信息。

第七步，认证申请提交成功。

第八步，等待支付宝公司向用户提交的银行卡上打入一元以下的金额，并请在 2 天后查看银行账户所收到的准确金额，再登录支付宝账户，登录支付宝账户/我的支付宝/"申请认证"。

请查看用户填写的银行卡上收到的具体金额，在确认汇款金额页面点击"输入汇款金额"进入输入金额页面。输入用户收到的准确金额，点击"确定"继续完成确认。用户有两次输入的机会，请正确填写用户收到的准确金额，两次失败后需要重新提交银行账户进行审核。输入的金额正确后，即时审核用户填写的身份信息，请耐心等待几秒钟。审核通过，即通过支付宝实名认证。

六、项目实训——用支付宝支付

1. 支付宝账号注册

如果还没有支付宝账号，必须先进行注册。只要有一个 E-mail 地址或者手机号码就可以免费注册支付宝。支付宝的教学使用演示可以登录(http://club3.alipay.com/yy/club/xinshou/

jiaocheng.html?src=yy_xinshou_05)获得(可以参考第 1 章模块二"淘宝网开店"部分)。

(1) 点击"免费注册",进行支付宝账号的免费注册。

(2) 进入免费注册页面,首先选择注册方式,建议使用 E-mail 进行注册。

(3) 填写支付宝账号注册资料。填写资料时,应注意以下事项:

① 用户的 E-mail 地址就是要填写的账户名,建议用常用的邮件地址。

② 登录密码由 6～20 个英文字母、数字、符号组成,为了账户安全,建议使用复杂的安全登录密码。

③ 支付密码也就是支付宝资金发生变化时要输入的密码,这是支付宝的一个非常重要的安全措施,建议支付密码不要与登录密码一致。

④ 真实姓名要填写自己身份证上的姓名,身份证号码也要填写准确的号码,否则,在申请支付宝卖家身份时不能通过验证。

(4) 注册成功,系统会把激活码发送到刚刚填写的注册邮箱中,注意查收,并在邮件中点击"激活"按钮,这样,支付宝账户注册成功。

(5) 登录邮箱以激活支付宝账户,如图 2-1 所示。

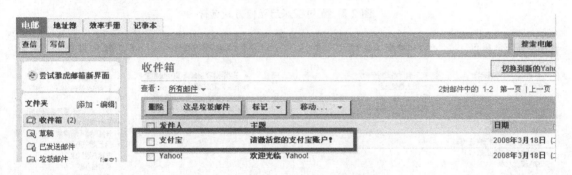

图 2-1　登录邮箱以激活支付宝账户

(6) 支付宝注册成功,如图 2-2 所示。

图 2-2　支付宝账号注册成功

2.充值选择

申请成功后,可以点击页面中的"登录"链接直接进行支付宝账户充值,充值方式如图 2-3 所示。如果选择网上银行,则可以选择已经开通的网上银行充值;如果没有开通网上银行,则可以选择"开通方式",如图 2-4 所示。

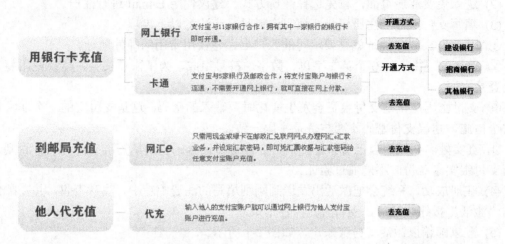

图 2-3 支付宝账户充值方式选择

图 2-4 选择开通网上银行

如果用户不开通网银，则办理支付宝卡通即可使用支付宝付款。

3．支付宝卡通

在线开通支付宝卡通，如图 2-5 所示。

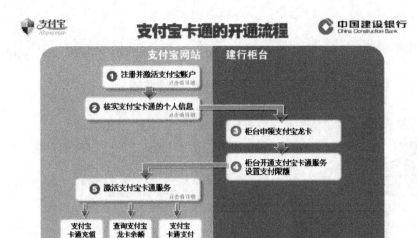

图 2-5　在线开通支付宝卡通

下面介绍开通支付宝卡通的具体流程(以建行为例)。

1) 申请开通支付宝卡通

(1) 登录 www.alipay.com，进入我的支付宝/支付宝典，选择"支付宝卡通"，核实用户留在支付宝账户中的信息是否正确。卡通服务适用于个人类型的账户，公司类型是不可以申请的，如图 2-6 所示。

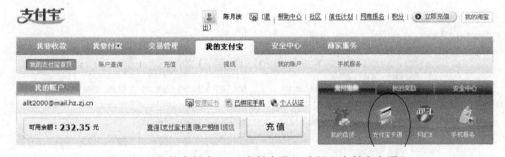

图 2-6　"我的支付宝"/"支付宝典"选择"支付宝卡通"

登录 www.alipay.com，进入我的支付宝/支付宝卡通，如图 2-7 所示。

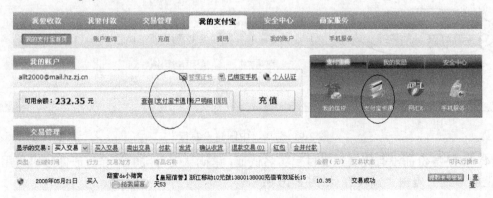

图 2-7　"我的支付宝"/"支付宝卡通"页面

(2) 选择"立即申请"，如图 2-8 所示。

图 2-8　选择"立即申请"

(3) 选择省份、城市、银行，这里选择"中国建设银行"，点击"继续"，如图 2-9 所示。

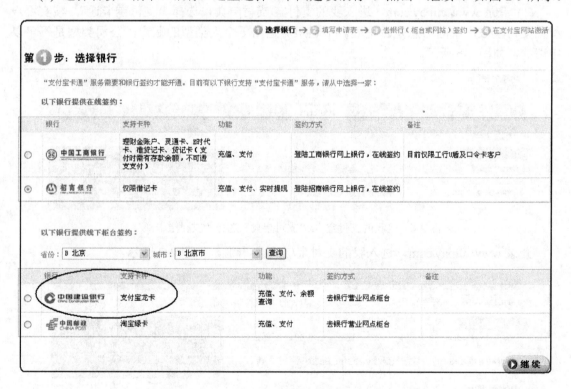

图 2-9　选择"中国建设银行"

(4) 如果身份证没有提交过支付宝实名认证，请确认支付宝的姓名与证件号码与用户身份证上的一致，点击"继续"，如图 2-10 所示。

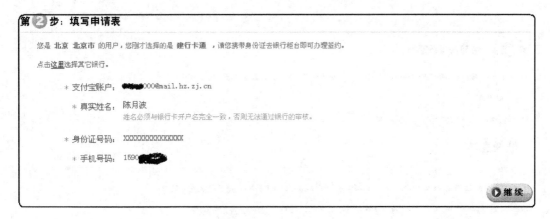

图 2-10　填写申请表

(5) 如果还没有绑定手机，请验证手机号码，如图 2-11 所示。或者先跳过此步，如图 2-12 所示。

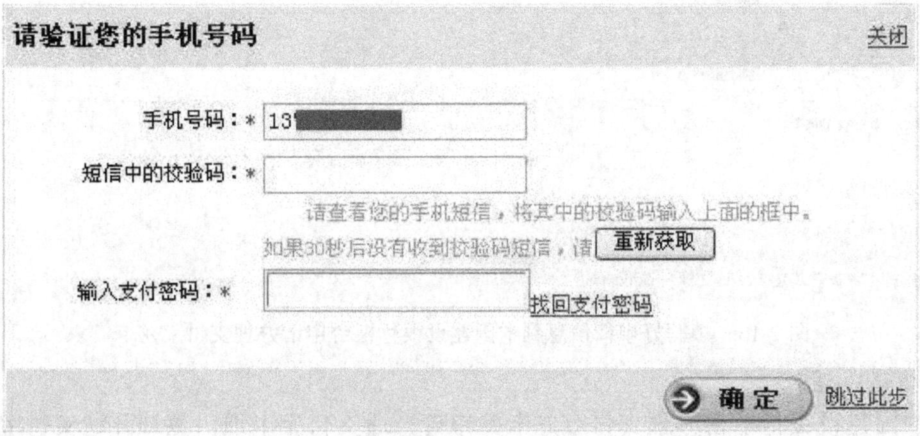

图 2-11　验证手机号

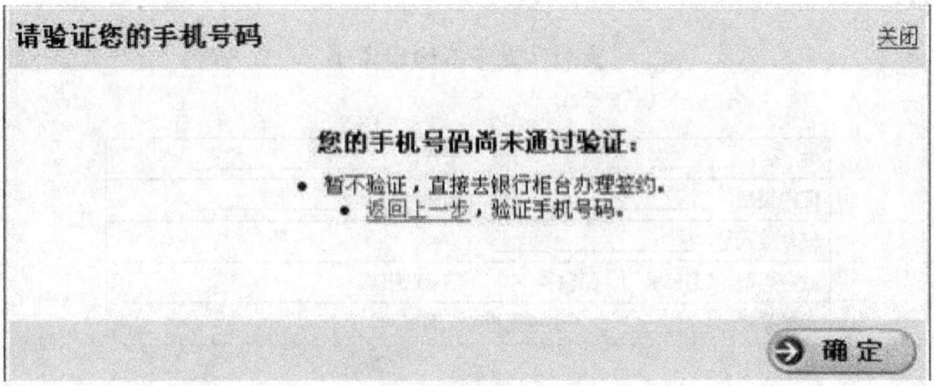

图 2-12　跳过"验证手机号"

(6) 在支付宝网站填写好申请信息后，到中国建设银行柜台申请办理支付宝龙卡，如图 2-13 所示。

第 ❸ 步：去银行柜台签约

您的申请表已提交，您是**浙江省杭州市**的用户，请携带好**身份证**到银行网点签约"支付签卡通"服务。

您所选择的是：

建行卡通（100个营业网点） ∨

➲ 修 改

中国建设银行全面推出支付宝龙卡签约卡通业务，签约使用龙卡卡号即可获得20元购物抵价券。点此查看建行网点信息。

您还可以记录并携带下表信息，以助您在银行填写表单时忘记。您也可以下载并打印《支付宝卡通办理须知》。

▪ 签约时需要携带什么？

签约时需要您携带身份证。您还可以记录并携带下表信息，以助您在银行填写表单时忘记。

姓名	▮
证件号码	XXXXXXXXXXXXXX
支付宝账号	▮M12K .com

▪ 签约的过程是怎样的？

签约分为两个步骤：

（1）填写银行卡申请表，申领支持支付宝卡通服务的银行卡；
（2）填写"支付宝卡通服务必签约单"，签约支付宝卡通服务（建设银行签约单底图）。
只有第二步的签约完成，您才可以使用支付宝卡通服务。

图 2-13　填写好申请信息到中国建设银行柜台申请办理支付宝龙卡

2）申请办理

到中国建设银行柜台办理支付宝龙卡并申请开通支付宝卡通，签订开通支付宝卡通的协议。请携带身份证，到银行柜台申请一张支付宝龙卡，设置最高的网上支付金额，如图2-14 所示。

支付宝龙卡签约申请书

日期：　　年　月　日

姓　名： _____	卡号： _____
证件类型： _____	证件号码： _____
支付宝账号： _____	
业务类型：□签约　　□撤销　　□修改限额	
支付限额： _____ （撤销签约时无需填写）	

申请人：

图 2-14　支付宝龙卡签约申请

3）激活支付宝卡通服务

会员登录支付宝网站，输入支付宝龙卡号码，激活支付宝卡通服务。

与支付宝账户激活不同，激活支付宝卡通服务时，需要先绑定手机。

(1) 在建行柜台申请完毕后，请登录支付宝网站，点击"支付宝卡通"，激活此服务，如图 2-15 所示。

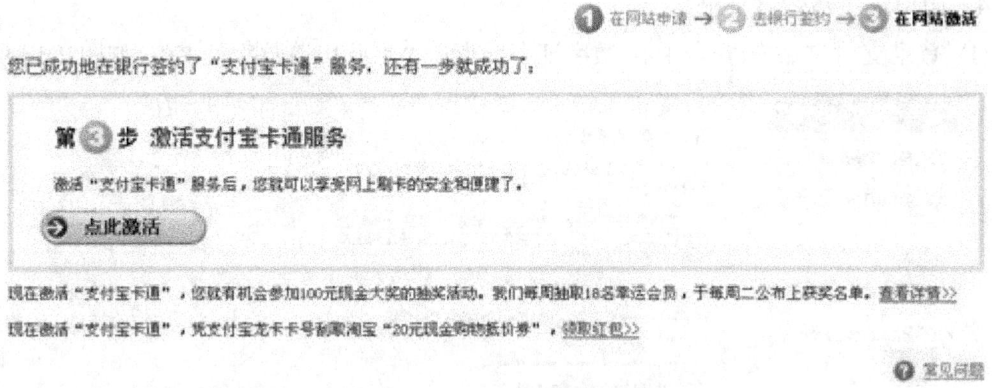

图 2-15　激活"支付宝卡通"

(2) 点击"点此激活"后，如果没有开通短信提醒服务，为了客户的账户安全，请输入手机号码进行校验，如图 2-16 所示。

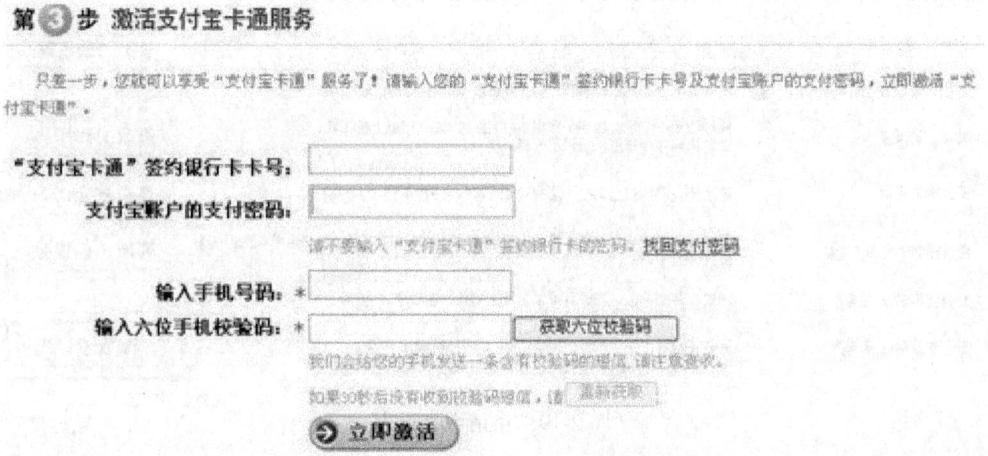

图 2-16　输入手机号码进行校验

填写好完整的信息后点击"立即激活"，如图 2-17 所示。

图 2-17　激活成功

(3) 如果已经开通了短信提醒服务，可直接输入支付宝龙卡卡号和支付宝账户的支付密码，激活卡通。注意：激活成功后，即可成为支付宝实名认证用户 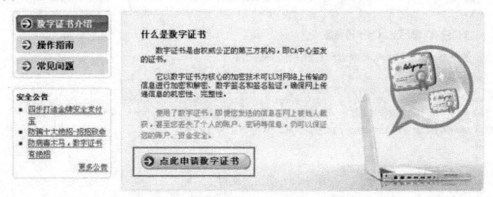，拥有更高的账户操作权限。如果要提高支付宝卡通支付限额，下一步就可以申请支付宝数字证书。

4．申请支付宝数字证书

（1）登录支付宝账户/安全中心/数字证书，点击"点此申请数字证书"，如图 2-18 所示。

图 2-18　"安全中心"/"数字证书"页面

在页面右下角点击"申请数字证书"，如图 2-19 所示。

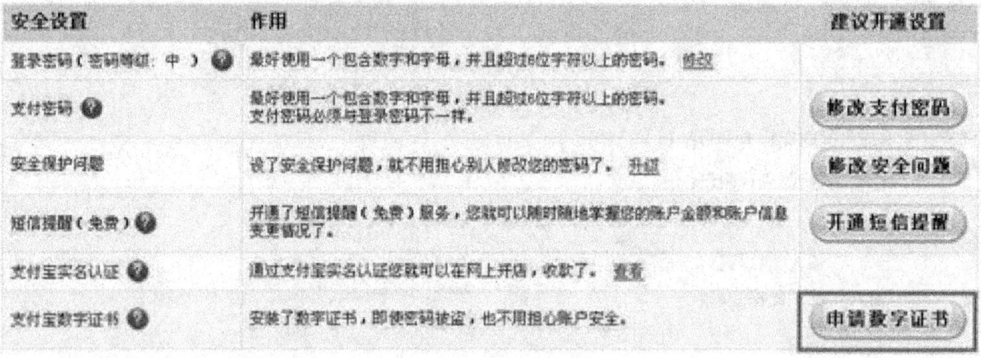

图 2-19　申请数字证书

（2）进行安全验证，请输入认证时填写的证件号码，输入后点击"确定"，如图 2-20 所示。

数字证书-输入您认证时的证件号码

证件号码：

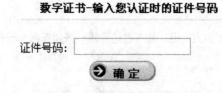

图 2-20　输入认证时填写的证件号码

（3）验证成功后，请仔细阅读以下内容，并请选择相应的方式申请数字证书，如图 2-21 所示。

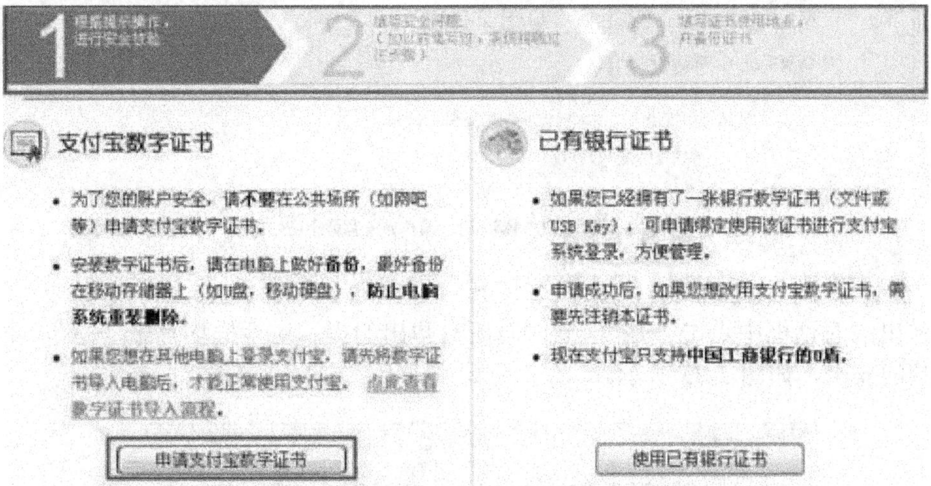

支付宝数字证书

- 为了您的账户安全，请不要在公共场所（如网吧等）申请支付宝数字证书。
- 安装数字证书后，请在电脑上做好备份，最好备份在移动存储器上（如U盘，移动硬盘），**防止电脑系统重装删除**。
- 如果您想在其他电脑上登录支付宝，请先将数字证书导入电脑后，才能正常使用支付宝。点此查看数字证书导入流程。

[申请支付宝数字证书]

已有银行证书

- 如果您已经拥有了一张银行数字证书（文件或USB Key），可申请绑定使用该证书进行支付宝系统登录，方便管理。
- 申请成功后，如果您想改用支付宝数字证书，需要先注销本证书。
- 现在支付宝只支持中国工商银行的U盾。

[使用已有银行证书]

图 2-21 选择相应的方式申请数字证书

(4) 提示设置安全保护问题，请认真设置并牢记答案，填写好内容后点击"确定"，设置安全保护问题后会覆盖原来的密码保护问题，如图 2-22 所示。

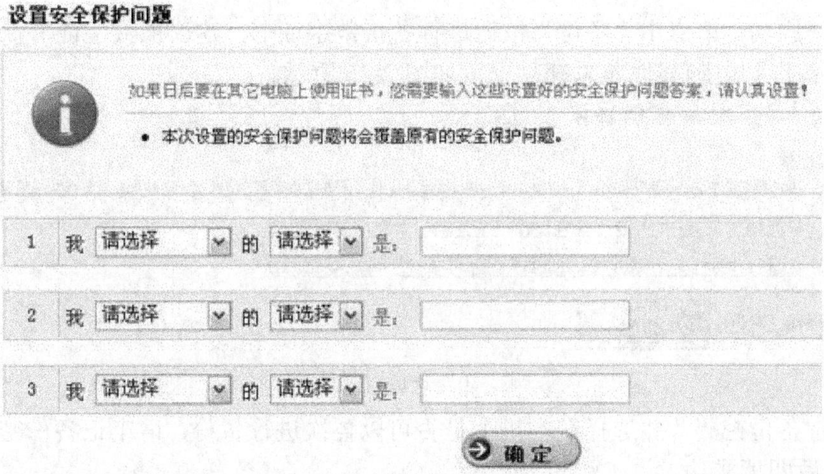

设置安全保护问题

如果日后要在其它电脑上使用证书，您需要输入这些设置好的安全保护问题答案，请认真设置！

- 本次设置的安全保护问题将会覆盖原有的安全保护问题。

1 我 [请选择 ▾] 的 [请选择 ▾] 是：[   ]

2 我 [请选择 ▾] 的 [请选择 ▾] 是：[   ]

3 我 [请选择 ▾] 的 [请选择 ▾] 是：[   ]

[确定]

图 2-22 设置安全保护问题

(5) 预览所填写的内容，点击"确定"后生效。

(6) 安全保护问题设置后，请准确填写证书的使用地点，以方便日后远程管理证书时能清楚辨别证书的使用地点，填写后点击"确定"，如图 2-23 所示。

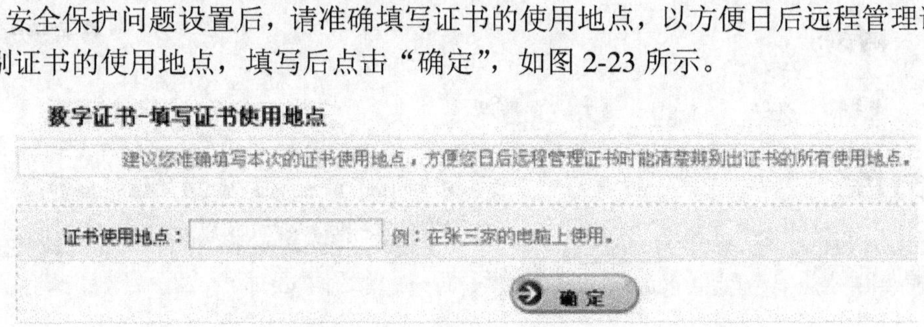

数字证书-填写证书使用地点

建议您准确填写本次的证书使用地点，方便您日后远程管理证书时能清楚辨别出证书的所有使用地点。

证书使用地点：[   ]   例：在张三家的电脑上使用。

[确定]

图 2-23 准确填写证书的使用地点

查看账户信息，再点击"确定"，如图 2-24 所示。

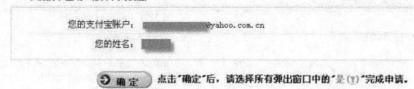

图 2-24　账户信息确认

在弹出的对话框中点击"是"，同时对所有弹出的提示对话框均点击"是"，不会影响用户电脑的安全，如图 2-25 所示。

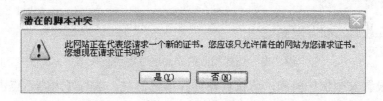

图 2-25　提醒用户点击"是"

(7) 申请成功，请点击"备份"按钮进行备份数字证书，建议把数字证书保存在移动硬盘、U 盘或备份到电脑其他非系统盘上，如图 2-26 所示。

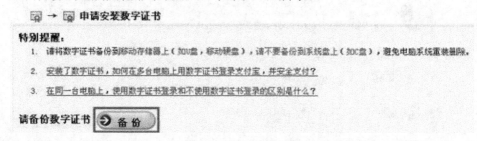

图 2-26　备份数字证书

(8) 设置备份密码，并选择在本机上是否可以再次进行备份，请牢记备份密码，选择备份地址确认后即可成功。

5. 网上银行充值

(1) 登录"我的支付宝"/"充值"，如图 2-27 所示。

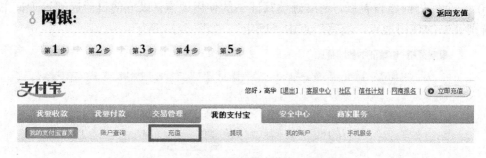

图 2-27　登录"我的支付宝"/"充值"

(2) 选择网上银行充值，如图 2-28 所示。然后，点击"下一步"。

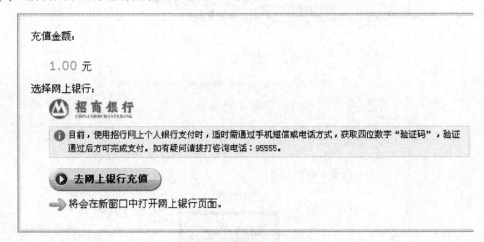

图 2-28　选择一家网上银行进行充值

(3) 选择招商银行进行充值，如图 2-29 所示。

图 2-29　招商银行充值页面

(4) 进入"招商银行"网站进行充值，如图 2-30 所示。

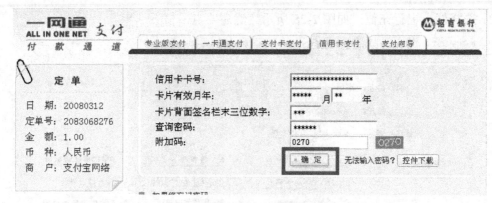

图 2-30　招商银行支付页面

(5) 成功充值，如图 2-31 所示。

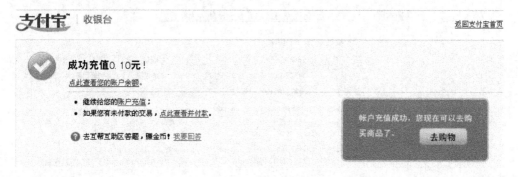

图 2-31　成功充值页面

6. 支付宝卡通充值

在图 2-28 中选择支付宝卡通充值后，出现如图 2-32 所示的页面，点击"确认充值"后出现类似图 2-31 所示的提示页面。

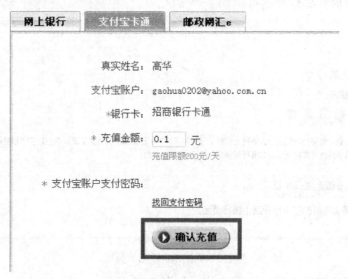

图 2-32　支付宝卡通充值

7．邮政网汇 e 充值

在图 2-28 中选择邮政网汇 e 充值后，出现如图 2-33 所示的页面，点击"确认充值"后出现类似图 2-31 所示的提示页面。

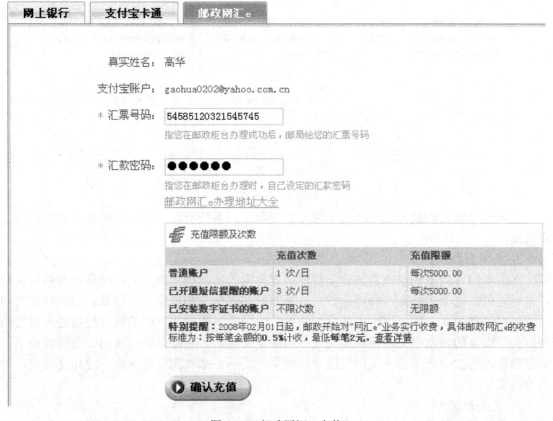

图 2-33　邮政网汇 e 充值

8．使用支付宝

支付宝的主要功能包括"我要收款"、"我要付款"、"交易管理"、"我的支付宝"、"安全中心"、"商家服务"等。使用支付宝的基本流程如图 2-34 所示。

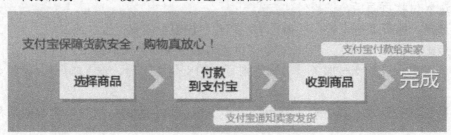

图 2-34　使用支付宝的基本流程

1）我要收款

要想使用支付宝的"我要收款"功能，必须进行实名认证，认证通过后，才可以使用"我要收款"的功能。进行实名认证的方法见后面的理论部分。

支付宝账户提供三种收款方式，即担保交易收款、即时到账收款、AA制收款。当买家付款后，若使用担保交易收款，需要点击"担保交易收款"，如图2-35所示。

图2-35　收款方式

进入担保交易收款界面，认真填写好资料即可，系统会以邮件形式通知买家以这种方式付款。

2) 我要付款

在淘宝网、阿里巴巴或者其他支持使用支付宝的网站购买商品后，买家就要利用支付宝进行支付。这个功能有两种付款方式，即即时到账付款和担保交易付款。亲朋好友之间或者值得信任的人之间可以使用即时到账付款，付款后买家账户中的钱将直接进入对方账户。为了资金的安全起见，建议买家使用担保交易付款，它提供的付款的安全措施如下：买家确认，付款给支付宝→支付宝通知，卖家发货→买家收到货物满意后通知支付宝，付款给卖家。

3) 交易管理

交易管理功能是对买方或者卖方在支持使用支付宝的交易进行管理。通过支付宝来完成支付的流程如下：

(1) 买家进入支付宝的交易管理功能模块后，查看需要付款的交易，点击对应交易后面的付款字样。

(2) 进入付款页面后，选择付款方式。

(3) 选择一张开通网上银行的银行卡，或者建设银行的支付宝卡通。

(4) 点击"去网上银行付款"，这是支付宝与银行网站之间的接口。

(5) 进入用户订单支付服务，填写好银行卡的支付卡卡号，输入验证码(需要安装安全控件)。

(6) 确认支付信息，以拥有工商银行电子银行口令卡为例，填写口令卡密码和登录密码等。

(7) 支付成功后，系统会弹出"支付成功"的字样。这时，卖家可以登录自己的支付宝中的交易管理，查看到交易状态变为"发货并确认"。

(8) 卖家需要根据商品信息用相应的方式发货，点击"发货并确认"，再点击"等待发货的订单"，右边会弹出需要发货的商品，选中并点击"发货"即可。

当然，交易成功后，不要忘记买卖双方给予彼此评价，以建立公平合理的信用制度。

4) 支付宝账户提现

"我的支付宝"是对所注册的支付宝账户进行管理的工具，包括"账户充值"、"账户提现"、"手机服务"、"账户明细查询"、"支付宝信使"、"安全中心"以及"我的积分"等功能。

用户可以利用"账户提现"功能把支付宝账户中的钱转移到指定的银行账户中，而且银行账号的开户人姓名必须与支付宝中注册的真实姓名一致。如果用户不想用支付宝账户中的钱，就可以提现到银行卡中。要想提现，必须先在支付宝网站上申请提现，点击"提现"，当填写好了提现金额以及支付密码(在注册支付宝时已经填写过)，点击"下一步"，如果想设置提现的银行账号，则点击申请提现旁边的"设置银行账号"即可。提现设置成功后，点击"下一步"，即可出现"提现申请提交"的提示，如图 2-36 所示。

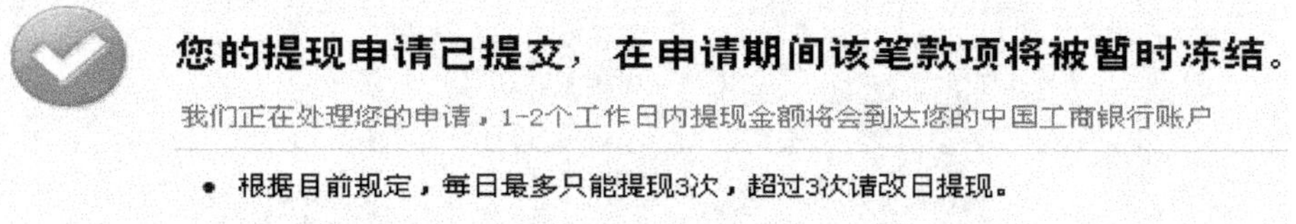

您的提现申请已提交，在申请期间该笔款项将被暂时冻结。

我们正在处理您的申请，1-2个工作日内提现金额将会到达您的中国工商银行账户

• 根据目前规定，每日最多只能提现3次，超过3次请改日提现。

图 2-36　提现申请提交

5) 安全中心

安全中心可以分为网上收款的安全服务和网上付款的安全服务两种。

网上收款的安全服务包括三项。第一，设置安全的密码。需要注意的是，通过支付宝账户购物会涉及到很多密码，如淘宝网的登录密码、支付宝账户的登录密码和支付密码、注册邮箱的密码、网银的登录密码和支付密码等，不要图一时好记，把这些密码设置成一样的，一旦一个密码被破解，所有账户都暴露在极不安全的状态中了。第二，设置密码保护问题。一旦忘记密码或者密码被盗，可以利用密码保护问题找回原密码。因此，密码保护问题一定要慎重填写并且牢记在心。第三，利用设置密码保护问题绑定手机后，就可以享受以下的短信提醒服务(当用户的账户密码、E-mail 地址、银行信息被修改时，发送短信提醒用户，或者当账户金额发生一定变化时，发送短信提醒用户)，手机自助服务、手机支付(发送短信给支付宝，支付宝就会帮用户把款项付到对方的支付宝账户上)等方便实用的服务。另外，如果你是用手机号码作为支付宝账户名，当用户需要更换你绑定的手机号码时，必须更改你的登录手机号码。

网上付款的安全服务，除了可以利用与网上收款的安全服务相同的服务外，还可以享受申请支付宝实名认证和安装数字证书服务，这在后面的理论知识部分会详细讲解。

6) 商家服务

商家服务是支付宝新推出的一个业务功能，这是专门为支付宝卖家而准备的一项专门服务，既可以利用营销工具进行商店或者商品的营销活动，还可以为卖家提供与中国建设银行合作推出的一项个人小额信贷服务。

9．一分钱购物体验

(1) 登陆一分钱购物体验专区(http://www.taobao.com/theme/yifenqian.php)，如图 2-37 所示。

图 2-37　一分钱购物体验流程

(2) 到一分钱商店(http://shop33355653.taobao.com/)进行购物体验，如图 2-38 所示。

图 2-38　一分钱商店

(3) 拍下一件商品，如图 2-39 所示。

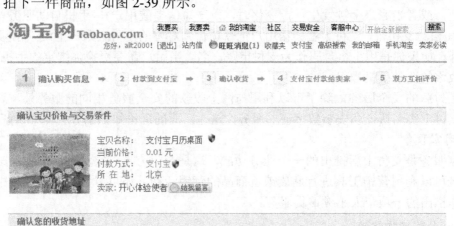

图 2-39　拍下一件商品

(4) 进入支付宝支付，如图 2-40 所示。

图 2-40　进入支付宝支付

(5) 选择支付宝余额支付，如图 2-41 所示。

图 2-41　选择支付宝余额支付

接下来，选择支付宝数字证书完成支付，后面请读者自己实现购物全过程。

 思考题

1. 支付宝提现是如何操作的？
2. 试述第三方支付平台的必要性与存在的问题。
3. 支付宝的密码无法输入，可能会存在哪些问题？
4. 使用支付宝应该注意什么？

模块二 网上银行

➥ **教学目标**

1. 熟悉建设银行网上银行。
2. 掌握建设银行网上银行的使用技能。

➥ **工作任务**

1. 掌握建设银行个人网上银行的申办流程。
2. 掌握个人网上银行的主要功能。
3. 个人网上银行常用后台管理操作。
4. 数字证书安装。
5. 缴费支付、投资理财。
6. 个人用户转账操作。
7. 个人网上银行密码修改等。

一、网上银行的概念

网上银行又称网络银行、在线银行,是指银行利用 Internet 技术,通过 Internet 向用户提供开户、销户、查询、对账、行内转账、跨行转账、信贷、网上证券、投资理财等传统服务项目,使用户可以足不出户就能够安全便捷地管理活期和定期存款、支票、信用卡及个人投资等。可以说,网上银行是在 Internet 上的虚拟银行柜台。

与传统银行业务相比,网上银行的业务更具有魅力。网上银行成本低廉,不受营业网点的限制,方便快捷,有效地提高了服务效率,而且可以提供很多非金融服务。

总体来看,网上银行服务可以分为个人网上银行服务和企业网上银行服务,企业网上银行服务又可以分为一般企业网上银行服务和集团网上银行服务。

二、个人网上银行服务

1. 一般个人网上银行服务

个人银行服务主要针对个人卡用户(包括贷记卡、信用卡等)和存折户提供全方位、个性化的电子金融服务。其业务范围因银行的网上业务发展程度不同而有所差别,个人网上银行服务应包括以下部分:

(1) 账务查询:可以对网上银行中注册的所有账户进行交易明细查询、余额查询、积分查询、转账查询、转汇款查询等。

(2) 个人信息修改:包括个人交易密码和查询密码的修改、个人信用卡额度调整、信用卡自动还款设置等。

(3) 自助缴费:包括手机话费、固定电话费、水费、电费、气费以及网费、学费、保险费等的缴纳。

(4) 转账汇款：包括同城转账、异地汇款等。

(5) 自助贷款：以账户内定期本外币为质押，在线办理个人贷款，贷款资金一般可及时获得。

(6) 电子商务：申请网上支付功能后，在银行特约网站上消费可以采取实时付款方式，资金实时扣款，扣款结果信息立即反馈。

(7) 投资理财：交易品种包括外汇、国债、股票、基金以及保险等。各个品种均可以提供实时行情查询、在线交易等服务。银行还可以为用户提供理财计划，为用户进行财务分析等。

(8) 网上申请：可以在线进行各种银行卡的申请、挂失等，还可以申请银行卡的一些重要功能。

(9) 信息服务：银行可以通过手机短信、电子邮件等形式为用户提供财经信息、账务信息、重要提示等，也可以与用户实现在线交流。

2. 建设银行个人网上银行服务功能

建行个人网上银行 24 小时网上服务，可为用户提供丰富的银行服务，能帮助用户管理个人财务，缴纳水费、电费、气费、电话费等日常费用，提供网上购物付款、国债、基金、黄金、外汇买卖投资、建行理财产品等，包括"我的账户"、"转账汇款"、"缴费支付"、"信用卡"、"投资理财"、"用户服务"、"安全中心"等七大类服务。

(1) 查询："余额查询"、"明细查询"、"交易查询"、"交易积分查询"、"日志查询"等多种信息查询为用户提供全面的账户信息。无论用户持有的是存折还是龙卡，是定期账户还是活期账户，都可立即获得所需要的信息。

(2) 转账汇款：建行网上银行转账汇款，可实现多种账户之间的转账汇款。收款人可以是建行其他个人用户、建行企业用户或其他商业银行的个人用户。

(3) 缴费支付：建行网上银行提供的在线缴费支付，可免去用户奔走之苦、排队之烦。提供在线缴纳手机费、固话费、水费、电费、气费、学费等多种费用，并可在缴费完成后，通过短信通知用户缴费结果。

(4) 信用卡：可以通过网上银行办理信用卡开卡、余额查询、消费积分查询、账单查询、信用卡还款、购汇还款、账户挂失、补发密码函等。

(5) 公积金：可以对公积金账户进行账户查询、明细查询、支取和支取查询，直观掌握公积金账户信息，及时保障用户合法权益。

(6) 网上支付：只要用户有龙卡(储蓄卡、准贷记卡或贷记卡)，就可以在各大电子商务网站上购买商品或服务。

(7) 支票通：可以查询支票通账户每张支票的详细信息，同时可以对签发支票进行承诺付款设置，校验相关信息后还可以查询他人支票的承诺付款情况，及时确认所收到支票的真实性。无须携带大量现金，随时随地满足用户的支付结算需求。

(8) 外汇买卖：通过网上银行外汇买卖功能，可以方便、快捷地查询到外汇行情，及时进行外汇交易。种类丰富的交易方式及全天候 24 小时的悉心服务，为用户在全球外汇市场中获得更多收益提供了强有力的保障。

(9) 银证业务：在股市中，无论是使用银证转账或是银证通的模式，网上银行都提供了全方位的服务。

(10) 债券业务：提供对建行代销债券的买卖交易。

(11) 基金业务：代销基金涵盖了股票型基金、稳健型基金、债券型基金、指数基金、保本基金等国内主要基金品种，可满足不同风险偏好的用户。

(12) 黄金业务：与国际市场价格走势挂钩的黄金牌价，有实时交易、委托挂单等多种交易方式，足不出户即可方便投资黄金，增添更丰富的投资渠道。

(13) 理财产品(部分分行开通)：可以通过建行网上银行自由认购、申购、赎回建行发售的各种本外币理财产品。

(14) 账户设置：用户可自助管理账户，进行账户追加、账户注销、账户挂失、E 家亲账户设置等。

(15) 个性化用户服务功能：可帮助用户尽展个性特点，轻松拥有具有个性的个人网上银行。可以在"用户服务"中设置自己的用户昵称、完成个人资料的修改、选择网页换肤、网页内容定制、收发邮件、按照使用习惯定制自己需要的功能快速通道。

三、企业网上银行服务

企业网上银行服务对象可以分为一般用户和集团用户。所谓一般用户是指没有开设任何分支机构的企业、总部不需要通过企业网上银行系统查询分支机构账户或者不需要通过企业网上银行系统从分支机构账户转出资金的集团性企业等。集团用户是指总部及分支机构在某一银行对公司营业网点开立存款账户，且总部需要通过该企业网上银行系统查询分支机构账户或同时需要通过该企业网上银行系统从分支机构账户转出资金的企业。

企业网上银行根据用户类型和付费情况为用户提供不同的交易功能。其主要交易功能有：

(1) 账户管理：用户通过网上银行进行账户信息查询、下载、维护等一系列账户服务。一般用户和集团用户都可通过账户管理功能随时查看总(母)公司及分(子)公司的各类账户的余额及明细。

(2) 收款业务：网上银行以批量方式主动收取签约个人或其他已授权企业用户各类应缴费用。如公用事业单位代收水费、电费、气费等。

(3) 付款业务：网上银行可为企业提供多种付款服务。如一般支付，可用于相同开户行或不同开户行之间的企业彼此付款结算；集团支付，是当集团母公司之间进行资金划拨，母公司可以掌控子公司的款项；另外还可以代发工资、代表投资分红、进行电子商务中的B2C 在线支付等。

(4) 信用证业务：用户可以通过网络向银行提交进口信用证开证申请和修改申请，网上自助打印《不可撤销跟单信用证申请书》和《信用证修改申请》、网上查询进出口信用证等。

(5) 集团理财：集团企业总(母)公司可直接从注册的所有分(子)公司账户主动将资金上收或下拨到集团企业任一账户中，而不必事先通知其分(子)公司。

(6) 贷款业务：包括自助贷款业务和委托贷款业务。自助贷款业务是用户向银行申请并获得自助贷款专项授信额度后，通过网上银行发送额度内用款申请，自助提取流动资金贷款，并可通过网上自助归还贷款。委托贷款是委托人和借款人分别与银行签订网上委托贷款有关协议，银行按委托人规定的用途和范围、定妥的条件代向借款人发放、监督使用并协助收回的贷款业务。借款人可通过网上归还委托贷款。

(7) 企业信用管理：用户可以查询本公司或其异地子公司的信贷记录情况，包括各种币种、各信用类别的余额和笔数，授信总金额和当前余额、期限、起始日期，以及借款借据的当前状态和历史交易。

(8) 投资理财：网上银行可以为用户办理基金、债券、协定存款、通知存款等相关业务。用户可以通过网上银行进行基金的认购、申购、赎回以及基金基本信息查询款账户，协定存款账户信息查询、通知存款支取和开立/支取指令查询等。

(9) 其他服务：为了给企业用户提供更加方便、快捷、高效的服务，除上述主要服务外，各家银行也推出一些其他服务，如账户提醒、预约服务、网上票证查询、代理报销、代签汇票、代理汇兑、证书管理等。

四、动态口令

为了有效防范"假网站"和"木马"病毒窃取网上银行密码所带来的风险，建行在国内银行业正式推出针对大众用户量身定做的网上银行动态口令卡。

网上银行动态口令卡与双密码保护、密码软键盘输入器、USBKEY 用户证书载体、IE 浏览器 128 位密钥、SSL 传输加密、数字证书等安全手段互为补充，共同构筑了建设银行网上银行的安全体系，全面保证了用户的信息和资金安全，最大限度地降低了用户使用网上银行的风险，提升了网上银行服务的安全性。

动态密码、一次一密的安全性被用户普遍认同，同时，轻、薄、小巧、操作简单的特点更为动态口令卡的大众化普及创造了条件。

1．动态口令卡的定义

动态口令是一种动态密码技术，简单地说，就是用户每次在网上银行进行资金交易时使用不同的密码，进行交易确认。

建设银行推出的网上银行动态口令卡是一种大小、形状与银行卡一样的卡片，俗称刮刮卡。每张卡片覆盖有 30 个不同的密码，用户在使用网上银行过程中，需要输入交易密码时，只需按顺序输入刮刮卡上的密码即可，每个密码只可以使用一次。

2．动态口令卡特点

(1) 一次一密、安全可靠。长期以来，用户为自己设置的银行账户或其他密码均为静态密码，且进行密码设置时存在一种惯性。为了便于记忆，经常使用位数少、简单或有规律的静态密码，容易被犯罪分子破解，而设置位数多、复杂的静态密码并经常更换，又很容易造成密码混乱或遗忘的情况。相比之下，动态口令一次一密的方法，克服了静态密码的上述缺点，不需用户设置、记忆，每次都使用新的密码，彻底解决了一些不法分子利用"木马"病毒窃取网上银行密码的问题，用户从此可以放心无忧地使用网上银行。

(2) 操作简单、方便快捷。动态口令的生成与用户电脑无关，不需要在用户的电脑上安装任何程序，无需记忆复杂的口令。用户只需要使用银行提供的刮刮卡，并按照提示进行操作即可，过程简单，使用方便。

(3) 技术成熟、应用广泛。动态口令技术经过二十多年的发展，目前已经相当成熟。在国外网上银行的使用也有六年多的时间，尤其是在网上银行业务较发达的北欧地区，动态口令的使用十分普及。建行此次首推的动态口令应用于网上银行后，必将在国内掀起新一轮网上应用快速发展的浪潮。

(4) 量身定做、便于携带。此次建设银行推出的刮刮卡，是专门针对网上银行个人用户的需要设计开发的，其大小与银行卡的一样，便于用户携带。每张刮刮卡上印有 30 个密码，按照用户平均每月办理 2～3 次网上银行资金交易计算，一张卡可以满足用户一年的使用需求。今后，建设银行还将陆续为用户推出其他载体形式的动态口令，给用户以更多、更好的选择。

五、计算机安全

为了安全地使用网上银行，要注意保护好用户的计算机，避免被病毒感染或受到黑客攻击，具体应做好如下保护措施：

(1) 为计算机安装防火墙并及时更新，确保在接入互联网时，防火墙能够有效地进行监控和防止非法侵入；

(2) 为计算机安装杀毒软件，并定期更新、定期杀毒，以清除计算机及电子邮件中携带的病毒；

(3) 及时更新最新的系统及浏览器补丁。

六、网上银行使用安全

在使用网上银行过程中，要注意养成良好的网上银行使用习惯，避免由于人为因素给用户带来安全隐患。在使用网上银行时注意以下几个方面：

(1) 建设银行网页地址是 http://www.ccb.com，建议将该网址添加至收藏夹，并直接通过收藏夹访问，以确保登录地址的正确性，防止不法分子将网址链接到其他非法网站窃取资料。

(2) 设置安全的网上银行密码，并定期更改。

(3) 不要向任何人透露密码，包括建设银行的任何员工。

(4) 小心"网络仿冒"邮件要求提供用户的账户信息和密码。银行不会通过电子邮件要求用户提供类似信息。

(5) 建议设置防伪验证信息，防止假网站，或者设置私密信息，选择登录时回答私密问题，增强登录网上银行的安全强度。

(6) 建议使用账号保护功能，防止别人偷窥用户的账务信息。

(7) 若长时间内不使用网上银行，建议在安全设置中执行暂停网银功能，暂停使用网上银行。

(8) 保证用户计算机安全。请定期下载安装最新的操作系统和浏览器安全程序或补丁，安装个人防火墙及杀毒软件，并及时更新杀毒软件。养成定期更新杀毒软件及定期查杀病毒的习惯，防止新型病毒入侵用户的电脑。

(9) 不要使用公共电脑登入网上银行，例如网吧的电脑。

(10) 在他人电脑上安装、使用证书后应及时删除证书。

七、密码安全提示

在网上银行设置的密码包括网上银行登录密码和交易密码。选择一个高强度、不易猜测的密码对用户的资金和信息安全非常重要。在网上银行设置密码和修改密码时请注意以下几点：

(1) 不要设置简单密码，用户设置的密码必须符合建行安全密码规则：

- 请不要将密码设为相同的数字和字母，如 000000、111111、aaaaaa、bbbbbb 等。
- 请不要将密码设为连续升或降排列的数字或字母，如 123456、987654、abcdef、fedcba 等。
- 请不要将密码设为计算机键盘排列规律的字母，如 asdfgh、qwerty、zxcvbn 等。
- 请不要将密码设为用户的银行卡号、账号、身份证号、电话号码、手机号的末几位。
- 请不要将密码设为用户的生日，包括年、月、日在内的 6 位或 8 位数字。

针对上述形式的密码统称为网上银行简单密码。由于简单密码具有较为明显的规律性和用户信息的针对性，极易被他人猜测、被黑客破解，所以，银行规定个人用户在网上银行设置密码时均不能使用简单密码。

(2) 不要使用与用户姓名、电话号码、车牌号、电子邮件、QQ 号等容易猜测的号码作为用户的网上银行密码。

(3) 定期更换用户密码。使用不同的账户密码、网上银行登录密码和网上银行交易密码。不同的多重密码能更有效地保障用户账户资金的安全。

(4) 在任何情况下，保护好自己的账号和密码，不透露给任何人。不要相信任何通过电子邮件、短信、电话等方式索要账号和密码的行为。

八、项目实训——个人网上银行的操作

本实训通过建设银行网上银行网站进行操作。不同的银行对网上业务管理的方法有所不同，这里主要介绍建设银行个人网上银行的操作。

1. 建行个人网上银行登录与常用的后台管理操作

(1) 建设银行网上银行的首页如图 2-42 所示。图 2-43 为建设银行"网上银行服务"页面。要开通建设银行网上银行，必须持有效证件和建设银行的龙卡或者活期存折，到建行营业网点的柜台上进行"签约"，并遵守银行的相关规定。

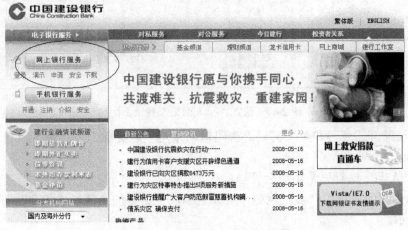

图 2-42　建设银行网上银行首页

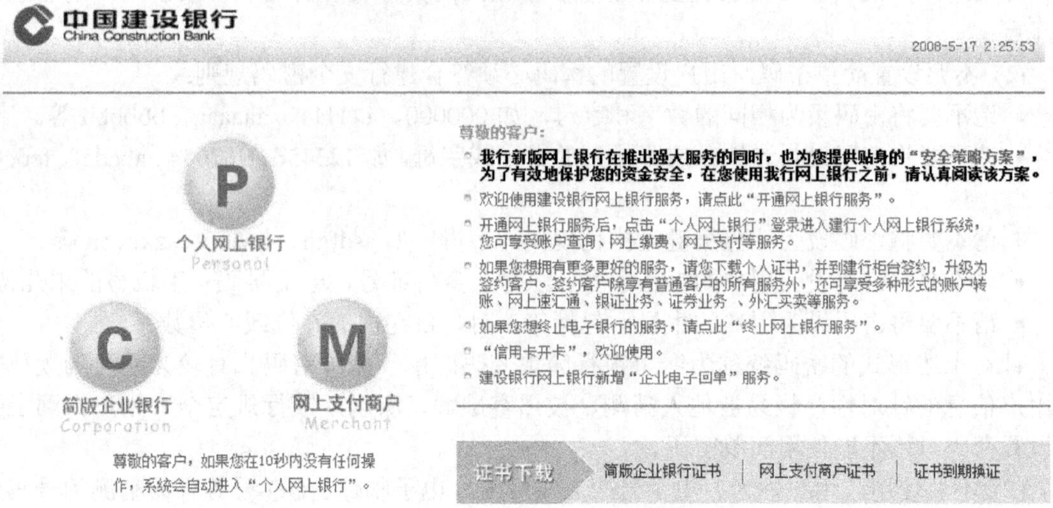

个人网上银行
Personal

简版企业银行
Corporation

网上支付商户
Merchant

尊敬的客户，如果您在10秒内没有任何操作，系统会自动进入"个人网上银行"。

尊敬的客户：

- 我行新版网上银行在推出强大服务的同时，也为您提供贴身的"安全策略方案"，为了有效地保护您的资金安全，在您使用我行网上银行之前，请认真阅读该方案。
- 欢迎使用建设银行网上银行服务，请点此"开通网上银行服务"。
- 开通网上银行服务后，点击"个人网上银行"登录进入建行个人网上银行系统，您可享受账户查询、网上缴费、网上支付等服务。
- 如果您想拥有更多更好的服务，请您下载个人证书，并到建行柜台签约，升级为签约客户。签约客户除享有普通客户的所有服务外，还可享受多种形式的账户转账、网上速汇通、银证业务、证券业务、外汇买卖等服务。
- 如果您想终止电子银行的服务，请点此"终止网上银行服务"。
- "信用卡开卡"，欢迎使用。
- 建设银行网上银行新增"企业电子回单"服务。

证书下载　简版企业银行证书　网上支付商户证书　证书到期换证

图 2-43　建设银行"网上银行服务"页面

(2) 进入"个人网上银行"，如图 2-44 所示。

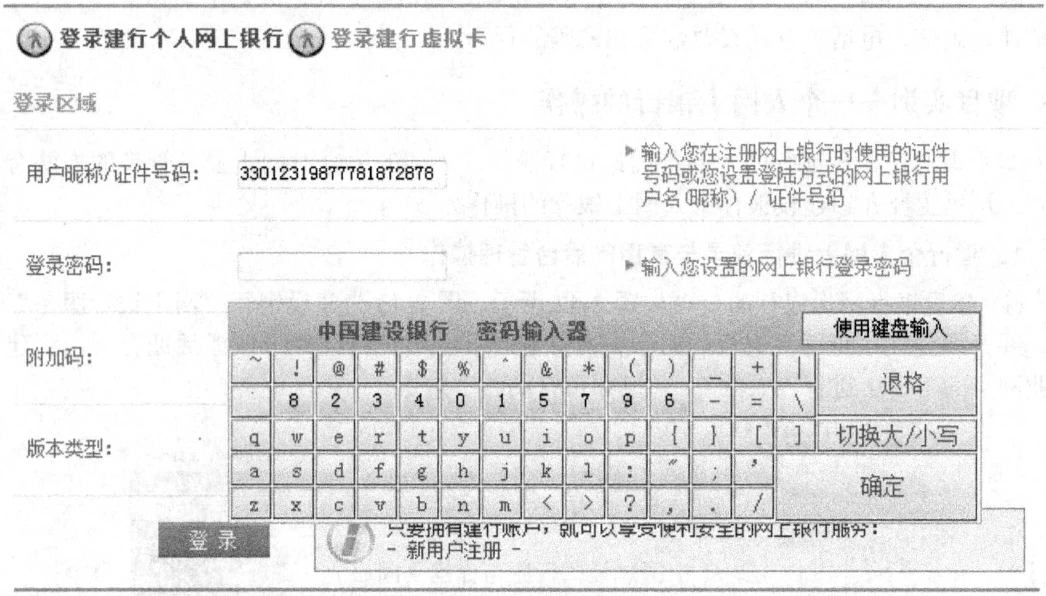

登录建行个人网上银行　登录建行虚拟卡

登录区域

用户昵称/证件号码：　33012319877781872878 ▶ 输入您在注册网上银行时使用的证件号码或您设置登陆方式的网上银行用户名(昵称) / 证件号码

登录密码：　　　　　　　　　　　　　　　　▶ 输入您设置的网上银行登录密码

附加码：

版本类型：

中国建设银行　密码输入器														使用键盘输入
~	!	@	#	$	%	^	&	*	(	)	_	+	|	退格
	8	2	3	4	0	1	5	7	9	6	-	=	\	
q	w	e	r	t	y	u	i	o	p	{	}	[	]	切换大/小写
a	s	d	f	g	h	j	k	l	;	'				确定
z	x	c	v	b	n	m	<	>	?	,	.	/		

登录

只要拥有建行账户，就可以享受便利安全的网上银行服务：
- 新用户注册 -

图 2-44　进入"个人网银"登录页面

用户输入身份证号码和登录密码，密码输入采用"软键盘"方式输入，这样可以防止木马盗取密码。

(3) "个人网上银行"常用后台管理操作：

① 进入"我的账户"/"我的网银"页面显示网上银行的全部账户和"近期活动记录"，如图 2-45 所示。

| 我的账户 | 转账汇款 | 缴费支付 | 信用卡 | 个人贷款 | 投资理财 | 客户服务 | 安全中心 |

我的网银 | 账户查询 | 追加新账户 | 虚拟卡 | VIP对账单 | 个性化设置 | E家亲账户 | 其他账户服务 | 功能介绍

账户查询

账户查询流程： ▶ **点击查询的账户** ▶ 选择操作功能

第一步：请点击想要查询的账户

本人存款账户

别名	账号	币种	账户余额	可用余额	签约分行	账户状态
一折/卡通账户（点击+号查询子账户信息）						
⊞	15408799801000028161	人民币			浙江省	
⊞	15419599888100005891	人民币			浙江省	
龙卡通账户（点击+号查询子账户信息）						
⊞	4367421540870393415	人民币			浙江省	

图 2-45　"我的账户"/"我的网银"页面

② 进入"我的账户"/"账户查询"页面如图 2-46 所示。

| 我的账户 | 转账汇款 | 缴费支付 | 信用卡 | 个人贷款 | 投资理财 | 客户服务 | 安全中心 |

我的网银 | 账户查询 | 追加新账户 | 虚拟卡 | VIP对账单 | 个性化设置 | E家亲账户 | 其他账户服务 | 功能介绍

账户查询

账户查询流程： ▶ **点击查询的账户** ▶ 选择操作功能

第一步：请点击想要查询的账户

本人存款账户

别名	账号	币种	账户余额	可用余额	签约分行	账户状态
储蓄账户						
我的准贷记卡	4532424*****2015	人民币			江西分行	
广州储蓄卡	4367423324*****3574	人民币			广东分行	
一折/卡通账户（点击+号查询子账户信息）						
⊞ 活期一本通	2100049980*****5005	多币种			江西分行	
⊞ 定期一折通	2100049988*****6514	多币种			江西分行	
⊞ 我的储蓄卡	4367422100*****7793	人民币			江西分行	
理财卡账户（点击+号查询子账户信息）						
⊞ 理财卡	4340622*****4011	多币种			江西分行	
信用卡						

图 2-46　"我的账户"/"账户查询"页面

③ 进入"转账汇款"/"定活互转"页面，如图 2-47 所示。

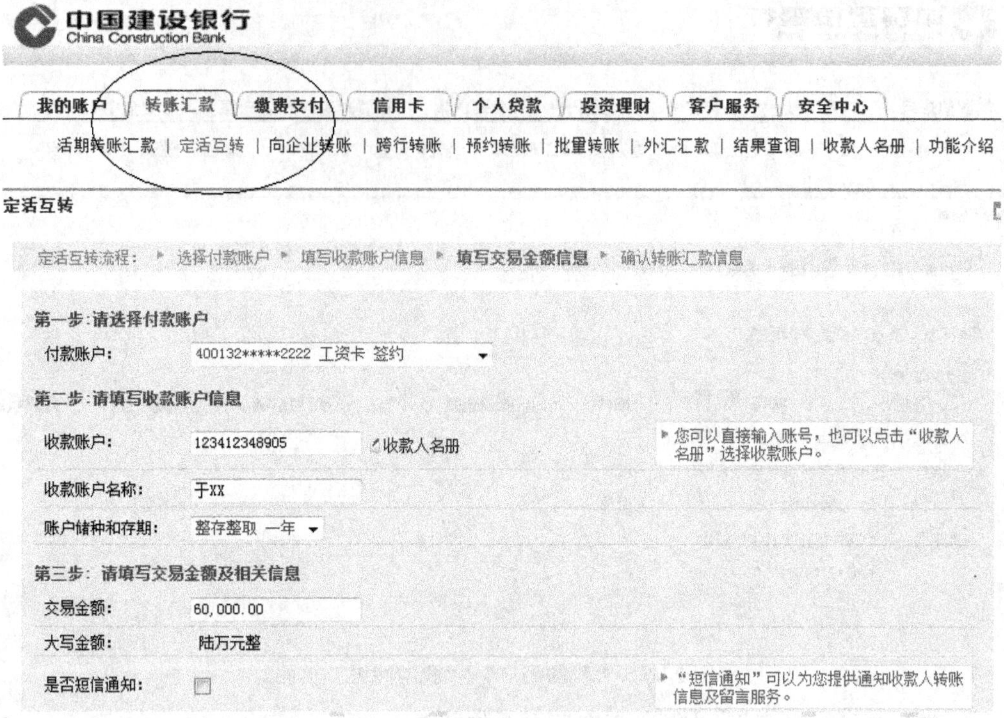

图 2-47　"转账汇款" / "定活互转"页面

④ 进入"缴费支付" / "批量缴费"页面，如图 2-48 所示。

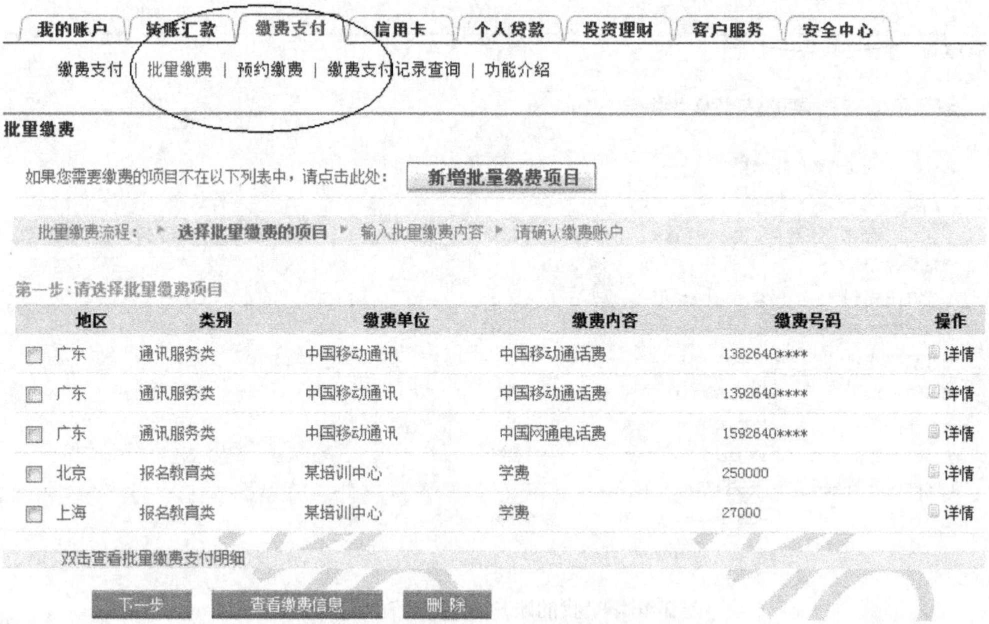

图 2-48　"缴费支付" / "批量缴费"页面

⑤ 进入"投资理财" / "银证转账"页面，如图 2-49 所示。

图 2-49 "投资理财"/"银证转账"页面

⑥ 进入"安全中心"/"修改密码"页面，如图 2-50 所示。

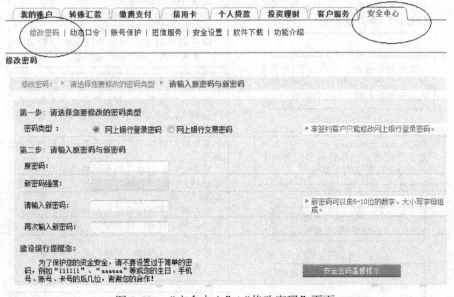

图 2-50 "安全中心"/"修改密码"页面

2. 个人网上银行申办流程

1) 办理条件

● 本人留有密码的实名制账户，包括各种龙卡、定期存折、活期存折、一折通或一本通账户；

● 与实名制账户预留证件相符的有效身份证件，包括身份证、护照、军官证等；

● 能上网的计算机，其中浏览器需 IE 5.0 或 NETSCAPE COMMUNICATOR 4.0 以上版本，浏览器的加密位数是 128 位。

2) 开通程序

建设银行网上银行系统提供两种开通服务的方式：

(1) 先网上注册后柜台签约方式，其流程如图 2-51 所示。

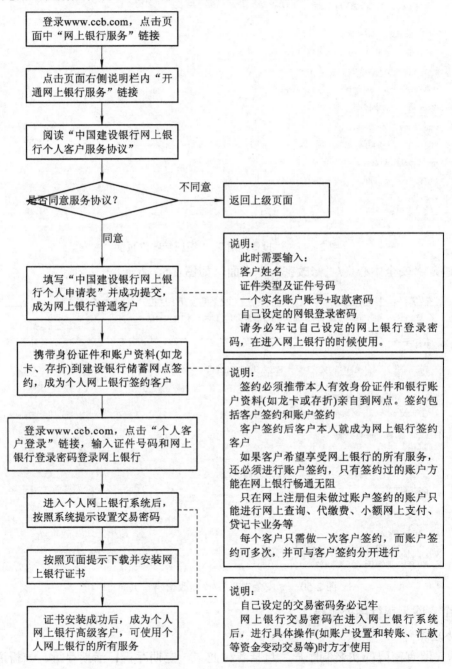

图 2-51　先网上注册后柜台签约方式的流程

(2) 先柜台签约后网上激活方式，其流程如图 2-52 所示。

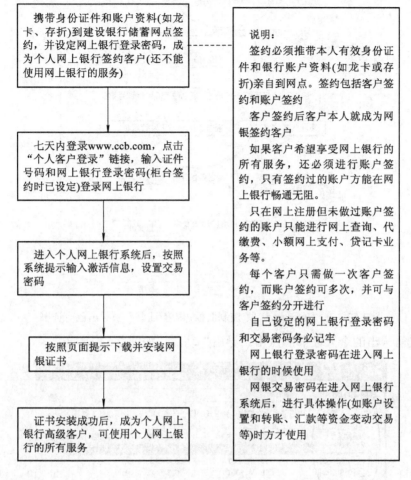

携带身份证件和账户资料(如龙卡、存折)到建设银行储蓄网点签约，并设定网上银行登录密码，成为个人网上银行签约客户(还不能使用网上银行的服务)

七天内登录www.ccb.com，点击"个人客户登录"链接，输入证件号码和网上银行登录密码(柜台签约时已设定)登录网上银行

进入个人网上银行系统后，按照系统提示输入激活信息，设置交易密码

按照页面提示下载并安装网银证书

证书安装成功后，成为个人网上银行高级客户，可使用个人网上银行的所有服务

说明：

签约必须携带本人有效身份证件和银行账户资料(如龙卡或存折)亲自到网点。签约包括客户签约和账户签约

客户签约后客户本人就成为网银签约客户

如果客户希望享受网上银行的所有服务，还必须进行账户签约，只有签约过的账户方能在网上银行畅通无阻。

只在网上注册但未做过账户签约的账户只能进行网上查询、代缴费、小额网上支付、贷记卡业务等。

每个客户只需做一次客户签约，而账户签约可多次，并可与客户签约分开进行

自己设定的网上银行登录密码和交易密码务必记牢

网上银行登录密码在进入网上银行的时候使用

网银交易密码在进入网上银行系统后，进行具体操作(如账户设置和转账、汇款等资金变动交易等)时方才使用

图 2-52   先柜台签约后网上激活方式的流程

3) 重要说明

① 网上银行高级用户可申请使用建行 USB Key 保存数字证书，为使用网上银行再添一道安全而方便的屏障。

② 高级用户在使用网上银行时，可自行决定是否启用数字证书保护。如果不启用数字证书保护，则只享有账户查询、网上小额缴费、网上小额支付、贷记卡还款等普通用户服务功能；如果启用证书保护，就可享受网上银行的所有服务。

③ 证书下载后的安装见后面"证书安装"。

3. 数字证书安装

数字证书是用户在互联网上办理安全交易的保证。如何备份数字证书？如果要在其他计算机上使用网上银行，如何安装证书呢？下面以浏览器 IE 6.0 为例，详细介绍证书的导出、导入功能。

1) 证书导出和备份

(1) 用户可在 "Internet 选项(控制面板)/内容/证书" 中导出已有证书，如图 2-53 所示。

图 2-53 在"Internet 选项(控制面板)/内容/证书"中导出已有证书

(2) 选取需导出的个人证书后点击"导出"功能，如图 2-54 所示。

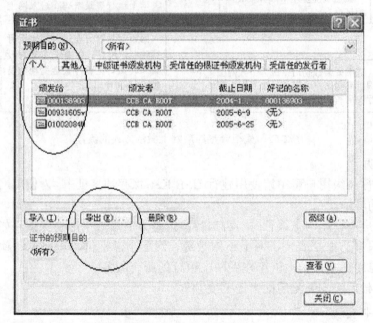

图 2-54 选取需导出的个人证书后点击"导出"功能

(3) 点击"下一步"(图略)。

(4) IE 提示是否导出证书私钥，应选择"是，导出私钥"。注意，如选择不导出私钥，则该证书在计算机导入后为无效证书，如需导出证书至其他计算机使用或备份证书，必须选择"导出私钥"，如图 2-55 所示。

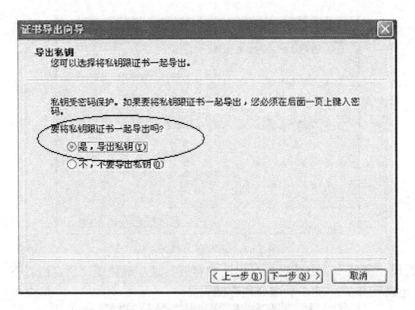

图 2-55 选择"是，导出私钥"

(5) IE 提示导出后私钥的使用方式，可同时选择多项。注意，若选择"启用加强保护"，则导出后的证书只可于限定 IE 版本或更高版本级别使用，如 IE 5.0 以上，用户可根据需要选择计算机的 IE 版本。若选择"如果导出成功，删除密钥"，则本次证书导出成功后本计算机不保留该证书私钥，如用户不再需要于本计算机使用证书，可选择该项，如图 2-56 所示。为确保证书安全，请用户在本机"**IE/属性/内容/证书**"中删除用户的证书。

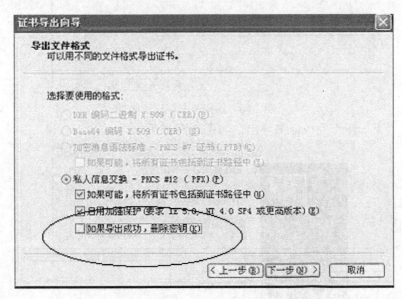

图 2-56 选择"如果导出成功，删除密钥"

(6) 输入证书导入密码，该密码由用户自行确定，当用户导入证书时需输入此密码，如图 2-57 所示。

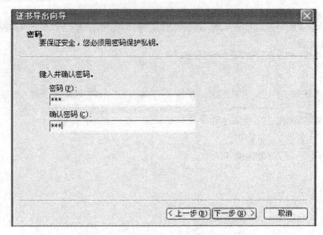

图 2-57　输入证书导入密码

(7) 可通过"浏览"的方式选择导出证书存放目录，确认无误后点击"下一步"，如图 2-58 所示。建议证书备份在 U 盘或其他存储设备中。

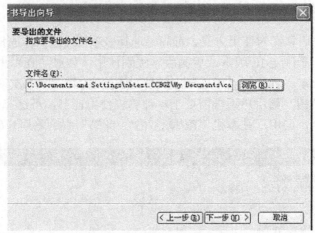

图 2-58　选择证书存放目录

(8) 点击"下一步"完成证书导出，如图 2-59 所示。

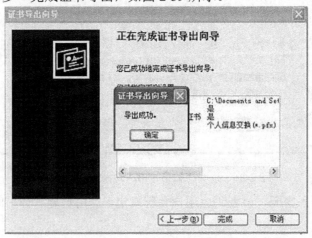

图 2-59　完成证书导出

2) 证书导入和安装

(1) 用户可直接点击已存放于磁(U)盘中的数字证书文件，如图 2-60 所示。

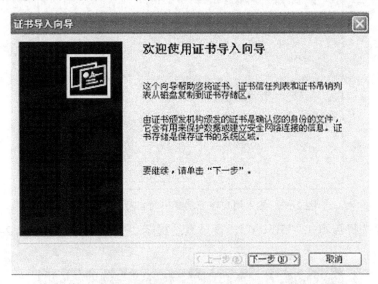

图 2-60　点击已存放于磁(U)盘中的数字证书文件后出现的提示

(2) 点击"下一步"，显示证书文件存放目录，如图 2-61 所示。

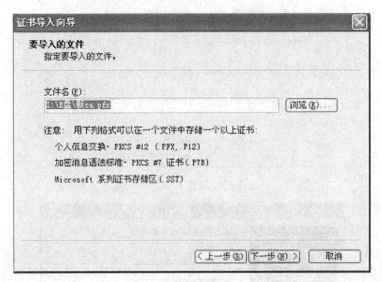

图 2-61　显示证书文件存放目录

(3) 点击"下一步"，输入用户于证书导出时自行设定的密码，如图 2-62 所示。

注意，其中"标志此密钥为可导出的。这将允许您在稍后备份或传输密钥"，用户如选择该项，则可在本机上导出该证书。建议用户在备份证书后，不选择该项，即本机不能导出该证书，如需在其他计算机上使用证书，请以已备份证书在要使用的计算机中导入(备份证书方法请参见证书导出)。

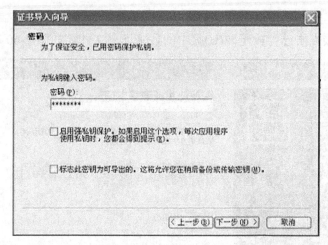

图 2-62　输入用户在证书导出时自行设定的密码

(4) 按需要选择后点击"下一步"，直至系统提示"完成"为止，如图 2-63、图 2-64、图 2-65 所示。

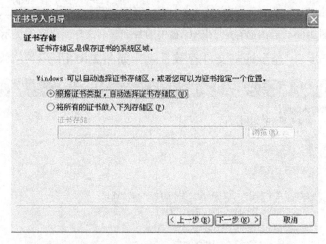

图 2-63　选择"下一步"

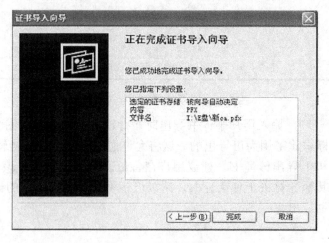

图 2-64　选择"完成"

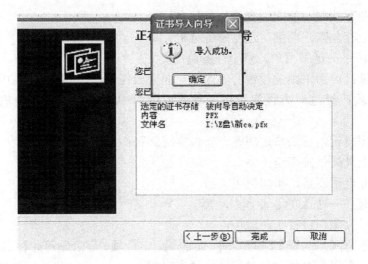

图 2-65　导入成功

证书已成功导入，可通过"Internet 选项(控制面板)/内容/证书"选项查看证书是否已成功导入，若成功导入即可在本机上使用专业版网上银行服务。

4. 简易版企业网上银行服务

1) 简易版企业网上银行的功能

(1) 查询会计存款账户的余额信息；

(2) 查询会计存款账户的明细交易记录信息；

(3) 对下级单位在全国建设银行范围内开立的账户进行实时查询、实时监控；

(4) 跨越时空，提供 24 小时服务。

2) 办理条件

(1) 在中国建设银行营业机构开立的企业账户；

(2) 营业执照或全国组织机构代码证；

(3) 能上网的计算机，其中浏览器需 IE 5.0 或 NETSCAPE COMMUNICATOR 4.0 以上版本，浏览器的加密位数是 128 位。

3) 办理流程

如图 2-66 所示为简易版企业网上银行办理流程。

图 2-66　简易版企业网上银行办理流程

5. 高级版企业网上银行服务

1) 高级版企业网上银行服务

(1) 查询——实时、动态掌握账务信息。

① 查询企业存款账户的余额信息；

② 查询企业存款账户的明细交易记录信息；

③ 下载企业存款账户明细，进行财务分析。

(2) 资金划转——足不出户，资金任务调度。

① 主动付款：可由中国建设银行签约账户向全国任何一个商业银行的账户进行转账；

② 主动收款：经过对方授权可以主动收取国内中国建设银行其他机构企业用户的资金；

③ 实现中国建设银行账户之间资金调拨实时到账；

④ 实现网上批量代发工资；

⑤ 实现企业电子商务，组建网上商城。

(3) 资金管理——强大的企业理财功能。

① 对下级单位账户进行实时监控；

② 对下级单位账户的资金进行定时、定金额、定余额、零余额等各种方式的自动归集；

③ 对自有账户资金对外支付时间进行预先定制；

④ 集团理财功能为集团用户建立网上结算中心。

(4) 财务内控管理——内部管理好帮手。

① 财务人员根据职责分配不同的角色和权限；

② 不同额度转账流程控制；

③ 集团理财功能为集团用户建立网上结算中心；

(5) 方便快捷——更体贴的功能设计。

① 可进行批量制单、批量复核；

② 可预先定制交易(7 个工作日内)、设置重复交易频率；

③ 全天 24 小时提供服务；

④ 提供用户端软件，支持离线制单，凭证打印等个性化功能；

⑤ 提供系统直联功能，用户使用自身财务软件即可对银行账户进行一系列操作。

2) 办理条件

(1) 在中国建设银行营业机构开立的企业账户。

(2) 营业执照或全国组织机构代码证。

(3) 拥有上网的计算机，其中浏览器需 IE 5.0 或 NETSCAPE COMMUNICATOR 4.0 以上版本，浏览器的加密位数是 128 位。

3) 开通程序

如图 2-67 所示为高级版企业网上银行办理流程。

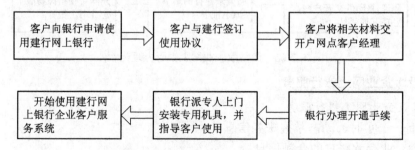

图 2-67　高级版企业网上银行办理流程

4) 安全保障

建设银行企业网上银行系统采用了多重安全机制，保证账户资料安全。

(1) 技术方面：

① 国际认可标准的安全技术 SSL 128 位加密，确保安全可靠；

② 数字证书提供安全身份认证功能；

③ 数字签名保证交易的真实和可靠；

④ ISS 实时扫描系统以及防火墙等；

⑤ 24 小时动态安全监控系统。

(2) 业务处理方面：

① 用户操作权限控制、用户角色控制；

② 多级复核、交易流程控制；

③ 采用分级操作权限管理，加强企业内部管理；

④ 多重密码控制；

⑤ 提供日志查询，各类重要操作在系统留有记录，可随时查询打印。

 思考题

1．建设银行网上银行能够提供哪些服务？

2．与现实中的银行相比较，网上银行服务有什么优势和劣势？

3．网上银行的安全措施主要有哪些？

模块三　手机银行

➲ 教学目标

1．了解手机银行的相关知识。

2．掌握工商银行手机银行的使用。

➲ 工作任务

1．了解工商银行手机银行的服务与功能。

2．工商银行手机银行开通方法。

3．了解工商银行手机银行收费标准。

一、手机银行的概念

手机银行将无线通信技术与银行业务相结合，以给客户提供在线的、实时的服务为目标，将银行业务中的某些业务转移到手机上，以银行服务器作为虚拟的金融服务柜台，客户利用移动支付终端，通过移动通信网络与银行建立连接，在银行提供的交互界面上进行操作，从而完成各种金融交易。

所谓手机银行，是利用移动通信网络及终端办理相关银行业务的简称，也可以称为移动银行。只要有一部开通手机银行的手机，在有信号的情况下，就可以实时掌握账务信息，并进行一定的交易操作，如转账、汇款，甚至买卖基金、交易纸黄金等。可以说，这种网上银行的延伸服务是一种高效、便捷、创新的服务模式，并在一定程度上解决了网上银行、电话银行使用时的地域、设备局限性。毕竟，手机是更多人随身携带的通信工具，这就等于带着一个"随身银行"。

手机银行提供的最基本功能是进行账户查询，做到"随时随地的账户管理"，客户可以对自己账上的余额、收支情况了如指掌。兴业、交行、农行、建行、招行、浦发、工行等银行纷纷推出手机银行转账、自助缴费业务，其中，兴业、交行、建行、招行、工行等还允许客户进行基金、证券投资管理。

另外，比较有特色的功能还包括外汇买卖、纸黄金交易、银期投资管理、手机地图、信用卡服务、国债投资管理等。随着手机银行的不断完善、成熟，各项功能都会逐一开发。

中国工商银行手机(短信)银行是指客户通过编辑发送特定格式短信到银行的特服号码，银行按照客户指令，为客户办理查询、转账、汇款、捐款、消费、缴费、定制/取消余额变动提醒通知等相关业务，并将交易结果以短信方式通知客户的新型金融服务方式。

二、工商银行手机银行的特点和优势

(1) 服务面广、申请简便。只要手机能收发短信，即可轻松享受手机银行的各项服务。可以通过中国工商银行中国网站自助注册手机银行，亦可到工商银行营业网点办理注册，手续简便。

(2) 功能丰富、方便灵活。通过手机发送短信，即可使用账户查询、转账汇款、捐款、缴费、消费支付及定制/取消余额变动提醒通知等八大类服务。此外，当手机银行提供更多更新的服务功能时，也无须更换手机或 SIM 卡，即可自动享受各种新增服务和功能。手机银行交易代码均由交易名称的汉语拼音首字母组成，方便记忆，还可随时发送短信"？"查询各项功能的使用方法。

(3) 安全可靠、多重保障。银行采用多种方式层层保障资金安全。一是手机银行(短信)的信息传输和处理采用国际认可的加密传输方式，实现移动通信公司与银行之间的数据安全传输和处理，防止数据被窃取或破坏；二是客户通过手机银行(短信)进行对外转账的金额有严格限制；三是将客户指定手机号码与银行账户绑定，并设置专用支付密码。

(4) 7×24 小时服务、资金实时到账。无论何时、何处，只要可以收发短信，就可享受工行手机银行(短信)7×24 小时全天候的服务，转账、汇款资金瞬间到账，缴费、消费支付实时完成，一切尽在"掌"握中。

(5) 申办条件。凡在中国工商银行开立了储蓄账户、结算账户，并持有合作移动通信运营商(目前为中国移动通信集团公司和中国联合通信有限公司，以下称为合作单位)手机的个人客户均可申请使用手机银行(短信)。可以登录工商银行中国网站，立即自助注册手机银行，亦可到工商银行营业网点办理注册手续。

三、手机银行的安全性

大量的银行业务在一部小小的手机上实现，一般人会担心："手机银行安全吗？""个人信息、银行账户密码等资料在无线传输中会不会泄露？""手机丢失后相关资料会不会被人窃取？""网上银行已经够不安全了，手机银行岂不是有更多隐患吗？""我用起来方便，骗子用起来不是也很方便？"其实，应该说手机银行安全性是有保障的。

工商银行的安全保障分为几层，首先是客户端手机号与手机银行绑定，对于没有开通手机银行即未绑定的手机号码，是无法使用工商银行卡手机银行的。其次，工行用户在开通手机银行时需要设定登录密码，这在每次登录手机银行时都需要输入。另外，工行还将网上银行的电子口令卡配置到手机银行上，在客户进行转账等资金交易时输入，并同时输入交易密码和验证码。工行对转账金额的上限是每日 5000 元。为了进一步确保安全，可以选择开通手机银行时不开通对外转账、电子商务、网上缴费等功能。

招商银行手机安全保障制度也比较严格，不仅设有登录密码(客户自己设置)、银行卡密码，还对资金转出方要求本人在柜台办理转账协议，资金只能由账户转向某个特定账户，不允许资金转至未签订协议的账户。这虽然增加了手机银行使用的繁琐性，但大大提高了其安全性。

兴业、交行、建行、农行等都实行手机号绑定制度，而交行、农行等银行也对转账金额作了上限规定。其中交行本身对电子银行就有每日不得超过 5 万元的限制，客户可在此范围内自行设置转账额度；农行规定每日转账限额为 5000 元，客户同样可以在此范围内自行设置转账额度。

此外，工行、交行、农行、招行、兴业银行都对密码错误次数有限制，登录、转账等设计密码验证的操作中，如果连续输错密码达到一定次数，系统会在当天自动锁定账户，不得登录，更不能操作。工行规定错误次数不得超过 3 次，其他银行规定错误次数不得多于 5 次。

图形验证码也是各家银行常用的手段。登录手机银行时，页面会显示要求用户输入指定图形内的数字或字母组合，如果错误则无法登录，这个方法可以有效防止某些程序自动试探登录密码。

借助账户通知工具可以有效了解账户情况。诸如浦发"及时语"、工行"工行信使"服务能有效增强账户的安全性。在客户的账户余额变动时，系统会发送短信到指定的手机号上，短信内容包括账户内变动的金额大小、账户内所剩的余额，甚至还有该笔金额大致的用途等，是管理账户、加强安全的好方法。不过要注意的是，这种服务不一定免费。

当然，客户自身也必须意识到手机银行和网上银行一样，有被木马等病毒、恶意程序侵袭的危险。因此，养成良好的使用习惯，如将银行 WAP 服务器地址设为手机浏览器的书签，不要随意浏览看似银行 WAP 地址实则恶意网站等都是比较有效的防范手段。

"手机银行离不开手机，而且手机和银行绑定后，要是遗失了怎么办？要是我想更换号码怎么办？"对于这个问题，其实不用担心。手机用户在手机遗失后，可直接拨打联通或移动的客服电话报失并停机，这时，手机银行也就暂停使用了。为了保险起见，也可以注销手机银行业务。等有了新的手机号码后，再重新开通手机银行，设置新的绑定手机号码。

以建设银行为例，其应用层安全包括：

(1) 密码控制。登录手机银行系统时需要输入的登录密码。登录密码不是账户密码，是用户在开通手机银行服务时自行设定的。如在银行网点签约时，通过柜台上的密码键盘，或在网站开通时，通过网页界面，或在手机上直接开通手机银行服务时，在手机界面上由用户自己输入。登录密码由 6～10 位数字和字母混合组成。用户通过登录密码才能使用手机银行服务，并可自行更改密码。

用户号和登录密码是手机银行进行用户身份验证的一个重要环节，银行先进行用户密码的验证，若密码错误，交易终止。为防止有人恶意试探别人密码，系统设置了密码错误次数日累计限制，当达到限制时，会将该用户手机银行服务变更为暂停状态。

(2) 签约机制。手机银行为进一步保障用户资金安全，引入了签约机制。对于通过银行网站(www.ccb.com)或在手机上直接开通手机银行服务的用户可以使用查询、缴费、小额支付等功能。如果用户持本人有效证件原件及账户凭证(卡或存折)到账户所在地的银行营业网点进行身份认证，签订相关协议，并经银行认证后，此类用户才成为手机银行的签约用户，签约用户可享受手机银行提供的全部服务，包括转账、汇款等业务。

(3) 限额控制。为进一步降低业务风险，建行手机银行业务对诸如支付、缴费、转账、汇款、外汇买卖等业务都采用了日累计限额的控制。以后将引入个人交易限额，用户可以根据自身情况灵活地设置自己的交易限额，既满足了个性化需求，又控制了业务风险。

用户可能十分担心手机丢失后会对本人账户信息和资金构成危险。其实，手机银行有密码保护，此密码存储在银行核心业务系统中，即使他人捡到遗失的手机，在不知道密码的情况下，也是无法使用手机银行业务的。当然，如果用户发现手机遗失，可以立刻向移动运营商报失并停机，这样这部手机就无法作联机银行交易了，即使窃贼知道用户密码也毫无用处。另外，用户也可以通过手机、互联网站、银行柜台等渠道取消手机银行服务，待手机找回或使用新的手机号码后，再开通手机银行服务。

四、项目实训——工商银行手机银行的开通

1．注册申请

凡具有工行灵通卡、理财金账户、e 时代卡、信用卡、贷记卡、国际卡的客户，均可注册开通工行手机银行(WAP)。

1) 自助注册

(1) 登录工行 WAP 手机网站(wap.icbc.com.cn)开通手机银行，步骤如下：

(2) 登录工行网站自助注册手机银行，步骤如下：

(3) 通过网上银行渠道自助开通手机银行，步骤如下：

2) 柜面注册

可以持本人有效身份证件及银行卡到工行营业网点，填写《中国工商银行电子银行个人客户注册申请表》，办理注册手续。

提示：

· 若在注册手机银行后，长时间没有确认信息返回，移动用户可使用激活功能，即发送"JH"到95588，通过这一功能可以核实您的手机银行(短信)是否已经注册成功。

· 自助注册客户应只能办理查询账户信息和公共信息等业务。

2．工行手机银行主要功能

只需要编写指定格式的短信，发送到95588，即可实现以下功能：

· 查询：包括查询账户、查询历史明细、查询利率、查询汇率、查询债券。

· 转账：可在本人手机银行(短信)注册卡之间相互转账以及对外转账。

· 汇款。

· 捐款。

· 消费支付。

· 缴费。

· 变更手机银行注册信息。

· 定制/取消余额变动提醒通知。

· 获取帮助。

3．注意事项

(1) "默认支付卡"指用户注册手机银行(短信)时指定的一张注册卡。用户通过默认支付卡办理查询、转账等业务时可以免输卡号。

(2) "支付密码"指用户注册手机银行(短信)时自行设置并确认的密码，办理转账、汇款、缴费、消费支付、注销等业务时必须输入支付密码。支付密码可以设定为6～8位数字或字母。

(3) 交易代码一般由交易名称的汉语拼音首字母组成，也可直接输入中文交易名称。

(4) 短信格式中，各输入项用分隔符分开，分隔符可以是井号(#)、空格或逗号(,)。

(5) 工行手机银行(短信)将按您发送的短信条数收取信息服务费，以及按异地汇款笔数收取交易费。详情请参见电子银行业务收费标准。

4．工行手机银行具体操作

1) 查询

可查询利率、汇率、债券账户余额及最近的历史账务情况。

(1) 查询账户：发送内容为"CXZH#卡号/账号"的短信，可查询本人银行账户的余额和当日明细。

(2) 查询历史明细：发送内容为"CXLS#卡号/账号#起始日期#结束日期"的短信，可查询本人银行账户的历史交易明细。

(3) 查询利率：发送内容为"CXLL#币种代码#利率类型"的短信，可查询本外币储蓄存款利率。

(4) 查询汇率：发送内容为"CXHL#买入币种代码#卖出币种代码"的短信，可查询工行开通的外汇买卖即时汇率行情。

(5) 查询债券：发送内容为"CXZQ#债券代码"的短信，可查询上市流通的国债买入卖出价格及应计利息。

2）转账汇款

(1) 转账。转发送内容为"ZZ#转出卡号#转入卡号/账号#金额#支付密码"的短信，可在本人手机银行(短信)注册卡之间相互转账以及对外转账。

(2) 汇款。发送内容为"HK#汇出卡号#汇入卡号/账号#收款人名称#金额#支付密码"的短信，可办理汇款。

3）缴费

可查询和缴纳本人及他人固定电话话费或手机话费。发送内容为"JFDH#电话号码#姓名"或"JFSJ#手机号码"的短信，然后将工行给用户返回的确认短信直接转发至95588******(其中"******"为手机银行支付密码)，即可完成本人及他人固定电话话费或手机话费的缴纳。

4）缴费支付

在互联网上购物后通过本业务就可完成购物货款的支付。在互联网上购物后，选择"工商银行手机银行支付"，输入手机号码，随后将接收到工行手机银行(短信)系统给您发送的购物支付确认短信，您只要将该短信转发至 95588******(其中"******"为手机银行支付密码)，即可完成购物货款的支付。

5）手机捐款

发送内容为"JK#项目代码#卡号#金额"的短信，可向慈善机构捐款奉献爱心。

6）定制/取消余额变动提醒通知

(1) 定制余额变动提醒通知。发送内容为"BDDZ+卡号+支付密码"的短信，可以为用户已经注册手机银行的账户定制账户余额变动短信提醒服务功能。系统为该卡号开通账户余额变动短信提醒服务的同时，自动扣收首月余额变动服务费，扣费金额按网银账户余额变动提醒服务收费标准，扣费账户为定制注册卡的基本账户。

(2) 取消余额变动提醒通知。发送内容为"BDQX+卡号"的短信，可以为已经注册手机银行的账户取消账户余额变动短信提醒服务功能。该交易可以取消的余额变动短信提醒服务，包括银行柜面、网上银行、电话银行、手机银行等各系统定制的余额变动短信提醒服务。使用银行柜面、网上银行、电话银行等各系统也可取消手机银行定制的余额变动短信提醒服务。

7）获取帮助

可以查询到手机银行各项功能的交易代码，也可查询到该交易指令的标准输入格式。

(1) 中国移动用户：发送内容为"？"的短信，可查询到手机银行各项功能的交易代码(由功能名称的汉语拼音首字母组成)；发送内容为"？#交易代码"的短信，可查询到该交易指令的标准输入格式。

(2) 中国联通用户：发送内容为"bz"的短信，可查询到手机银行各项功能的交易代码(由功能名称的汉语拼音首字母组成)；发送内容为"bz#交易代码"的短信，可查询到该交易指令的标准输入格式。

8) 账户设置与变更

可以通过以下操作变更手机银行注册信息：

(1) 修改密码：发送内容为"XGMM#原密码#新密码"的短信，可修改手机银行(短信)支付密码。

(2) 修改支付卡：发送内容为"GZFK#新卡号"的短信，可修改注册手机银行(短信)时默认的支付卡。

(3) 注销：发送内容为"ZX#手机银行支付密码"的短信，可注销手机银行(短信)服务。

5. 访问地址

通过手机上网访问工行手机网(wap.icbc.com.cn)，即可登录工行手机银行(WAP)。其中，中国移动用户登录不用再输入卡号，只需输入密码即可登录。

6. 收费标准

如果使用工行手机银行(WAP)可能会产生以下相关费用：

(1) 工行手机银行(WAP)年服务费。详情请参见工行网站《中国工商银行电子银行业务收费标准》。

(2) 工行手机银行(WAP)交易费用。如果使用工行手机银行(WAP)进行转账汇款、基金、证券等交易，会产生交易费用，该费用将参照工行网上银行交易收费标准收取，详情请参见工行网站《中国工商银行电子银行业务收费标准》。

(3) GPRS上网流量费。访问手机银行(WAP)会产生GPRS上网流量，该费用是由当地电信运营商收取，具体资费请您咨询当地电信运营商。

工商银行服务费标准：

1) 企业业务

(1) 服务费：收费标准如表2-1所示。

表2-1 企业业务服务费收费标准

收费项目	收费标准	执行时间	备　　注
网上银行(包括银企互联和电子商务)证书年服务费	每张证书200元	2000年2月1日	
网上银行证书年服务费(CFCA证书)	每年每张证书最低280元	2009年6月8日	
网上银行账户年服务费	每个注册账户20元(一般单位客户不收此项费用，集团客户主账户不收此项费用；每年截至12月20日，账户注册时间超过半年(含)的按标准收取，不足半年的按半价收取)	2004年1月1日	
网上银行贵宾室年服务费	每个客户10000元	2006年1月7日	
企业网上银行(普及版)年服务费	每张证书不超过500元	2004年11月14日	按当地工商银行公告标准执行

收费项目	收费标准	执行时间	备　注
银企互联开通服务费	10万元(一次性收取。特约网站开通银企互联的，按特约网站开通服务费标准执行)	2004年1月1日	
银企互联账户年服务费	每个注册账户200元(一般单位客户不收此项费用，集团客户主账户不收此项费用；每年截至12月20日，账户注册时间超过半年(含)的按标准收取，不足半年的按半价收取)	2006年1月7日	
工行信使(余额变动提醒)服务费	每月每手机号10元	2009年4月19日	
电话银行年服务费	每张证书不超过500元(未采用证书方式的，按其客户编号或登录账号，比照证书方式收费标准收取)	2004年1月1日	按当地工商银行公告标准执行
票据托管年服务费	每个客户8000元	2009年6月8日	按当地工商银行公告标准执行

(2) 交易费：收费标准如表2-2所示。

表2-2　企业业务交易费收费标准

业务种类	收费标准	执行时间	备　注
工行系统内电子银行人民币结算	同城业务每笔0.8元；异地业务按柜面资金汇划业务收费标准*收取	2009年6月8日	
跨行电子银行人民币结算	按柜面资金汇划业务收费标准收取，其中同城非联机处理的业务按每笔1元收取。当地人民银行另有规定的，按人民银行的规定执行	2009年6月8日	
外汇汇款	手续费：按汇出金额0.8‰收取，统一按工行当日外汇牌价折算为等值人民币，最低每笔40元，最高每笔800元；邮电费：按每笔10元收取	2009年6月8日	
企业财务室(含贵宾室企业财务室)	向付款单位收取。工行系统内同城每笔不超过5元，工行系统内异地每笔不超过10元；跨行业务按照资金汇划业务收费标准收取	2005年1月1日	按当地工商银行公告标准执行
票据托管	实物票据托管的，按票面金额的万分之零点五收取，最低20元，最高200元；只委托工行录入票据信息的，每笔1元	2006年1月7日	

注：*柜面资金汇划业务收费标准如表2-3所示。

表 2-3　柜表资金汇划业务收费标准

金额标准	汇划费		手续费	
	普通	加急 (2 小时到账)	普通	加急 (2 小时到账)
1 万元(含)以下	5 元/笔	加收 30%	0.5 元/笔	0.5 元/笔
1 万元～10 万元	10 元/笔			
10 万元～50 万元	15 元/笔			
50 万元～100 万元	20 元/笔			
100 万以上	按金额的 0.02‰，最高不超过 200 元			

(3) 工本费：收费标准如表 2-4 所示。

表 2-4　企业业务工本费收费标准

收费项目		收费标准	执行时间	备　注
金卡、银卡证书 工本费	金邦达 GPK16000	每张 65 元	2004 年 1 月 1 日	1. 各品牌证书的芯片有所不同，但功能均一致，客户可选择使用 2. 证书具体型号以当地工商银行公告为准
	捷德 STARCOS SPK2.3			
	华虹 BHDC PKI(32 K)	每张 60 元		
	华虹 BHDC PKI(16 K)	每张 50 元		
普通卡证书工本费		每张 10 元	2004 年 1 月 1 日	
U 盾工本费	金邦达 2006	每个 60 元	2007 年 8 月 1 日	1. 各品牌 U 盾的外形和芯片有所不同，但功能均一致，客户可选择使用 2. U 盾具体型号以当地工商银行公告为准
	金邦达 GEMPC KEY			
	捷德 STARKEY 100			
	华虹 BHDCUSB(32 K)			
	华虹 BHDC USB(16 K)	每个 58 元		
	华虹 HH-UKEY(LCD)	每个 85 元	以当地工商银行推出时间为准	
读卡器工本费	金邦达 GEMPC400	每台 460 元	2004 年 1 月 1 日	1. 各品牌读卡器的外形有所不同，但功能均一致，客户可选择使用 2. 读卡器具体型号以当地工商银行公告为准
	金邦达 GEMPC410			
	金邦达 GEMPC430			
	金邦达 GEMPC Twin	每台 200 元		
	捷德 STARSCR100			
	捷德 CARDMAN1010			
	捷德 CARDMAN2020			
	瑞康 RC8620	每台 150 元		

(4) 协议费：指由工行为特定客户提供电子银行个性化服务而收取的通过协商确定的费用。

(5) 其他费用：收费标准如表 2-5 所示。

表 2-5　企业业务其他费用收费标准

收费项目	收费标准	执行时间	备注
证书挂失费	每笔 20 元	2000 年 2 月 1 日	
密码重置费	每笔 20 元	2004 年 1 月 1 日	

2) 个人业务

(1) 服务费：收费标准如表 2-6 所示。

表 2-6　个人业务服务费收费标准

收费项目	收费标准	执行时间	备　注
网上银行年服务费	每年每个客户 12 元	2008 年 5 月 10 日	暂不收费
贵宾网银会员年服务费	会员 180 元/年、银牌会员 360 元/年、金牌会员 540 元/年	2008 年 7 月 12 日	1. 网银注册卡中含有理财金账户、国际卡金卡的客户直接成为会员 2. 已在工行柜面将牡丹白金卡注册为网银注册卡的客户、网银注册卡中含有财富卡的客户直接成为银牌会员 3. 自动成为会员、银牌会员或金牌会员的客户免收该级别会员服务的年服务费
贵宾网银会员升级服务费	升级费用按照目标会员等级的年费扣减客户尚未使用的原会员等级年费计算。计算公式如下： 升级费用=目标会员等级年服务费－(已购买的原会员等级年服务费/12)×剩余会员资格时间	2008 年 7 月 12 日	1. 低级别会员可以缴纳一定费用升级至高级别会员 2. 剩余会员资格时间按照剩余会员资格月数计算，不足 1 个月的部分不计算 3. 自动成为贵宾版网上银行会员、银牌会员的客户选择升级时，剩余会员资格按 12 个月计算
手机银行(WAP)年服务费	每年每个客户 60 元	2008 年 7 月 12 日	暂不收费
集中式银期转账	同城不收费； 异地每笔 4.5 元或每月 40.5 元	2009 年 6 月 8 日	
资金自动归集功能	1 个月 2 元；3 个月 6 元；6 个月 10 元；12 个月 20 元	2008 年 10 月 18 日	

续表一

收费项目		收费标准	执行时间	备注
工行信使服务费	基金定制	2元/月	2009年6月8日	2009年4月1日－2009年12月31日期间5折收取
	财经信息	2元/月	2009年6月8日	2009年4月1日－2009年12月31日期间5折收取
	股票定制	2元/月	2009年6月8日	2009年4月1日－2009年12月31日期间5折收取
	理财产品业务定制	2元/月	2009年6月8日	2009年4月1日－2009年12月31日期间5折收取
	账务信息	2元/月	2009年6月8日	2009年4月1日－2009年12月31日期间5折收取
	重要提示	2元/月	2003年11月23日	2009年4月1日－2009年12月31日期间5折收取
	余额变动提醒	每月每个账户2元	2008年5月10日	
	工行信使对账单	E-mail每月3元，邮寄每月5元	2009年6月8日	(E-mal暂时免费)
	业务处理提醒	每月每个账户1元	2008年5月10日	
	汇盈通信息	每月2元	2008年5月10日	
	汇款通知	每条短信0.2元	2005年10月30日	
工行信使服务费	人民币账户黄金短信提醒信息费	每条短信0.2元	2008年5月10日	
	黄金递延业务成交通知短信提醒	每条短信0.2元	2009年2月21日	
	黄金递延业务保证金预警和强平短信提醒	每条短信0.2元	2009年2月21日	
网上个人理财服务费	协定金额转账	每项服务16元	2008年5月10日	暂时免收
	预约周期转账	每项服务16元	2008年5月10日	
	T+0理财	每项服务16元	2008年5月10日	
电话银行年服务费		每年每个客户12元	2008年5月10日	按当地工商银行公告标准执行
手机银行(短信)信息服务费	套餐一	25元，100条	2008年5月10日	套餐有效期为两年；客户向工行发送短信办理手机银行业务，须向手机通信运营商缴纳短信通信费，套餐费用中不包括短信通信费；客户发起一笔短信业务，如转账、汇款等，无论工行回复多少条短信，均按一条信息计入套餐；手机银行(短信)激活、注销、捐款、查询捐款、套餐购买、套餐信息查询、查询帮助交易免费，所发信息不计入套餐
	套餐二	45元，200条	2008年5月10日	
	套餐三	100元，500条	2008年5月10日	

（2）交易费：收费标准如表 2-7 所示。

表 2-7　个人业务交易费收费标准

业务种类		收费标准	执行时间	备　注
电子速汇	工行汇款	同城业务不收费 异地业务按汇款金额 0.9% 收取，每笔业务最低 1.8 元，最高 45 元	2009 年 6 月 8 日	
	跨行汇款	按汇款金额 0.9% 收取，每笔业务最低 1.8 元，最高 45 元		
跨境汇出汇款		手续费：按汇出金额的 0.8‰ 收取，最低 16 元/笔，最高 160 元/笔 电信费：100 元/笔 对于以外币现钞账户办理外汇汇款的，工行还将按当日外汇牌价收取钞汇转换差价	2005 年 4 月 24 日	
3. 代缴学费		同城业务不收费，异地业务每笔 5.5 元	2003 年 11 月 23 日	

（3）工本费：收费标准如表 2-8 所示。

表 2-8　个人业务工本费收费标准

收费项目		收费标准	执行时间	备注
U 盾工本费	金邦达 2006	每个 60 元	2007 年 8 月 1 日	1. 各品牌 U 盾的外形和芯片有所不同，但功能均一致，客户可选择使用 2. U 盾具体型号以当地工商银行公告为准
	金邦达 GEMPC KEY	每个 60 元		
	捷德 STARKEY 100			
	华虹 BHDCUSB(32 K)	每个 60 元		
	华虹 BHDC USB(16 K)	每个 58 元		
	华虹 HH-UKEY(LCD)	每个 85 元	2008 年 12 月 30 日	
读卡器工本费		同企业读卡器工本费标准	2004 年 1 月 1 日	
电子银行口令卡工本费		每张 2 元	2006 年 8 月 10 日	

3）电子商务

（1）服务费：收费标准如表 2-9 所示。

表 2-9　电子商务服务费收费标准

收费项目	收费标准
特约单位开通服务费	每个 B2B、B2C、C2C 特约单位不低于 2000 元(一次性收取)

（2）交易费：收费标准如表 2-10 所示。

表 2-10　电子商务交易费收费标准

收费项目	收 费 标 准
工 行 账 户 在 线 支 付 B2B 业务	订购业务：最低按每笔订单交易金额5‰或最低按每笔5元向特约单位收取；若为异地业务，还应按柜面资金汇划业务收费标准向付款单位收取费用 退款业务：不另行收取交易费，是否退还原订购业务交易费及退还方式，根据双方协议约定执行
工 行 账 户 在 线 支 付 B2C 业务	订购业务：最低按每笔订单交易金额的1%向特约单位收取，且每笔不低于0.5元 返还、转付业务：按企业电子银行相应的同城、异地结算业务收费标准收取交易费 退款业务：不另行收取交易费，是否退还原订购业务交易费及退还方式，根据双方协议约定执行。
工 行 账 户 在 线 支 付 C2C 业务	订购业务：最低按每笔订单交易金额的1%向特约单位收取，且每笔不低于0.5元
境外卡在线支付业务	最低按每笔订单交易金额的3%向特约单位收取
工行商城业务	最低按每笔订单交易金额收费：销售一般产品的，费率不低于交易金额的2.5%；销售保险、彩票、软件等特殊商品的，费率不低于交易金额的5%。年累计交易费低于10万元的，按10万元收取费用
交易推介业务	按交易量逐笔收取或者以年服务费形式打包收取，按交易量收取的最低为交易金额的2%，打包收取的最低为每年10万元

 思考题

1．简述手机银行日常业务管理的内容。

2．工行手机银行有什么特点？

3．手机银行的安全措施主要有哪些？用户在使用手机银行时要注意哪些问题？

第 3 章　电子商务安全技术

模块一　加密与解密

➲ **教学目标**

1. 掌握对源文件进行 Base64 编码和解码的整个过程。
2. 熟悉用对称加密法对文件进行加密和解密的过程。
3. 熟悉用 RSA 非对称密钥对文件进行加密与解密的方法。

➲ **工作任务**

1. 掌握 Base64 编码和解码。
2. 掌握 RSA 非对称密钥加密方法。
3. 掌握对称加密的方法。

一、Base64 编码

Base64 是一种很常见的编码规范，其作用是将二进制序列转换为人类可读的 ASCII 字符序列，在需用文本协议(比如 HTTP 和 SMTP)来传输二进制数据的情况下使用。Base64 并不是一种用于安全领域的加密解密算法，尽管有时也使用 Base64 来加密解密，这里的加密与解密实际是指编码(encode)和解码(decode)的过程，其变换是非常简单的，仅仅能够避免信息被直接识别。

Base64 采用了一种很简单的编码转换：对于待编码数据，以 3 个字节为单位，依次取 6 位数据并在前面补上两个 0 形成新的 8 位编码，由于 $3 \times 8 = 4 \times 6$，这样 3 个字节的输入会变成 4 个字节的输出，长度上增加了 1/3。这样的处理还不能保证得到的字符都是可见字符，为此，Base64 制定了一个编码表，进行统一转换，如表 3-1 所示。编码表的大小为 $2^6 = 64$，这也是 Base64 名称的由来。

Base64 编码和解码算法都很简单。前面提到编码是以 3 个字节为单位的，当剩下的字符数量不足 3 个字节时，则应使用 0 进行填充，相应地，输出字符则使用"="占位，因此编码后输出的文本末尾可能会出现 1 至 2 个"="。这是一种典型的编码转换的处理方法，类似的可能还有 UTF16 与 UTF8 之间的转换。

表 3-1　Base64 编码表

值	编码	值	编码	值	编码	值	编码
0	A	17	R	34	i	51	z
1	B	18	S	35	j	52	0
2	C	19	T	36	k	53	1
3	D	20	U	37	l	54	2
4	E	21	V	38	m	55	3
5	F	2	W	39	n	56	4
6	G	23	X	40	o	57	5
7	H	24	Y	41	p	58	6
8	I	25	Z	42	q	59	7
9	J	26	a	43	r	60	8
10	K	27	b	44	s	61	9
11	L	28	c	45	t	62	+
12	M	29	d	46	u	63	/
13	N	30	e	47	v	(pad)	=
14	O	31	f	48	w		
15	P	32	g	49	x		
16	Q	33	h	50	y		

例如，字符串"张 3"

　　11010101 HEX:D5 11000101 HEX:C5 00110011 HEX:33

　　00110101 00011100 00010100 00110011

　　字符"5"　　字符"∧\"　　字符"∧T"　　字符"3"

　　十进制 53　　十进制 34　　十进制 20　　十进制 51

　　字符"1"　　字符"i"　　字符"U"　　字符"z"

这样，字符串"张 3"经过编码后就成了字符串"1iUz"了。

二、对称加密算法的基本原理

　　对称加密算法是应用较早的加密算法，技术成熟。在对称加密算法中，数据发信方将明文(原始数据)和加密密钥一起经过特殊加密算法处理后，使其变成复杂的加密密文发送出去。收信方收到密文后，若想解读原文，则需要使用加密用过的密钥及相同算法的逆算法对密文进行解密，才能使其恢复成可读明文。在对称加密算法中，使用的密钥只有一个，发收信双方都使用这个密钥对数据进行加密和解密，这就要求解密方事先必须知道加密密钥。

　　对称加密算法的特点是算法公开，计算量小，加密速度快，加密效率高。不足之处是，交易双方都使用同样钥匙，安全性得不到保证。此外，每对用户每次使用对称加密算法时，都需要使用唯一密钥，这使得发收信双方所拥有的密钥数量成几何级数增长，密钥管理成为用户的负担。对称加密算法在分布式网络系统上使用较为困难，主要是因为密钥管理困难，使用成本较高。而与公开密钥加密算法比起来，对称加密算法能够提供加密和认证却缺乏了签名功能，使得使用范围有所缩小。在计算机专网系统中广泛使用的对称加密算法有 DES、IDEA、3DES、Blowfish、RC5 和 AES 等。

对称加密算法一般以"块"或"流"的方式对输入信息进行处理，"块加密算法"一般每次处理一个数据块，至于块的大小，则取决于算法本身(目前多数使用系统均采用 64 位的块长度)。另一方面，"流加密算法"每次处理的是数据的一个位(或者一个字节)，用一个键值适当地进行种子化处理，便能生成一个位流(这里的"位"指二进制的位)。

无论是块加密还是流加密，它们都适用于批量信息的加密处理。块加密算法可采用不同的模式工作，一种模式是每次都用同一个密钥；另一种是将上一次操作的结果"喂"给当前操作，从而将数据块链接到一起。综合运用这些模式，可使一种加密算法变得更为"健壮"，对特定的攻击产生更强的免疫力。例如，块加密算法的基本应用就是"电子密码本"(ECB，Electronic Code Book)模式。每个明文块都加密成一个密文块，由于使用相同的密钥，相同的明文块会加密成相同的密文块，所以，对一段已知的明文来说，完全能构建出一个密码本，其中包含所有的密文组合。如果我们知道一个 IP 数据包已进行了加密处理，那么由于密文的前 20 个字节代表的是 IP 头，所以可利用一个密码本推断出真实的密钥。

在块加密算法的具体应用中，由于不能保证输入数据的长度正好为一个密码块长度的整数倍，所以根据具体的模式，需要对输入进行适当的填充。假如块的长度是 64 位，而最后一个输入块的大小仅 48 位，那么就有必要增添 16 位的填充数据，然后才能执行加密(或解密)运算。

加密块链接(CBC)模式可取得前一个密文块，并在对下一个明文块进行加密之前，先对两者执行一次 XOR 运算，如图 3-1 所示。假如是第一个块，那么与它进行 XOR 运算的是一个初始化矢量(IV，Initialization Vector)。IV 必须具有"健壮"的伪随机特性，以确保完全一致的明文不会产生完全一致的密文。解密过程与加密相反：每个块都会进行解密，并在对前一个块进行解密之前，对两者进行一次 XOR 运算。解密到第一个块，它同样会与 IV 进行 XOR 运算。目前使用的所有加密算法都属于"块加密算法"，采用 CBC 模式运行。

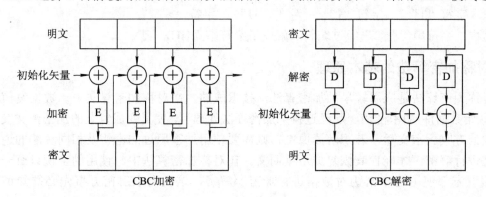

图 3-1　加密块链接方式

其他流行的模式包括加密回馈模式(CFB，Cipher Feedback Mode)和输出回馈模式(OFB，Output Feedback Mode)，前者的前一个密文块会被加密，并与当前的明文块进行 XOR 运算(第一个明文块只与 IV 进行 XOR 运算)；后者会维持一种加密状态，不断地加密，并与明文块进行 XOR 运算, 以生成密文(IV 代表初始的加密状态)。

三、DES 算法

数据加密标准(DES, Data Encryption Standard)是使用最为普遍的私有密钥算法。DES 算法于 1975 年由 IBM 发明并公开发表, 并于 1976 年批准成为美国政府标准。DES 算法在 POS、ATM、磁卡及智能卡(IC 卡)、加油站、高速公路收费站等领域被广泛应用, 以此来实现关键数据的保密。如信用卡持卡人的 PIN 的加密传输、IC 卡与 POS 间的双向认证、金融交易数据包的 MAC 校验等, 均用到 DES 算法。

DES 算法的处理速度比较快。根据 RSA 实验室提供的数据, 当 DES 完全由软件实现时, 它至少比 RSA(名字来源于它的发明者 Ron Rivest、Adi Shamir 及 Leonard Adleman)算法快 100 倍。如果由硬件实现, DES 比 RSA 快 1000 倍甚至 10 000 倍。因为 DES 使用 S 盒运算, 只使用简单的表查找功能, 而 RSA 却是建立在非常大的整数运算上。

DES 使用相同的加密解密算法, 密钥是一个 64 位的自然数。算法的工作方式决定了只有 56 位有效(8 位用作校验)。美国国家标准与技术研究院(NIST, National Institute of Standards and Technology)授权 DES 为美国政府的加密标准, 但只适用于加密 "绝密级以下信息", 尽管 DES 被认为十分安全, 但确实可以被攻破。

DES 加密算法的数据流程如图 3-2 所示。该算法的输入是 64 位的明文, 在 64 位的密钥控制下, 通过初始换位 IP 变成 T0=IP(T), 再对 T0 经过 16 轮的加密变换, 最后再通过逆初始变换得到 64 位的密

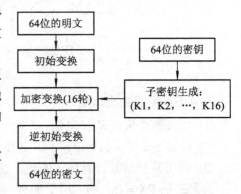

图 3-2　DES 数据加密基本流程

文。密文的每一位都是由明文的每一位和密钥的每一位联合确定的。DES 的加密过程可分为加密处理、加密变换和子密钥生成几个部分。下面分别进行分析。

四、非对称加密算法

非对称加密算法(Asymmetric Encoding Algorithm)需要两个密钥: 公开密钥(Public Key)和私有密钥(Private Key)。公开密钥与私有密钥是一对, 如果用公开密钥对数据进行加密, 只有用对应的私有密钥才能解密; 如果用私有密钥对数据进行加密, 那么只有用对应的公开密钥才能解密。因为加密和解密使用的是两个不同的密钥, 所以这种算法叫做非对称加密算法。

非对称加密算法实现机密信息交换的基本过程是: 甲方生成一对密钥并将其中的一把作为公用密钥向其他方公开; 得到该公用密钥的乙方使用该密钥对机密信息进行加密后再发送给甲方; 甲方再用自己保存的另一把专用密钥对加密后的信息进行解密。甲方只能用其专用密钥解密由其公用密钥加密后的信息。非对称加密算法的保密性比较好, 它消除了最终用户交换密钥的需要。

非对称密码体制的特点是算法复杂、安全性依赖于算法与密钥, 但是由于其算法复杂, 而使加密解密速度没有对称加密解密的速度快。非对称密钥体制有两种密钥, 其中一个是

公开的，这样就可以不需要像对称密码那样传输对方的密钥了，因此安全性就提高了很多。

目前最流行的公共密钥算法就是 RSA。RSA 之所以能够保密，关键在于大质数的乘积因子的分解困难。RSA 的主要特点是其中一个密钥可用来加密数据，另一个密钥可用来解密。这意味着任何人都能用你的公共密钥对一条消息进行加密，而只有你才能对它进行解密。另外，你也可用自己的私人密钥对任何东西进行加密，而拿到你的公共密钥的任何人都能对其解密。这样做的实际意义在"不可否认"及数字签名中非常重要。

1．RSA 算法实现原理

RSA 算法实现加密与解密的过程如图 3-3 所示，节点 B 随机生成密钥 e 作公开密钥，再由 e 计算出另一密钥 d 作私有密钥。

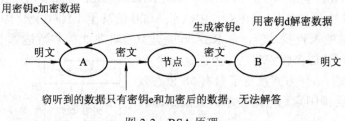

图 3-3　RSA 原理

2．RSA 密钥生成体制

(1) 生成两个大质数 p 和 q，计算 $n = p \times q$；

(2) 计算 $z = (p - 1) \times (q - 1)$，并找出一个与 z 互质的数 e；

(3) 利用欧拉函数计算出 e 的逆，使其满足 $e \times d \bmod (p-1)(q-1) = 1$，mod 为模运算。

公开密钥 PK = (n，e)，用于加密，可以公开。

私有密钥 SK = (n，d)，用于解密，必须保密。

加密：设 m 为要传送的明文，利用公开密钥(n，e)加密，c 为加密后的密文，则加密公式为 $c = m^e \bmod n$，$(0 \leqslant c < n)$；

解密：利用私有密钥(n，d)解密，解密公式为 $m = c^d \bmod n$，$(0 \leqslant m < n)$。

3．实例

例 1　(1) 选取 p = 11，q = 13，则 $n = p \times q = 143$，$z = (p-1) \times (q-1) = 10 \times 12 = 120$；

(2) 选取 e = 17(大于 p 和 q 的质数)，计算其逆，$d = 17^{142} \bmod 143 = 113$；

(3) 那么公有密钥 PK 为(143，17)，私有密钥 SK 为(143，113)。

例 2　(1) 选两个质数：p = 47，q = 71(为了计算方便，只选取两位数，实际加密时应该选取 100 位以上十进制质数)；

(2) 计算：$n = p \times q = 47 \times 71 = 3337$，$z = (47-1) \times (71-1) = 3220$；

(3) e 必须与 z 互质，选 e = 79；

(4) 计算：$e \times d = 1 \bmod z = 1 \bmod (3220)$，得出 d = 1019，这是因为 $1019 \times 79 = 3220 \times 25 + 1$。

然后将 e = 79、n = 3337 公开，d = 1019 保密，p、q 销毁即可。

如有一明文 m = 6882326879666683，加密过程如下：

先将 m 分割成多块：

$$m_1 = 688，m_2 = 232，m_3 = 687，m_4 = 966，m_5 = 668，m_6 = 3$$

将第 1 块 m_1 加密后得密文

$$c_1 = m_1^e \,(\bmod\ 3337) = 688^{79} (\bmod\ 3337) = 1570$$

依次对各区块加密后得密文

$$c = 15702756271422762423158$$

解密过程如下：

对 c_1 解密得 m_1

$$m_1 = c_1^d \,(\bmod\ 3337) = 1570^{1019} (\bmod\ 3337) = 688$$

依次解密得原文 m。

例 3 设用户 A 需要将明文信息"HI"通过 RSA 加密传递给用户 B，则其操作过程如下：

(1) 设计密钥(e，r)和(d，r)。

令 $p = 5$，$q = 11$，取 $e = 3$；

计算：$r = p \times q = 5 \times 11 = 55$；

求：$z = (p-1) \times (q-1) = (5-1) \times (11-1) = 40$；

计算：由 $e \times d = 1(\bmod\ z)$，即 $3 \times d = 1(\bmod\ 40)$，可得 $d = 27$。

至此，得到公开密钥(e，r)为(3，55)，私有密钥(d，r)为(27，55)。

(2) 加密处理。

将明文信息数字化，并按每块两个数字进行分组。假定明文编码为：空格=00，A=01，…，Z=26，则数字化后的明文信息为：08，09。

用加密密码(3，55)将明文加密。由 $c = m^e(\bmod\ r)$ 得：

$$c_1 = m_1^e \,(\bmod\ r) = (08)^3 (\bmod\ 55) = 17$$

$$c_2 = m_2^e \,(\bmod\ r) = (09)^3 (\bmod\ 55) = 14$$

因此，得到的密文信息为：17，14。

(3) 恢复明文。

用户 B 收到密文后，对其进行解密处理。$m = c^d(\bmod\ r)$，即

$$m_1 = c_1^d \,(\bmod\ r) = 17^{27}(\bmod\ 55) = 08$$

$$m_2 = c_1^d \,(\bmod\ r) = 14^{27}(\bmod\ 55) = 09$$

用户 B 得到的明文信息为：08，09，将其转化为源码即为"HI"。

很难由公开密钥(e，r)推导出私有密钥 d，如果能够将 r 分解为 p 和 q，那么就能得到私有密钥 d。因此整个 RSA 的安全性建立在大数分解很难这一假设基础之上。

4．RSA 的安全性及运算量

寻求有效的因数分解的算法是破解 RSA 公开密钥密码系统的关键。所以，选取大数 n 是保障 RSA 算法的一种有效办法。RSA 实验室认为 512 位的 n 已不够安全，个人应用需要用 768 位的 n。运算量远大于对称算法。

5．RSA 的缺点

密钥生成受质数产生技术的限制，难以做到一次一密。RSA 的安全性也有欠缺，没有从理论上证明破译 RSA 的难度与大数分解难度等价。目前，人们正在积极寻找攻击 RSA 的方法。如：攻击者将某一信息作一下伪装，让拥有私钥的实体签名。然后，经过计算就可得到想要的信息。另外，RSA 还有一个缺点是速度较慢，而且能处理的数据最多只能有它的密钥的模数大小。例如，一个 1024 位的 RSA 公共密钥只能对少于或等于那个长度的数据进行加密(实际最多只能有 1013 位，因为用 RSA 定义如何加密时，还要进行编码，这又要用去 11 位的长度)。RSA 算法的处理速度并不适合进行大批量的数据加密，而非常适用于密钥交换和数字签名这样的重要技术。

6．解决措施

(1) 采用好的公钥协议，保证工作过程中实体不对其他实体任意产生的信息解密，不对自己一无所知的信息签名，决不对陌生人送来的随机文档签名；签名时首先使用 One-Way Hash Function 对文档作 HASH 处理，或同时使用不同的签名算法。

(2) RSA 的速度太慢，分组长度太长，为保证安全性，n 至少也要 600 位以上。

(3) 使用单、公钥密码结合的方法，优缺点互补。单钥密码加密速度快，人们用它来加密较长的文件，然后用 RSA 给文件密钥加密，很好地解决了单钥密码的密钥分发问题。

7．重要解释

(1) 互质：对于两个整数 a 和 b，若两个数的最大公因子只有 1，则称 a 和 b 互质。例如，数 6 和 11 互质，数 7 和 142 互质。

(2) mod：求出两数相除的余数。

格式：mod(number，divisor)

参数说明：number 代表被除数；divisor 代表除数。例如，mod(13，4) = 1。

(3) 模 P 乘法逆元(费尔马小定理)：对于整数 a、p，如果存在整数 b，且满足 a × b mod p = 1，则说，b 是 a 的模 p 乘法逆元。其中 a^{p-1} mod p 是 a 的模 p 乘法逆元。例如，整数 a = 7，b = ?，p = 120，则 b = 7119 mod 120 = 103 是 a 的逆元。

五、项目实训——对文件进行加密和解密

本实训采用 Openssl 开放源程序，同时采用命令方式进行操作。必须具备的实训条件：准备个人计算机一台，并预装 Windows 2000 或者 Windows XP 操作系统和浏览器。

1．对源文件进行 Base64 编码和解码

1) 下载和安装 Openssl 安装包

步骤一，下载 Openssl 安装包(下载地址：http://admin.myelp.com/openssl.rar)。

步骤二，解压缩软件包至 C 盘根目录下，自动生成 Openssl 文件夹。

步骤三，点击"开始"→"程序"→"附件"→"命令提示符"，打开"命令提示符"窗口。

步骤四，在 c:\Documents and Settings\owner>后键入"cd　c:\openssl\out32dll"，输入后按回车，进入 openssl\out32dll 目录下。

2) 对源文件进行 Base64 编码和解码

步骤一，生成源文件。用记事本创建文本文件(即源文件)，文件名为 name.txt，内容为学生的名字和学号，保存在 c:\openssl\out32dll 文件夹下。

步骤二，对源文件进行 Base64 编码。在命令提示符页面中，用键盘输入命令"openssl enc -base64 -in name.txt -out outname.txt"，输入后按回车键。执行完上述命令后，系统在 c:\openssl\out32dll 目录下会自动生成一个经过 Base64 编码后的 outname.txt 文件。

步骤三，查看编码后的文件内容。在命令提示符窗口中输入命令"type outname.txt"，查看 outname.txt 文件的内容。

步骤四，对加密文件进行 Base64 解码。在命令提示窗口中输入命令"openssl enc -base64 -d -in outname.txt -out newname.txt"，对 outname.txt 文件内容进行解码。

步骤五，比较解码后的文件和源文件。在命令提示窗口中输入命令"type newname.txt"，查看解码后的文件内容，判断是否与源文件的内容一致。

2．用对称加密法对文件进行加密和解密

步骤一，生成源文件。用记事本创建一个文本文件，文件名为学生的学号，内容为学生的名字和学号，保存在 c:\openssl\out32dll 文件夹下。

步骤二，对源文件进行对称加密。在命令提示窗口中，输入命令"openssl enc -des3 -in 60609001.txt -out out60609001.des"，输入后按回车键。在加密过程中系统会提示输入保护密码，输入密码后按回车键，系统会再次要求输入密码进行确认(注：输入密码时屏幕无任何显示)，执行完上述命令后，系统会在 c:\openssl\out32dll 目录下自动生成一个用 des3 算法加密后的 out60609001.des 文件。

步骤三，查看加密后的文件。在命令提示窗口中，输入命令"type out60609001.des"，查看加密后的"out60609001.des"文件的内容。

步骤四，对加密文件进行解密。在命令提示窗口中输入命令"openssl enc -des3 -d -in out60609001.des -out new60609001.txt"，并根据提示输入解密密码，对"out60609001.des"文件内容进行解码。

步骤五，比较解密后的文件和源文件。在命令提示窗口中输入"type new60609001.txt"查看解密后的文件内容，判断是否与源文件 60609001.txt 内容一致。

3．用 RSA 非对称密钥对文件进行加密与解密

1) 产生和查看 RSA 非对称密钥

步骤一，生成源文件。用记事本创建一个文本文件，文件名为学生的学号，内容为学生的名字和学号，保存在 c:\openssl\out32dll 文件夹下。

步骤二，产生一个私钥。在命令提示窗口中，输入命令"openssl genrsa -des3 -out myrsaCA.key 1024"，输入后按回车键，系统会提示用户输入保护密码。输入密码后按回车

键，系统会再次要求用户输入密码进行确认。执行完上述命令后，系统在 c:\openssl\out32dll 目录下自动生成一个用于存放 RAS 私钥的文件 myrsa.key。

步骤三，查看私钥内容。在命令提示窗口中，输入"openssl rsa -in myrsaCA.key -text -noout"，然后根据提示输入先前设定的保护密码，查看私有密钥文件中私钥的内容。

步骤四，导出公共密钥。在命令提示窗口中，输入命令"openssl rsa -in myrsaCA.key -pubout -out myrsapubkey.pem"，然后根据提示输入原先设定的保护密码，产生一个存放公钥的"myrsapubkey.pem"文件。

步骤五，查看公钥内容。在命令提示窗口中输入命令"type myrsapubkey.pem"查看文件"myrsapubkey.pem"中的公钥内容。

2) 用公钥对文件加密和用私钥对文件解密

步骤一，用公钥对文件加密。在命令提示窗口中，输入命令"openssl rsautl -encrypt -in 60609001.txt -inkey myrsaCA.key -out pub60609001.enc"后，系统会提示输入保护密码，输完密码后按回车键完成加密。

步骤二，用私钥对加密文件解密。输入命令"openssl rsautl -decrypt -in pub60609001.enc -inkey mysraCA.key -out newpub60609001.txt"，然后根据提示输入原先设定的保护密码，即完成对加密文件的解密。

步骤三，查看解密后的文件 newpub60609001.txt 的内容。在命令提示窗口中输入"type newpub60609001.txt"，回车后便可查看文件内容，判断是否与源文件 60609001.txt 的内容一致。

3) 用私钥对文件加密(即签名)和用公钥对文件解密

步骤一，用私钥对 60609001.txt 文件加密。在命令提示窗口中输入命令"openssl rsautl -sign -in 60609001.txt -inkey myrsaCA.key -out pri60609001.enc"，然后按回车键，系统会提示输入原先设定的保护密码(注：文件 60609001.txt 不能太大，否则会出错)，输入密码后按回车键完成对文件的加密。

步骤二，用公钥对文件 pri60609001.enc 解密(类似对签名进行验证)，命令为"openssl rsautl -verify -in pti60609001.enc -inkey myrsaCA.key -out newpri60609001.txt"，输完按回车键，同样，需要输入原先设定的保护密码。

步骤三，查看解密后的文件 newpri60609001.txt 的内容。在命令提示窗口中输入"type newpri60609001.txt"，回车后便可查看文件的内容，然后判断是否与源文件 60609001.txt 内容一致。

 思考题

1. 简述对源文件进行 Base64 编码和解码的基本步骤。
2. 简述利用对称密钥对文件进行加密和解密的主要步骤。
3. 简述对称加密的基本原理。
4. 简述用 RSA 非对称密钥对文件加密和解密的主要步骤。
5. 简述公开密钥体制的基本原理。

模块二　数字证书

➲ 教学目标

1. 掌握数字证书的概念。
2. 了解数字签名和使用方法。
3. 掌握邮件保护证书的使用方法。

➲ 工作任务

熟悉数字证书的申请、安装、导入、导出整个过程。

一、数字证书的基本概念

数字证书是各类实体(持卡人/个人、商户/企业、网关/银行等)在网上进行信息交流及商务活动的身份证明。在电子交易的各个环节，交易的各方都需验证对方证书的有效性，从而解决相互间的信任问题。数字证书是一个经证书认证中心数字签名的包含公开密钥拥有者信息以及公开密钥的文件。

从证书的用途来看，数字证书可分为签名证书和加密证书。签名证书主要用于对用户信息进行签名，以保证信息的不可否认性；加密证书主要用于对用户传送信息进行加密，以保证信息的真实性和完整性。

简单地说，数字证书是一段包含用户身份信息、用户公钥信息以及身份验证机构数字签名的数据。身份验证机构的数字签名可以确保数字证书信息的真实性。数字证书格式及内容遵循 X.509 标准。

数字证书采用公开密钥体制，即利用一对互相匹配的密钥进行加密、解密。每个用户自己设定一把特定的、仅为本人所知的专有密钥(私钥)，用它进行解密和签名；同时设定一把公开密钥(公钥)并由本人公开，用于加密和验证签名。当发送一份保密文件时，发送方使用接收方的公钥对数据加密，而接收方则使用自己的私钥解密，这样信息就可以安全无误地到达目的地了。通过使用数字证书，使用者可以得到如下保证：信息除发送方和接收方外不被其他人窃取；信息在传输过程中不被篡改；接收方能够通过数字证书来确认发送方的身份；发送方对于自己的信息不能抵赖；信息自数字签名后到收到为止，未曾作过任何修改，签发的文件是真实文件。

数字证书可用于电子邮件、网站安全访问、电子商务和电子化资金转移等各种用途。数字证书的使用涉及数字认证中心 CA(Certificate Authority)。目前，数字证书有个人证书、企业证书、软件证书等，其中前两类较为常用。个人证书仅仅为单个用户提供证书，以帮助个人在网上进行安全交易和操作。企业证书通常为网上的 Web 服务器提供证书，企业可以用具有证书的互联网站点(Web Site)来进行安全电子交易。

从形式上看，数字证书就是一个数字文件，可存储在 IC 卡等介质中随身携带，并用口令加以保护。证书由特定的授权机构——认证中心发放，具有法律效力，是电子商务交往中个人或单位身份的有效证明，类似于现实世界中的身份证、护照等。当收到一份进行过数字签名的报文时，可以通过验证签发者的数字证书来确认发送者的身份，保证报文传输过程中没有出错，并证明该报文的真实性。当发送报文时，能够对它进行数字签发，并且将自己的数字证书附在其上，以便让报文的接收者确认信息是从何处发出。对于一个报文，可以附上多条数字证书，以形成一条数字证书链。链中每项数字证书用于鉴别前一项数字证书，最高级别的认证中心必须是完全独立且为用户充分信赖，其公用密钥必须是众所周知的。也可以使用数字证书向安全 Web 服务器表明自己的身份，而一旦获得了数字证书，就能建立自己安全的网站或自动运用数字证书发送电子邮件。

数字证书的内部格式是由 CCITT X.509 国际标准规定的，主要包含以下内容：

- 证书的版本信息；
- 证书的序列号，每个用户都有一个唯一的证书序列号；
- 证书所使用的签名算法；
- 证书的发行机构名称，命名规则一般采用 X.400 格式；
- 证书的有效期，现在通用的证书一般采用 UTC 时间格式，它的计时范围为 1950～2049；
- 证书所有人的名称，命名规则一般采用 X.400 格式；
- 证书所有人的公开密钥；
- 证书发行者对证书的签名。

此外，X.509 证书格式还预留了扩展，用户可以根据自己的需要进行扩展。基于 X.509 证书的认证实际上是将人与人之间的信任转化为个人对组织机构的信任，因此这种认证系统需要有 CA 的支持。

当用户向某一服务器提出访问请求时，服务器要求用户提交数字证书。收到用户的证书后，服务器利用 CA 的公开密钥对 CA 的签名进行解密，获得信息的散列码。然后服务器以与 CA 相同的散列算法对证书的信息部分进行处理，得到散列码，再将此散列码与对签名解密所得到的散列码进行比较，若相等，则表明此证书确实是 CA 签发的，而且是完整的未被篡改的证书。这样，用户便通过了身份认证。服务器从证书的信息部分取出用户的公钥，以后向用户传送数据时，便以此公钥加密，只有用户才可以对该信息进行解密。

由于这种认证技术中采用了非对称密码体制，CA 和用户的私钥都不会在网络上传输，避免了基于口令的认证中传输口令所带来的问题。攻击者即使截获了用户的证书，但由于无法获得用户的私钥，也就无法解读服务器传给用户的信息。因此有效地保证了通信双方身份的真实性和不可抵赖性。

常见的 CA 认证体系从功能模块来划分，大致可分为以下几部分：接收用户申请的证书授理者 RS、证书发放的审核部门 RA、证书发放的操作部门 CP(一般称这部门为 CA)以及记录作废证书的证书作废表 CRL(黑名单库)。

RS 接收用户的证书申请，转发给 CP 和 RA 进行相应的处理。

RA 负责对证书申请者进行资格审查，决定是否同意给该申请者发放证书，并承担因审核错误引起的、为不满足资格的证书申请者发放证书所引起的一切后果，因此它应由能够承担这些责任的机构担任。

CP 负责为已授权的申请者制作、发放和管理证书，并承担因操作运营错误所产生的一切后果，包括失密和为没有获得授权者发放证书等，它可以由审核授权部门自己担任，也可委托给第三方担任。

CRL 中记录尚未过期但已声明作废的用户证书序列号，供证书使用者在认证与之通信的对方证书是否作废时查询。

业务受理点作为 CA 系统对外提供服务的窗口，为用户提供面对面的证书申请和发放服务，同时业务受理点可以担任用户证书发放的审核部门，当面审核用户提交的资料，决定是否为用户发放证书。

认证中心是向用户签发数字证书以确认用户身份的管理机构。而数字证书是认证中心与用户建立信任关系的基础。在用户使用数字证书之前必须首先下载和安装。

为了防止数字证书的伪造，认证中心的公共密钥必须是可靠的，认证中心必须公布其公共密钥或由更高级别的认证中心提供一个电子证书来证明其公共密钥的有效性。

数字证书颁发过程如下：用户产生自己的密钥对，并将公共密钥及部分个人身份信息传送给一家认证中心。认证中心在核实身份后，将执行一些必要的步骤，以确定请求确实由用户发送而来，然后，认证中心将发给用户一个数字证书，该证书内附了用户及其密钥等信息，同时还附有对认证中心公共密钥加以确认的数字证书。当用户想证明其公开密钥的合法性时，就可以提供这一数字证书。

总的说来，基于认证中心的安全方案很好地解决了网上用户身份认证和信息安全传输问题。它对 Internet 上电子商务与安全 Web 应用的开展具有非常重要的意义。

二、数字证书在电子邮件中的应用

电子邮件在 Internet 上没有任何保密措施，它从一个网络传送到另一个网络，最终到达目的地，整个传送过程是不加密的，其中的敏感信息容易被人看见。如果电子邮件的内容被黑客篡改了，那么后果将是很严重的。因此，必要时应在电子邮件中应用数字证书。数字证书在电子邮件中的应用可以解决如下问题：

(1) 保密性：通过使用收件人的数字证书对电子邮件加密。加密后，只有收件人才能阅读加密的邮件。这样，在 Internet 上传递的电子邮件信息将不会被人窃取，即使发错邮件，收件人也无法看到邮件内容。

(2) 认证身份：在 Internet 上传递电子邮件的双方互相不能见面，因此，必须有方法确定对方的身份。利用发件人数字证书在传送前对电子邮件进行数字签名，便可确定发件人身份，而不致被他人冒充。

(3) 完整性：利用发件人数字证书在发送前对电子邮件进行数字签名，不仅可确定发件人身份，而且传递的电子邮件信息也不会被人在传输过程中修改。

(4) 不可否认性：由于发件人的数字证书只有发件人唯一拥有，故发件人利用其数字证书在发送前如果对电子邮件进行了数字签名，则发件人就无法否认发过这个电子邮件。

要使用数字证书对电子邮件进行数字签名，首先需要确认电子邮件使用的是 POP3 收件方式，因为现在的数字证书不支持 Web 方式。

三、项目实训——数字证书的申请、安装、导入和导出

本实训在中国数字认证网(www.ca365.com)完成 CA 认证及数字证书的申请、安装、导入和导出的整个过程。中国数字认证网提供四种类型的数字证书："测试证书"、"免费

证书"、"标准证书"和"企业证书"，使用不同的证书需要安装相应的根证书，设置"受信任的根证书颁发机构"的实质就是安装根证书。

必须具备的实训条件：个人计算机一台，并预装 Windows 2000 或者 Windows XP 操作系统和浏览器。

1. 下载并安装根证书

访问中国数字认证网主页时，如果用户端没有安装根证书，系统会提示用户自动安装根证书，对于系统全部提示一定要选择确定安装。如果不能自动安装根证书，则可以采取以下方法手动安装根证书。

(1) 访问中国数字认证网主页，选择"免费证书"下面的"根 CA 证书"，如图 3-4 所示。

图 3-4　中国数字认证网主页

注意：浏览器 Internet 安全设置已经设置成默认的中级或以下安全级别，停止用户端的防火墙等工具中对 ActiveX 下载安装的拦截，如图 3-5 所示。

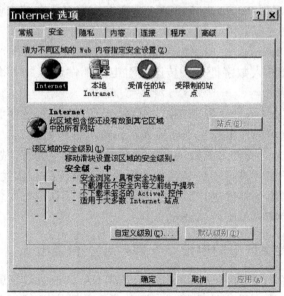

图 3-5　Internet 安全设置

(2) 从中国数字认证网主页选择下载相应的"根 CA 证书"，然后选择"在文件的当前位置打开"，单击"确定"铵钮，如图 3-6 所示。

图 3-6　文件下载

(3) 选择"安装证书"，如图 3-7 所示。

图 3-7　安装证书

(4) 按照向导提示进行操作，在"根证书存储"窗口单击"是(Y)"按钮，如图 3-8 所示。

图 3-8　根证书存储区

(5) 在"我的电脑"上将中国数字认证网设置成为"受信任的根证书颁发机构",如图 3-9 所示。

图 3-9　选择证书存储

(6) 查看受信任的根证书。根证书成功安装后成为"受信任的根证书颁发机构"。从浏览器的"工具"菜单中选择"Internet 选项",然后选择"内容"标签,鼠标单击"证书",然后选择"受信任的根证书颁发机构"标签,列表中应该有相应的根证书,如图 3-10 所示。

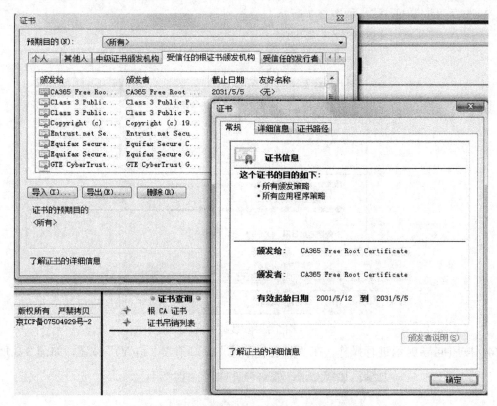

图 3-10　查看受信任的根证书

2. 申请免费数字证书

(1) 访问中国数字认证网主页,在"申请免费证书"对话框中选择"用表格申请证书",并填写,如图 3-11 所示。

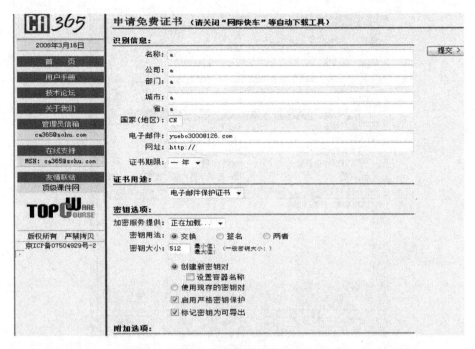

图 3-11 用表格申请证书

(2) 证书成功申请后，系统会返回证书序列号，如图 3-12 所示。安装证书时，需要提供证书序列号。

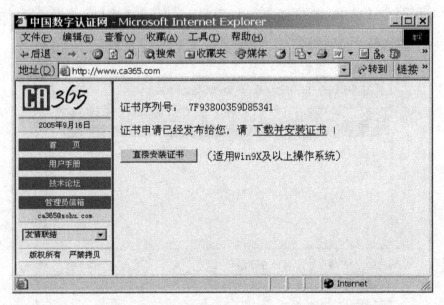

图 3-12 证书序列号

下载证书时选择"在文件的当前位置打开"，在"证书"窗口的"详细信息"里可以看到证书的"序列号"。或将证书保存到磁盘，在"资源管理器"里鼠标左键双击证书文件，也可以打开"证书"窗口，如图 3-13 所示。

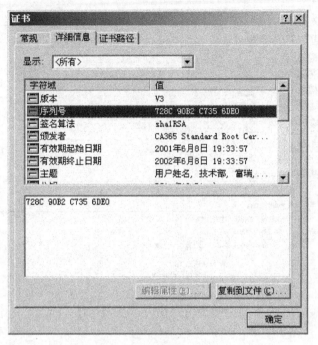

图 3-13　查看证书的"序列号"

如果证书下载后成功安装，从浏览器的"工具"菜单中选择"Internet 选项"，然后选择"内容"标签，单击"证书"，然后选择"个人"标签，列表中应该有相应的根证书，如图3-14 所示。用鼠标左键双击相应的证书，也可以打开"证书"窗口，查看"序列号"。

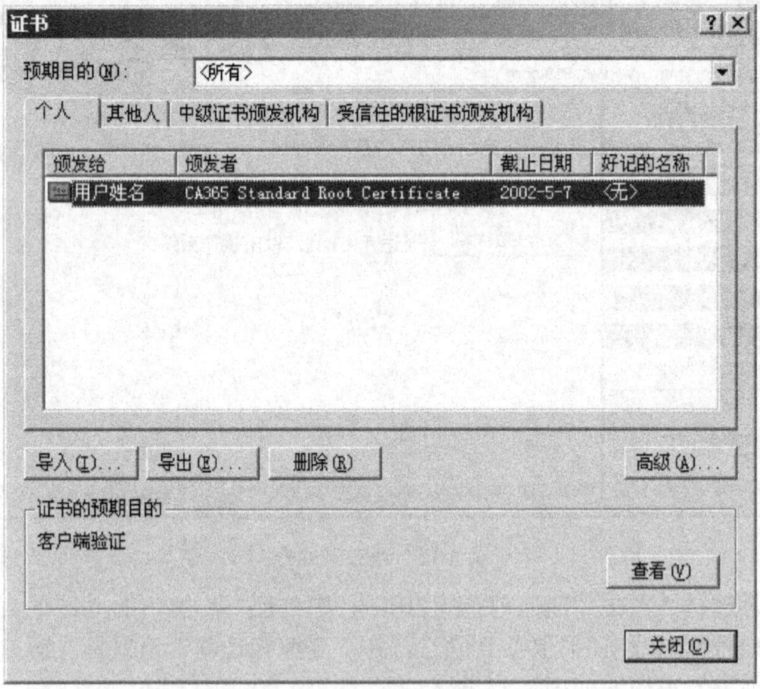

图 3-14　个人根证书

3. 导出数字证书

(1) 按照前面介绍的方法打开证书窗口，见图 3-14。

(2) 选择所要的证书，单击"导出"按钮，如图 3-15 所示。

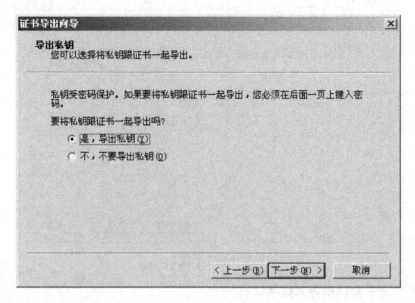

图 3-15　证书导出

注意："私钥"为用户个人所有，不能泄露给其他人，否则别人可以以你的名义签名。如果是为了保留证书而复制证书，选择"导出私钥"，如果为了给其他人"公钥"，为你发送加密邮件或其他用途，不要导出私钥。如果在申请证书时没有选择"标记密钥为可导出"，则不能导出私钥。

(3) 输入私钥保护密码，如图 3-16 所示。如果在申请证书时没有选择"启用严格密钥保护"，则没有密码提示。

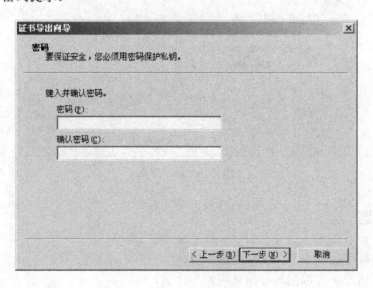

图 3-16　输入私钥保护密码

(4) 输入导出的文件名，按提示进行操作，如图 3-17 所示。

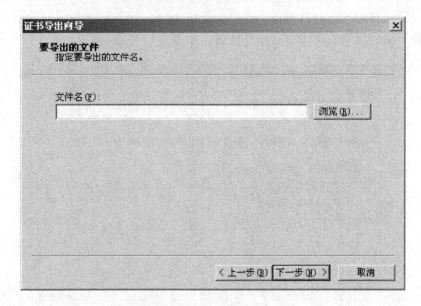

图 3-17　输入导出的文件名

4. 从数字证书文件中导入数字证书

(1) 按照前面介绍的方法打开证书窗口，见图 3-14，单击"导入"按钮。

(2) 弹出如图 3-18 所示的对话框，输入文件名，按提示进行操作。

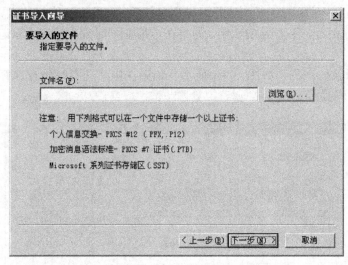

图 3-18　证书导入

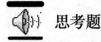 思考题

1．简述根数字证书申请与安装的基本步骤。

2．在什么情况下可以同时导出私钥？为什么？

模块三　Outlook Express 签名邮件和加密邮件的收发

⊃ 教学目标

1. 了解安全邮件发送的相关知识。
2. 掌握 Outlook Express 签名邮件和加密邮件的收发方法。

⊃ 工作任务

1. Outlook Express 签名邮件的收发。
2. Outlook Express 签名加密邮件的收发。

一、数据加密

数据在传输过程中有可能遭到他人的窃听而失去保密信息，因此，需要对数据进行加密。加密技术是电子商务采取的主要保密安全措施，是最常用的保密安全手段。加密技术也就是利用技术手段把重要的数据变为乱码(加密)传送，到达目的地后再用相同或不同的手段还原(解密)。

加密包括两个元素：算法和密钥。加密算法是将普通的文本(或者可以理解的信息)与一串数字(密钥)结合，产生不可理解的密文的步骤。密钥和算法对加密同等重要。

密钥用来对数据进行编码和解码。在安全保密中，可通过适当的密钥加密技术和管理机制，来保证网络的信息通信安全。密钥加密技术的密码体制分为对称密钥体制和非对称密钥体制两种。

相应地，数据加密技术也可分为两类，即对称加密(私人密钥加密)和非对称加密(公开密钥加密)。对称加密以数据加密标准算法为典型代表，非对称加密通常以 RSA 算法为代表。对称加密的加密密钥和解密密钥相同，而非对称加密的加密密钥和解密密钥不同，加密密钥可以公开，而解密密钥需要保密。

二、数字签名原理

目前的数字签名建立在公开密钥体制基础上，它是公用密钥加密技术的另一类应用。其工作方式是，报文的发送方从报文文本中生成一个 128 位的散列值(或报文摘要)，发送方用自己的私钥对这个散列值进行加密来形成发送方的数字签名。然后，这个数字签名将作为报文的附件和报文一起发送给报文的接收方。报文的接收方首先从接收到的原始报文中计算出 128 位的散列值(或报文摘要)，接着再用发送方的公钥来对报文附加的数字签名进行解密。如果两个散列值相同，那么接收方就能确认该数字签名是发送方的，即通过数字签名能够实现对原始报文的鉴别。

书面文件签名是确认文件的一种手段，其作用有两点：第一，因为自己的签名难以否认，从而确认了文件已签名这一事实；第二，因为签名不易仿冒，从而确定了文件是真的这一事实。

数字签名与书面文件签名有相同之处，采用数字签名，也能确认以下两点：第一，信息是由签名者发送的；第二，信息自签发后到收到为止未曾作过任何修改。这样数字签名就可用来防止电子信息因易被修改而有人作伪，或冒用别人名义发送信息，或发出(收到)信件后又加以否认等情况发生。

数字签名方法主要有三种，即 RSA 签名、DSS 签名和 Hash 签名。这三种算法可单独使用，也可综合使用。

三、数字签名算法

1) Hash 签名

Hash 签名不属于强计算密集型算法，应用较广。很多少量现金付款系统，如 DEC 的 Millicent 和 Cyber Cash 的 Cyber Coin 等都使用 Hash 签名。它可以降低服务器资源的消耗，减轻中心服务器的负荷。

Hash 的主要局限是接收方必须持有用户密钥的副本以检验签名，因为双方都知道生成签名的密钥，较容易攻破，存在伪造签名的可能。如果中心或用户计算机中有一个被攻破，那么其安全性就受到了威胁。

2) DSS 和 RSA 签名

DSS 和 RSA 采用公钥算法，不存在 Hash 的局限性。RSA 是最流行的一种加密标准，许多产品的内核中都有 RSA 的软件和类库。早在 Web 飞速发展之前，RSA 数据安全公司就负责数字签名软件与 Macintosh 操作系统的集成，在 Apple 的协作软件 PowerTalk 上还增加了签名拖放功能，用户只要把需要加密的数据拖到相应的图标上，就完成了电子形式的数字签名。

目前 RSA 数据安全公司与 Microsoft、IBM、Sun 和 Digital 公司都签订了许可协议，使在其生产线上加入了类似的签名特性。与 DSS 不同，RSA 既可以用来加密数据，也可以用于身份认证。与 Hash 签名相比，在公钥系统中，由于生成签名的密钥只存储于用户的计算机中，所以安全性高一些。

RSA 或其他公开密钥算法的最大方便之处是没有密钥分配问题(网络越复杂、网络用户越多，其优点越明显)。公开密钥可以保存在系统目录内、未加密的电子邮件信息中、电话黄页(商业电话)上或公告牌里，网上的任何用户都可获得公开密钥。而私钥是用户专用的，由用户本身持有，它可以对公钥加密信息进行解密。

RSA 算法中数字签名技术实际上是通过一个哈希函数来实现的。数字签名的特点是它代表了文件的特征，文件如果发生改变，数字签名的值也将发生变化。不同的文件将得到不同的数字签名。哈希函数对收发数据的双方都是公开的。

DSS 数字签名是由美国国家标准化研究院和国家安全局共同开发的，它只是一个签名系统。由于它是由美国政府颁布实施的，所以主要用于与美国政府做生意的公司，其他公司则较少使用。

Hash 签名是最主要的数字签名方法，它与 RSA 单独数字签名不同，该方法是将数字签名与要发送的信息紧密联系在一起，它更适合于电子商务活动。数字摘要(Digital Digest)加密方法亦称安全 Hash 编码法(SHA,Secure Hash Algorithm)或 MD5(MD Standard For Message Digest)，由 RonRivest 设计。该编码法采用单向 Hash 函数将需加密的明文"摘要"成一串

128 位的密文，这一串密文亦称为数字指纹(Finger Print)，它有固定的长度，且不同的明文摘要必定一致。这样，这串摘要便可验证明文是否是"真身"的"指纹"了。

四、数字签名实现

实现数字签名有很多方法，目前采用较多的是公钥加密技术，如基于 RSA Date Security 公司的 PKCS(Public Key Cryptography Standards)、Digital Signature Algorithm、X.509、PGP(Pretty Good Privacy)。

非对称加密算法数字签名，又称公钥加密。非对称加密使用两个密钥：公钥和私钥，分别用于对数据的加密和解密，即如果用公钥对数据进行加密，则只有用对应的私钥才能进行解密；如果用私钥对数据进行加密，则只有用对应的公钥才能解密。

签名和验证过程如下：

(1) 发送方首先用公开的散列算法对报文进行一次变换，得到数字签名，再利用私钥进行加密，然后附在报文之后一同发出。

(2) 接收方用发送方的公钥对数字签名进行解密，得到数字签名的明文。发送方的公钥是由一个可信赖的技术管理机构即验证机构发布的。

(3) 接收方将得到的明文通过同样的散列算法进行计算，同样得到一个数字签名，再将两个数字签名进行对比，如果相同，则证明签名有效，否则无效。

这种方法使任何拥有发送方公钥的人都可以验证数字签名的正确性。由于发送方私有密钥的保密性，使得接收方既可以根据验证结果来拒收该报文，也能使其无法伪造报文签名及对报文进行修改。这是因为数字签名是对整个报文进行的，是一组代表报文特征的定长代码，同一个人对不同的报文将产生不同的数字签名。这就避免了接收方可能对报文改动，或发送方逃避责任的可能性。

五、数字时间戳技术

随着电子商务的发展，数字签名技术也有所发展。数字时间戳技术就是数字签名技术一种变种的应用。

在电子商务交易文件中，时间是十分重要的信息。在书面合同中，文件签署的日期和签名一样均是十分重要的防止文件被伪造和篡改的关键性内容。数字时间戳(DTS，Digital Time Stamp)服务是网上电子商务安全服务项目之一，能提供电子文件的日期和时间信息的安全保护，由专门的机构提供。

如果在签名时加上一个时间标记，即有数字时间戳的数字签名。

时间戳是经加密后形成的一个凭证文档，它包括三个部分：

(1) 需加时间戳的文件的摘要；

(2) DTS 收到文件的日期和时间；

(3) DTS 的数字签名。

一般来说，时间戳产生的过程为：用户首先将需要加时间戳的文件用 Hash 编码加密形成摘要，然后将该摘要发送到 DTS，DTS 在加入了收到文件摘要的日期和时间信息后再对该文件加密(数字签名)，然后送回用户。书面签署文件的时间是由签署人自己写上的，而数字时间戳则不然，它是由认证单位 DTS 来加的，以 DTS 收到文件的时间为依据。

六、项目实训——Outlook Express 签名邮件和加密邮件的收发

本实训需要中国数字认证网(www.ca365.com)配合完成。发送签名邮件前必须正确安装了根证书和自己的"电子邮件保护证书"(要使用的电子邮件必须与申请证书时填写的电子邮件一致)。如果要导入证书，请参阅实验一的内容。为了顺利完成实训，必须具备的条件有：个人计算机一台，并预装 Windows 2000 或者 Windows XP 操作系统和浏览器。实训按下面程序进行：

(1) 完成发送配置特别是发送"我的服务器要求身份验证"；

(2) 发签名邮件，这样对方会有你的"数字证书"了；

(3) 发加密邮件，或者"签名+加密"一起发。

下面介绍 Outlook Express 签名邮件及加密邮件的收发过程。

1. Outlook Express 签名邮件收发

1) 申请"电子邮件保护"证书

"电子邮件保护"证书的申请如图 3-19 所示。

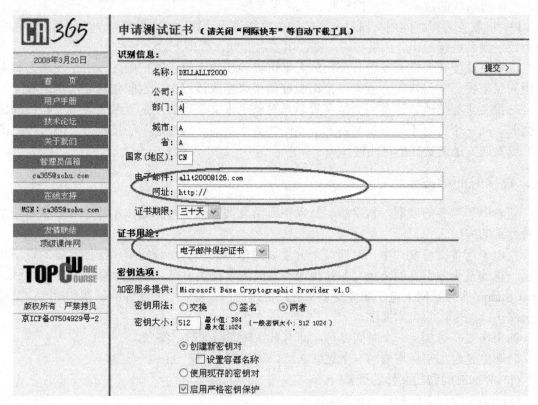

图 3-19 申请"电子邮件保护"证书

注意：这里用的电子邮件必须与后面 Outlook Express 发送用的一致。

2) 查看"电子邮件保护"证书

导入成功以后，在证书的"个人"栏有相应的证书名称，如图 3-20 所示。

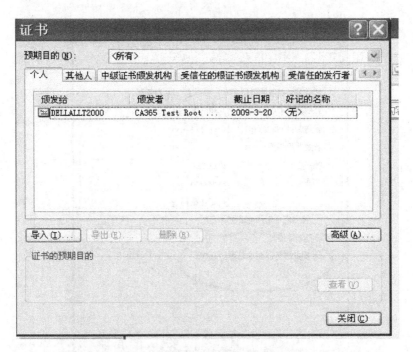

图 3-20　查看"电子邮件保护"证书

3) 设置 Outlook Express 账号

(1) 以 126 邮箱为例进行设置,如图 3-21 所示。

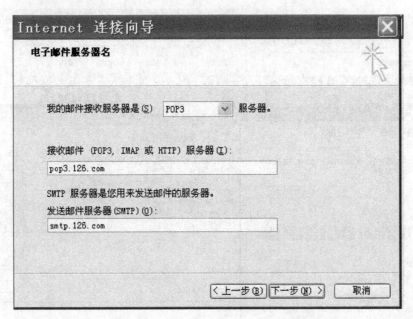

图 3-21　Outlook Express 邮件服务器设置

(2) 发送服务器必须选择"我的服务器要求身份验证",如图 3-22 所示。

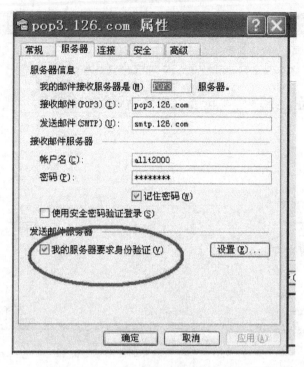

图 3-22　选择"我的服务器要求身份验证"

(3) 从 Outlook Express 的"工具"菜单中选择"账号",如图 3-23 所示。

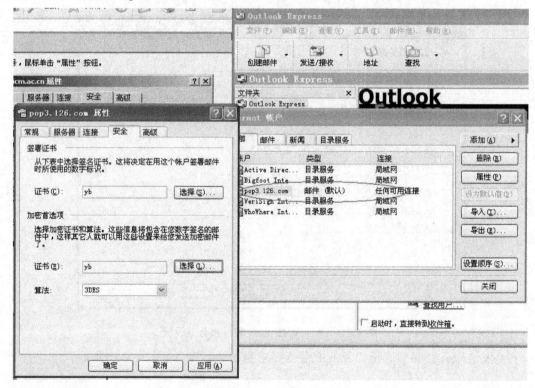

图 3-23　选择"账号/属性/安全"

选择账号，单击"属性"按钮，选择"安全"标签。

(4) 单击签名标识中的"选择"按钮。在如图 3-24 所示的界面中选择证书并单击"确定"按钮。

(5) 发送邮件时从"工具"菜单中选择"签名"，收件人地址栏后面出现"签名"标志，如图 3-25 所示。

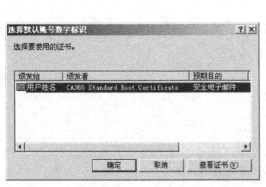

图 3-24 选择使用的证书

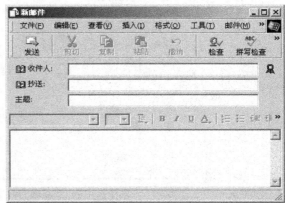

图 3-25 发送邮件

(6) 输入对方邮件地址及其他信息，发送邮件。如图 3-26 为已发送的数字签名邮件，图 3-27 为已发送的数字签名邮件的内容。

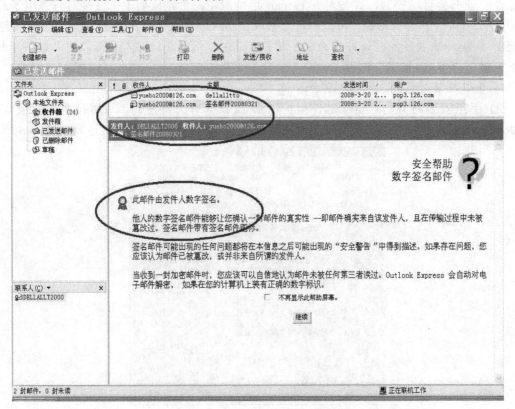

图 3-26 已发送的数字签名邮件

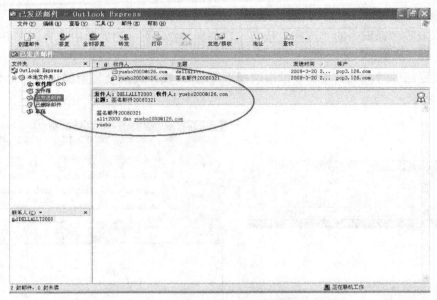

图 3-27　已发送的数字签名邮件的内容

2．Outlook Express 加密邮件收发

本实训需要中国数字认证网(www.ca365.com)配合完成。发送加密邮件前必须正确安装了对方的"电子邮件保护证书"，只要请对方用他的"电子邮件保护证书"给你发送一个签名邮件，证书会自动安装，并与对方 E-mail 地址绑定，否则就要手工安装对方"电子邮件保护证书"(只含有公有密钥，可以向对方索取)。从 Outlook Express 的"工具"菜单中选择"选项"。第一次要发加密邮件，必须先发签名邮件，目的是让对方获得你的"数字证书"。接下来就可"签名+加密"邮件了。

1) 手工安装对方的"电子邮件保护证书"

(1) 手工安装对方的"电子邮件保护证书"(只含有公有密钥，可以向对方索取)。从 Outlook Express 的"工具"菜单中选择"安全选项"。单击"数字标识"按钮，如图 3-28 所示。

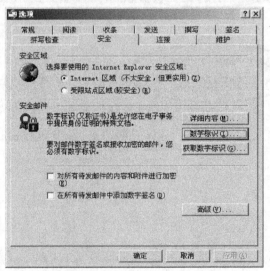

图 3-28　获取对方数字证书

(2) 导入对方数字证书。

(3) 选择"其他人"存储对方证书,如图 3-29 所示。

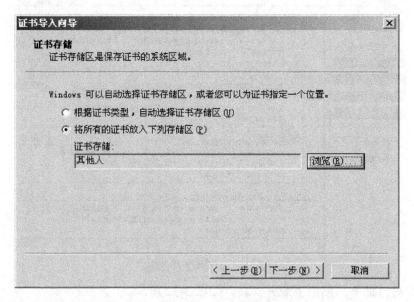

图 3-29 选择"其他人"存储对方证书

（4）发送加密邮件。单击"下一步"按钮，安装对方数字证书。发送邮件时从"工具"菜单中选择"加密"，收件人地址栏后面出现"加密"标志。输入对方邮件地址及其他信息，发送邮件。如图 3-30 所示。

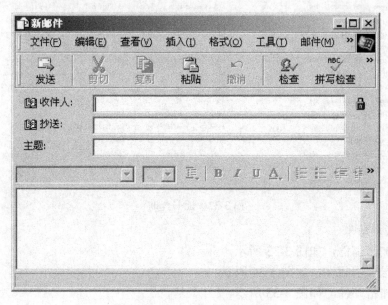

图 3-30 发送加密邮件

2) 下载对方的数字证书

(1) 在中国数字认证网(www.ca365.com)上选择"证书查询"，如图 3-31 所示。

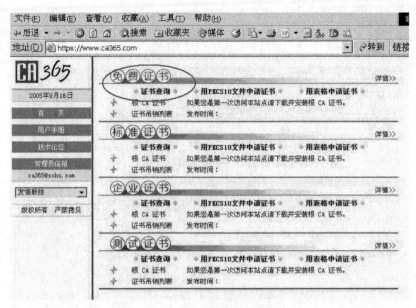

图 3-31　选择"证书查询"

(2) 找到对方证书，然后下载并安装，如图 3-32 所示。

顺序	序列号	类型	名称	公司	部门	省	城市	Email	网址	开始日
1	3TDC21B7F3D7267A	Server	Test ssl	evans studio	ca test	guangdong	guangzhou	share_usr@163.com	http://10.0.0.109	2008-3-16 1
2	3A3D856C36F50DC8	Server	www.abc.com	sje	network center	anhui	hefei	admin@sje.cn	http://www.sje.cn	2008-3-16 1
3	226E996EB1417264	Client	zhangguixia	zz	zzz	zxz	zz	@	http://	2008-3-15 1
4	7D0D4D7BCAA05A2E	Server	www.xyq.com	qq	qq	anhui	hefei	qq@xyq.com	http://www.xyq.com	2008-3-15 1
5	4EB6A8453146962E	Server	WangJ	西电	经管院	陕西	西安	freelance1085@eyou.com	http://	2008-3-15 1
6	491F085594F85AAF	Server	192.168.0.1	sda	sea	dsad	dsa	admin@sje.cn	http://www.sje.cn	2008-3-15 1
7	3C0A54BD10D4D1D8	Server	www.xyz.net	sje	network	anhui	hefei	admin@sje.cn	http://www.sje.cn	2008-3-15 1
8	61EAC289A287EC30	Email	M1740	dag	dag	dag	dad	M1740@163.com	http://	2008-3-14 1
9	5EB5A538A48F41BC	Email	joyce1728	dfd	dfg	dfg	dfg	joycelxl@21cn.com	http://	2008-3-14 1
10	79FD08BEE0632710	Client	xiaolan	sdfds	sdfsd	sdfsd	sdfds	sdf@163.com	http://	2008-3-14 1
11	606D24E0927A793F	Email	joyce1609	dfsds	sdfsd	sdfsd	sdf	joycelxl@21cn.com	http://	2008-3-14 1
12	4450EBAF6E3D932D	Email	M1518	da	da	da	ee	dw	M1518@163.com	http://	2008-3-14 1
13	3B828753E15EE5C8	Universal	zhjedu	edu	jishu	beijing	beijing	limeng@zhjedu.com	http://www.zhjedu.com	2008-3-14 1
14	36F7F5268BA53EDC	Client	j1511	idk	idkek	kkdk	idk	j1511@163.com	http://	2008-3-14 1
15	000B5DB8D300C508	Client	Besti	Besti	IS	bj	bj	Booia@besti.edu.cn	http://	2008-3-14 1

测试证书查询　　选择查询项目: 序列号 ▾　　输入查询内容:　　　查询

前一页　001　后一页　合计: 128

图 3-32　证书查询

3) 部分实训结果

(1) 发送加密邮件，如图 3-33 所示。

(2) 已发送加密邮件，如图 3-34 所示。

(3) 接收加密邮件，如图 3-35 所示。

(4) 接收加密的内容，如图 3-36 所示。

(5) 发送签名和加密邮件，如图 3-37 所示。

(6) 已发送签名和加密邮件，如图 3-38 所示。

图 3-33　发送加密邮件

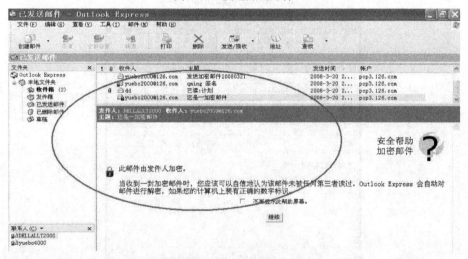

图 3-34　已发送加密邮件

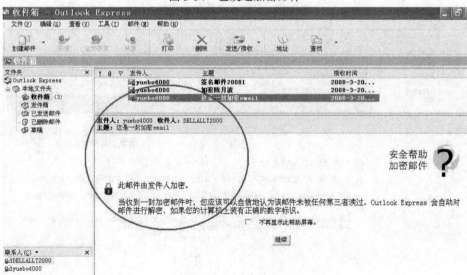

图 3-35　接收加密邮件

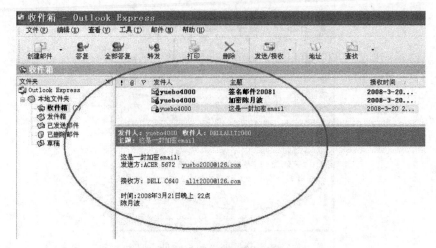

图 3-36　接收加密的内容

图 3-37　发送签名和加密邮件

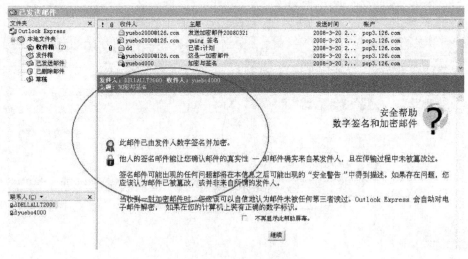

图 3-38　已发送签名和加密邮件

思考题

1. 简述发送签名邮件的基本步骤。
2. 什么是数字签名？
3. 简述发送加密邮件的基本步骤。
4. 发送加密邮件的基本原理是什么？

第4章 网络营销

模块一 群发 E-mail 营销

➲ **教学目标**

1. 熟悉电子邮箱的申请和使用。
2. 熟悉邮箱的设置。
3. 了解邮件列表的收集方法。
4. 掌握邮件列表营销。
5. 掌握超级邮件群发机方法。

➲ **工作任务**

1. 电子邮箱的申请和使用。
2. 邮件列表的收集。
3. 超级邮件群发机的下载、安装和设置。
4. 用超级邮件群发机开展 E-mail 营销。

一、网络营销的基本概念

1. 网络营销的定义

一般认为，凡是以互联网为主要手段开展的营销活动，都可称为网络营销。网络营销具有其内在的规律性，可以为营销实践提供指导，产生实实在在的效果，并且要求具有可操作性。

网络营销是企业整体营销战略的一个组成部分，是为实现企业总体经营目标所进行的、以互联网为基本手段营造网上经营环境的各种活动。

首先，网络营销活动不可能脱离一般营销环境而独立存在，在很多情况下网络营销理论是传统营销理论在互联网环境中的应用和发展。对于不同的企业，网络营销所处的地位有所不同，以经营网络服务产品为主的网络公司，更加注重于网络营销策略，而在传统的工商企业中，网络营销通常只是处于辅助地位。因此，网络营销与传统市场营销策略是统一的，在企业营销实践中，往往是传统营销和网络营销并存的。

其次，网上销售是网络营销发展到一定阶段产生的结果，但并不是唯一结果，因此网络营销本身并不等于网上销售。这可以从三个方面来说明：① 网络营销的目的是为了促进网上销售，但却不一定能实现网上直接销售的目的，只是有可能促进网下销售的增加，并且增加顾客的忠诚度；② 网络营销的效果表现为提升企业品牌价值、加强与用户之间的沟通、拓展对外信息发布的渠道、改善顾客服务等；③ 网上销售只是网络营销中的一部分，不是其必备内容，许多企业网站根本不具备网上销售产品的条件，网站主要是作为企业发布产品信息的一个渠道，通过一定的网站推广手段，实现产品宣传的目的。

第三，网络营销是电子商务的子系统。有人认为，企业建一个普通网站就是开展电子商务，或者将网上销售商品称为网络营销等，这是非常不确切的说法。电子商务的核心是电子化交易，电子商务强调的是交易方式和交易过程的各个环节。而网络营销是企业整体营销战略的一个组成部分，无论传统企业还是基于互联网开展业务的企业，也无论是否具有电子化交易的发生，都需要网络营销。

网络营销本身并不是一个完整的商业交易过程，只是为促成交易提供支持，因此网络营销是电子商务中的一个重要环节。在交易发生之前，网络营销发挥着主要的信息传递作用。但是，发生在电子交易过程中的网上支付和交易之后的商品配送等问题并不是网络营销所能包含的内容，电子商务体系中所涉及到的安全、法律等问题也不适合全部包括在网络营销中。

第四，网络营销不是"虚拟营销"。所有的网络营销手段都是实实在在的，而且比传统营销方法更容易跟踪了解消费者的行为。比如，借助于网站访问统计软件，可以确切知道网站的访问者来自什么地方，在多长的时间内浏览了哪些网页，你知道用户来自什么 IP，也可以知道你发出的电子邮件被多少用户打开过，有多少用户点击了其中的链接，你可以确切地知道用户的详细资料，利用专用的顾客服务工具，你甚至可以同用户进行实时交流。另一方面，尽管传统的商场中顾客熙熙攘攘，但商店的经营者却对顾客一无所知。

第五，开展网络营销需要一定的网络环境，如网络服务环境、上网用户数量、合作伙伴、供应商、销售商、相关行业的网络环境等。网络营销环境为企业开展网络营销活动提供了潜在用户，也为向用户传递营销信息、建立顾客关系、进行网上市场调研等各种营销活动提供了手段和渠道。

例如，搜索引擎营销和网站链接策略的实施，就是与搜索引擎服务商以及合作伙伴之间建立良好关系的过程，网站访问量的增长以及网上销售得以实现都是对网上经营环境营造的结果。因此，网络营销是对企业网上经营环境的营造过程，也就是综合利用各种网络营销手段、方法和条件并协调其间的相互关系，从而更加有效地实现企业的营销目标。

2. 网络营销的特点

营销的本质就是在企业和用户之间进行广泛的商品信息传播，网络营销是建立在国际互联网和计算机技术发展之上的一种营销活动。因此，它具备了网络的一些特点。

(1) 跨时空性。建立在现代通信技术和计算机技术基础上的国际互联网络能够超越时间和空间的限制进行信息交换，使网络营销能够跨越时间和国界的限制，真正可以做到随时随地向用户提供服务，从而尽可能多地占有市场份额。

(2) 互动性。企业在通过网络向用户传递信息的同时，用户也可以向企业传递信息。利用网络的互动性，企业可以向用户展示商品和服务信息，发送市场调查和商品测试信息，搜集用户资料，而用户也可以通过网络查询相关商品的详细信息。

(3) 成长性。网络的使用者大多是年轻人，他们大多数有良好的教育背景，这部分人的购买能力强并且有很强的市场影响力。因此，互联网具有良好的成长性。

(4) 整合性。企业可以借助互联网将不同的营销活动进行统一规划和协调，或者将营销活动的全过程在网络上实现。

(5) 经济性。网络可传输的信息量和精确度远远超过其他媒体。一方面，这些信息是以低廉的价格进行传播的，并随着距离的加大而越发体现其边际效应。另一方面，通过互联网进行网络营销活动，可以减少印刷和邮递成本，可以实现无店面销售和实现零库存销售。这些都大大地减少了成本支出。

3. 网络营销的职能

网络营销是在实践中经过归纳总结而逐步形成的，实践性强是其基本特征。网络营销的八个基本职能是：网络品牌、网站推广、信息发布、销售促进、销售渠道、顾客服务、顾客关系、网上调研。

(1) 网络品牌：网络营销为企业利用互联网建立品牌形象提供了有利的条件，企业不分大小，都可以在网络上用适合自己企业的方式展现品牌形象。网络品牌建设是以企业网站建设为基础，通过一系列的推广措施，达到顾客和公众对企业的认知和形象的认可。网络品牌价值是网络营销效果的表现形式之一，通过网络品牌的价值转化实现持久的顾客关系和更多的直接收益。

(2) 网站推广：获得必要的访问量是网络营销取得成就的基础。中小企业由于经营资源的限制，发布新闻、投放广告、开展大规模促销活动等宣传机会比较少，因此通过互联网手段进行网站推广的意义显得更为重要。即使对于大型企业，网站推广也是非常必要的，事实上许多大型企业虽然企业本身有较高的知名度，但网站访问量并不高。因此说，网站推广是网络营销的基础工作。

(3) 信息发布：将企业营销信息通过各种互联网手段向目标用户、合作伙伴、公众等群体传递，是网络营销的基本职能之一。互联网为企业发布信息创造了优越的条件，不仅可以将信息发布在企业网站上，还可以利用各种网络营销工具和网络服务商的信息发布渠道向更大的范围传播信息。并且，这类信息传递方式的成本几乎是零。

(4) 销售促进：网络营销的终极目的是为最终增加销售提供支持，各种网络营销方法大都具有直接或间接促进销售的效果，许多有针对性的网上促销手段和方法并不限于对网上销售的支持，事实上，网络营销对于促进网下销售同样很有价值，因此，一些没有开展网上销售业务的企业一样有必要开展网络营销。

(5) 网上销售：这是企业销售渠道在网上的延伸，一个具备网上交易功能的企业网站本身就是一个网上交易场所，网上销售渠道建设并不限于企业网站本身，还包括建立在专业电子商务平台上的网上商店，以及与其他电子商务网站不同形式的合作等，不同规模的企业都有可能拥有适合自己需要的在线销售渠道。

(6) 顾客服务：从形式最简单的 FAQ(常见问题解答)到电子邮件、邮件列表、在线论坛和各种即时信息服务等，在线顾客服务具有成本低、效率高的优点，在提高顾客服务水平方面具有重要作用，同时也直接影响到网络营销的效果。

(7) 顾客关系：现代"拉"式营销要求建立以顾客关系为核心的营销模式，网络营销为建立顾客关系、提高顾客满意度和顾客忠诚度提供了更为有效的手段，通过网络营销的交互性和良好的顾客服务手段，增进顾客关系成为网络营销取得长期效果的必要条件。

(8) 网上调研：网上市场调研不仅为制定网络营销策略提供支持，也是整个市场研究活动的辅助手段之一，合理利用网上市场调研手段对于市场营销策略具有重要价值。网上市场调研具有调查周期短、成本低的特点。网上市场调研与网络营销的其他职能具有同等地位，既可以依靠其他职能的支持开展，也可以相对独立地进行。

以上网络营销的八大职能相互联系、相互促进，网络营销的最终效果是各项职能共同作用的结果。其中，网站推广、信息发布、顾客关系、顾客服务和网上调研这五项职能属于基础，主要表现为网络营销资源的投入和建立，而品牌形象、销售促进、在线销售这三项职能则表现为网络营销的效果(包括直接效果和间接效果)。网络营销的职能是通过各种网络营销方法灵活实现的，同一个职能可能需要多种网络营销方法的共同作用，而同一种网络营销方法也可能适用于多个网络营销职能。

二、E-mail 营销

1. E-mail 营销的概念

普遍的观点认为，E-mail 营销诞生于 1994 年。冯英键先生在其著作《E-mail 营销》中这样定义 E-mail 营销：E-mail 营销是在用户事先许可的前提下，通过电子邮件的方式向目标用户传递有价值信息的一种网络营销手段。按照这个定义，有效的 E-mail 营销必须同时具备下列三个条件：基于用户许可、通过电子邮件传递信息、信息对用户是有价值的，这三个条件缺一不可。很显然，作为一种营销工具，能够顺利开展 E-mail 营销，必须具备以下环境条件：

(1) 必须拥有一定数量的 E-mail 用户。

(2) 企业内部拥有开展 E-mail 营销的能力(包括硬件、软件与人员素质等)，或者有专门的 E-mail 营销服务提供商。

(3) 信息对接收者是有用的，或者可以引起用户一定的兴趣和反应。

2. E-mail 营销的类型

下面从不同角度对 E-mail 营销进行分类。

(1) 根据用户许可与否分为许可 E-mail 营销(PEM，Permission E-mail Marketing)和未经许可的 E-mail(垃圾邮件)营销(UCE，Unsolicited Commercial E-mail)。

(2) 根据 E-mail 地址的所有权分为内部 E-mail 营销(内部列表)和外部 E-mail 营销(外部列表)。

内部列表也就是通常所说的邮件列表，是利用网站的注册用户资料开展 E-mail 营销的方式，常见的形式有新闻邮件、会员通讯、电子刊物等。外部列表特指企业自行向潜在用户直接发送推广信息，或者通过专业服务商开展的 E-mail 营销活动，外部列表营销也简称"E-mail 营销"，因为这种营销活动可以不涉及邮件列表的概念即可完成。

(3) 根据营销时间分为临时 E-mail 营销和长期 E-mail 营销。

临时 E-mail 营销：如不定期的产品促销、市场调查、节假日问候和新产品通知等，主要通过利用外部列表进行。

长期 E-mail 营销：主要表现为新闻邮件、电子杂志、顾客服务等各种形式的邮件列表，这种列表的作用要比临时 E-mail 营销更持久，其作用更多地表现在顾客关系、顾客服务和企业品牌等方面。通过企业内部列表实现的。

临时 E-mail 营销相对长期 E-mail 营销来说，要简单得多。长期 E-mail 营销是企业网络营销中的重要组成部分，是网络营销活动自始至终都不可或缺的内容。

(4) 根据 E-mail 营销的功能分为顾客关系 E-mail 营销、顾客服务 E-mail 营销、在线调查 E-mail 营销及产品促销 E-mail 营销

3．开展 E-mail 营销的条件

根据 E-mail 营销的定义，开展 E-mail 营销需要解决三个基本问题：① 向哪些用户发送电子邮件？② 发送什么内容的电子邮件？③ 如何发送这些邮件？

进一步可以将这三个基本问题归纳为 E-mail 营销的三大基础：① 技术基础：邮件列表的技术基础。② 资源基础：用户 E-mail 地址资源的获取。③ 内容基础：邮件列表的内容。

只有邮件列表的基础条件具备之后，才能开展真正意义上的 E-mail 营销。内部列表作为企业网络营销中的重要部分尤其重要。许可营销是以向用户提供有一定价值的信息或服务为前提的。

4．获取内部列表用户资源的方法

内部列表 E-mail 营销的三项基本内容是：建立自己的邮件列表、获得尽可能多的用户加入列表、向用户发送有价值的信息。下面也将从这三个方面来分别介绍内部列表 E-mail 营销的基本方法。

5．邮件列表发行平台的建立

技术问题的实现常用的有两种方式：一种邮件列表是完全建立在自己的 WEB 服务器上，实现自主管理。另一种通过邮件列表专业服务商，利用专业邮件发行平台来实现。一般来说，邮件列表专业服务商的发行平台，在功能上、技术上都优于企业自行开发的邮件列表专业软件，而且投入使用快、邮件列表规模大。另外，在规模比较小的情况下，可以采用邮件群发软件来实现。

一般用户"加入/退出"邮件列表的方法有两种：一是通过网页上的"订阅/退出"框，用户自己输入邮件地址来完成。另一种是通过发送邮件方式"加入/退出"邮件列表。

6．E-mail 营销资源的获取

E-mail 营销的重要环节之一，就是引导用户加入，获得尽可能多的 E-mail 地址。E-mail 地址的积累应该是贯穿于整个 E-mail 营销活动之中，也是 E-mail 营销的最为基础的工作内容之一。一般来说，用户加入邮件列表的主要渠道是通过网站上的"订阅"自愿加入，因此，网站的访问者是邮件列表用户的主要来源，网站的推广效果与邮件列表订户数量有密切的关系。把邮件列表介绍并投递给用户，最常见的方式有三种。

(1) 采用收集电子邮件地址的方法。把收集的邮件地址放进邮件列表中，继而向这些邮件地址发送消息。收集的电子邮件地址可以是从其他邮件列表中得到，也可以是从一些新闻组和网页中收集到的。

(2) 有范围的地址投递。可以把所有与公司有过商业来往的用户加入邮件列表名单。

(3) 用户自由订阅。可以让用户通过电子邮件中的指令来订阅列表，也可以让用户表述

他们感兴趣的信息，然后在公司网站上留下他们的电子邮件信箱。

7．邮件列表的内容策略

在 E-mail 营销三大基础中，邮件内容与 E-mail 营销的最终效果的关系最为直接。邮件内容策略所涉及的范围最广，灵活性最大，邮件内容的设计制作也最为重要。因为，如果没有合适的内容，即使技术平台功能很强、邮件列表的用户数量很大，仍然无法向用户传递有效的信息。下面给出了邮件列表内容的六项原则：

（1）目标一致性。邮件列表内容的目标一致性是指邮件列表的目标应与企业总体营销战略相一致，营销目的和营销目标是邮件列表邮件内容的第一决定因素。因此，在以用户服务为主的会员通讯邮件列表内容中插入大量的广告内容会偏离预定的顾客服务目标，同时也会降低用户的信任。

（2）内容系统性。如果内容没有一个特定的主题，或者方向性很不明确，则用户对邮件列表很难产生整体印象，这样的邮件列表内容将很难培养起用户的忠诚性，也会削弱 E-mail 营销对品牌形象提升的功能，并且影响 E-mail 营销的整体效果。

（3）内容来源稳定性。内部列表营销是一项长期的任务，必须有稳定的内容来源，才能确保按照一定的周期发送邮件，邮件内容可以是自行撰写、编辑、或者转载，无论哪种来源，都需要保持相对稳定性。不过应注意的是，邮件列表是一个营销工具，并不仅仅是一些文章/新闻的简单汇集，应将营销信息合理地安排在邮件内容中。

（4）内容精简性。邮件内容应从用户的角度考虑，邮件列表的内容不应过分庞大，过大的邮件不会受到欢迎。首先，由于用户邮箱空间有限，字节数太大的邮件会成为用户删除的首选对象；其次，由于网络速度的原因，接收/打开较大的邮件耗费时间也越多；第三，太多的信息量让读者很难一下子接受，反而降低了 E-mail 营销的有效性。

（5）内容灵活性。建立邮件列表的目的，主要体现在顾客关系和顾客服务、产品促销、市场调研等方面，在不同的经营阶段，邮件列表的内容也会随时间的推移而发生变化，因此邮件列表的内容策略也不是一成不变的，在保证整体系统性的情况下，应根据阶段营销目标而进行相应的调整。

（6）邮件格式。常用的邮件格式包括纯文本格式、HTML 格式、Rich Media 格式，或者这些格式的组合。一般来说，HTML 格式和 Rich Media 格式的电子邮件比纯文本格式具有更好的视觉效果，从广告的角度来看，效果会更好，但同时也存在一定的问题，如文件字节数大以及用户在用户端无法正常显示邮件内容等。哪种邮件格式更好，最好给用户提供不同内容格式的选择。

尽管每封邮件的内容结构各不相同，但设计完善的邮件内容一般应具有下列七个基本要素：

（1）邮件主题：本期邮件最重要内容的主题，或者名称加上发行的期号。

（2）邮件列表名称：一个网站可能有若干个邮件列表，一个用户也可能订阅多个邮件列表，仅从邮件主题中不一定能完全反映出所有信息，需要在邮件内容中表现出列表的名称。

（3）目录或内容提要：给出当期目录或者内容提要是很有必要的。

（4）邮件内容 WEB 阅读方式说明(URL)：对提供了网站阅读方式的，应在邮件内容中给予说明。

(5) 邮件正文：本期邮件的核心内容，一般安排在邮件的中心位置。

(6) 退出列表方法：这是正规邮件列表内容中必不可少的内容，退出列表的方式应该出现在每一封邮件内容中。纯文本个人的邮件通常用文字说明退订方式，HTML 格式的邮件除说明外，还可以直接设计退订框，用户直接输入邮件地址进行退订。

(7) 其他信息和声明：如果有必要对邮件列表作进一步的说明，可将有关信息安排在邮件结尾处，如版权声明和页脚广告等。

三、E-mail 营销的一般过程

E-mail 营销的基本形式主要包括内部列表和外部列表两部分。内部列表也就是通常所说的邮件列表，是利用网站的注册用户资料开展 E-mail 营销的方式，常见的形式如新闻邮件、会员通讯、电子刊物等。外部列表特指企业自行向潜在用户直接发送推广信息，或者通过专业服务商开展的 E-mail 营销活动，外部列表营销也简称"E-mail 营销"，因为这种营销活动可以不涉及邮件列表的概念即可完成。此外，还有另一种邮件列表资源，即利用合作伙伴的内部列表信息来开展 E-mail 营销，这种列表也称为联合注册列表或联合列表，它介于内部列表和外部列表之间，可以看做内部列表的延伸，一般通过联合注册的形式实现。

由于拥有的营销资源不同，内部列表和外部列表各有优势，两种方式可以同时进行。

E-mail 营销的一般过程：

(1) 制订 E-mail 营销计划，分析目前所拥有的 E-mail 营销资源，如果公司本身拥有用户的 E-mail 地址资源，首先应利用内部资源；

(2) 决定是否利用外部列表投放 E-mail 广告，并且要选择合适的外部列表服务商；

(3) 针对内部和外部邮件列表分别设计邮件内容；

(4) 根据计划向潜在用户发送电子邮件信息；

(5) 对 E-mail 营销活动的效果进行分析总结。

四、supmail 10 软件说明

1. supmail 10 测试版与正式版的区别

(1) 测试版限制每次最多发送 200 个邮件地址，并且发送过程中有注册提示。

(2) 测试版不能直接从数据库导入邮件地址。

(3) 注册后可以登录网站用户中心下载更详细的统计系统 IP 地区数据库。

2. 功能说明

supmail 10 适用于各种需要发送邮件到大量地址的应用，如电子报刊发行、邮件列表订阅发送、多用户企业联系、论坛 E-mail 营销等。supmail 10 是唯一一款按照国际标准 MIME 协议标准封装邮件的群发软件，而且功能强大，其主要功能如下：

(1) 发送邮件兼有"正常模式"和"特快专递(无须 SMTP 服务器)"两种发送模式，并可自动切换；

(2) 支持 SSL/TLS 协议，可以使用 Gmail 等要求安全连接的邮箱；

(3) 支持对每个发件人邮箱单独设置发送 X 封后暂停 Y 秒，防止邮箱被封。

(4) 提供线程数选择(1~100)、全局发送等待设置功能，可以自由控制发送速度，快慢

均可，减少被封 IP 或邮箱；

(5) 与网站完美结合实现邮件列表退定功能，防止垃圾邮件；

(6) 与网站完美结合实现邮件接收统计功能，可以清楚知道邮件被查看的次数和各种详细信息(如查看人 IP 地址、邮件地址、浏览器、操作系统等)；

(7) 所见即所得的超强 HTML 邮件编写功能，功能强大，支持图片、附件；

(8) 宏邮件支持文本→图片邮件功能，把输入文本自动转换为图片格式发送；

(9) 可以直接打开一个网站或网页作为邮件发送，也可以直接发送 Outlook Express 的邮件文件。

五、项目实训——超级邮件群发机的下载、安装、设置及使用

从 www.wealsoft.com 下载并安装 supmail10.exe，如图 4-1(a)、图 4-1(b)所示。第一步，软件设置；第二步，添加或导入地址；第三步，编写邮件；第四步，开始发送。下面逐步介绍。

(a) 下载 supmail10.exe

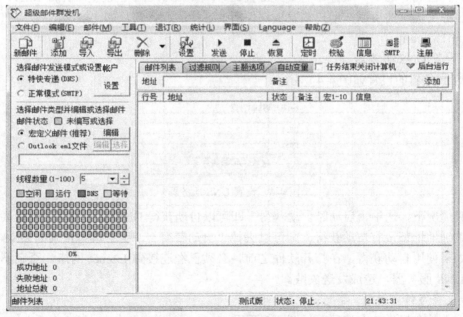

(b) 安装 supmail10.exe 后运行的界面

图 4-1 supmail10.exe 的下载与安装

第一步，软件设置。启动软件进行设置(首次使用要设置基本信息)，如图 4-2 所示。

首先点击工具栏设置 设置 按钮，弹出"设置"对话框。

图 4-2　"设置"对话框

(1) 设置自己的邮箱。

必须至少有一个邮箱才能发送邮件，如图 4-3 所示。

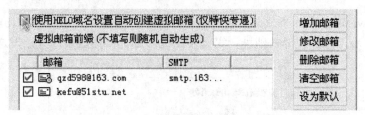

图 4-3　设置自己的邮箱

增加邮箱：用来添加邮箱。

修改邮箱：用来修改选中邮箱的设置。

删除邮箱：删除选中的邮箱。

设置默认邮箱：把选中的邮箱设置为当前发送邮箱。

注意：如果要使用"正常模式"发送邮件，则必须填写 SMTP 服务器，并填写好邮箱的用户名、密码。选中"服务器需要身份验证"(即和 Outlook 中设置一样)。SMTP 服务器是邮件服务商提供的可以在用户端发送邮件所要连接的服务器，如 163.com 的 SMTP 服务器为 smtp.163.com。

(2) 设置 DNS 服务器。

DNS 服务器的设置如图 4-4 所示。

图 4-4　设置 DNS 服务器

一般情况下，选中"启动时自动获得"即可以自动获得 DNS 服务器地址。如果两个服务器的正确地址都没有自动获得，则可以去掉"自动获得"，手工填写正确的 DNS 地址。

注意：如果使用自动获得，在打开软件之前，必须已经连接到 Intenet 网络。否则不能获得正确的 DNS 服务器，造成发送失败。

(3) 选择发件人姓名。

发件人姓名提供 3 个选项，如图 4-5 所示。

① 随机生成：即每次发送自动生成一个字符串代表发件人姓名。

② 当前日期：即发件人姓名显示为发送时的日期。

③ 自定义：填写要显示的发件人姓名即可。

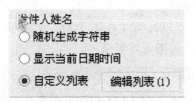

图 4-5　发件人姓名选择

第二步，添加邮件地址。添加邮件地址可以通过以下途径进行。

(1) 使用"添加"  按钮。

点击"添加"按钮，出现添加窗口，如图 4-6 所示，输入邮件地址后，点击"确定"按钮。

图 4-6　添加窗口

(2) 输入地址。

直接在主窗口的地址栏中输入地址，然后点击"添加"即可，如图 4-7 所示。

图 4-7　输入地址

(3) 导入大量地址。

如果有邮件列表文件，把该文件直接"拖"到列表区中即可直接导入其中的所有地址。

如果列表很大，可以选择列表文件的部分进行导入。点击"导入" 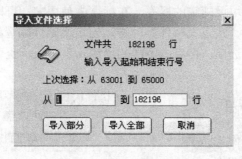 按钮，选择要导入的文件。然后点击"确定"按钮，弹出"导入文件选择"对话框，如图 4-8 所示。

图 4-8　导入大量地址

输入从多少到多少行的行数，即可导入其中的部分地址，并且软件将自动记录本次进行的导入起始和结束行号。

(4) 导入 Microsoft Excel 文件。

点击"导入"按钮，选择要导入的 Excel 文件。然后点击"确定"按钮，弹出"选择 Excel 表列对应关系"对话框，如图 4-9 所示。

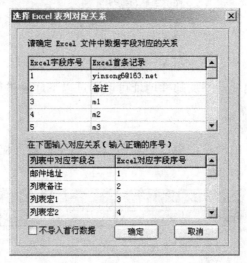

图 4-9　导入 Microsoft Excel 文件

输入 Excel 的列数据，必须与"群发机"中每列的序号所代表的字段内容一致。点击"确定"按钮导入。如果不需要导入首行，选中其选项即可。

(5) 从数据库导入。

点击"导入"按钮，选择"从数据库导入"，随之出现数据库导入向导。根据向导提示，先创建连接字符串，再选择数据库表，然后点击"下一步"，选择数据库与邮件列表的对应关系。再点击"下一步"即可导入数据。可以从各种类型的数据库(如 Access、Sql Server、Oracle 等)中导入地址。

第三步，编写邮件。

(1) 宏定义邮件。

所谓"宏定义邮件"，就是在发送过程中，把宏变量自动替换。宏是邮件群发机中一个特定的代码，在发送时会检查这些"宏"，并用实际的内容替换它们，宏(变量)可以使邮件更个性化，降低被放入垃圾邮箱的概率。在标题中使用宏，可以让收件人看起来更亲切，提高邮件的打开率。选择"宏定义邮件"，进入宏定义邮件编写状态，如图 4-10 所示。

选中"宏定义邮件"选项，再点击下面的"编辑"按钮，也可以启动宏邮件编辑窗口，如图 4-11 所示。

图 4-10　宏定义邮件

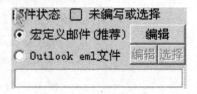

图 4-11　"宏邮件"选项

① 在宏邮件中可以插入"宏变量"，这些变量可以根据邮件列表的内容而改变，从而可以对每个接收者设置不同的邮件内容，增加邮件的亲切感和正规性。

点击工具栏中的"加宏" ＋加宏 按钮，即可添加相应的"宏变量"(这些宏变量，可以复制到"主题"中使用，主题的内容也就可以改变)。

还可以编写带声音的邮件。当对方收到邮件打开时，自动播放音乐或录音，给对方一个惊喜或更具说服力，如图 4-12 所示。

图 4-12　带声音的邮件

② 强大的邮件编写功能，可以插入图片、表情、字体设置、背景等各种信息。编写邮件的工具栏，如图 4-13 所示。

图 4-13　编写邮件的工具栏

写好邮件后点击"编写完成" ☑编写完成 按钮，即可开始发送邮件。

(2) Outlook 邮件。

在编写 Outlook 邮件前，请确认已经安装好 Outlook Express(Windows 系统默认已经安装)，如图 4-14 所示。

单击"邮件"按钮，并选择"Outlook 邮件"启动"新邮件"窗口。填写其中的"主题"和"内容"，并且可以使用其中的所有功能。编写好邮件后，执行菜单"文件"/"另存为"，保存邮件，如图 4-15 所示。

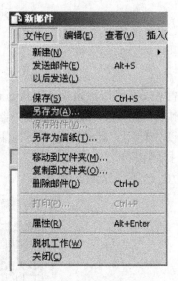

图 4-14　确认已经安装好 Outlook Express　　　　图 4-15　保存邮件

在群发机中，点击"选择"按钮，选择刚保存好的 Outlook 文件，如图 4-16 所示。至此，邮件内容设置完成。

图 4-16　选择刚保存好的 Outlook 文件

第四步，发送邮件。

(1) 选择邮件。

① 选择邮件类型，如图 4-17 所示。

如果是宏邮件，则不需要选择邮件。直接选中"宏邮件"即可。

如果是 Outlook 邮件，则按下述方法选择 eml 文件。

② 选择 Outlook 邮件文件(仅用于发送 Outlook 邮件文件)，如图 4-18 所示。

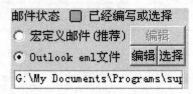

图 4-17　选择邮件类型　　　　图 4-18　选择 Outlook 邮件文件

点击"选择"按钮，选择刚才编写的邮件文件，如果还需要修改，可以点击"编辑"按扭。注意要"另存为"文件。

(2) 设置发送模式。

发送模式的设置，如图 4-19 所示。

图 4-19　设置发送模式

① 正常模式：即同 Outlook、Foxmail 一样通过你的邮箱服务器发送。

② 特快专递：使用软件内置服务器发送。直接把邮件发送到收件人的邮箱。

③ 建议先使用"特快专递"，再用"正常模式"发送失败的地址。

(3) 选择线程数。

线程数的选择，如图 4-20 所示。

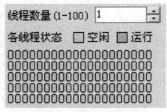

图 4-20　选择线程数

输入要使用的线程数量。根据邮件的多少选择，最大可以选择 100 个线程，并且发送过程中可以显示各个线程的状态。建议特快模式下可以选择 100 个线程，正常模式下不要选择太多的线程，否则，服务器可能禁止发送邮件。

(4) 开始发送。

如图 4-21 所示，单击"发送"按钮，开始发送邮件。单击"停止"按钮可以停止发送。单击"恢复"按钮可恢复到发送前的状态(可以是选择的地址，也可以是全部地址)。单击"信息"按钮，可打开和隐藏发送信息栏。

图 4-21　开始发送

(5) 发送计数和计时。

如图 4-22 所示可以显示发送成功的数量、失败的数量以及发送所用的时间。如果没有发送，则时间显示为当前时间。

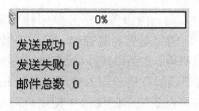

图 4-22　发送计数和计时

 思考题

1. 什么是 E-mail 营销？其一般过程是怎样的？
2. 什么是邮件列表？
3. 什么是邮件群发？在网上找出 2～3 种邮件群发工具，比较其优劣。
4. 采用 E-mail 营销有什么优势与劣势？
5. 请写一封营销自己(求职)的邮件。
6. 写出实验报告。回答：你是怎么看待邮件群发营销的？
7. 下载百亿邮件群发工具并安装使用。
8. 下载信鸽网页邮件群发专家(试用版)并安装使用。

模块二　新闻组营销

➲ **教学目标**

1. 掌握新闻组邮件营销方法的基本知识。
2. 掌握新闻组邮件营销方法。

➲ 工作任务

1. 配置 Outlook Express 邮件账号。
2. 订阅新闻组。
3. 查看新闻组。
4. 向新闻组发送新闻。
5. 维护新闻组。

一、新闻组的概念

新闻组(Usenet 或 NewsGroup)，简单地说，就是一个基于网络的计算机组合，这些计算机被称为新闻服务器，不同的用户通过软件可连接到新闻服务器上，阅读其他人的消息并参与讨论。新闻组是一个完全交互式的超级电子论坛，是任何一个网络用户都能进行相互交流的工具。

也可以认为，新闻组是个人向新闻服务器所张贴邮件的集合。几乎可以在网络中找到任何主题的新闻组，虽然某些新闻组是受到监控的，但大多数不是。对于受监控的新闻组，其"拥有者"可以检查张贴的邮件，提出问题，或删除不适当的邮件等。任何人都可以向新闻组张贴邮件。新闻组不需要成员资格或加入费用。通过 Internet 服务提供商提供的一个或多个新闻服务器的链接，便可在新闻组阅读器中使用新闻组。使用前，应在新闻组阅读器中设置账户，利用设置好的账户就可以在该新闻服务器上的新闻组中随意阅读和张贴邮件了。

用户找到喜爱的新闻组时，可以进行"预订"，通过预订，可以方便地访问喜欢的新闻组，而不必在每次要访问一个喜欢的新闻组时去翻阅服务器上冗长的新闻组列表了。

二、新闻组的优点

新闻组和 WWW、电子邮件、远程登录、文件传送同为互联网提供的重要服务内容。在国外，新闻组账号、上网账号和 E-mail 账号一起并称为三大账号，由此可见其使用的广泛程度。由于种种原因，国内的新闻服务器数量很少，各种媒体对于新闻组的介绍也较少，不少用户谈到互联网时，往往对 WWW、E-mail、文件下载或者 ICQ 甚至 IP 电话头头是道，但对新闻组则只知其名，不知其实。新闻组是一种高效而实用的工具，它具有四大优点。

(1) 海量信息：据有关资料介绍，目前国外有新闻服务器 5000 多个，据说最大的新闻服务器包含 39 000 多个新闻组，每个新闻组中又有上千个讨论主题，其信息量之大难以想象，就连 WWW 服务也难以相比。

(2) 直接交互性：在新闻组上，每个人都可以自由发布自己的消息，不管是哪类问题、多大的问题，都可直接发布到新闻组上和成千上万的人进行讨论。这似乎和 BBS 差不多，但与 BBS 相比，新闻组有两大优势：一是可以发表带有附件的"帖子"，传递各种格式的文件；二是可以离线浏览。但新闻组不提供 BBS 支持的即时聊天。

(3) 全球互联性：全球绝大多数的新闻服务器都连接在一起，就像互联网本身一样。在某个新闻服务器上发表的消息会被送到与该新闻服务器相联接的其他服务器上，每一篇文章都可能漫游到世界各地。这是新闻组的最大优势，也是网络提供的其他服务项目所无法比拟的。

(4) 主题鲜明：每个新闻组只要看它的命名就能清楚它的主题，所以在使用新闻组时其主题更加明确，往往能够一步到位，而且新闻组的数据传输速度与网页相比要快得多。

三、新闻组的命名规则

国际新闻组在命名、分类上有其约定俗成的规则。新闻组由许多特定的集中区域构成，组与组之间成树状结构，这些集中区域就称为类别。目前，在新闻组中主要有以下几种类别。

- comp：关于计算机专业及业余爱好者的主题，包括计算机科学、软件资源、硬件资源和软件信息等。
- sci：关于科学研究、应用或相关的主题，一般情况下不包括计算机。
- soc：关于社会科学的主题。
- talk：一些辩论或人们长期争论的主题。
- news：关于新闻组本身的主题，如新闻网络、新闻组维护等。
- rec：关于休闲、娱乐的主题。
- alt：比较杂乱，无规定的主题，任何言论在这里都可以发表。
- biz：关于商业或与之相关的主题。
- misc：其余的主题。在新闻组里，所有无法明确分类的东西都称之为 misc。

新闻组在命名时以句点间隔，通过上面的主题分类，我们可以一眼看出新闻组的主要内容。

四、国内外著名的新闻组

新闻组与 WWW 服务不同，WWW 服务是免费的，任何上网的用户都能浏览网页，而大多数的新闻组则是一种内部服务，即一个公司、一个学校的局域网内有一个服务器，根据本地情况设置讨论区，并且只对内部机器开放，从外面无法连接。常用新闻组服务器有：

- 宁波新闻组 news://news.cnnb.net
- 微软新闻组 news://msnews.microsoft.com
- 万千新闻组 news://news.webking.cn
- 希网新闻组 news://news.cn99.com
- 雅科新闻组 news://news.yaako.com
- 香港新闻组 news://news.newsgroup.com.hk
- 前线新闻组 news://freenews.netfront.net

其他新闻组：

- news://news.freeforum.org
- news://news.netteens.net
- news://news.so-net.com.hk
- news://freenews.netfront.net
- news://news.3home.net

- news://news.newsgroup.com.hk
- news://news.popart.com.hk
- news://news.hkhosting.com
- news://wonderspace.net
- news://news.hkpeople.net
- news://news.netgod.org.hk
- news://news.tatgod.com
- news://ourrice.com
- news://hknews.info
- news://inhk.net
- news://newsgroup.cc
- news://news.dial-up.to
- news://news.hkbookmarks.com
- news://news.school.net.hk
- news://news.wonderfuland.net
- news://news.imart.com.hk
- news://news.hkux.net
- news://news.linux.org.hk
- news://news.idclub.net
- news://news.debugnet.com
- news://news.hkcampus.net
- news://news.nntp.cn
- news://news.ismart.net
- news://hk-system.com/hk.ive
- news://news.whiz.com.hk
- news://news.siukeung.com
- news://news.asdfasdf.org
- news://news.visualmedia.com.hk
- news://news.net4hk.com
- news://news.nowstart.com
- news://news.idotworld.com
- news://news.hkhost.net
- news://news.hkpcug.org
- news://news.easy4web.com
- news://news.adtic.com
- news://news.wyk.edu.hk
- news://news.w3.com.hk
- news://news.e-fever.org
- news://news.loveclubhk.com

- news://newsgroup.com.hk
- news://news.d2g.com
- news://news.hkxdd.net
- news://news.grace-ip.net
- news://news.chau.com.hk

五、在新闻组中开展营销应注意的问题

参与相关新闻组并及时发送消息是网络营销的一个重要武器。在新闻组中散发消息进行网络营销要比那些垃圾邮件强许多，因为读者的针对性强，同时也避免了信息传递的强制性。

如今的新闻组种类繁多。一旦选择了某些新闻组，就需要了解每个新闻组的规模和其具体规定。绝大多数新闻组不欢迎商业消息，但这并不妨碍在这些新闻组中开展营销活动，要采取合理的方式，向读者提供真实、有价值、有建设性、有实在内容的信息，而不是那些露骨的销售词语。许多新闻组成员(包括我们自己)都是先选择感兴趣的标题，然后才阅读相关内容。因此，要精心设计发送消息的主题，尽可能引人入胜。太强的商业味反而会损毁形象。

新闻组与邮件列表组之间的最大区别就在于，新闻组中的信息是参与者主动收取阅读，而邮件组的信息是强制性地发送给收件人。

六、项目实训——配置 Outlook Express 邮件账号并使用新闻组

1. 配置 Outlook Express 邮件账号

打开 Outlook Express，添加电子邮件账号的方法是，依次点击菜单中的"工具"→"账户"→"添加"→"新闻"，如图 4-23～图 4-27 所示。

图 4-23　添加新闻账号

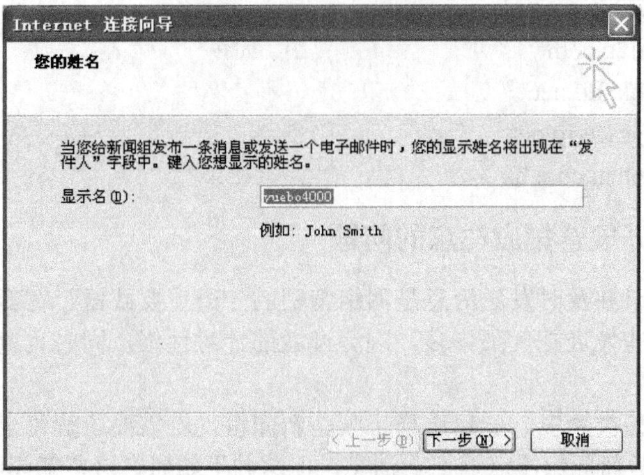

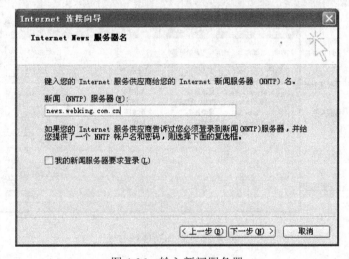

图 4-24　输入发送邮件时的姓名

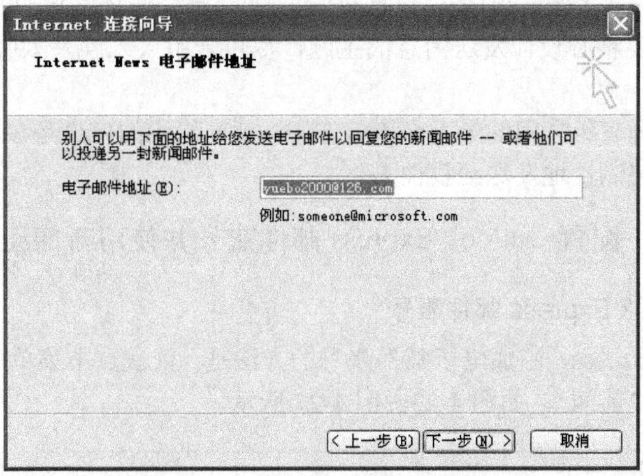

图 4-25　输入回复邮件时的地址

图 4-26　输入新闻服务器

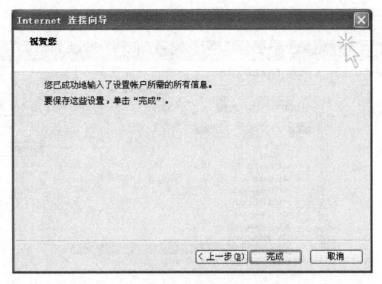

图 4-27　设置完成

这里以 news.webking.com.cn(济南万千新闻组)为例,当有"完成"的窗口出现时,说明已经成功地添加了新闻组账号。

2.订阅新闻组

点击"完成"按钮,再点击"关闭"退出"账户"设置窗口,系统自动弹出一个窗口询问是否下载新闻组,应该选择"是",如图 4-28 所示。选择后,立即出现图 4-29 所示从新闻服务器下载新闻组列表。

图 4-28　选择"是"下载新闻组

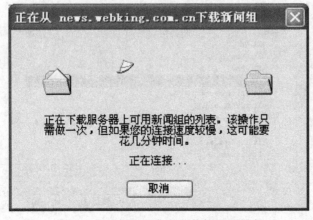

图 4-29　从新闻服务器下载新闻组列表

图 4-30 是"希网新闻组"(news://news.cn99.com)获得的新闻组列表。

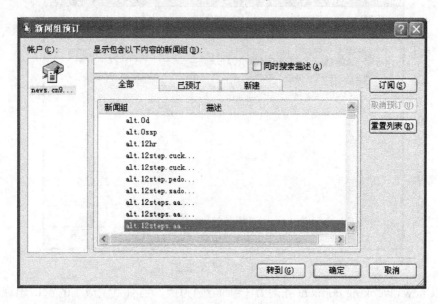

图 4-30   "希网新闻组"获得的新闻组列表

从图 4-30 中可以看出，新闻组目录比 Web 论坛中的频道要丰富得多，通常每个新闻组有成千上万个目录，由此可见其信息量之丰富！如此丰富的信息，显然无法一一阅读，因此只阅读自己感兴趣内容，方法是在其目录上注上标签，以便查看。这个过程就叫做"订阅"，跟日常生活中的订报很相像。订阅方法是点击相应的目录，单击右侧的"订阅"按钮，可以看到该目录前面多了一个图标，如图 4-31 所示。至此，工作完成。要取消"订阅"，则单击"新闻组预订"对话框右侧的"取消订阅"按钮即可。如图 4-32 所示。要阅读"订阅"的内容，需先选中该内容，再点击"转到"按钮，如图 4-33 所示。

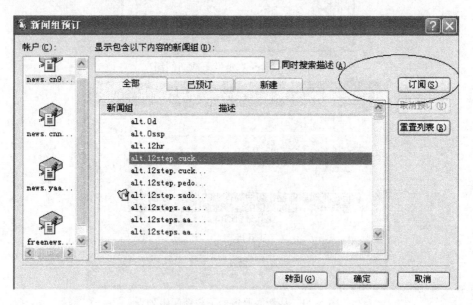

图 4-31   订阅新闻组

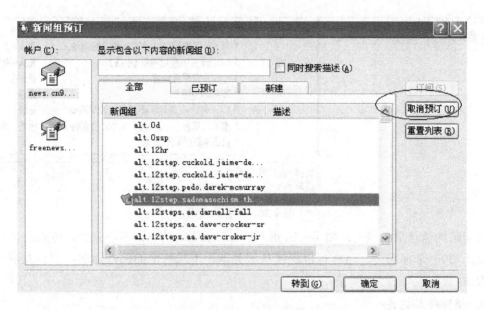

图 4-32　取消"订阅"

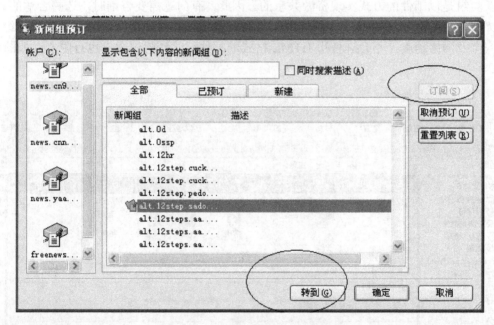

图 4-33　阅读"订阅"的内容

3．查看新闻组

订阅工作完成后点击"转到"按钮，开始下载订阅栏目的邮件标题，每个邮件标题就像论坛中贴子的标题一样。点击该邮件标题，就会开始下载邮件正文并以新的窗口显示出来。有的邮件还含有附件，点击邮件中的曲针图标就可以看到了。如果附件是图片，则可以在正文中直接显示出来。邮件标题前方标注有"+"号的，表明该主题已被他人参与讨论并作了回复，只须单击"+"号，回复便即刻显示出来，如图 4-34 所示。

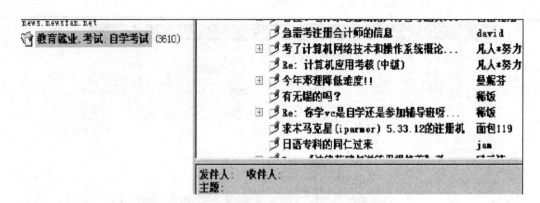

图 4-34　查看新闻组

新闻组的信息量相当大，如果一时找不到自己所需的信息，不必着急，可点击"工具"/
"获取后 300 个标头"。这样可以继续从服务器上下载剩余的邮件标题，直到发现有用的
信息为止。

4．邮件参与讨论

新闻组是以邮件的方式实现资源共享的。因此，有问题需要咨询时，选择合适的目录，
点击"新邮件"，就像写邮件一样，可以附上附件，点击"发送"就可以了，新闻组为了
保证安全及网络速度，不允许使用 HTML 格式的邮件，此外附件大小也有限制，如图 4-35
所示。

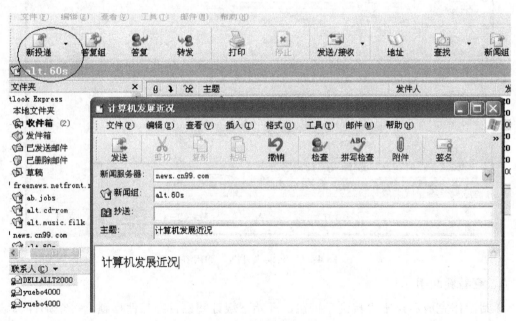

图 4-35　向新闻组发送新闻

5．维护新闻组

新闻组会占据相当大的磁盘空间，应经常维护，及时清理不必要的文件。一般是删除
邮件正文以释放磁盘空间，点击"工具"/"选项"/"维护"/"立即清除"进入"清理本地

文件"窗口,点击"浏览"选择要删除的新闻组分类,然后点击"删除邮件"即可清除正文,如图4-36所示。

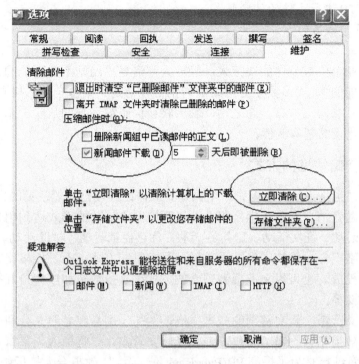

图4-36 维护新闻组

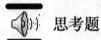 思考题

1. 新闻组营销与邮件列表组营销之间有什么异同?请详细说明。
2. 如何开展新闻组营销?应注意什么问题?

模块三　企业网站营销

➔ 教学目标

1. 了解企业网站营销知识。
2. 掌握域名的相关知识。
3. 掌握域名与空间申请的流程、方法以及使用的整个过程。
4. 掌握 FTP 的相关知识。
5. 掌握 FTP 和 CuteFTP 的下载、安装以及使用的整个过程。

➔ 工作任务

1. 域名与空间的注册、申请。

2. 域名与空间的管理、使用。
3. FTP 的使用。
4. 用 CuteFTP 进行文件的传输服务。
5. 网页浏览与域名的验证。

大中小企事业单位或公司的决策人、经理人都清楚"网站不是万能的，但不开展网站营销却是万万不能的"。大多数企业网站的营销目标都是"宣传企业、树立品牌"。其实，如果今天没能在互联网上占有一席之地，明天将会面临被遗忘的危险。本节的主要目的是让学生掌握网站建设的基本流程。

一、企业网站营销常见的方式

企业建立网站也是为了开展营销，下面是企业网站开展营销较常见的方式。

方式一：专题营销。专题营销是指企业以开展网络活动的形式达到销售目的。常见的活动形式有抽奖活动、征文活动、送礼券活动、优惠促销活动、赞助活动、话题讨论等。

方式二：网络广告。投放广告是最普通、最常见的方式，不过价格比较高，企业可根据自身实力进行投放。也可以采取资源整合的方式进行投放，如广告位互换、文字链接互换、频道入口互换等。

方式三：软文营销。软文营销的成本很低，例如，周易起名网充分利用高质量的软文进行营销推广，效果相当不错。不过，要想靠软文营销，一鸣惊人，文章一定要写好，不要让人感觉这文章纯粹是为了提高 PR(PageRank)值，否则，效果会大打折扣、事倍功半。(软文的定义有两种，一种是狭义的，另一种是广义的。狭义的软文，指企业支付一定的费用在报纸或杂志等宣传载体上刊登的纯文字性的广告。这是早期的一种定义，也就是所谓的付费文字广告。广义的软文，指企业通过策划在报纸、杂志或网络等宣传载体上刊登的可以提升企业品牌形象和知名度，或可以促进企业销售的宣传性、阐释性文章，包括特定的新闻报道、深度文章、付费短文广告、案列分析等。 软文广告就是用较少的投入，吸引潜在消费者的眼球，增强产品的销售力，提高产品的美誉度，在软文的潜移默化下，达到产品的策略性战术目的，引导消费群购买的广告。)

方式四：论坛推广。论坛推广是指利用论坛的超高人气，有效地为企业提供营销传播服务。而由于论坛话题的开放性，企业所有的营销诉求几乎都可以通过论坛传播得以实现。

方式五：网上店铺。网上店铺是企业销售渠道在网上的延伸，一个具备网上交易功能的企业网站本身就是一个网上交易场所，网上销售并不限于企业网站本身，还包括建立在专业电子商务平台上的网上商店。

方式六：博客营销。博客营销是指企业通过博客的方式与顾客进行交流，并推广特定产品或发布消息的网络营销方式。博客营销的方式很多，可以在名人博客投放广告，或借助名人推荐产品的形式进行传播，也可以在企业内部组建博客营销团队，有针对性地进行病毒式营销，刺激顾客购买欲。

方式七：SEO 营销。SEO 营销是网络营销的主要手段，对于网站推广、网络品牌建设、产品推广、在线销售等具有明显的效果。它通过较高的搜索引擎排名来增加网站的点击率，即浏览量，从而获得产品或服务销售额的飙升。

方式八：E-mail 群发。E-mail 营销通常与其他营销形式配合使用，以较低的成本覆盖更多的目标客户，实现产品促销推广、销售机会挖掘、客户关怀等营销目标，帮助企业提高对潜在客户定位的准确度、增强与客户的关系、提高品牌忠诚度。

二、网站建设的流程

网站建设是一个系统性的过程，随着技术的发展，网站建设也并不复杂。

(1) 确定网站主题。网站主题就是建立的网站所要包含的主要内容，一个网站必须要有一个明确的主题。特别是对于个人网站，不可能像综合网站那样做得内容大而全，包罗万象。由于没有这个能力和精力，所以必须要找准一个自己最感兴趣内容，做深、做透，办出自己的特色，这样才能给用户留下深刻的印象。网站的主题无定则，只要是感兴趣的，任何内容都可以，但主题要鲜明，在主题范围内内容要做到大而全、精而深。

(2) 搜集材料。明确了网站的主题以后，就要围绕主题开始搜集材料。常言道："巧妇难为无米之炊"。要想让网站有血有肉，能够吸引住用户，就要尽量搜集材料，材料既可以从图书、报纸、光盘、多媒体上得来，也可以从互联网上搜集，然后把搜集的材料去粗取精，去伪存真，作为自己制作网页的素材。

(3) 规划网站。一个网站设计得成功与否，很大程度上决定于设计者的规划水平，规划网站就像设计师设计大楼一样，图纸设计好了，才能建成一座漂亮的楼房。网站规划包含的内容很多，如网站的结构、栏目的设置、网站的风格、颜色搭配、版面布局、文字图片的运用等，只有在制作网页之前把这些方面都考虑到了，才能在制作时驾轻就熟，胸有成竹。也只有如此，制作出来的网页才能有个性、有特色，具有吸引力。

(4) 选择合适的工具。尽管选择什么样的工具并不会影响网页的好坏，但是一款功能强大、使用简单的软件往往可以起到事半功倍的效果。网页制作涉及的工具比较多，目前大多数网民选用的都是所见即所得的编辑工具，其中 Dreamweaver 和 FrontPage 使用较多，如果是初学者，可以用 FrontPage2000。此外，图片编辑工具，如 Photoshop、Photoimpact 等，动画制作工具，如 Flash、Cool 3D、Gif Animator 等，可以根据需要灵活运用。

(5) 制作网页。这是一个复杂而细致的过程，一定要按照先大后小、先简单后复杂的原则来进行制作。所谓先大后小，就是指在制作网页时，先把大的结构设计好，然后再逐步完善小的结构设计。所谓先简单后复杂，就是指先设计出简单的内容，然后再设计复杂的内容，以便出现问题时好修改。

(6) 上传测试。网页制作完毕，最后要发布到 Web 服务器上，才能够让全世界的朋友观看，利用 FTP 工具，可以很方便地把网站发布到自己申请的主页存放服务器上。网站上传以后，要在浏览器中打开自己的网站，逐页逐个链接地进行测试，发现问题，及时修改，然后再上传测试。全部测试完毕就可以把网址发布出来。

(7) 推广宣传。网页做好之后，还要不断地进行宣传，这样才能提高网站的访问率和知名度。推广的方法有很多，例如到搜索引擎上注册、与别的网站交换链接、加入广告链等。

(8) 维护更新。网站要注意经常维护更新内容，保持内容的新鲜，只有不断地给它补充新的内容，才能够吸引住浏览者。

三、网站推广的步骤

网站推广是一个比较复杂的过程，良好的、科学的网站推广会获得十分显著的效果，以下是网站推广的基本步骤。

(1) 定位分析：对网站自身进行解剖分析，目的是找到网站的问题所在；对企业网站进行电子商务定位，明确网站的位置；分析网站的电子商务模式，研究与网站相匹配的电子商务模式；分析行业竞争的情况，行业网站的综合分析；分析电子商务网站短期规划与长期发展战略的实施等。

(2) 网站诊断：网站的结构是否合理，是否高效，是否方便，是否符合用户访问的习惯；网站页面代码是否精简，页面是否清晰，页面容量是否合适，页面色彩是否恰当；用统计系统安装进行来路分析、地区分析、访问者分析、关键词分析等；网站推广策略是否有效，是否落后，是否采用复合式推广策略等。

(3) 营销分析：关键词是否恰当，关键词密度是否合理等；搜索引擎登录分析，采用何种登录方式，登录的信息是否有效；链接的人气如何，是否属于相关性较大的链接；对目标市场进行分析，研究目标市场与营销的关系；分析产品的特性，产品的卖点等；营销页面设置的位置，营销页面的内容，营销页面的第一感觉等；所采用的营销渠道如何，新的营销渠道如何开拓；后续产品的开发，服务情况的反馈分析；价格的合理性分析等。

(4) 综合优化：网站的架构优化，电子商务运行环境优化等；网站页面优化，页面布局，页面设计优化；导航的方便性，导航的文字优化等；对网站的内外链接进行处理，对相关标签进行优化设计。

(5) 整合推广：采用网站流量推广策略、友情链接策略、病毒式营销策略，关注网络变化，开发新的推广手段。整合网络营销、电子商务网站建设、网站宣传推广和网站策划等知识。

四、选择虚拟主机应注意的事项

选择虚拟主机时应注意以下几点：

(1) 首先，选择那些成立时间长，信誉比较好的虚拟主机提供商。一般来说，一些著名的 Internet 服务商提供的虚拟主机，质量比较可靠，但价格较高。一些新成立的虚拟主机提供商为了增加业务量，价格很便宜，但服务没有保证。对于一个新网站，尤其是论坛型网站来说，稳定性是第一位的，网站即使只瘫痪 10 分钟，也有可能丧失一些重要的用户。因此，首先要选择稳定的空间，其次才是速度快的空间。在选择前，应多了解该公司的背景，各种服务资格是否具备等。

(2) 选择自己需要的主机程序类型。现在的主机可以支持的程序类型基本上可以分为：PHP 型、ASP 型、全能型三种。

PHP 型基本上都是采用 Linux/FreeBSD + Apache + MySQL + PHP 技术构建的，这种类型的虚拟主机在国外已经开发了很长时间，技术比较成熟，一般控制面板功能很丰富，管理方面也比较完备。要注意的是，PHP 程序大多数需要 MySQL 数据库支持，MySQL 基本上是 PHP 空间的标准配置了，这也是一般的 PHP 空间性能高于 ASP 空间，但其价格也相应高于 ASP 空间的原因之一。

ASP 型主机空间一般都是 Windows Server + IIS + Access 数据库，高端的空间还可以支持 MYSQL，但价格太贵。由于 ASP 本身的函数和类库功能比较少，因此需要使用一些控件才能支持一些常见的功能和程序，一般的主机商都提供 FSO 等控件服务，有些还可以提供动易之类的控件服务。由于采用的是 Access 数据库，在并行读写数比较大的时候，ASP 空间的性能要比 PHP 空间差一些，但这样的空间都比较便宜。其实，单纯提供 ASP 空间的不太多，一般都在上面添加了 PHP 和 JSP 支持，构成了所谓的"全能型"主机。

一般低端的主机都是全能型主机，而高端的主机都是 ASP 主机和 PHP 主机分开的。没有特别情况，不要使用全能型主机。原因在于，在 IIS 上既提供 ASP 服务，又提供 PHP 服务，有些还提供 JSP 服务，一定会使服务器疲惫不堪。同时这三种服务一般都是使用 IIS 模块的方式在后台加载，任何一个的设计缺陷都会让服务器工作不正常，而且，也将降低系统的安全性，因为任何一种系统上的漏洞，都会影响整个系统。全能型主机在可靠性、安全性等方面，都不是最佳选择。

要根据需要安装的程序，来选择自己需要的主机类型。如果打算使用 ASP 来构建自己的网站，或者选定的网站程序是 ASP，那么就用 ASP 型的；如果喜爱 PHP 这个开放源代码的动态语言，或者已经选定了使用 PHP 的整站程序，那就用 PHP 型的。需要注意的是，不要在一个站点上既使用 ASP，又使用 PHP。

五、网站建设相关知识

(1) 主页空间。目前主页空间申请有两种情况：一种是收费的，另一种是免费的。大部分都是需要收费的，免费的申请已越来越少。

提供的免费主页空间大部分都具有以下几个特点：

① 完全免费地存放纯 HTML 页面的个人型虚拟主机；

② 50～200 MB 的 Web 空间，有广告条；

③ 独立 FTP 服务，可自由上传/下载 HTML 页面；

④ 不支持 CGI/PHP/Perl/MySQL。

另外使用时需要遵守的规则有：

① 免费用户注册时必须提供完整的、准确的注册信息；

② 网站运营商有权在免费主页空间上放置广告，空间的主人不得采用任何手段阻止、屏蔽虎翼网所放置广告的出现；

③ 通过 FTP 上传/下载文件的大小不得大于 200 KB；

④ 免费用户的网站不得只显示图片或大量显示图片。

⑤ 用户不得利用免费主页放置他人广告，尤其不得放置以赚取利润为目的的广告。

虽然限制颇多，但是对于初次接触网页设计，又想尝试一下网页发布后别人都来浏览自己的劳动成果的初学者来说，无论是容量还是功能都能基本满足需要，所以推荐使用免费主页空间。

(2) IP 地址。与 Internet 相连的任何一台计算机，不管是最大型的还是最小型的，都被称为主机。有些主机是为成千上万的用户提供服务的大型机或巨型机，有些是小型工作站或单用户 PC 机，还有一些是专用计算机(如用于将一个网络和另一网络连接起来的路由器)。但是从 Internet 这一角度来说，所有这些计算机都是主机。

IP 地址是在 Internet 网络中为每一台主机分配的由 32 位二进制数组成的唯一标识符，它由两部分构成，一部分是网络标识(netid)，另一部分是主机标识(hostid)。目前所使用的 IPV4 协议版本规定：IP 地址的长度为 32 位(IPV6 为 128 位)。Internet 的网络地址可分为三类(A 类、B 类、C 类)，每一类网络中 IP 地址的网络标识长度和主机标识长度都有所不同。

(3) 域名。Internet 域名就是 Internet 网络上的一个服务器或一个网络系统的名字，英文名叫做 Domain Name。域名是没有重复的。域名的形式由若干个英文字母或数字组成，并由"."分隔成几部分，如 yahoo.com 就是一个域名。

在实际应用中，域名其实就是我们所做的网站存放的地址。别人只有通过这个地址才能正常浏览和访问我们的网页。

域名在网络上基本以免费的为主。其实，在很多提供网站申请主页空间的同时，都会附送一个域名，这样就免去了用户另外申请域名的烦恼，而且也能避免一些域名解析时出现的问题。现在提供域名免费申请的网站也比较多，有的甚至为了方便用户使用，还开发出了功能强大的域名解析用户端软件，用户只需免费下载后安装在自己的电脑上，就可以直接进行域名的解析，大大方便了网页制作者发布网页。

根据该网页的规则，申请的域名就是 xxxxx.mycool.net(其中，"xxxxx"就是输入的名称，比如输入的是 hzec，那么申请到的域名就是：hzec.mycool.net)。只要在浏览器中输入域名全称，上传的网页就会赫然出现在电脑屏幕上了。

(4) DNS 域名系统。一般我们把将域名翻译成 IP 地址的软件称为域名系统(DNS，Domain Name System)。从功能上说，域名系统基本上相当于一本电话簿，已知一个姓名就可以查到一个电话号码，它与电话簿的区别是它可以自动完成查找过程，此时，完整的域名系统应该具有双向查找功能。

DNS 是一个基于域的层次型命名体系，并由分布式数据系统来实现这种命名。其工作过程如下：为了将一个名字与 IP 地址进行映射，应用程序需要调用一个叫做解析器(Resolver)的库程序，把名字作为参数传递给它。解析器发送一个 UDP 包给本地的 DNS 服务器，后者在自己的数据库中对名字进行查询，再将 IP 地址返回给解析器，解析器再返回给调用程序。获得 IP 地址后，应用程序就可以与目的方建立 TCP 连接或发送 UDP 包。

(5) FTP(File Transfer Protocol)是文件传输协议的简称。 FTP 的主要作用，就是让用户连接上一个远程计算机(这些计算机上运行着 FTP 服务器程序)察看远程计算机有哪些文件，然后把文件从远程计算机上拷到本地计算机，或把本地计算机的文件送到远程计算机去。

FTP 工作原理：以下载文件为例，当启动 FTP 从远程计算机拷贝文件时，事实上启动了两个程序：一个是本地机上的 FTP 用户程序，它向 FTP 服务器提出拷贝文件的请求；另一个是启动在远程计算机的上的 FTP 服务器程序，它响应你的请求把指定的文件传送到你的计算机中。FTP 采用"用户机/服务器"方式，用户端要在自己的本地计算机上安装 FTP 用户程序。FTP 用户程序有字符界面和图形界面两种。字符界面的 FTP 的命令复杂、繁多。图形界面的 FTP 用户程序，操作上要简洁方便得多。

(6) FTP 服务器。简单地说，支持 FTP 协议的服务器就是 FTP 服务器，那么什么是 FTP 协议？一般来说，用户联网的首要目的就是实现信息共享，文件传输是信息共享非常重要的内容之一。Internet 上早期实现传输文件，并不是一件容易的事，这是因为 Internet 是一个非常复杂的计算机环境，有 PC，有工作站，有 MAC，有大型机，据统计连接在 Internet

上的计算机已有上千万台，而且这些计算机可能运行不同的操作系统，有运行 Unix 的服务器，也有运行 DOS、Windows 的 PC 机，还有运行 MacOS 的苹果机等，而各种操作系统之间的文件交流，需要建立一个统一的文件传输协议，这就是所谓的 FTP。基于不同的操作系统有不同的 FTP 应用程序，而所有这些应用程序都遵守同一种协议，这样用户就可以把自己的文件传送给别人，或者从其他的用户环境中获得文件。

与大多数 Internet 服务一样，FTP 也是一个用户机/服务器系统。用户通过一个支持 FTP 协议的用户机程序，连接到在远程主机上的 FTP 服务器程序。用户通过用户机程序向服务器程序发出命令，服务器程序执行用户所发出的命令，并将执行的结果返回到用户机。比如说，用户发出一条命令，要求服务器向用户传送某一个文件的拷贝，服务器会响应这条命令，将指定文件送至用户的机器上。用户机程序代表用户接收到这个文件，将其存放在用户目录中。

在 FTP 的使用中，用户经常遇到两个概念："下载(Download)"和"上传(Upload)"。"下载"文件就是从远程主机拷贝文件至自己的计算机上；"上传"文件就是将文件从自己的计算机中拷贝至远程主机上。用 Internet 语言来说，用户可通过用户机程序向(从)远程主机上传(下载)文件。

使用 FTP 时必须首先登录，在远程主机上获得相应的权限以后，方可上传或下载文件。也就是说，要想同哪一台计算机传送文件，就必须具有哪一台计算机的适当授权。换言之，除非有用户 ID 和口令，否则便无法传送文件。这种情况违背了 Internet 的开放性，Internet 上的 FTP 主机何止千万，不可能要求每个用户在每一台主机上都拥有账号。匿名 FTP 就是为解决这个问题而产生的。

匿名 FTP 是这样一种机制，用户可通过它连接到远程主机上，并从其中下载文件，而无需成为其注册用户。系统管理员建立了一个特殊的用户 ID，名为 anonymous，Internet 上的任何人在任何地方都可使用该用户 ID。

通过 FTP 程序连接匿名 FTP 主机的方式同连接普通 FTP 主机的方式差不多，只是在要求提供用户标识 ID 时必须输入 anonymous，该用户 ID 的口令可以是任意的字符串。习惯上，用自己的 E-mail 地址作为口令，使系统维护程序能够记录下来谁在存取这些文件。

值得注意的是，匿名 FTP 不适用于所有 Internet 主机，它只适用于那些提供了这项服务的主机。

当远程主机提供匿名 FTP 服务时，会指定某些目录向公众开放，允许匿名存取。系统中的其余目录则处于隐匿状态。作为一种安全措施，大多数匿名 FTP 主机都允许用户从其中下载文件，而不允许用户向其上传文件，也就是说，用户可将匿名 FTP 主机上的所有文件全部拷贝到自己的机器上，但不能将自己机器上的任何一个文件拷贝至匿名 FTP 主机上。即使有些匿名 FTP 主机确实允许用户上传文件，用户也只能将文件上传至某一指定上传目录中。随后，系统管理员会检查这些文件，将这些文件移至另一个公共下载目录中，供其他用户下载。利用这种方式，避免了有人上传带病毒的文件，使远程主机的用户得到了保护。

作为一个 Internet 用户，可通过 FTP 在任何两台 Internet 主机之间拷贝文件。但是，实际上大多数人只有一个 Internet 账户，FTP 主要用于下载公共文件，例如共享软件、各公司技术支持文件等。Internet 上有成千上万台匿名 FTP 主机，这些主机上存放着数不清的文件，供用户免费拷贝。实际上，几乎所有类型的信息，所有类型的计算机程序都可以在 Internet 上找到。这是 Internet 吸引我们的重要原因之一。

匿名 FTP 使用户有机会免费享用世界上最大的信息库，这个信息库是日积月累起来的，并且还在不断增大，永不关闭，涉及到几乎所有主题。

匿名 FTP 是 Internet 网上发布软件的常用方法。Internet 之所以能延续到今天，是因为人们使用标准协议提供标准服务的程序。像这样的程序，有许多就是通过匿名 FTP 发布的，任何人都可以存取它们。Internet 中有数目巨大的匿名 FTP 主机以及更多的文件。

六、项目实训——域名与空间的申请及 CuteFTP 的下载、安装和使用

1. (免费)域名与空间的申请

本实训要求联接到 Internet 的个人计算机一台，预装 Windows XP 或者 Windows Vista 操作系统和浏览器。本实训在"我就试试"(http://www.5944.net)免费资源网上完成。由于网上免费资源很多，同学们也可以在其他免费资源网站上完成本实训，如既提供收费主页空间，又提供了免费主页空间的虎翼网 (http://www.51.net/)。打开"我就试试"(http://www.5944.net)网站，进行注册，步骤如下：

(1) "我就试试"(http://www.5944.net)网站首页如图 4-37 所示。

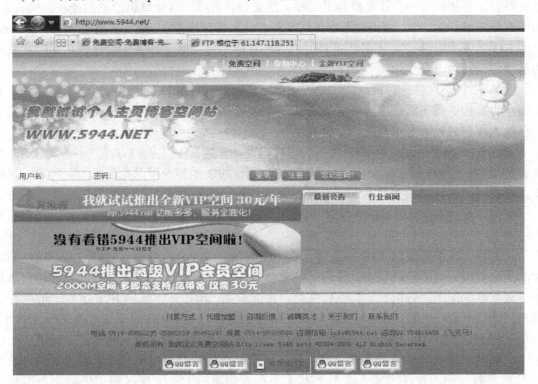

图 4-37　　http://www.5944.net 首页

(2) 点击注册页面，如图 4-38 所示。

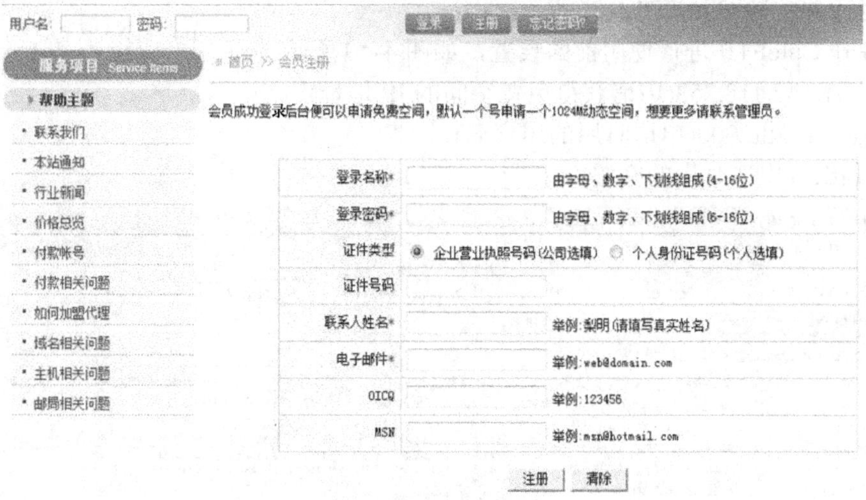

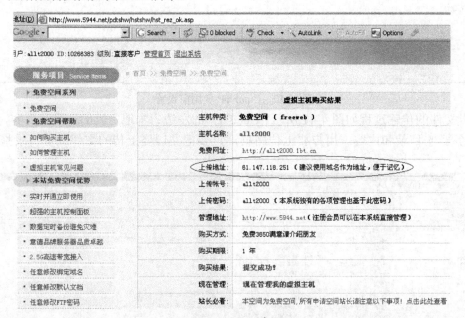

图 4-38　注册页面

(3) 注册成功页面如图 4-39 所示。

图 4-39　注册成功页面

从而获得上传的 FTP 的 IP=61.147.118.251 和上传的账号、密码等。同时可以获得"免费域名"：http://allt2000.1bt.cn，其免费使用期限为 1 年，免费空间为 1 G。登录后台，可以进行虚拟主机的管理，使用 ISP 提供的服务项目。

(4) 登录"管理首页"，熟悉后台管理和 ISP 提供的服务项目和服务内容。

2．采用 CuteFTP 进行文件的传输服务

(1) 在 网 上 (http://www.skycn.com/soft/683.html#download) 下 载 CuteFTP.exe(或 者 CuteFTPZH.exe)。

(2) 运行并安装 CuteFTP.exe。

(3) 打开 CuteFTP 进行使用前的设置，如图 4-40 所示。

Host：61.147.118.253(申请获得免费空间的 IP 地址)

Username：allt2000(申请时用的用户名)

Password：(申请时用的密码)

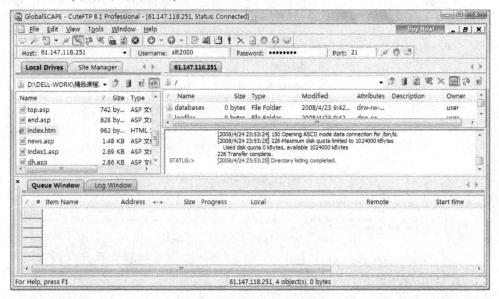

图 4-40　CuteFTP 使用前设置

(4) 文件的传输过程如图 4-41 所示。CuteFTP 的左边为本地主机的目录和内容，右边为远程服务器的目录和内容。用户要上传网页，只要把左边要上传的文件或者目录拖到右边就可以了。

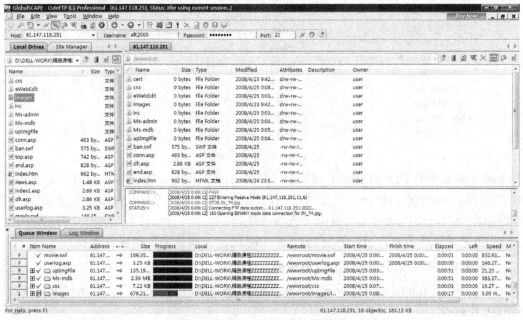

图 4-41　CuteFTP 文件传输过程

(5) 网页浏览与域名的验证。设计好的网页全部上传完后，可以在自己的浏览器上输入申请获得的免费域名进行验证。输入模块 1 得到的域名为 http://allt2000.1bt.cn，网页效果如图 4-42 所示。

图 4-42　http://allt2000.1bt.cn 网页效果

3．设计简单的个人主页 index.htm

(1) 用 Frontpage 2000 或者用 MACROMEDIA 的 Dreamweaver 设计一个简单的个人主页如图 4-43 所示，并另存文件名为 index.htm。

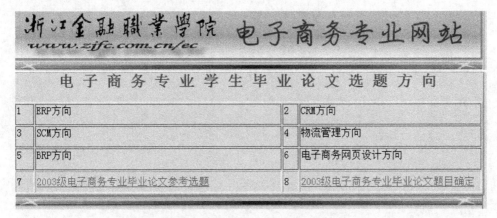

图 4-43　简单的个人主页 index.htm

(2) 用上面介绍的方法上传到申请的空间中，并在浏览器上输入域名进行验证。

 **思考题**

1. 什么是域名？什么是 DNS?
2. 如何在网上申请免费的主页空间？
3. 申请网上免费的主页空间有什么优点和缺点？
4. 什么是 FTP？什么是 FTP 服务器？
5. 在 FTP 的使用中，用户经常遇到哪两个概念？简述其用法。

第5章　招标、投标与电子合同

模块一　招标与投标

➲ 教学目标

1. 能够根据企业的实际情况，熟悉招标书、投标书的组成内容和制作方法。
2. 掌握网络招标与投标的整个流程。

➲ 工作任务

1. 了解网络招标与投标的一般流程。
2. 在助理电子商务师平台上实现招标与投标的流程。

一、招标文件与投标文件的概念

招标文件通常包括招标须知、合同的一般条款、合同的特殊条款，价格条款、技术规范以及附件等。在编制投标文件时必须按照招标文件的这些要求编写投标文件。

《招标投标法》规定，投标人应认真研究、正确理解招标文件的全部内容，并按要求编制招标文件。投标文件应当对招标文件提出的实质性要求和条件做出响应，"实质性要求和条件"是指招标文件中有关招标项目的价格、项目的计划、技术规范、合同的主要条款等，投标文件必须对这些条款做出响应。这就要求投标人必须严格按照招标文件填报，不得对招标文件进行修改，不得遗漏或者回避招标文件中的问题，更不能提出任何附带条件。

投标文件(简称投标书)是评标的主要依据，是事关投标者能否中标的关键。投标文件通常可分为以下几种：

(1) 商务文件。这类文件是用以证明投标人履行了合法手续及招标人了解投标人商业资信、合法性的文件。一般包括投标保函、投标人的授权书及证明文件、联合体投标人提供的联合协议、投标人所代表的公司的资信证明等，还应出具资信文件供招标人审查。

(2) 技术文件。如果是建设项目，则包括全部施工组织设计内容，用以评价投标人的技术实力和经验。技术复杂的项目对技术文件的编写内容及格式均有详细要求，投标人应当按照规定认真填写。

(3) 价格文件。这是投标文件的核心，全部价格文件必须完全按照招标文件的规定格式编制，不允许有任何改动，如有漏填，则视为其已经包含在其他价格报价中。

为了保证投标能够在中标以后完成所承担的项目，本条还要求"招标项目属于建设施工的，投标文件的内容应当包括拟派出的项目负责人与主要技术人员的简历、业绩和拟用于完成招标项目的机械设备等"。这样的规定有利于招标人控制工程发包以后所产生的风险，保证工程质量，项目负责人和主要技术人员在项目施工中起关键的作用。机械设备是完成任务的重要工具，这一工具的技术装备直接影响了工程的施工工期和质量。因此，在本条中要求投标人在投标文件中要写明计划用于完成招标项目的机械设备。

现实中有一些采购人或采购代理机构，将招标书编制得不切合实际，或者比较模糊，使供应商不愿或不敢投标，导致招标书作废或者双方发生纠纷，使投诉增多，影响政府采购效率等。

二、招标书编制的一般原则

招标书编制的一般原则有：

(1) 全面反映采购人需求的原则；

(2) 科学合理的原则和公平竞争(不含任何歧视)的原则；

(3) 维护国家利益和供应商商业秘密的原则。

三、编制方法

编制方法要能体现合法合规、提高效率、降低费用、保证质量的特点。具体有：

一要依法编制。这是指招标书的编制方法要符合政府采购法律、法规。招标书的制作人有三类：第一类是采购人自己；第二类是采购代理机构；第三类是编制招标书的中介机构，不是所有的招标采购都是由采购人自行选择制作人的。依照《政府采购法》的规定，只有属于分散采购模式下的招标采购，才可以由采购人自行采购，也就是说，在这种情况下采购人才可以自行选择，或由采购人自己编制，或由采购代理机构编制，或由编制招标书的中介机构编制。因此，属于政府集中采购目录和政府采购限额标准范围内的招标采购，就必须依照《政府采购法》的规定，委托政府集中采购机构或经有权部门批准取得法定资格的采购代理机构代理编制招标书，这样做才是合法合规的。可见，依法编制招标书很重要。

二要掌握技巧。无论采用自行编制方式，还是采用委托编制方式，都要掌握一定的技巧。在自行编制方式下，应注意采用"组合法"，就是按招标书的结构组成，分别由不同的专业人员编制，如将招标书的商务部分交给采购专业人员编写，将招标书的技术部分交给专业技术人员编写，或委托采购代理机构编写，或委托编制招标书的中介机构编写，这样既能保证质量，又能提高效率，而决不能将招标书交给个别人编写。在委托编制方式下，一方面，应注意在委托前要认真调研，在掌握数家有真正资质的代理机构的基础上，委托最讲信誉、质量最好、时间最快、价格公道的代理机构，也可招标委托；另一方面，要注意将自己对招标采购的全部需求告诉委托方，并就委托事宜双方进行认真协商，且以书面形式确定下来。

四、制作投标书应注意的事项

(1) "投标须知"。"投标须知"是招标人提醒投标者在投标书中务必全面、正确回答的具体注意事项的书面说明。因此，投标人在制作标书时，必须对"招标须知"进行反复学习、理解，直至弄懂弄通，否则，就会将"招标须知"理解错，导致投标书成为废标。例如，某"招标须知"要求投标人在投标书中提供近三年开发基于 Websphete、Oracle 大型数据库的成功交易业务记录，而某投标者将"近三年"理解为"近年"，将"成功交易业务记录"理解为"内部机构成功开发记录"，以致于使形成的投标书违背了"招标须知"，成为废纸一张。

(2) "实质要求"。投标者只要对招标文件中的某一条实质性要求遗漏，未做出响应，都将导致废标。如某招标文件规定，投标者须具备 5 个方面的条件，其中包括对"招标货物有经营许可证要求的，投标人必须具有该货物的经营许可证"；对"投标人必须取得对所投设备生产企业的授权文件"等要求。若投标者遗漏了这些条件，则都将因"遗漏"而被淘汰。

(3) "重要部分"。"标函"、"项目实施方案"、"技术措施"、"售后服务承诺"等都是投标书的重要部分，也是体现投标者是否具有竞争实力的具体表现。如果投标者对这些"重要部分"不重视，不进行认真、详尽、完美的表述，就会使自己在商务标、技术标、信誉标等方面失分，甚至落榜。

例如，在"标函"中能全面反映本公司的"身价"，能充分表述本公司的业绩，将获得的重要奖项(省优、市优、鲁班奖等)、承建的大型重要项目等在"标函"中进行详细说明，能完全表达本公司对此招标项目的重视程度和诚意。再如，一些投标者对"技术措施"不重视，忽视对拟派出的项目负责人与主要技术人员的简历、业绩和拟用于本项目精良设备名称的详细介绍，以致在这些方面得分不高而出局。

五、网络招标与投标平台的功能

网络招标与投标平台具有如下一些功能。

(1) 综合查询。采购方的采购员可以对自己发生的询价单，根据询价供应商的报价单、订单和合同等进行查询。卖方业务员也可以对自己处理的询价单、报价单、订单和合同及招标信息等进行查询。

(2) 合同管理功能。采购商可以查询合同，并履行合同的到货和付款情况，以及合同履约保证金的管理。可以查看合同的履行情况，并可以在线处理非正常履行合同。

(3) 统计分析。对合同的履行情况按不同的时间段进行统计；价格走势分析，即对某一产品按时间对交易价格的走势分析图；采购绩效考评，包括局内外(对供应商局内供应商和局外供应商)的采购量对比、采购金额对比等。对同一产品的累计采购量和累计采购金额的统计。

(4) 其他功能包括：

• 发布供求信息。供应商可以随时在采购平台发布该公司的物资供求信息，使采购方能及时了解物资的供求动态。

• 在线调查，对所关心的问题进行问卷式调查，并对调查结果进行统计分析。

• 网上论坛。

• 政策法规等新闻信息的发布和查询。

六、项目实训——在助理电子商务师平台上实现招标与投标

1. 网络招标与投标的一般流程

一般网络招标与投标中，采购商可以在线发布竞标邀请和竞标信息，选择公开招标和邀请招标，可以对潜在供货商进行资格预审，并约定评标原则。供应商可以在线查询邀请或公开招标信息，并根据自身情况进行在线投递标书。供应商可以查看开标信息，确认授标，并在线与招标方签订合同。招标与投标流程如图5-1所示。

在线开标：开标日期到了以后，系统应该提示开标日期到，招标方输入正确密码后可开标。

在线评标：采购方的评标专家登录，对投标书进行查看、澄清，对投标商的资质进行审查，对投标商进行打分后提交评分。采购方根据评标专家的评分发布评标公告，根据评分进行授标。

供应商如果中标，则可以进入在线签订合同的过程。投标方在线确认授标，如投标方不接受授标，招标方可以另授给其他投标单位。

2. 在助理电子商务师平台上实现招标与投标的流程

案例：浙江金融职业学院需要采购一批实验室使用的学生电脑，数量是100台，品牌不限，总的价款希望控制在70万元以内，即每台电脑价格不能超过7000元，决定采用网上公开招标的方法确定供应商。并通过网上B2B平台签订电子合同，完成采购流程。请在助理电子商务师平台上予以实现。

案例分析：要完成本案例的整个流程，首先要进行角色的初始化，即采购商、供应商、物流商的银行账号申请、银行证书下载安装、企业会员注册、企业会员证书下载安装等工作。其次是采购商与供应商签订合作协议，供应商与物流商签订合作协议。在完成上面工作之后才能进入招标与投标流程。

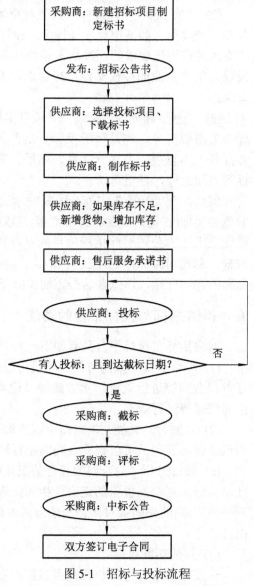

图5-1 招标与投标流程

本案例首先要完成一个招标与投标流程，然后根据评标结果，与中标公司签订电子合同。接下来是针对生效的合同，B2B平台的供应商进行销售处理，生成配送单，转交配送中心，配送中心按要求完成送货任务。

(1) 进入采购商：招标管理/新建招标项目，如图5-2所示。填写内容包括：

① 招标单位：浙江金融职业学院。

② 招标编号：自动设置。

③ 项目名称：浙江金融职业学院实验室电脑采购。

图 5-2　新建招标项目

(2) 采购商制作招标书，如图 5-3 所示。

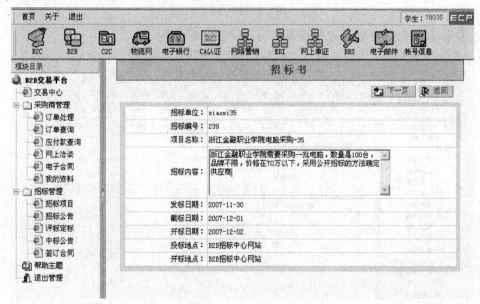

图 5-3　制作招标书

① 招标内容：电脑数量 100 台，电脑品牌不限，电脑配置要求、价格要求等。

② 截标日期：发布日期之后 10 天。

③ 开标日期：截标后 2 天内。

④ 投标地点：ECP 网上平台。

⑤ 开标地点：ECP 网上平台。

(3) 招标须知如图 5-4 所示，招标须知内容包括：

要求投标人在投标书中提供工商营业执照、相关的资质证明、近三年的成功交易业务记录、销售情况、技术服务情况和主要客户的使用评价情况。

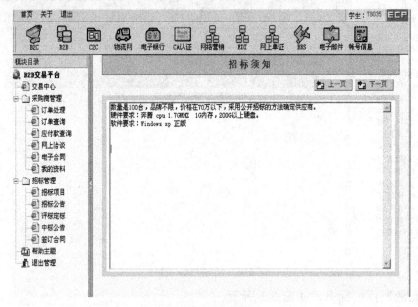

图 5-4　招标须知

(4) 招标公告：在完成以上各环节后可以发布招标公告。

(5) 如图 5-5 所示，供应商进入"招标公告"下载感兴趣的投标书。

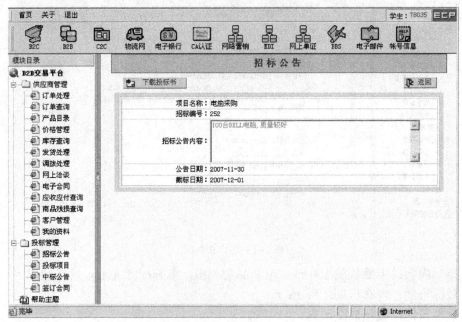

图 5-5　下载感兴趣的投标书

(6) 如图 5-6 所示，供应商进入投标项目。选择当前的项目用于制作标书，如图 5-7 所示。

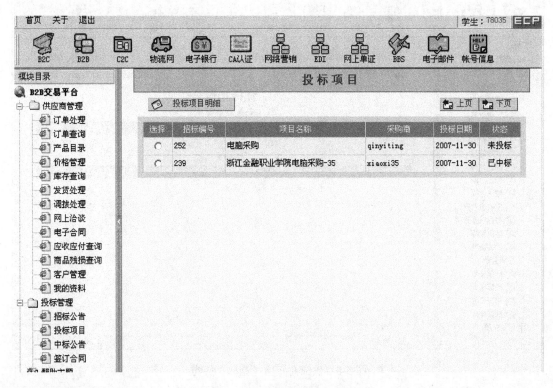

图 5-6　供应商进入投标项目

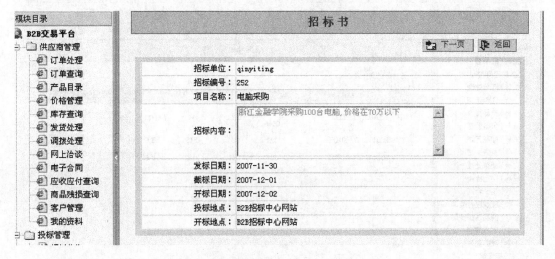

图 5-7　选择当前的项目用于制作标书

(7) 制作标书。实训中，在制作标书之前应该在"产品目录"中增加相关的商品目录内容，并向仓库配好货物。供应商新增加货物如图 5-8、图 5-9 所示。供应商显示的招标采购的货物表如图 5-10 所示。

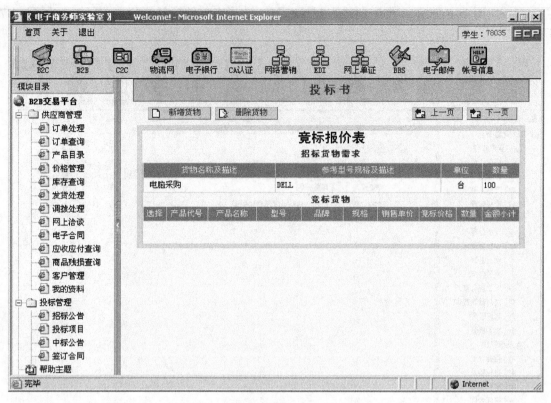

图 5-8　供应商新增"竞标"货物

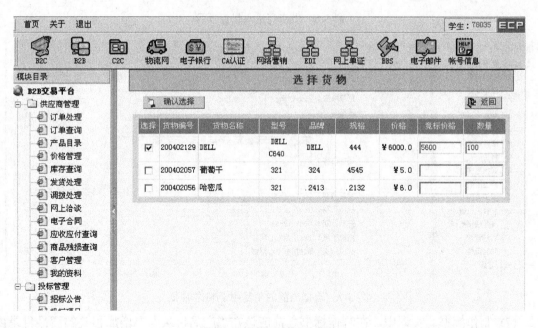

图 5-9　增加"竞标"货物

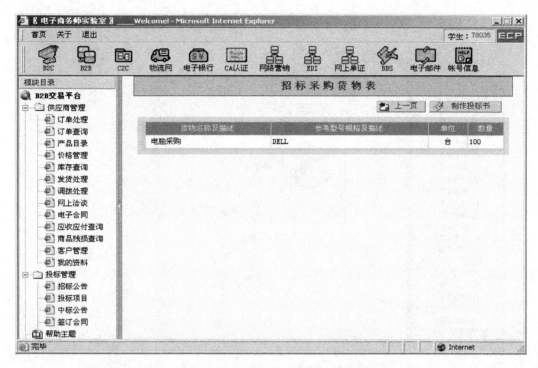

图 5-10　供应商显示的招标采购的货物表

(8) 填写售后服务承诺书。如图 5-11 所示，售后服务承诺书包括三包服务承诺、特殊服务承诺、免费培训、技术支持、升级服务等内容。

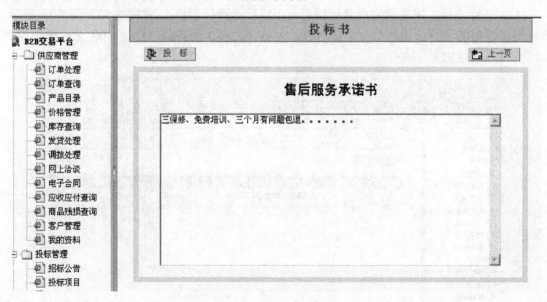

图 5-11　售后服务承诺书

(9) 投标。完成上面内容以后可以进行投标，如图 5-12 所示。以后等待采购商截标、评标定标、发布中标公告。

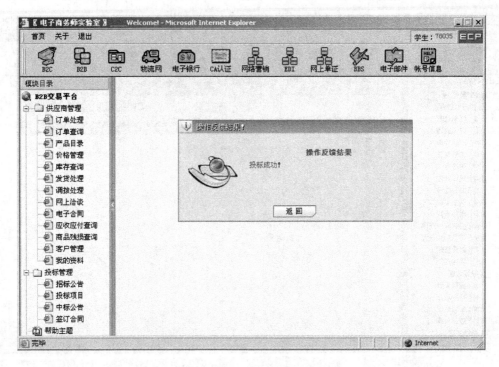

图 5-12　供应商投标成功图

(10) 采购商截标。采购商到截标日期可以进行截标，也可以不到截标日期提前截标。采购商进入"招标管理/招标项目"可以完成截标。

(11) 评标定标。采购商完成截标以后可以进行"评标定标"，如图 5-13、图 5-14 所示。评标根据提供的"打分说明"分为价格分、商务分、技术服务分，合计 100 分，分数越高中标的可能性越大。

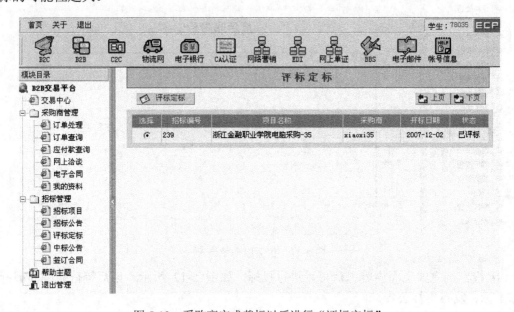

图 5-13　采购商完成截标以后进行"评标定标"

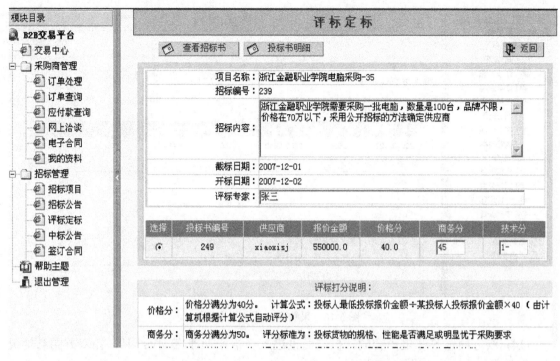

图 5-14　评标

(12) 中标公告。采购商完成"评标定标"以后发布"中标公告",如图 5-15 所示。

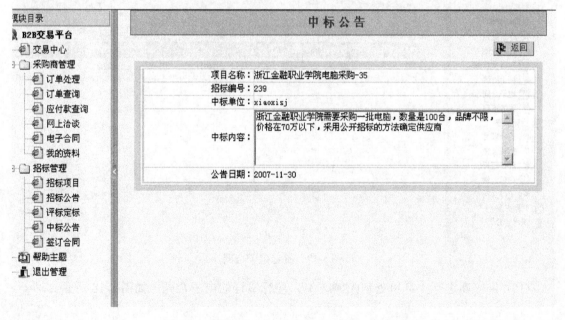

图 5-15　中标公告

(13) 采购商方电子合同的内容如图 5-16 所示。

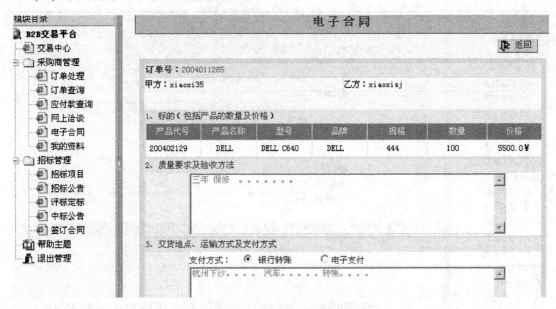

图 5-16　采购商方的电子合同

(14) 双方同意签订电子合同。供应商也进入"招标管理/签订合同"，在双方同意情况下，签订电子合同，如图 5-17 所示。

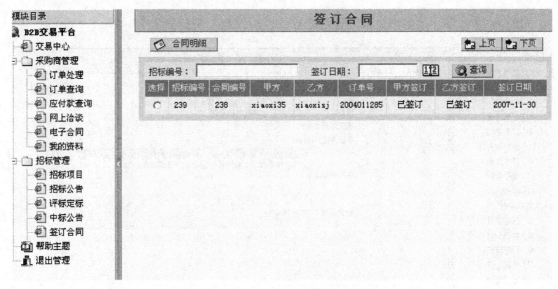

图 5-17　签订电子合同

(15) 供应商进行"订单处理(销售单)"，履行签订的电子合同，如图 5-18 所示。

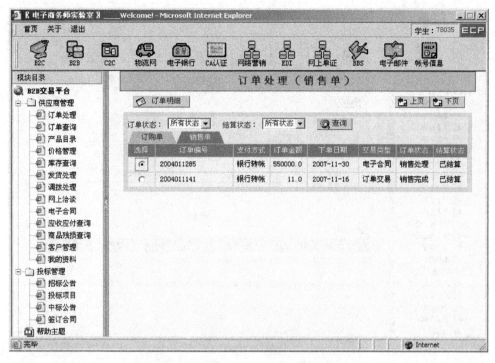

图 5-18　供应商进行"订单处理(销售单)"

(16) 在"订单明细"中选择"生成配送单",进入 B2B 电子合同处理环节,如图 5-19、图 5-20 所示。

图 5-19　选择"生成配送单"

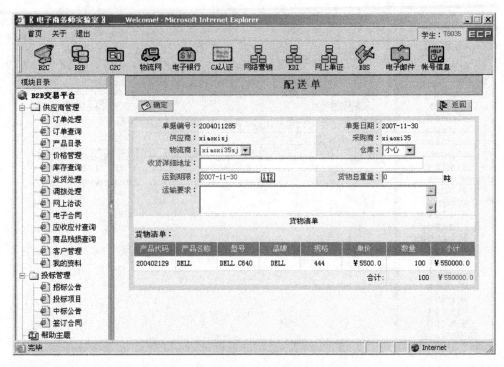

图 5-20   生成配送单

    思考题

1. 请在劳动部助理电子商务师的平台上完成招标与投标的流程。
2. 请设计一份招标书，并对网上招标与投标提出自己的一些合理化建议和看法。
3. 请思考一份优秀的投标书应该注意的问题。

模块二   电子合同签订

⊃ 教学目标

1. 能够根据企业的实际情况掌握网上洽谈的内容和洽谈方法。
2. 掌握电子合同签订的整个流程。

⊃ 工作任务

1. 掌握网上洽谈的内容和洽谈方法。
2. 了解在助理电子商务师平台上实现电子合同签订的流程。

一、电子合同的概念

合同，亦称契约，它反映了双方或多方意思表示一致的法律行为。我国《合同法》第 2

条规定:"合同是平等主体的自然人、法人、其他组织之间设立、变更、终止民事权利义务关系的协议。"在市场经济条件下,绝大多数交易活动都是通过缔结和履行合同来进行的,而交易活动是市场活动的基本内容,无数的交易构成了完整的市场,因此,合同关系是市场经济社会最基本的法律关系。书面合同的作用一般可归纳为以下三点:

(1) 作为合同成立的证据。

(2) 作为履行合同的依据。

(3) 有时可作为合同生效的条件。

传统的合同形式主要有口头和书面两种。随着电子技术的发展,电子合同得以出现,它不以纸张为原始凭证,而是通过电子脉冲来传递一组电子信息。

二、合同签订

经过交易磋商,一方的发盘或还盘被对方有效地接受后,就算达成了交易,双方之间就建立了合同关系。在业务中,一般还要用书面形式将双方的权力、义务明文规定下来,便于执行,这就是所谓的签订合同。

书面合同可分为三部分:

(1) 约首:包括合同名称,订约双方当事人的名称地址。有的合同还用序言形式说明订约意图并放在约首。

(2) 本文:是合同的中心部分,具体列明交易的条件、条款,规定双方当事人的权力和义务。

(3) 约尾:说明合同的份数,使用的方案以及效力,订约时间、地点以及生效时间。

订立合同,是对以往磋商过程中双方达成的协议、共同接受的交易条件的最终书面确认。合同具有法律效力,一经订立,以后的贸易活动都应与合同条款一致。

实盘虽然对双方都有约束力,但仍应通过合同的方式加以确认。我国涉外经济合同法中规定:"当事人就合同条款以书面形式达成协议并签字,即为合同成立。通过信件、电报、电传达成协议,一方当事人要求签订确认书的,签订确认书时,方为合同成立。"

三、电子合同的特点

电子合同是对签订合同的各方当事人的权利和义务做出确定的文件,因其载体和操作过程不同于传统书面合同,故具有以下特点:

(1) 订立合同的双方或多方在网络上运作,可以互不见面。合同内容等信息记录在计算机或磁盘等中介载体中,其修改、流转、储存等过程均在计算机上进行。

(2) 表示合同生效的传统签字盖章方式被数字签名(即电子签名)所代替。

(3) 传统合同的生效地点一般为合同成立的地点,而采用数据电文形式订立的合同,收件人的主营业地为合同成立的地点;没有主营业地的,其经常居住地为合同成立的地点。

(4) 电子合同所依赖的电子数据具有易消失性和易改动性。电子数据以磁性介质保存,是无形物,改动、伪造不易留痕迹。因此,它作为证据具有一定的局限性。

四、电子签章

电子签章是一种有别于传统手写签名或盖章的新型印签方式,使用电子签章后能在制作、识别过程中对用户单位(包括个人、机关企事业单位)的身份进行认证，通过它可以追查到实际的业务交易者或文件执行者，并可以留下法律认可的交易凭据或事实凭据，从而明确了双方的责、权、利，保证了交易安全，具有与手写签字或者盖章同等的法律效力。我国《电子签名法》开始生效后，电子签章成为促进电子商务的重要保证。

从商务流程来看，电子签章系统的出现让企业摆脱了烦恼，提高了市场响应速度，增强了企业竞争力。以签订电子合同为例，使用智能文档设计工具编辑合同内容，签约双方填写相关合同信息并确认后，甲方盖上自己的电子印章(将一个类似 U 盘的物体插入电脑，二次输入密码后，用鼠标点击电子文件下方空白处，一个红色的公司印章就印在指定位置)。之后，甲方通过网络将合同传输到乙方，乙方也用同样的方法盖上自己的电子印章。这样，一份具有法律效力的电子合同几分钟就生效了，大大提高了办公效率。像用友、书生等公司开发的电子签章看似一个简单的图片，用户却无法对它作任何复制、提取或修改，保证了交易的安全。

五、项目实训——在助理电子商务师平台上签订电子合同

1. 了解签订电子合同的一般流程

网上签订电子合同的一般流程如图 5-21 所示。

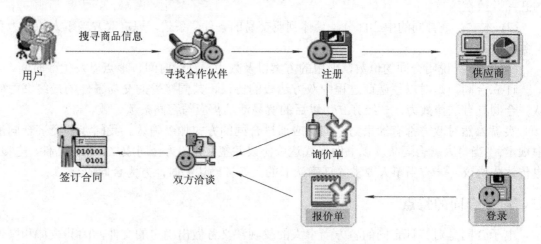

图 5-21　网上签订电子合同的一般流程

2. 了解常用的网上洽谈软件

常用的网上洽谈软件有 QQ、MSN、旺旺、贸易通等。同学们可以自行在网上下载安装、使用。

3. 了解洽谈内容

网上洽谈的内容涉及合同的条款，包括数量、价格、验收方法、质量保证、运输方式、交货地点与时间、付款方式、违约责任、其他约定项等内容。

4. 电子合同的签订流程

在助理电子商务师平台上实现电子合同的签订，其流程如图 5-22 所示，详细内容请见第 6 章。

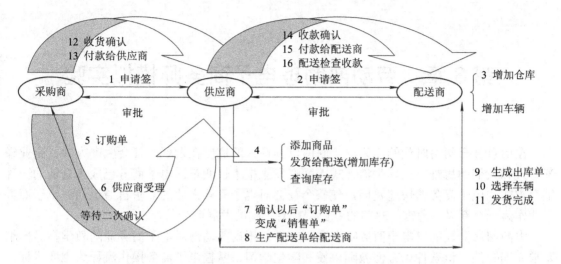

图 5-22　在助理电子商务师平台上实现电子合同的签订流程

 思考题

请在劳动部助理电子商务师平台上完成电子合同的签订。

第6章 劳动部助理电子商务师模拟实验

在信息社会网络时代的今天，互联网以其惊人的速度在发展，社会生产方式、企业经营方式和人们的思维方式、生活方式等都在发生根本性变革。电子商务已成为企业的一种生存方式。电子商务的快速发展，使整个社会对电子商务人才的需求日益迫切。电子商务专业作为一个新兴、急需、热门的专业，有着广阔的发展前景。

中鸿网络开发的《电子商务实训室》软件是根据劳动部对电子商务师的教学指导提纲要求而编写的。该软件以方便教师讲授和学生学习、掌握电子商务操作流程为主要目标。软件主要包括电子商务模式、电子支付、网络营销、CA 认证、电子合同、网上单证处理、物流管理、企业内部管理、电子商务法规、实训管理、使用指南、关于我们等十二大功能模块，而且取材新颖，内容丰富，通俗易用，实用性强。每一实训均配有实训目的、实训步骤、需要掌握的知识点及思考题。电子商务的操作流程较为详细，方便了学员们的操作及学习，同时结合教程能够让师生之间达到一个更好的互动效果，方便教师了解每一个学员的操作情况。

中鸿网络开发的《电子商务实训室》软件的主要内容如下：

- 主要实训流程：B2C、B2B、C2C、网上营销、电子数据交换、网上单证；
- 内置角色：消费者、买家、卖家、银行；
- 银行业务模块：柜台业务受理、银行后台处理、网上银行、在线支付；
- 网络环境：B2C 商城、电子银行、B2B 交易中心、物流网、得易网趣、网络营销、

电子数据交换、网上单证、E-mail 服务；

- CA 认证：数字证书的申请、发证、安装、使用；

实训一 B2C 网上购物

1. 实训概述

B2C 是在企业与消费者之间通过 Internet 进行商务活动的电子商务模式。本模块提供了一个电子商城网站，学生从申请入驻开设网店，到网上模拟购物，再到后台进行销存管理，可以在一个完整的全真模拟环境中进行 B2C 商务等实际操作，从而了解网上商店的业务过程及其后台的运营、维护、管理等活动。B2C 包含消费者和商户两种角色，学生可以这两种身份模拟 B2C 电子商务活动。

该模块功能包括商户入驻、用户注册、用户信息修改、商品搜索、浏览商品信息、在线购物、建立和维护商店、订单管理、商品管理、用户管理等。

2. 实训目的

(1) 熟悉 B2C 商城的界面，了解 B2C 商城的主要功能。

(2) 掌握如何申请成为网上商户。

(3) 掌握如何发布网店及产品。

(4) 掌握如何注册成为商城会员。

(5) 掌握如何进行相关的购物及支付功能。

3. 实训步骤

1) 注册成为网上会员的流程

(1) 首先申请个人网上银行。第一步，进入电子银行操作界面，单击"个人网上银行注册"进行注册，如图 6-1 所示。在弹出的对话框中填写个人信息，单点"确定"按钮，如图 6-2 所示，完成个人网上注册。第二步，注册个人网上银行成功后，返回电子银行操作界面 (见图 6-1)，单击"登录个人网上银行"按钮，进入个人网上账户后台，单击"存款业务"按钮，在弹出的对话框中输入需要存入的"金额"和"支付密码"，再单击"确定"按钮，如图 6-3 所示，完成个人网上银行充值业务。

图 6-1　电子银行操作界面

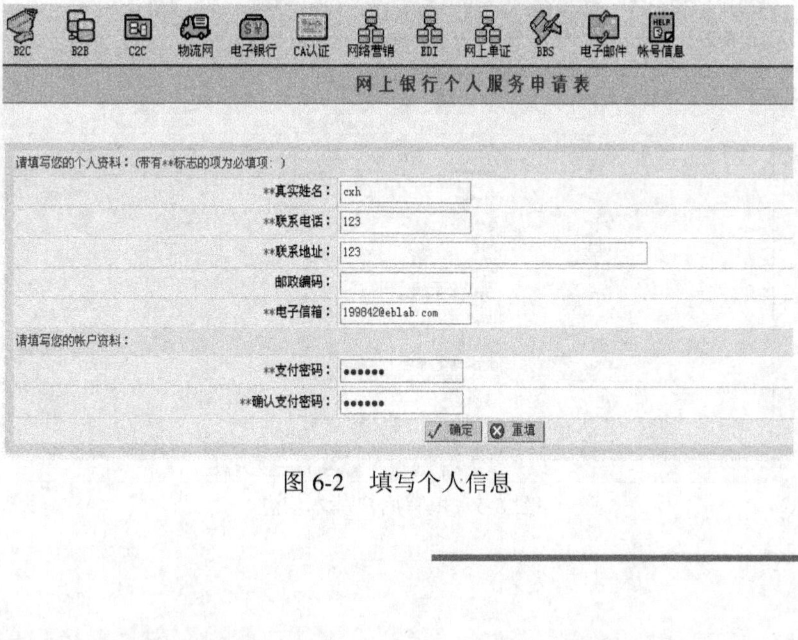

图 6-2　填写个人信息

图 6-3　进行账户充值

(2) 完成网上商城会员的注册。首先进入 B2C 网上商城，如图 6-4 所示，单击"会员注册"按钮，进入后输入一个需要注册的"用户名"，单击"确定"按钮，进入"填写用户基本信息"对话框，如图 6-5 所示，单击"提交"按钮，完成会员的注册。

图 6-4　B2C 网上商城

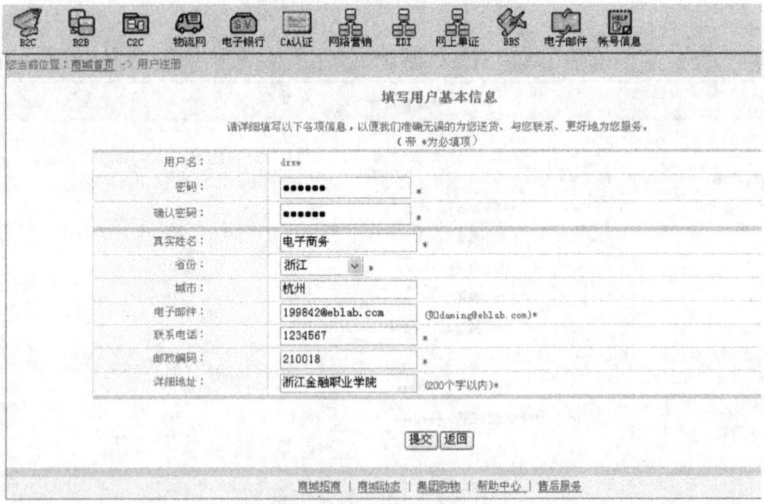

图 6-5　填写用户基本信息

2) 申请成为网上商城商家的流程

(1) 首先申请成为 B2C 特约商户。

① 进入电子银行操作界面(图 6-1),单击"申请 B2C 特约商户",在弹出的对话框中填写"商户申请表信息",如图 6-6 所示,单击"确定"按钮,完成 B2C 特约商户注册。

图 6-6　填写商户申请表

② 申请商户入驻。首先进入 B2C 网上商城界面(图 6-4),单击"商户登录"按钮,在弹出的界面中单击"商户入驻"按钮,然后填写"商户基本信息",单击"提交"按钮,如图 6-7 所示,完成商户入驻。

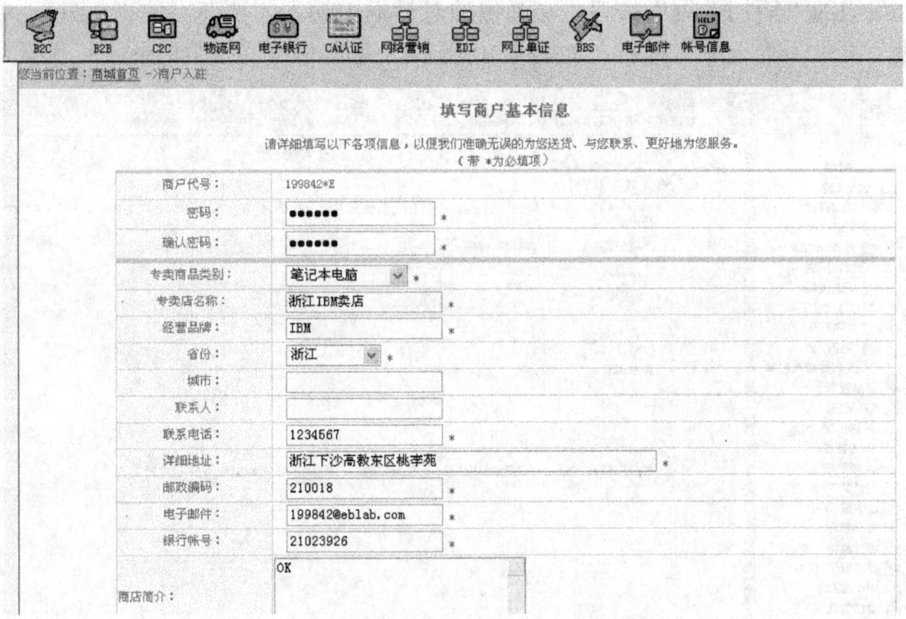

图 6-7　填写商户基本信息

(2) 进行网店的发布流程。

① 完成商户申请步骤后，返回 B2C 实训操作界面，单击"商户登录"按钮，在弹出的对话框中单击"登录"按钮，进入商户后台后，单击"商店管理"按钮，对"网店模板"、"网店 LOGO"、"网店 BANNAR"三个模块进行操作，最后单击"发布网店"，如图 6-8 所示，完成网店的发布。

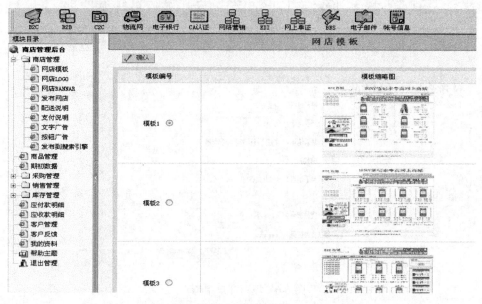

图 6-8　发布网店

② 网店发布成功后，单击左边的"商品管理"按钮，单击"登记新商品"按钮，在弹出的"商品添加"对话框中填好商品信息，单击"确认"按钮，如图 6-9 所示。添加完商品后，单击左边的"期初数据"按钮，在弹出的对话框中输入需要商品的"数量"，单击"保存"按钮，再单击"记账"按钮，如图 6-10 所示，完成期初数据的记录。

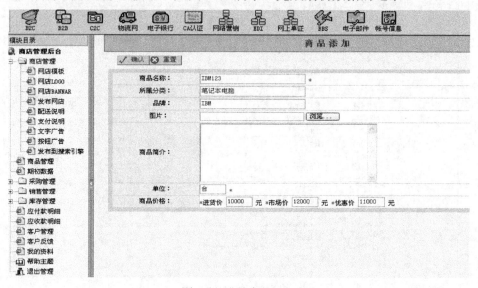

图 6-9　进行商品添加

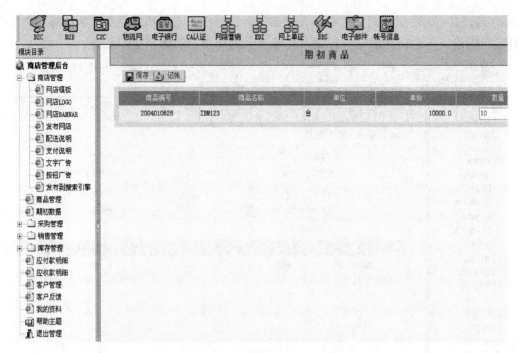

图 6-10　商品数量进行记账处理

③ 当商家的商品数量不够时，需要进行商品采购处理：单击左边的"采购管理"按钮，在释放出的子菜单中，单击"采购订单"按钮，再单击"新单"按钮，如图 6-11 所示，在弹出的对话框中单击"选择商品"按钮，再在"商品列表"对话框中选择所需要的"商品编号"，单击"确定"按钮，完成采购订单。

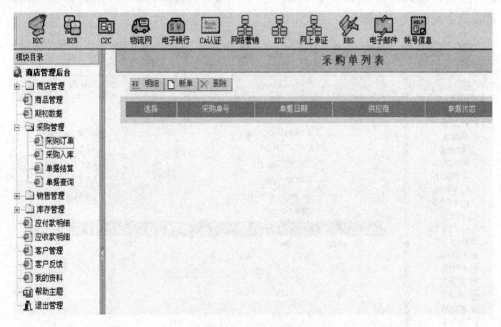

图 6-11　新建采购单

④ 确认完成后，在弹出的对话框中填写各类信息并输入需要的"商品数量"，单击"保

存新单"按钮，如图 6-12 所示。完成保存后，再在弹出的对话框中选择"采购单号"，单击"明细"按钮，再单击"确定"按钮，完成"采购订单"的确认完成处理。

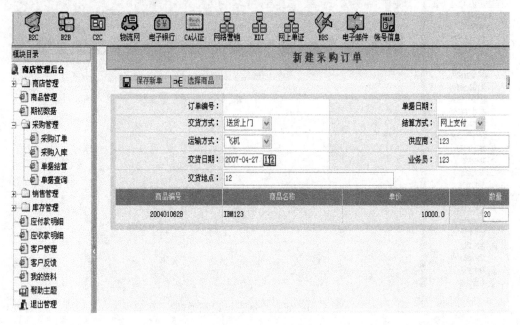

图 6-12　保存订单

⑤ 完成"采购订单"后，单击左边的"采购入库"按钮，选择"采购编号"，单击"明细"按钮，再单击"采购入库"按钮，如图 6-13 所示。完成商品入库后，单击左边的"单据结算"按钮，选择"采购单号"，单击"明细"按钮，在弹出的对话框中单击"结算"按钮，完成整个商品的采购流程。

图 6-13　采购入库

(3) 销售管理。

① 首先进入 B2C 商城实训平台，选择需要购买的商品(以上面的商家为例)，点击"购买"，在弹出的对话框中进行"数量"的修改，单击"修改数量"按钮，最后单击"结账"按钮，如图 6-14 所示。

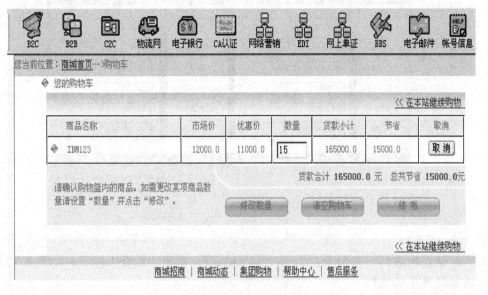

图 6-14　修改商品数量

② 单击"结账"后，在弹出的对话框中填写"会员名"和"密码"，单击"进入结算中心"按钮，首先选择该订单，单击"进行结算"按钮，再单击"下一步"按钮，在弹出的对话框中选择"送货方式"和"结算方式"，单击"下一步"按钮，如图 6-15 所示，单击"收货人和订货人相同"选项框，单击"下一步"按钮，如图 6-16 所示。

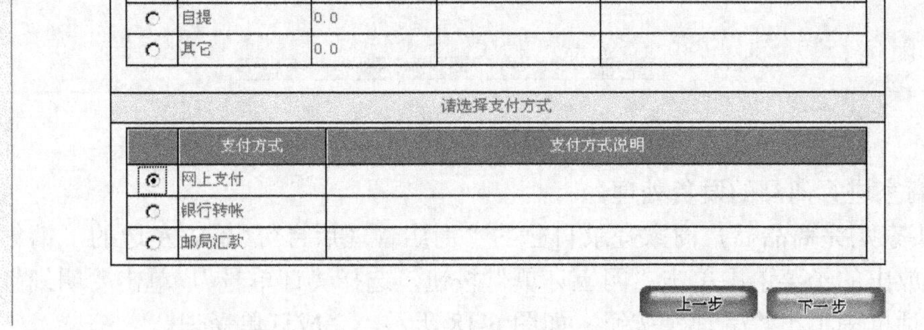

图 6-15　选择"送货"方式和"支付"方式

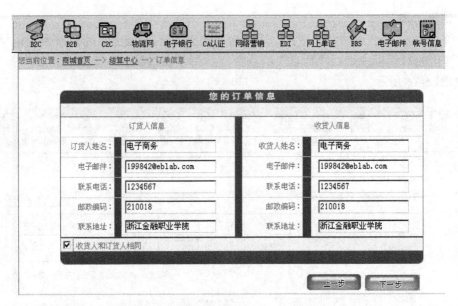

图 6-16　选择"收货人和订货人相同"

③ 完成图 6-16 所示后，单击"确认我的订单"按钮，再单击"进行网上支付"按钮。在弹出的对话框中填写"支付卡号"和"支付密码"，单击"提交"按钮，如图 6-17 所示，买家完成商品的采购流程。

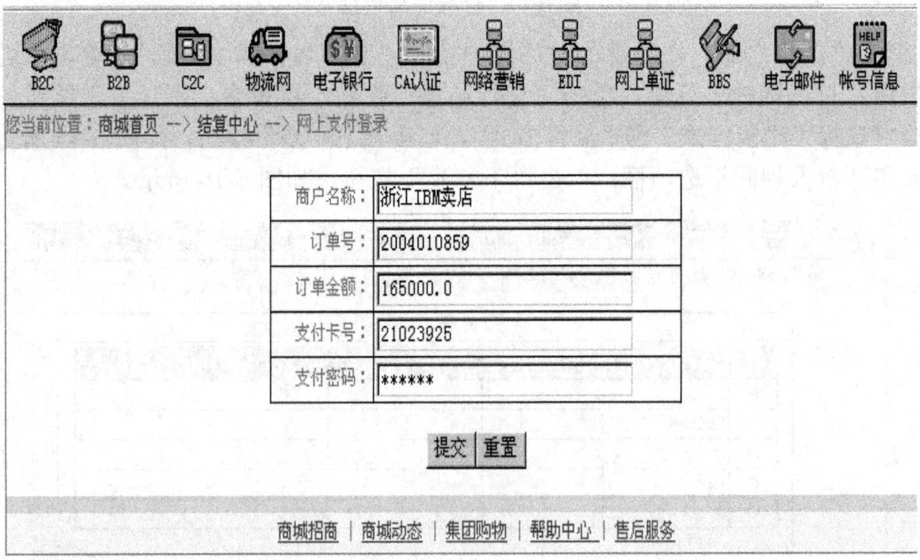

图 6-17　填写支付"卡号"、"密码"

(4) 商家进行商品的发货处理。

① 买家购完商品后，商家登录自己的"商店管理后台"，单击左边的"销售管理"按钮，在释放出的子菜单中单击"网上订单"按钮，选择"订单号"，单击"明细"按钮，在弹出的对话框中单击"受理"按钮，如图 6-18 所示，完成订单受理。

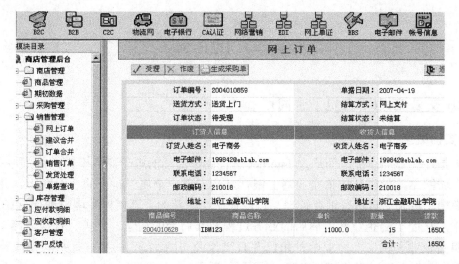

图 6-18 订单受理

② 受理完网上订单后，单击左边的"销售订单"按钮，选择"订单号"，单击"明细"按钮，在弹出的对话框中先单击"确认"，再单击"结算"按钮，如图 6-19 所示，完成订单的结算后，进行发货处理，单击左边的"发货处理"按钮，选择"订单号"，单击"明细"按钮，在弹出的对话框中单击"单据查询"按钮，再单击"确认发货"，完成商品的发货处理。

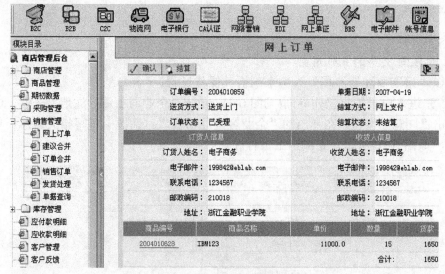

图 6-19 网上订单结算

 思考题

1. 商户入驻需要注意哪些问题？
2. 消费者注册成为网上银行用户时需要注意哪些方面？
3. 商户在发布网店时应注意哪些方面？
4. 消费者在购物过程中应注意哪些问题？

实训二　B2B 交易

一、B2B 交易流程(不含电子合同)

1．实训概述

B2B 是在企业与企业之间通过 Internet 进行商务活动的电子商务模式。本模块提供了一个电子商城网站，学生从申请企业网上银行，到开设一个属于自己的企业网店，并网上模拟采购货物，再到后台进行销存管理，可以在一个完整的全真模拟环境中进行 B2B 商务等实际操作，从而了解企业网上商店的业务过程及其后台的运营、维护、管理等活动。B2B 包含采购商企业和供应商企业两种角色并有物流公司(配送商)的参与来共同完成整个交易过程，学生可以以三种身份模拟 B2B 电子商务活动。

2．实训目的

(1) 掌握如何注册成为网上银行用户。

(2) 掌握如何注册成为会员。

(3) 掌握如何进行商品的发布及采购。

(4) 掌握如何进行网上支付。

3．实训步骤

1) 注册 B2B 交易的三种角色

下面以"采购商注册流程"为例来剖析其操作过程：

(1) 首先进入电子银行操作界面(见图 6-1)，单击"企业网上银行注册"按钮，进入注册界面，单击"同意"按钮，在弹出的"企业客户注册表"对话框中填写相关信息，单击"确定"按钮，如图 6-20 所示，完成网上银行注册。

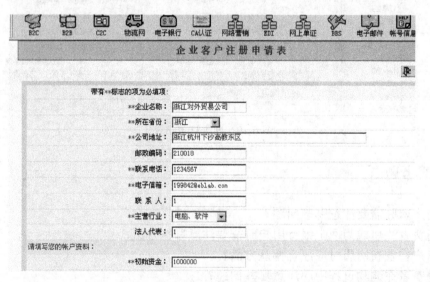

图 6-20　填写注册申请表

(2) 注册确定后，在弹出的界面里复制"银行CA证书号"，如图 6-21 所示，单击最上面的"CA证书"按钮，单击"CA证书下载"按钮，将刚才复制的"证书编号"粘贴到相应的空格里并输入"证书下载密码"，单击"确定"按钮，打开证书并安装。

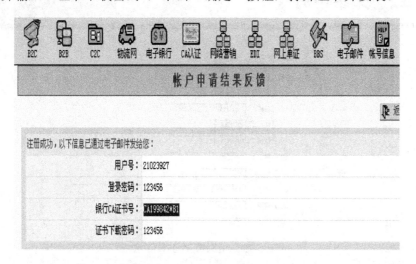

图 6-21　复制银行 CA 证书号

(3) 完成证书安装后，单击进入 B2B 交易中心界面，单击"会员注册"按钮，如图 6-22 所示，在弹出的"数字证书信息"对话框中填写信息(注：企业类型为"采购商")，单击"确定"按钮，如图 6-23 所示，在弹出的对话框中将"企业 CA 证书号"复制，进行证书安装(步骤如操作(2)所述)，完成采购商的网上注册。

图 6-22　注册网上会员

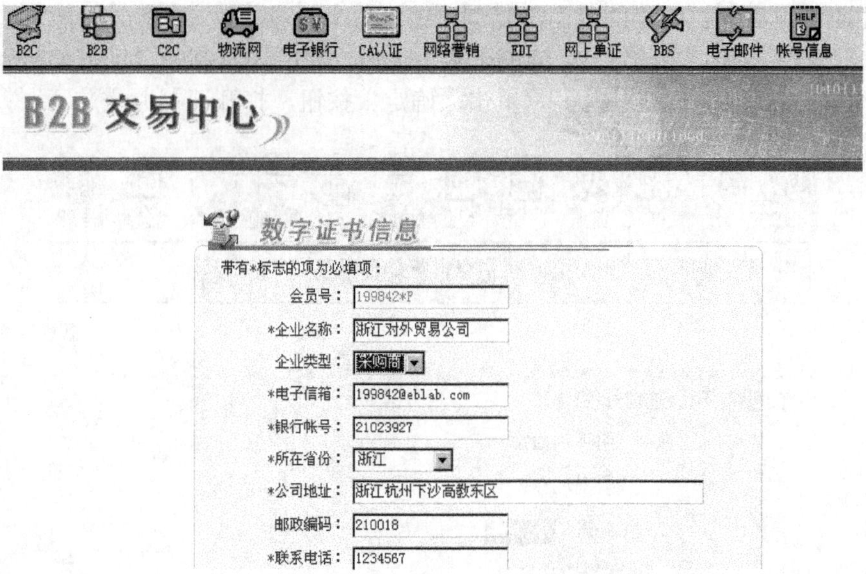

图 6-23　填写数字证书信息

注：完成以上步骤即完成了采购商的网上注册，供应商注册步骤跟采购商注册步骤相同，(第(3)步骤中"企业类型"选择为"供应商")。物流商的"企业网上银行注册"步骤与采购商注册步骤相同，但是物流商会员注册要在"物流网"上完成。

2) B2B 中三种角色的初始化

采购商向供应商申请成为签约商户的步骤如下：

(1) 首先采购商登录到"后台管理"，再在 B2B 交易中心界面里寻找供应商(以上面注册的供应商为例)，找到供应商后，单击"进入产品采购区"按钮，如图 6-24 所示，在弹出的对话框中单击右下角"申请成为签约商户"按钮，如图 6-25 所示，单击"同意"按钮。

图 6-24　进入产品采购区

注：图中"东芝笔计本"的"计"应为"记"，因法无法修改他人网页，特此说明，下不另注。

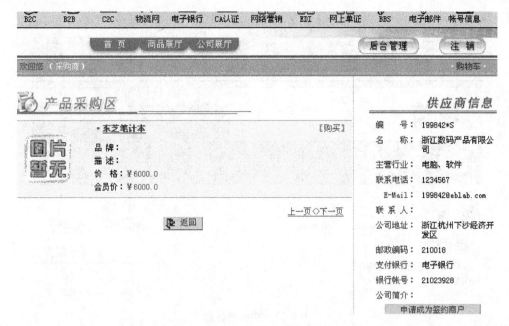

图 6-25　进行"申请成为签约商户"

(2) 采购商完成申请后，供应商进入"后台管理"，单击左边的"客户管理"按钮，在弹出的对话框中选择"采购商"，单击"客户明细"，如图 6-26 所示，再单击"同意审批"按钮(根据要求可设置折扣和信誉度)，完成对采购商的申请要求。

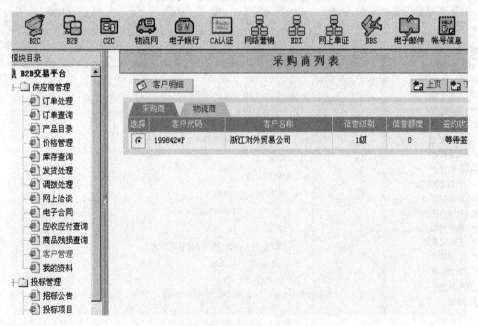

图 6-26　选择需要签约的采购商

供应商向物流商申请物流服务的步骤如下：

(1) 进入"物流网"界面，如图 6-27 所示，在该界面中找到需要与其签约的物流公司(以上面注册的物流公司为例)，单击该物流公司进入"详细信息"表，单击"申请物流服务"

按钮，选中"证书编号"，单击"确定"，再单击"同意"按钮，完成申请。

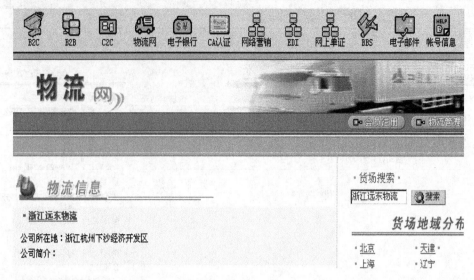

图 6-27　物流网界面

(2) 供应商完成申请后，物流商进入自己的"后台管理"，单击左边的"客户管理"按钮，在弹出的对话框中选择需要审批的供应商，单击"客户明细"按钮，在弹出的对话框中单击"审批"按钮，如图 6-28 所示，完成审批请求。

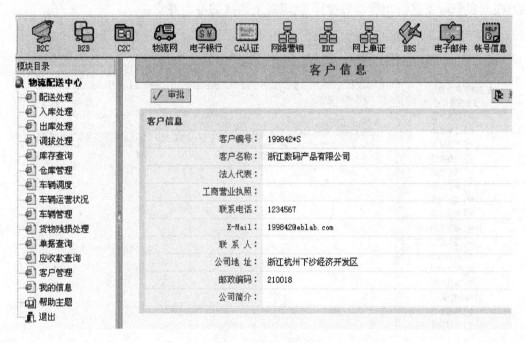

图 6-28　进行审批

(3) 物流商进行车辆添加。首先物流商进入自己的"后台管理"，单击左边的"车辆管理"按钮，再单击"新增车辆"按钮，如图 6-29 所示，在弹出的"添加车辆信息"对话框中填写车辆信息，单击"确定"按钮，完成对车辆的添加。

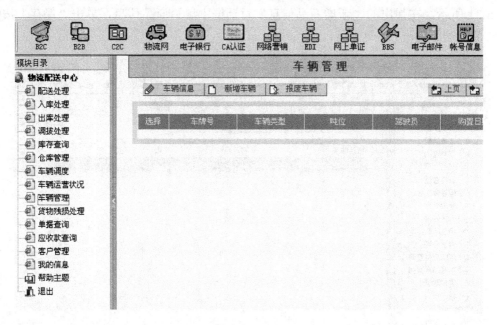

图 6-29　新增车辆

(4) 物流商进行仓库添加。单击左边的"仓库管理"按钮，再单击"新增仓库"按钮，如图 6-30 所示，在弹出"新增仓库信息"对话框中填写仓库信息，单击"确定"按钮，完成对仓库的添加。

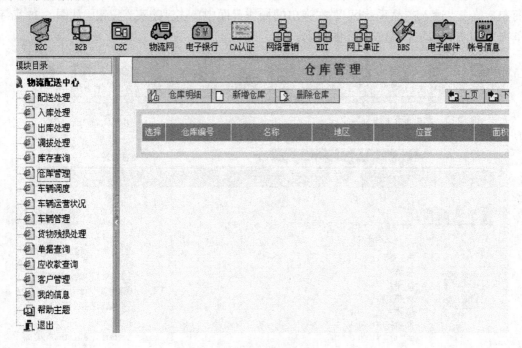

图 6-30　新增仓库

(5) 供应商进行商品的添加。单击左边的"产品目录"按钮，再单击"新增产品"按钮，如图6-31所示，在弹出的"新增商品信息"对话框中填写商品信息，单击"保存"按钮，完成对商品的添加。

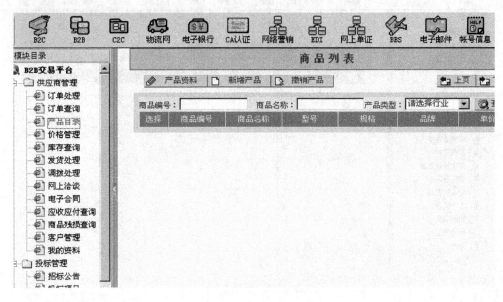

图 6-31 新增产品

3) B2B 交易流程(不含电子合同的交易流程)

(1) 首先采购商登录"后台管理"，再在 B2B 交易中心界面(见图 6-24)寻找与自己签约的商家，单击"进入产品采购区"，在弹出的操作界面中单击"购买"按钮，如图 6-32 所示，再单击"同意"按钮，完成商品的订购。

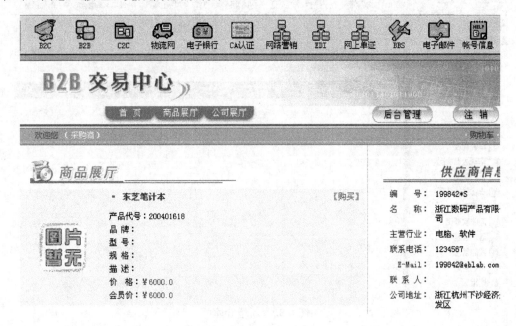

图 6-32 进行购买

(2) 购买确认后，单击图 6-32 所示操作界面中的"购物车"按钮，在弹出的"购物车"对话框中填写"购买数量"，单击"重新计价"，再单击"生成订货单"按钮，如图 6-33 所示，在弹出的"订货单"对话框中选择"最迟交货日期"，单击"确认"按钮，完成初步采购。

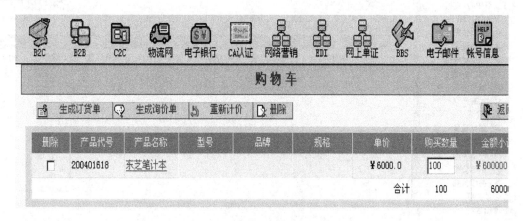

图 6-33　修改购买数量并重新计价

(3) 购买成功后，供应商进入自己的"后台管理"，单击"订单处理"按钮，再单击"订购单"，选择"订单编号"，如图 6-34 所示，单击"订单明细"，再单击"订单受理"按钮，完成第一次受理。

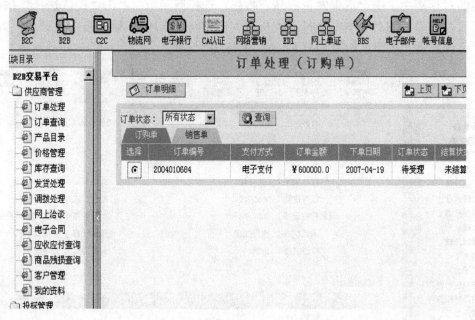

图 6-34　完成第一次订单处理

(4) 供应商确认完毕后，采购商进入自己的"后台管理"，单击"订单处理"按钮，再单击"销售单"，选择"订单编号"，如图 6-35 所示，单击"订单明细"，再单击"订单确认"按钮，完成"待二次确认"。

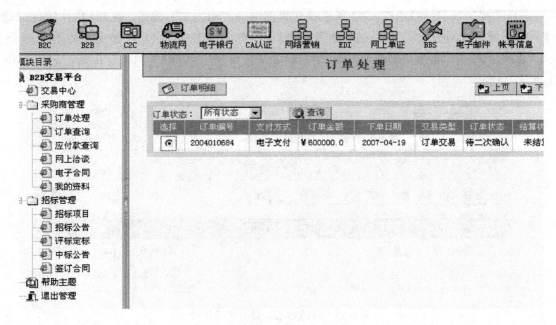

图 6-35　完成待二次确认

(5) 采购商完成"待二次确认"后，供应商进入自己的"后台管理"，单击"订单处理"按钮，选择"订单编号"，单击"订单明细"，再单击"生成发货单"按钮，如图 6-36 所示，在弹出的对话框中单击"选择发货商品"按钮，选择商品后，单击"确认选择"按钮，确认完毕后，在弹出的对话框中选择"收货方"和"收货仓库"，修改需要发送的"数量"，单击"确认发货"按钮，如图 6-37 所示，完成发货处理。

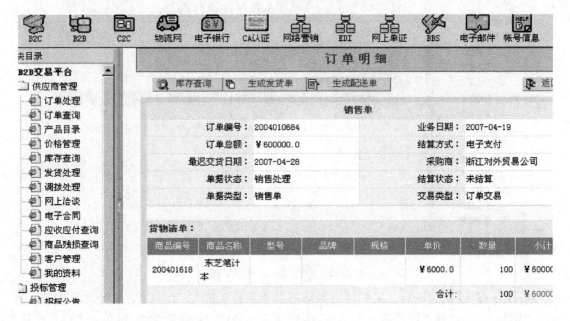

图 6-36　生成发货单

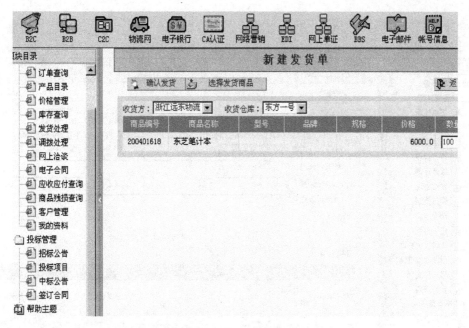

图 6-37　修改数量、选择收货方及收货仓库

(6) 供应商发货完毕后，物流商进入自己的"后台管理"，在入库处理界面选择"单据编号"，单击"入库单明细"按钮，如图 6-38 所示，最后单击"确认入库"，完成商品入库处理。

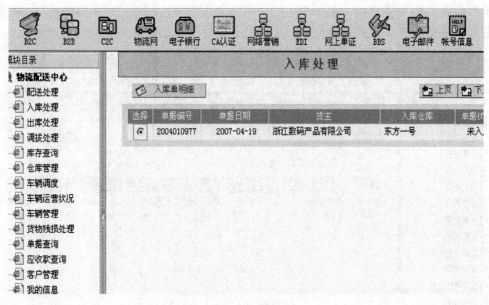

图 6-38　处库处理

(7) 物流商确认商品入库后，供应商进入自己的"后台管理"，单击"销售单"按钮，在弹出的对话框中选择"订单编号"，单击"订单明细"，再单击"生成配送单"按钮，在弹出的对话框中填写"配送单"，单击"确定"按钮，如图 6-39 所示，弹出发送的商品编号界面。

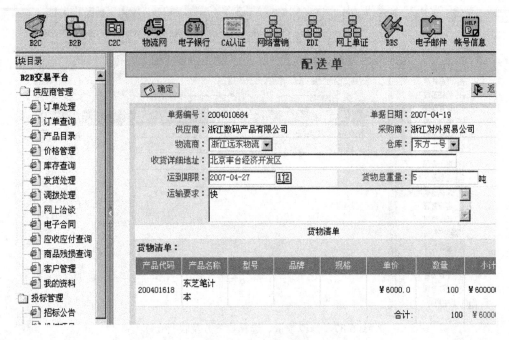

图 6-39　发送配送单

（8）配送成功后，物流商进入自己的"后台管理"，单击左边的"配送处理"按钮，选择"配送单号"，单击"配送单明细"按钮，如图 6-40 所示，在弹出的对话框中单击"生成出库单"按钮，出库受理后，单击左边的"出库处理"按钮，选择"单据编号"，单击"出库单明细"按钮，在弹出的对话框中单击"确认出库"按钮，完成货物的出库处理。

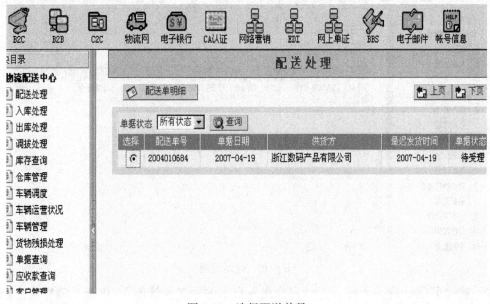

图 6-40　选择配送单号

（9）出库处理完毕后，单击左边的"车辆调度"按钮，选择"配送单号"，单击"调度单明细"按钮，如图 6-41 所示，弹出"车辆调度单明细"对话框，单击"车辆分配"按钮，在弹出的界面中选择所需要的车辆，单击"分配"按钮，最后单击"确认分配"按钮，完成车辆的调度与分配处理。

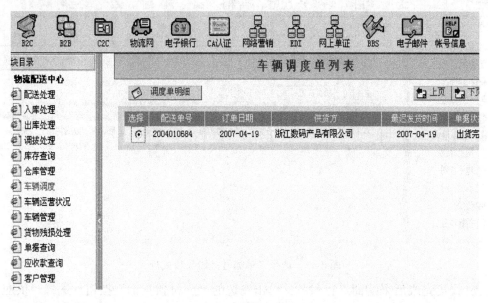

图 6-41　选择配送单号

(10) 完成车辆的分配后，单击左边的"配送处理"按钮，选择"配送单号"，单击"配送明细单"按钮，如图 6-42 所示，在弹出的对话框中单击"送货完成"按钮，即完成了货物的发货处理。

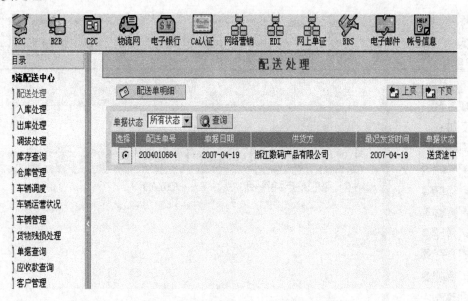

图 6-42　选择配送单号完成发货处理

(11) 物流商完成配送后，采购商进入自己的"后台管理"进行收货确认和付款。单击"采购商管理"按钮，在释放出的子菜单中单击"订单处理"，选择"订单编号"，单击"订单明细"按钮，如图 6-43 所示，在弹出的对话框中单击"收货确认"按钮，完成收货处理。

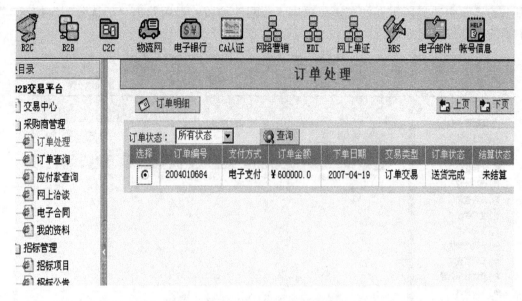

图 6-43　选择订单编号完成收货处理

(12) 收货完成后采购商进行付款。单击左边的"应付款查询"按钮，选择"供应商"，单击"应付款明细"按钮，如图 6-44 所示，选择"订单号"，单击"订单明细"按钮，再单击"订单结算"，在弹出"电子身份认证"对话框中选择"证书编号"，单击"确定"按钮，如图 6-45 所示，在弹出的对话框中输入"密码"，单击"确定"按钮，完成货物的整个交易过程。

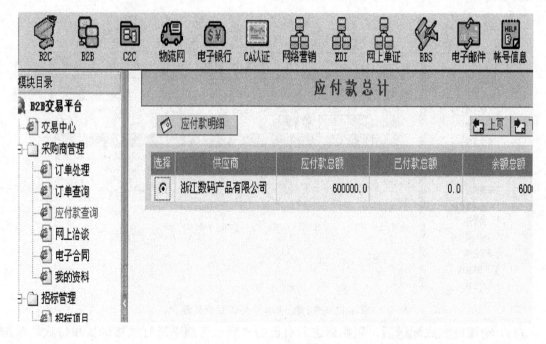

图 6-44　选择供应商

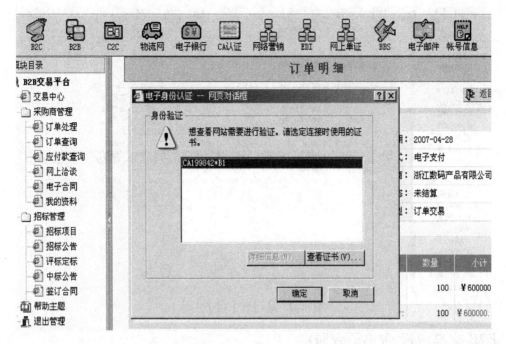

图 6-45　选中"证书编号"进行支付处理

(13) 采购商付款完毕后，供应商进入自己的"后台管理"，单击左边的"应付款查询"按钮，单击"应付款一览"，选择"物流商名称"，如图 6-46 所示，在弹出的对话框中选择"配送单号"，单击"配送明细"按钮，再单击"电子支付"按钮，如图 6-47 所示，在弹出的"网页对话框"中选择"证书编号"，单击"确定"按钮，进入"电子支付"界面，输入"密码"，单击"确定"按钮，完成对物流商的付款流程。

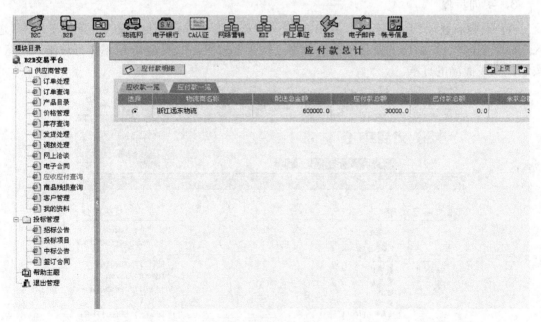

图 6-46　选择需要付款的物流商

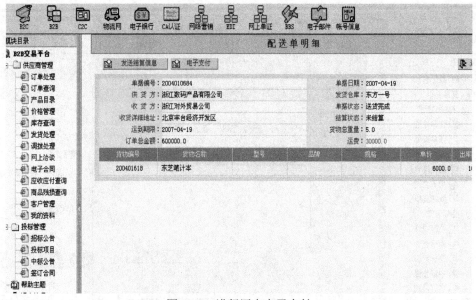

图 6-47 进行网上电子支付

二、B2B 交易流程(含电子合同)

1．实训概述

B2B 是在企业与企业之间通过电子合同完成整个交易过程的。

2．实训目的

掌握电子合同的签订内容与方法。

3．实训步骤

(1) 采购商登录"后台管理"，在 B2B 交易中心界面中寻找与自己签约的商家，单击"进入产品采购区"，在弹出的操作界面中单击"购买"按钮，如图 6-48 所示，再单击"同意"按钮，完成商品的订购。

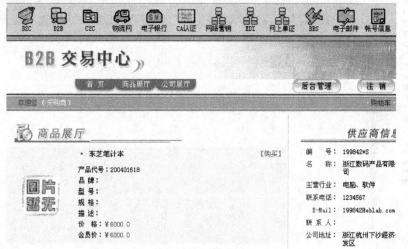

图 6-48 进行购买

(2) 购买确认后，单击图 6-48 所示操作界面中的"购物车"按钮，在弹出的"购物车"对话框话框中填写"购买数量"，单击"重新计价"，再单击"生成询价单"按钮，如图 6-33 所示，在弹出的"询价单"对话框中进行"询价说明"，单击"生成询价单"按钮，如图 6-49 所示，完成初步询价。

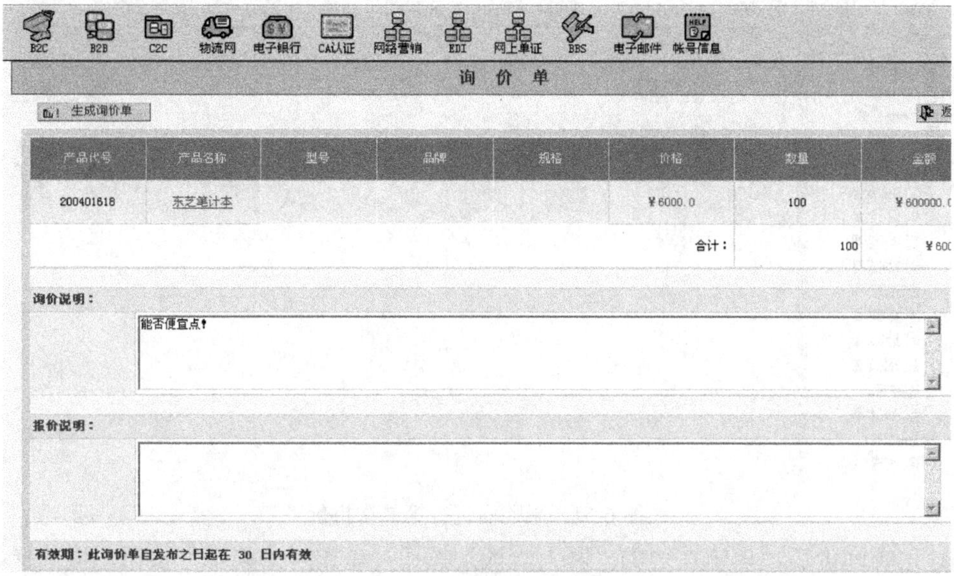

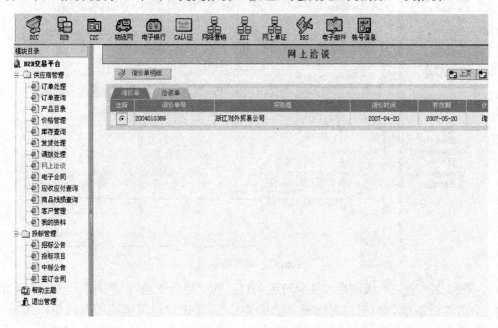

图 6-49　进行初步询价

(3) 采购商完成询价后，供应商进入自己的"后台管理"，如图 6-50 所示，单击左边的"网上洽谈"按钮，选择"询价单号"，单击"询价单明细"按钮，在弹出的对话框中进行"报价"和"报价说明"，单击"提交报价"按钮，完成供应商的第一次报价。

图 6-50　供应商进行复价

(4) 供应商回复报价后，采购商第二次进入自己的"后台管理"，如图 6-51 所示，单击左边的"网上洽谈"按钮，选择"询价单号"，单击"询价单明细"按钮，再在弹出的对话框中进行"报价"和"询价说明"，单击"生成洽谈单"按钮，完成采购商的第二次报价。

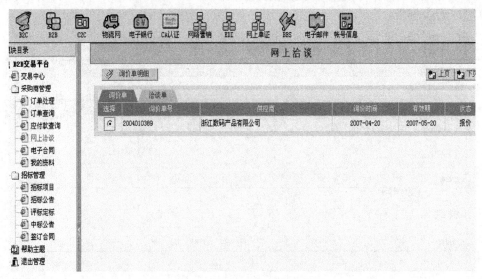

图 6-51　采购商进行第二次报价

(5) 完成询价后，单击左边的"网上洽谈"按钮，单击"洽谈单"按钮，再选择"洽谈单号"，单击"洽谈单明细"按钮，如图 6-51 所示，在弹出的对话框中填写相应的信息，单击"同意"按钮，如图 6-52 所示，完成洽谈单的提交。

图 6-52　填写洽谈单

(6) 采购商提交完洽谈单后，供应商进入自己的"后台管理"，单击左边的"网上洽谈"按钮，单击"洽谈单"按钮，再选择"洽谈单号"，单击"洽谈单明细"按钮，如图 6-50 所示，再在弹出的对话框中填写相应的信息，单击"同意"按钮，如图 6-53 所示。

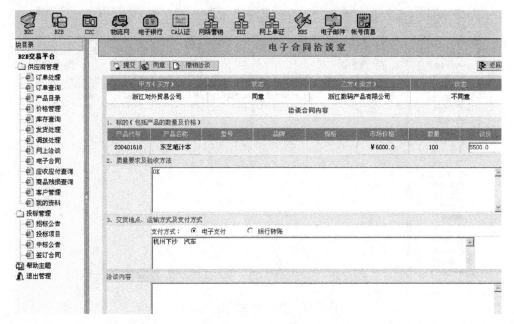

图 6-53　填写洽谈单

(7) 供应商同意洽谈单后，采购商进入自己的"后台管理"，如图 6-54 所示，单击左边的"电子合同"按钮，选择"合同编号"，单击"合同明细"按钮，再单击"签订合同"按钮，完成采购商的合同签订。

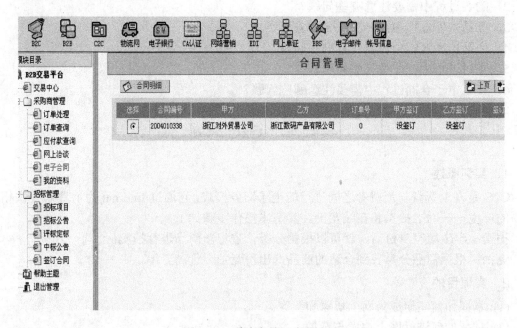

图 6-54　采购商签订电子合同

(8) 采购商签订合同后，供应商进入自己的"后台管理"，单击"网上合同"按钮，选择"合同编号"，单击"合同明细"按钮，再单击"签订合同"按钮，如图 6-55 所示，完成供应商的合同签订。

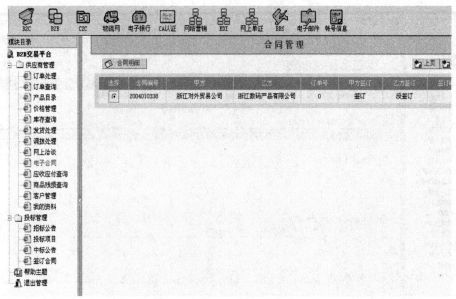

图 6-55　供应商签订电子合同

 思考题

1. 申请网上银行注册时需要注意哪些方面？
2. 购买过程中需要注意哪些问题？
3. 商品入库过程中需要注意哪些方面？
4. 商品出库过程中需要注意哪些问题？
5. 支付过程中应注意哪些问题？
6. 签订电子合同过程中需要注意哪些问题？

实训三　C2C 交易

1. 实训概述

C2C 是在消费者与消费者之间进行的电子商务模式，它通过 Internet 为消费者提供相互交易的环境——网上拍卖和在线竞价。其基本操作步骤如下：

拍卖：学生填写身份后，就可以根据分类，登记新商品进行拍卖；

竞拍：根据商品分类找到合适的商品，出价竞拍，价高者得。

2. 实训目的

(1) 掌握如何注册成为网上卖家和买家。

(2) 掌握如何进行网上拍卖与竞拍。

3. 实训步骤

1) 注册成为交易卖家并发布商品

(1) 进入 C2C 交易操作平台，单击"免费注册"按钮，如图 6-56 所示，在弹出的对话框中填写卖家相应的信息，单击"看过并同意服务条款，下一步"按钮，如图 6-57 所示，若弹出"注册成功"对话框，即表明注册成功。

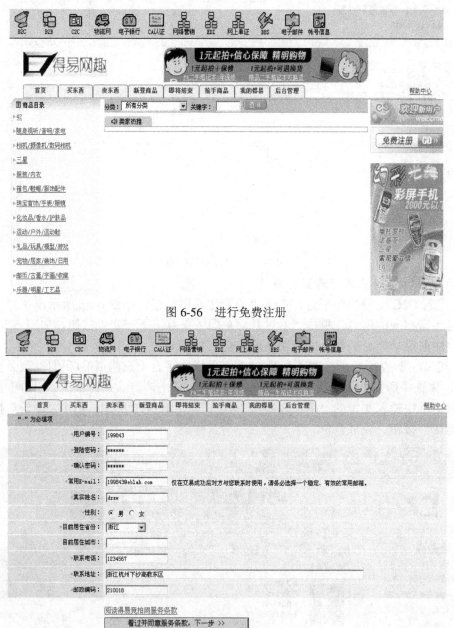

图 6-56　进行免费注册

图 6-57　填写注册信息

(2) 卖家注册成功后，开始卖东西。首先进入 C2C 交易操作平台，单击导航条上的"卖东西"按钮，进入"商品的类别"对话框，选择需要卖的商品类目，如图 6-56 所示，单击此类目，在弹出的对话框中填写"用户名"和"密码"，单击"确定"按钮，再在"商品信息与价格"对话框中将所要卖的商品的"信息"、"价格"等填写完，单击"下一步"按钮，如图 6-58 所示，如果弹出"您的商品已登录成功"界面，则表明商品已发布到交易平台上。

图 6-58　填写商品信息

2) 注册成为交易买家并购买商品

(1) 进入 C2C 交易操作平台，单击"免费注册"按钮，如图 6-56 所示，在弹出的对话框中填写买家相应的信息，单击"看过并同意服务条款，下一步"按钮，如图 6-57 所示，若弹出"注册成功"对话框，即表明注册成功。

(2) 买家注册成功后，首先进入到 C2C 交易操作平台上选购商品(我们以上面卖家的商品为例)，先选中所需购买的商品，如图 6-59 所示，单击该商品，再单击"出价"按钮，在弹出的对话框中输入买家的"用户名"和"密码"，如图 6-60 所示，单击"出价"按钮，再单击"确认"按钮，完成竞价。

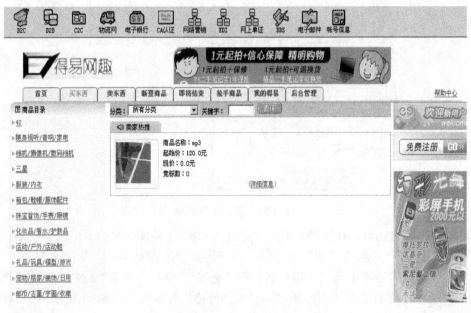

图 6-59　选购商品

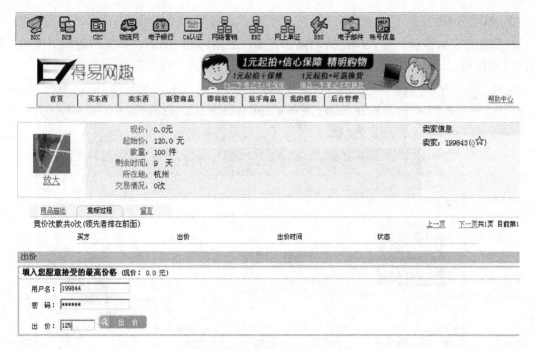

图 6-60　进行网上竞价

(3) 买家登录"我的易得后台"，查看商品的竞价情况。

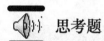 思考题

1．注册成为买家与卖家需要分别注意哪些问题？
2．进行竞价需要注意哪些问题？

实训四　网络营销

1．实训概述

网络营销是以互联网络为媒体，以新的方式、方法和理念实施营销活动，更有效地促成个人和组织交易活动的实现。网络营销具有很多的定义，内容非常丰富。网络具有传统渠道和媒体所不具备的独特特点，即信息交流自由、开放和平等，而且信息交流费用非常低廉，信息交流渠道既直接又高效。因此网络营销将渐渐取代传统营销。

2．实训目的

(1) 掌握如何购买域名及进行网站建设。
(2) 掌握如何设置调查问卷。
(3) 掌握如何发布商业信息。
(4) 掌握如何订阅杂志。
(5) 掌握如何购买搜索引擎。

3. 实训步骤

(1) 注册成为会员。进入网络营销操作界面，如图 6-61 所示，单击右边的"注册"按钮，进入注册页面，如图 6-62 所示。填写注册信息，点击"确定"完成注册。

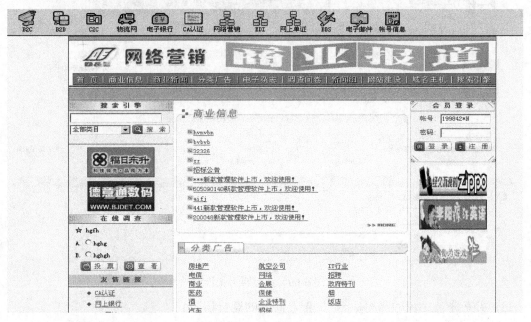

图 6-61 网络营销界面

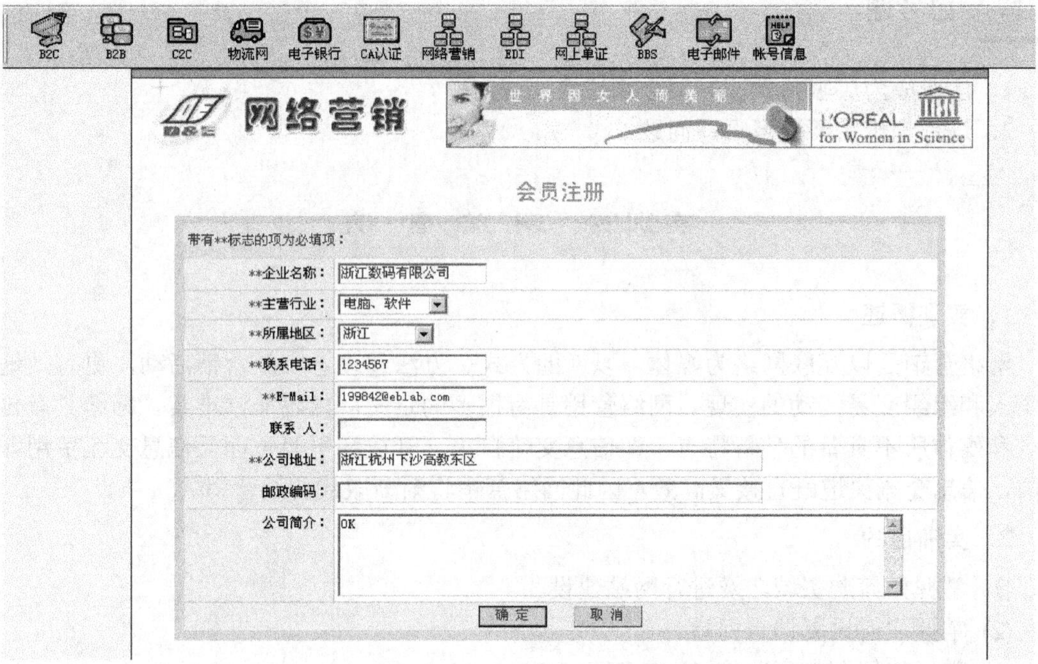

图 6-62 填写会员注册信息

(2) 申请域名主机。用户在前台申请域名主机，网络营销商在后台管理域名主机。网站建设首先申请域名，单击"域名主机"，如图 6-63 所示，填写"选择域名"，单击"注册"按钮，系统审核该域名是否有重复，域名审核通过后，单击"继续"按钮，阅读用户域名协议，填写"用户名"和"密码"，单击"继续"，选择域名使用时间，再单击"继续"，系统给出域名注册信息，完成注册。

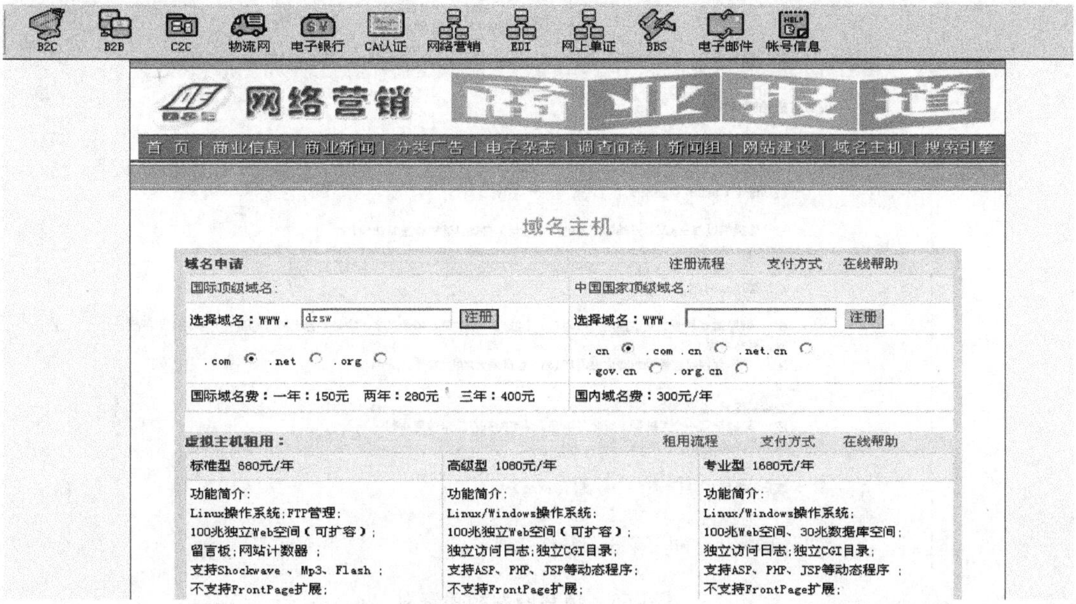

图 6-63 填写网站域名

(3) 租用虚拟主机。单击"域名主机"页面，查看虚拟主机租用，选择适合自己的方式，单击"订购"，查看虚拟主机租用信息，再单击"继续"按钮，阅读用户协议同意后，单击"继续"，选择域名使用时间，再单击"继续"，如图 6-64 所示，然后在弹出的对话框中单击"完成"按钮，完成虚拟主机租用。

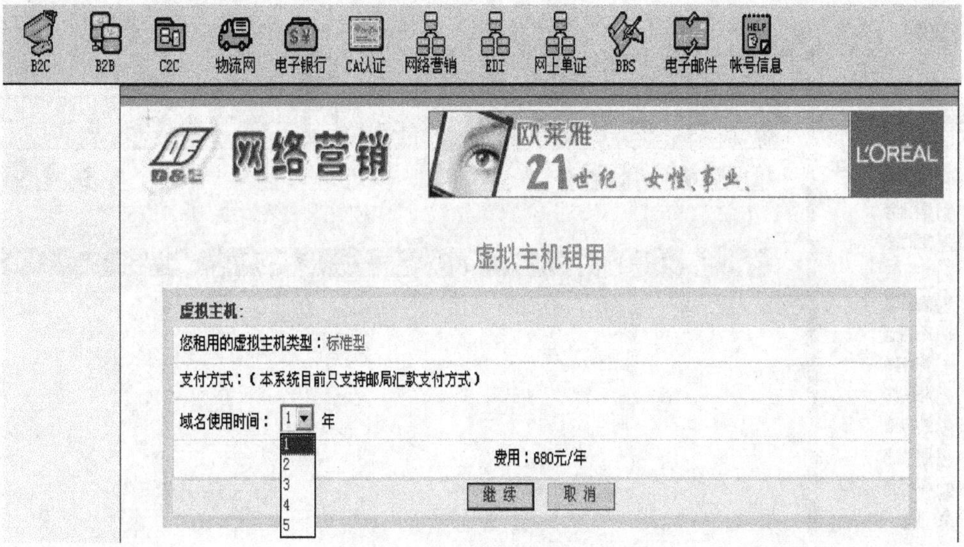

图 6-64 选择域名使用时间

(4) 购买搜索引擎。首先进入搜索引擎页面，单击"购买"，阅读《搜索引擎服务协议》，再单击"同意"；在弹出的对话框中填写"搜索引擎网站资料"，如图 6-65 所示，选择使用年限，再单击"继续"，系统给出受理成功的页面，完成搜索引擎的购买。

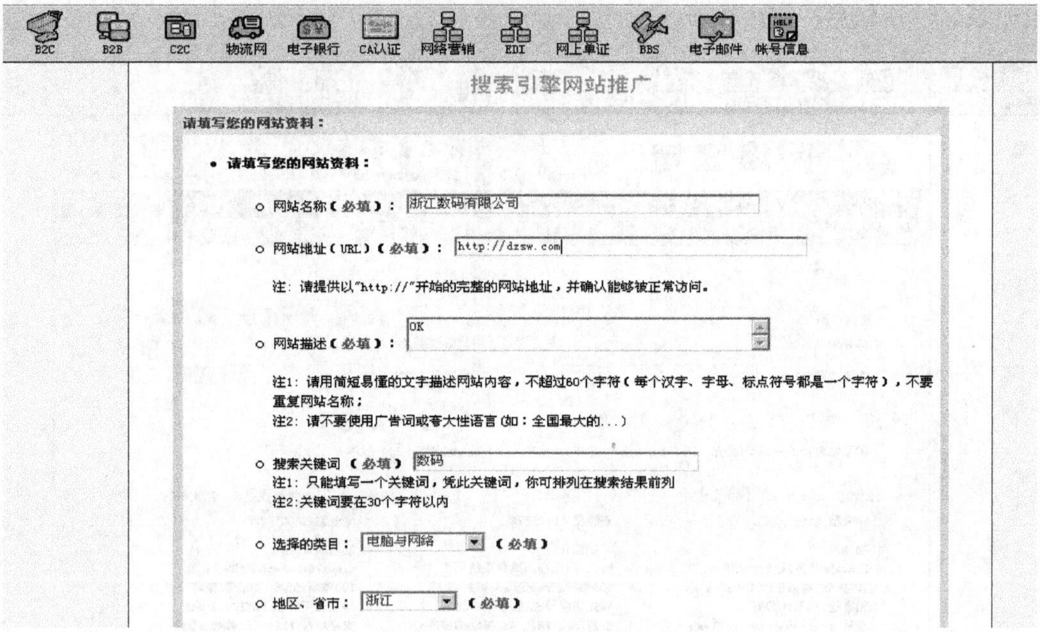

图 6-65　填写网站相关资料

(5) 发布文字广告。首先登录网络营销首页，单击"用户登录"，进入网络营销后台，单击左边的"文字广告"按钮，再单击"新建"按钮，如图 6-66 所示，在弹出的对话框中选择"广告分类"，填写"广告标题"和"广告内容"，再填写"网站链接"，单击"确定"按钮，完成文字广告发布，如图 6-67 所示，查看发布的广告在网络营销首页"分类广告"栏中。

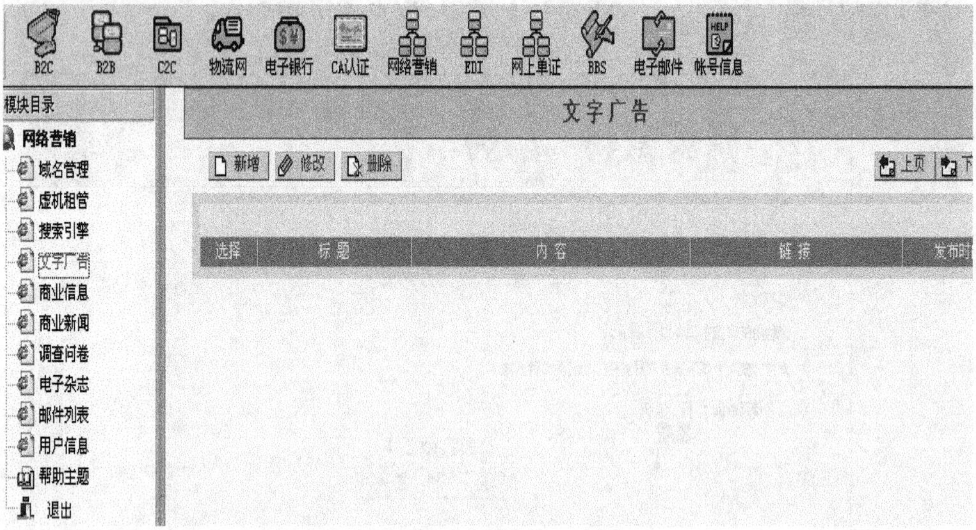

图 6-66　新建文字广告

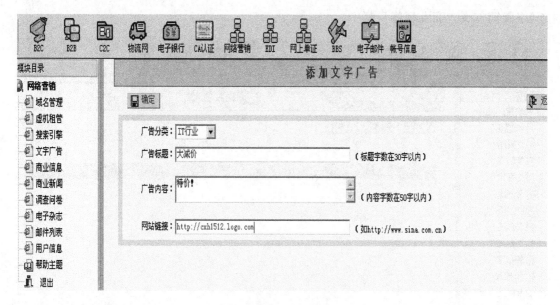

图 6-67　填写文字广告

（6）发布商业信息。首先登录网络营销首页，单击"用户登录"，进入网络营销后台，单击左边的"商业信息"按钮，再单击"新建"按钮。如图 6-68 所示，在弹出的对话框中填写"标题"、"类型"及"内容"，单击"确定"按钮，完成商业信息的发布，查看发布的商业信息在网络营销首页"商业信息"栏中。

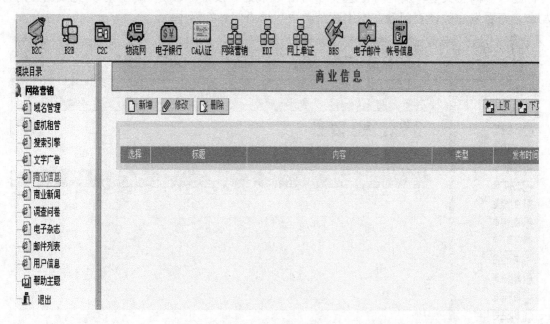

图 6-68　新建商业信息

（7）发布商业新闻。首先登录网络营销首页，单击"用户登录"，进入网络营销后台，单击左边的"商业新闻"按钮，再单击"新建"，如图 6-69 所示，在弹出的对话框中填写"标题"、"类型"及"内容"，单击"确定"按钮，完成商业新闻的发布，查看发布的商业新闻在网络营销首页"商业新闻"栏中。

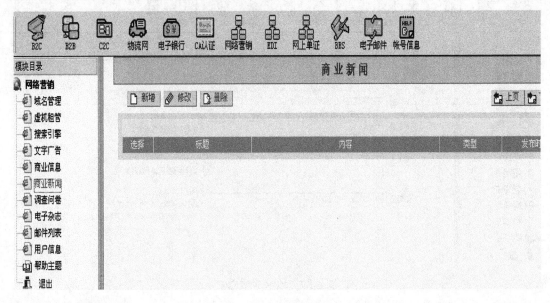

图 6-69　新建商业新闻

（8）发布调查问卷。首先登录网络营销首页，单击"用户登录"，进入网络营销后台，单击左边的"调查问卷"按钮，再单击"新建"，如图 6-70 所示，在弹出的对话框中填写"问卷标题"、"问卷类型"及"问卷选项"，单击"确定"按钮，如图 6-71 所示，完成调查问卷发布，查看发布的调查问卷在网络营销首页"调查问卷"栏中。

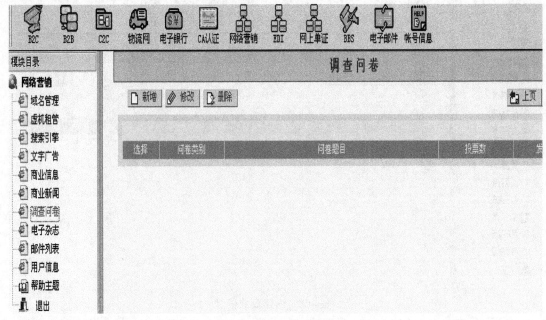

图 6-70　新建调查问卷

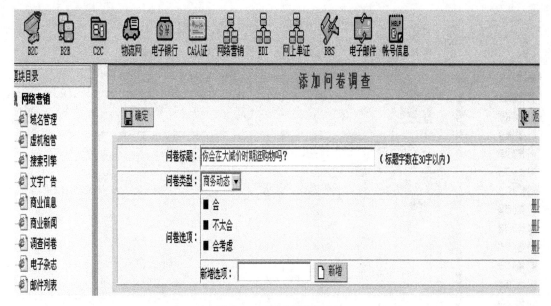

图 6-71　填写问卷调查

(9) 新建、发送并订阅电子杂志。

① 新建电子杂志：首先登录网络营销首页，单击"用户登录"，进入网络营销后台，单击左边的"电子杂志"按钮，再单击"新建电子杂志"，如图 6-72 所示，在弹出的对话框中选择"电子杂志类型"，填写"主题"和"电子杂志内容"，单击"发送"，如图 6-73 所示，系统显示发送成功，电子杂志邮件即发送到了订阅者的信箱。

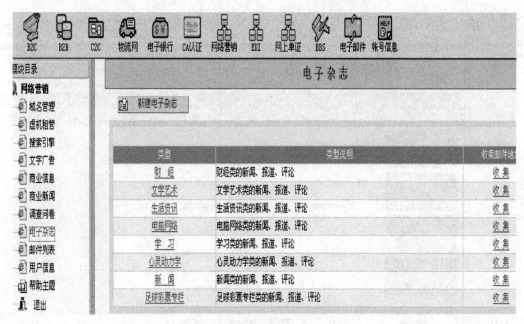

图 6-72　新建电子杂志

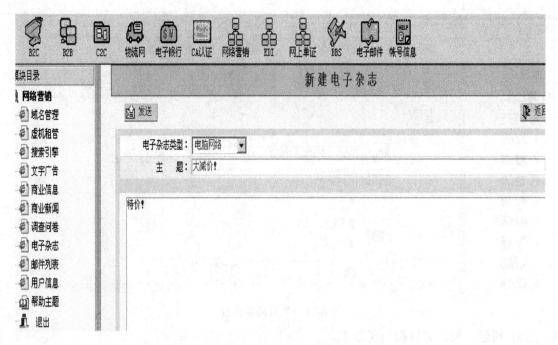

图 6-73　发送电子杂志

　　② 订阅电子杂志。首先登录网络营销首页，单击导航条上的"电子杂志"按钮，进入电子杂志界面，选择需要订阅的杂志类型，填写正确的 E-mail，输入密码，单击"订阅"按钮，如图 6-74 所示，系统提示完成订阅。

图 6-74　订阅电子杂志

　　(10) 新建邮件列表。首先登录网络营销首页，单击"用户登录"，进入网络营销后台，单击左边的"邮件列表"按钮，再单击"新建"，如图 6-75 所示，在弹出的对话框中填写用户信息，单击"发送"，系统显示发送成功。

图 6-75　新建邮件列表

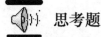 思考题

1．在购买域名时需注意哪些问题？
2．发布网上调查时需要注意哪方面？
3．在网上订阅杂志需注意哪些问题？
4．搜索引擎注册时要注意哪方面的问题？

实训五　电子数据交换

1．实训概述

目前，电子数据交换(EDI，Electronic Data Interchange)还没有一个统一的规范，但有三个方面的内容是相同的，即资料用统一标准，利用电信号传递信息，计算机系统之间的连接。在 EDI 系统中，一旦数据被输入买方计算机系统，就会传入卖方的计算机系统。数据不仅在贸易之间电子化流通，而且在每一个贸易伙伴内部电子化流通，这样可以节约成本，减少差错，提高效率。此 EDI 模拟应用系统有利于学员更好地掌握 EDI 的使用方法，从而更好地使教师与学生形成一种良好的互动，加深学员对 EDI 的深入了解。

2．实训目的

(1) 掌握 EDI 的基本使用方法。
(2) 掌握如何添加贸易伙伴。

(3) 掌握如何发布 EDI 报文。

3．实训步骤

1) 注册成为网上用户

进入 EDI 操作界面，单击 "EDI 应用系统模拟" 按钮，如图 6-76 所示，进入登录操作平台，单击 "新用户注册" 按钮，在弹出的 "EDI 会员注册" 对话框中填写相应的信息，单击 "保存" 按钮，如图 6-77 所示，完成新用户的注册。

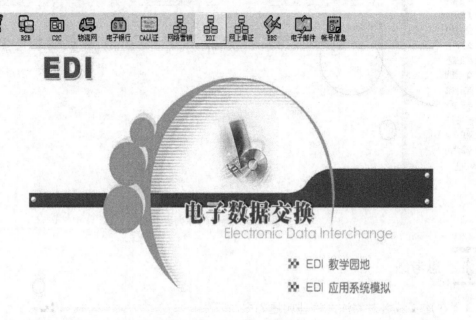

图 6-76　EDI 应用模拟系统界面

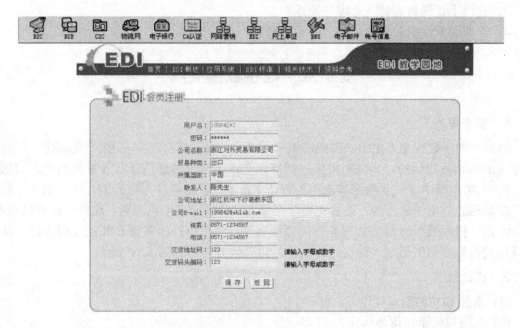

图 6-77　填写会员注册信息

2) 建立贸易伙伴并传送报文

(1) 进入 EDI 模拟系统后，单击左边的"贸易伙伴管理"按钮，出现两个子目录："贸易伙伴"和"类型"，如图 6-78 所示，首先添加贸易伙伴的类型，单击"类型"按钮，在弹出的对话框中输入"新增贸易伙伴类型"名称，单击"保存"按钮，如图 6-79 所示，完成添加。

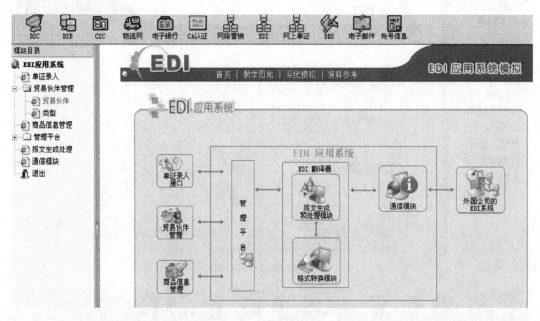

图 6-78　贸易伙伴管理

图 6-79　添加贸易伙伴类型

(2) 添加"贸易伙伴"。单击左边的"贸易伙伴"按钮，再单击"新增贸易伙伴"按钮，如图 6-80 所示，在弹出的"EDI 贸易伙伴管理"对话框中将对方的资料填入相应的位置，单击"保存"按钮，如图 6-81 所示，完成贸易伙伴的添加流程。

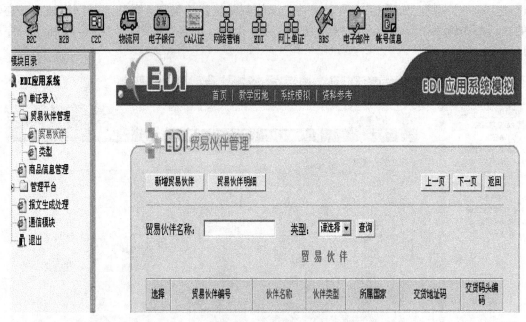

图 6-80　新增贸易伙伴

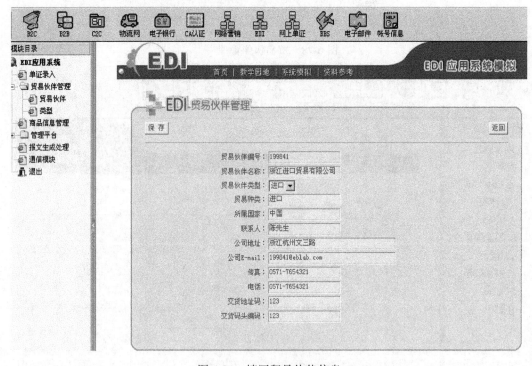

图 6-81　填写贸易伙伴信息

（3）完成商品的添加。首先单击左边的"商品信息管理"按钮，单击"新增商品"按钮，如图 6-82 所示，在弹出的"EDI 商品信息管理"对话框中将商品信息填入相应的位置，单击"保存"按钮，如图 6-83 所示完成商品的添加。

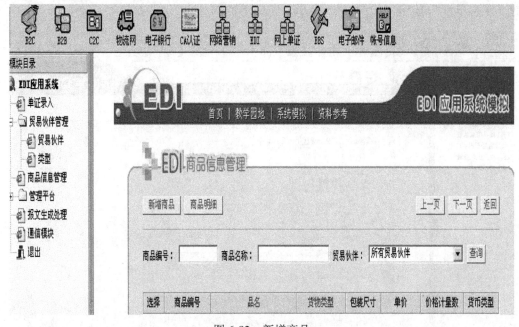

图 6-82　新增商品

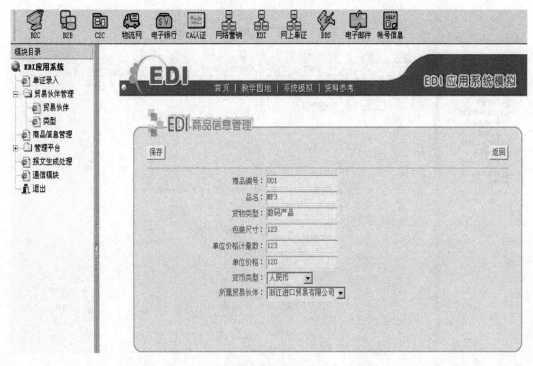

图 6-83　填写商品信息

(4) 完成商品的添加后，进行"单证录入"操作。首先单击左边的"单证录入"按钮，进入"订购单证"对话框，选择"要求交货时间"和"卖主编码"，单击"添加商品"按钮，如图 6-84 所示。在弹出的对话框中选择"商品编号"，单击"添加商品"按钮，返回到"订购单证"对话框，在此对话框中可修改"每层装箱数"、"集装箱层数"以及"数量"等，单击"保存单证"按钮，如图 6-85 所示，完成单证的录入。

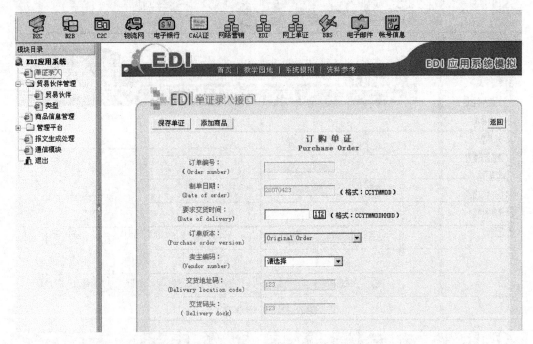

图 6-84 选择"要求交货时间"和"卖主编码"

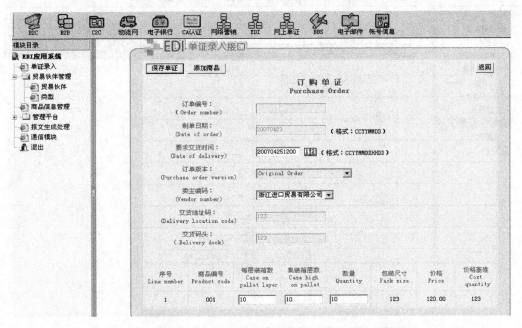

图 6-85 修改"每层装箱数"、"集装箱层数"以及"数量"

(5) 建立好单证后，进行单证的发送处理。单击左边的"管理平台"按钮，出现两个子目录："单证管理"和"回执管理"。单击"单证管理"按钮，选择"单证编号"，单击"单证明细"按钮，如图 6-86 所示，单击"生成平面文件"按钮，在弹出的对话框中单击"生成 EDI 报文"按钮，然后单击"发送"按钮，如图 6-87 所示，最后查看"回执管理"。

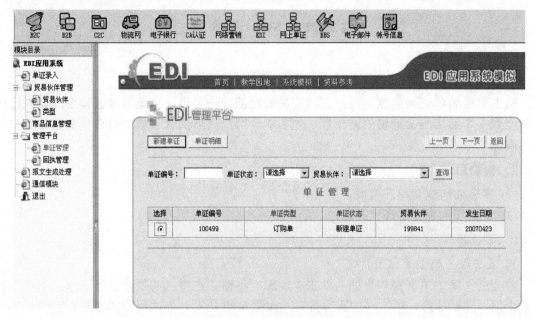

图 6-86 选择单证编号

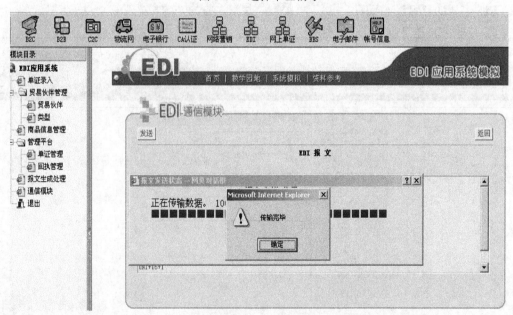

图 6-87 发送报文

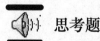 思考题

1．添加贸易伙伴时需要注意哪些问题？
2．添加商品时需要注意哪几方面的问题？
3．发送报文时应注意哪几点？

实训六 网上单证

1. 实训概述

网上商店的单证是商家与用户之间交易的凭证，一个设计完美的单证体系既要能让用户体会到在本商店网上购物的方便性，也要能让网上商店的管理者在对订单数据处理时保持准确性。

2. 实训目的

(1) 掌握如何建立单证模板。

(2) 掌握如何设置单证流程。

3. 实训步骤

1) 注册成为网上单证用户

首先进入网上单证操作界面，单击"注册"按钮，在弹出的"注册网上单证用户"对话框中填写注册信息，单击"注册"按钮，如图 6-88 所示，完成用户的注册。

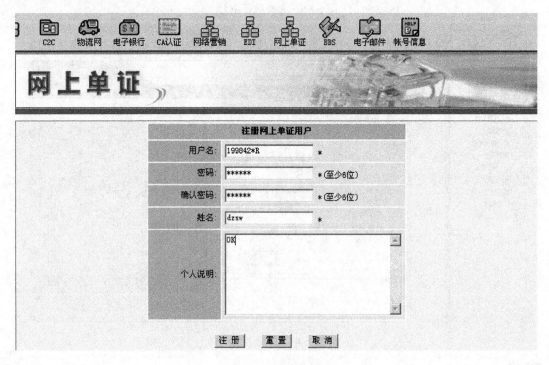

图 6-88　填写注册信息

2) 进行网上单证操作

(1) 注册成功后，登录到操作系统中，单击"登录"按钮，进入网上单证后台，如图 6-89 所示，单击"进入网上单证后台管理"按钮。在弹出的对话框中单击"单证模板管理"，单击"新增"按钮，选择"单证类型"，填写"模板标题"和"内容简介"再单击"下一步"按钮，如图 6-90 所示。在弹出的对话框中填写相应的信息，单击"完成"按钮，完成此流程。

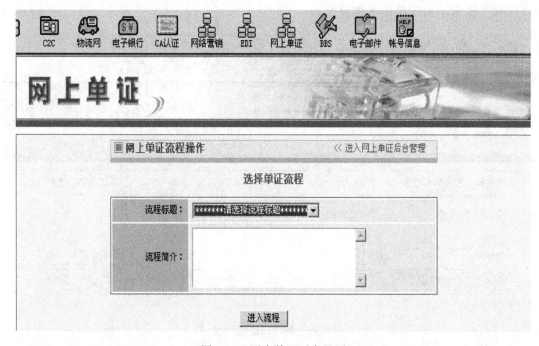

图 6-89 网上单证后台界面

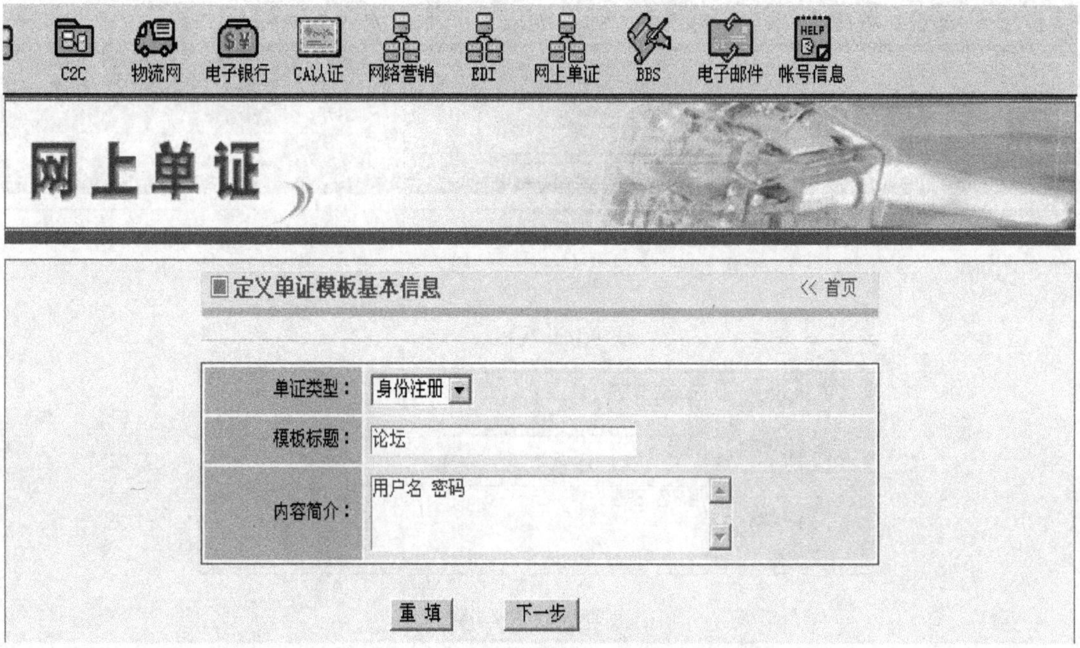

图 6-90 选择单证类型

(2) 完成单证模板管理后，进行单证流程管理。首先单击"单证流程管理"，再单击"新增"按钮，如图 6-91 所示，填写"流程标题"和"内容简介"内容，单击"确定"按钮。在弹出的对话框中单击"添加节点"，选择"模板类型"和"模板标题"，再填写"模板简介",单击"下一步"按钮,如图 6-92 所示。在弹出的对话框中"设置流程节点属性",单击"完成"按钮,完成单证流程设置。

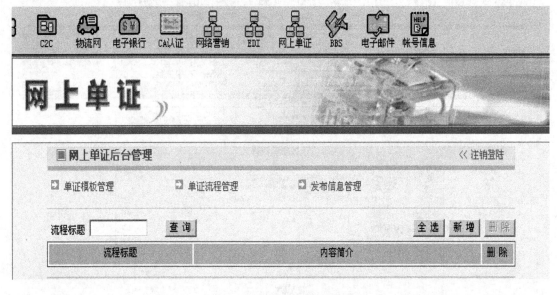

图 6-91　新增单证流程管理

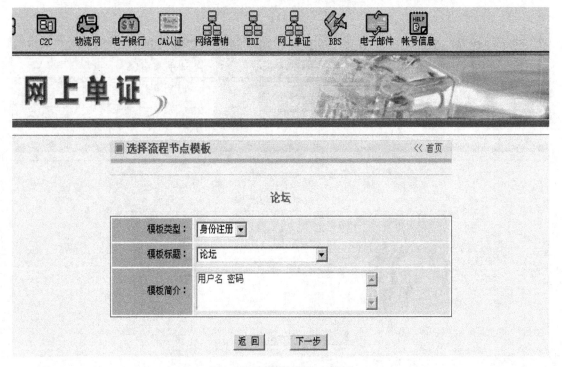

图 6-92　选择流程节点模板

(3) 完成上述操作后,进行信息发布。首先单击"发布信息管理",选择需要发布的"模板类型",如图 6-93 所示,单击"确定"按钮,完成发布。

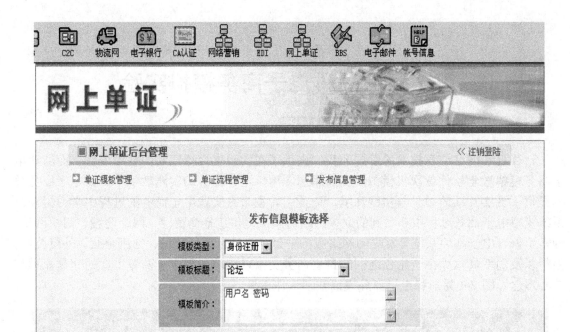

图 6-93　发布信息模板

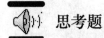 思考题

1. 定义模板时需要注意哪些事项？
2. 设置节点时需要注意哪方面的问题？

第7章 浙科电子商务模拟实验

　　计算机和网络信息技术的发展为我们提供了在实验室模拟现实的技术条件，而浙科电子商务模拟教学软件首次将模拟现实的思想应用于电子商务的实践教学中，为电子商务教学提供了真实互动的教学与实践环境，让使用者在亲身实践电子商务的过程中学习提高。系统模拟电子商务过程中涉猎到的众多网络背景，提供包括商贸网、网上商城、门户网站、搜索引擎、电子邮件系统等常见的网络服务平台，通过厂家、商场、物流企业、外贸公司、银行以及消费者六大主要角色之间的自主商务交互，集中展现电子商务主要的交易流程与核心理念。图 7-1 为浙科电子商务模拟教学软件首页。

图 7-1　浙科电子商务模拟教学软件首页

　　教学软件服务于教学，使用教学软件的最终目的是方便教学、提高教学质量。浙科电子商务模拟教学软件集培训、教学、实验和实践功能于一体，极大地满足了电子商务实践教学的需要，是目前国内设计科学、内容完备的电子商务教学实验软件之一。本软件将课本上的电子商务理论与具体实践相结合，让学生加深对理论知识的认知，掌握实际应用的技能和电子商务理念，加强感性认识及实际操作能力。通过对软件的使用，学生可以学习电子商务各种交易模式的详细流程，并以不同的角色、从不同的角度参与其中，自主地开展和使用电子商务；而实验内置的管理端，不仅可以很好地控制实验的进行，还可以通过考核管理，实现对学生操作过程及操作效果的跟踪及考评，方便教师对实验结果的考核总结。

本实验的主要内容如下：

(1) 主要实验流程：B2B、B2C、网络营销、网上物流、网上支付；

(2) 内置角色：厂家、商场、物流企业、外贸公司、银行、消费者；

(3) 企业后台功能：业务管理、营销管理、客户关系管理、应收应付管理、财务管理；

(4) 银行业务模块：柜台业务受理、银行后台处理、网上银行、在线支付；

(5) 网络环境：商贸网、网上商城、拍卖网、企业自建网站、搜索引擎、门户网站、E-mail服务；

(6) CA 认证：数字证书的申请、发证、安装、使用；

(7) 电子数据交换(EDI)：EDI 申请、通过 EDI 传输业务数据。

在进行网上交易之前，厂家、商场、消费者、外贸公司、物流企业、银行都要进行角色的初始化准备。

(1) 角色的注册。

注册时应填写用户名，设置密码，选择角色及班级，如图 7-2 所示。需要注意的是，在设置密码时，要检查 CAPSLOCK 键是否锁定。另外，在选择班级时，同班级的学生一定要选择相同的班级，否则，后面的模拟操作将无法进行。

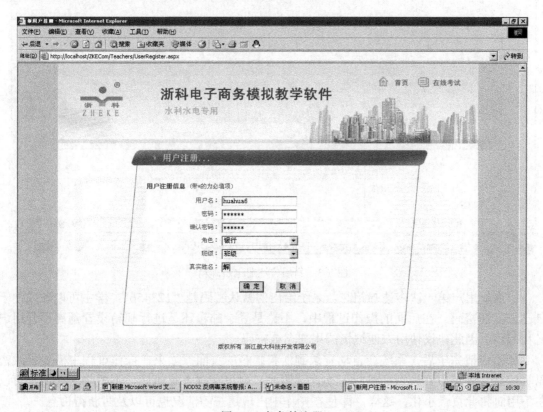

图 7-2　角色的注册

(2) 初始化设置。

作为商业机构的厂家、商场、外贸公司、物流企业要填写所有相关信息，包括企业的电话、地址、传真、企业介绍等各项内容。填写时要注意应在半角环境下进行，否则会出现系统错误情况的提示。

除了填写这些基本内容外，作为网上交易联系的关键，各角色还需要对邮箱进行设置。如是第一次使用该软件，则需要先申请邮箱地址，再进行设置。申请新邮箱可直接在用户初始化的界面中点击"申请"链接进行申请，邮箱新用户申请如图 7-3。

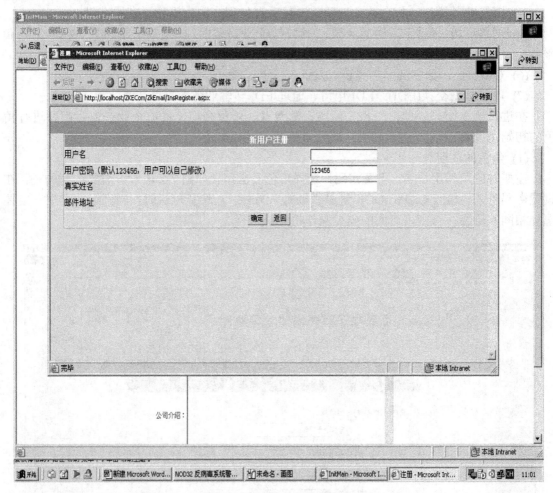

图 7-3　新用户注册电子邮箱

作为新用户第一次申请邮箱时，系统给出的默认密码是"123456"，学生可以改成便于自己记忆的密码。在后面的操作过程中，不论是登录邮箱还是进行邮箱设置都离不开用户名和密码，因此建议使用方便记忆的用户名或密码。

邮箱申请完毕后，系统会自动登录到浙科邮箱的页面。如果在操作过程中需要更改密码等信息，则可以在该页面进行。初次使用时，建议在登录邮箱后，不要将其关闭，可以在不用时将此页最小化，这样，即使在操作中出现遗忘等情况也可以及时获得信息。

有了邮箱以后即可进行邮箱的设置。点击"设置"链接后，跳出如图 7-4 所示的对话框。操作者只需要根据系统提示进行操作即可完成邮箱的设置。在图 7-4 中，首先要设置显示名，即企业、个人在通过 E-mail 联系时在邮箱的提示名中所显示的名字。然后设置用户名和密码，只需要填写注册时的用户名和相应的密码即可完成邮箱的设置。

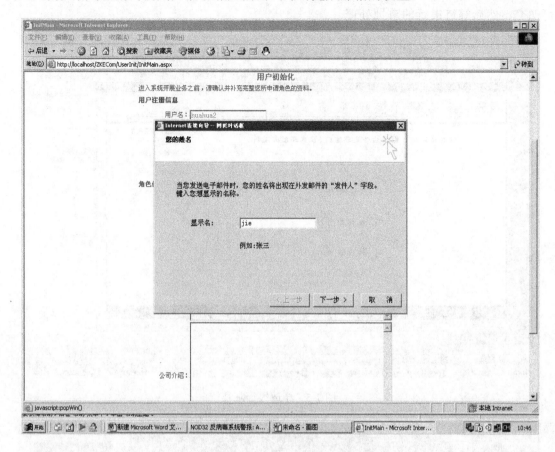

图 7-4　电子邮箱的设置

　　设置完邮箱，并且填写相应的企业信息后，点击"确定"按钮，企业的初始化工作就算完成了。此环节类似于现实商贸活动前的各企业注册等行为，此环节的完成为后面的商品交易的完成打下了基础。

　　(3) 更细化的设置。

　　● 申请银行账号：

　　无论是参与到电子商务中的哪个角色都需要有银行账号及相对应的网上银行账号，这是实现电子商务网上支付的关键。

　　在该系统中，分为企业的对公业务及个人的储蓄业务，在操作时注意不要混淆。操作者登录后，在"财务管理"处进行"柜台业务"的办理。如图 7-5 所示就是"厂家"在进行银行账号的申请。因为是企业，所以在业务选择时应选择"对公业务"；"储蓄业务"是仅对个人消费者而设的。随着商贸活动的深入，企业会出现一些现金的信贷业务，这可以在此页面中完成。要注意的是，每个角色在每个银行只能有一个相应的账号。如果在一个银行成功申请到账号后还需申请新账号，则需到其他银行办理。

　　在申请银行账号时，需要填写如图 7-6 所示的申请表。当中又有一些重要的相关信息必须填写准确，即系统提示为打"*"号的信息：存款人姓名、电话、密码、地址。此外，在申请表的最下方，还需要挑选银行，并对要开户的金额进行选择。在所有内容都填妥后方可递交，然后等待银行的审批处理。

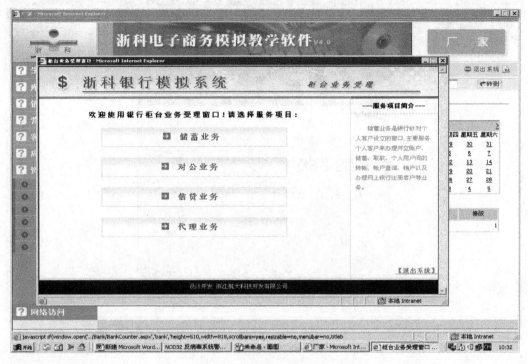

图 7-5　申请银行账号

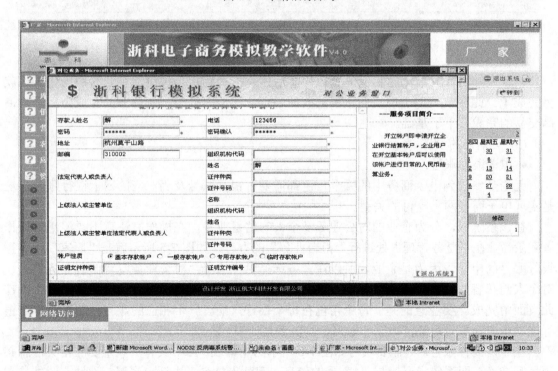

图 7-6　填写申请表

- 银行进行账号申请的审批及处理：

在企业或个人递交了银行账户的开户申请表后，银行系统会即时显示相关的审批信息，并在"小秘书"栏中提示。银行可以直接点击"小秘书"的滚动条，也可以到"对公业务" >> "开户或者储蓄业务" >> "开户"中进行审批。

银行可在申请"详细"中查看申请开户的相关具体内容，根据申请人的填写情况选择通过或者不通过该次开户申请，如图7-7所示。

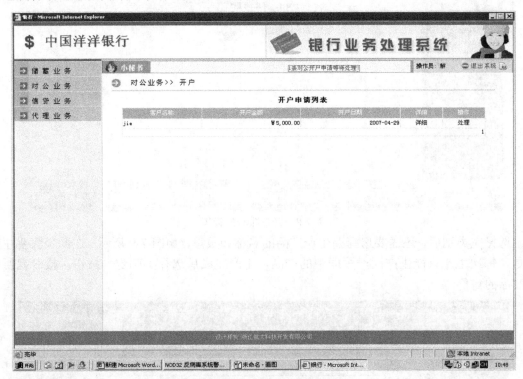

图7-7　银行处理审批

- 账号设置：

银行通过账号申请，并在厂家、商场、物流企业、外贸公司开户成功后，还需要在"资金管理"中进行账号设置，如图7-8所示。如果此环节没有做，在B2B操作中，申请商贸网会员时将无法完成。

- 进行网上银行的申请及处理：

厂家、商场、物流企业、外贸公司在"资金管理"/"柜台业务"中进行网上银行的申请，申请提交后，银行及时进行处理，处理过程如处理开户申请所示，对网上银行账户的申请进行审批及处理。

- 厂家生产产品：

厂家通过"产品生产"选择生产产品的数量，确定售价。

在生产产品时，先要选择将要生产的产品的类别，厂家可以根据自身的特点来选择生产不同类别的产品，在后面B2B交易中，进入商贸网对产品进行信息发布也是通过不同的产品类别来进行细分的。这就是说，在此环节，要对自己的企业进行定位。如果无法确定类别，可以根据之前初始化时填写的企业介绍来进行选择。

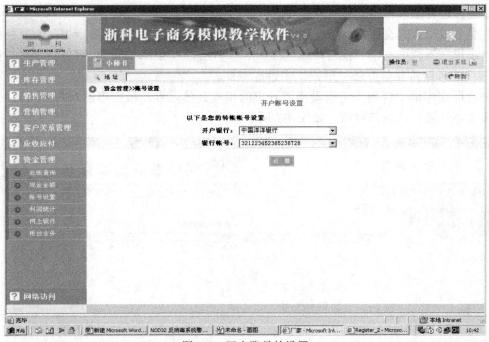

图 7-8　开户账号的设置

选择完类别后，还需要选择要生产产品的名称和数量，如图 7-9 所示。在此步骤要注意的是，每次生产只能生产同一页面中的产品。生产完成后选择"确定"按钮，接着就要确定产品的售价。

图 7-9　厂家选择产品生产

在确定售价时，如果厂家对自己选择生产的产品还不确定，则可以选择取消该次操作；如果确定生产，则需要确定产品价格。通常建议，销售价格是成本价格的 1.5～2.0 倍，即如果成本价格是 100 元，则销售价格在 150～200 元之间。销售价格的确定如图 7-10 所示。

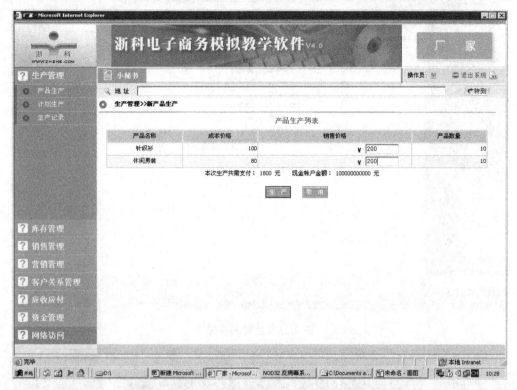

图 7-10　厂家生产产品并确定产品的销售价格

销售价格确定后，厂家产品生产的环节就结束了，接下来是在交易过程中对配送起着关键作用的物流企业对一些运输管理费用的设置。

● 物流企业进行物流相关费用的设置：

在"运输管理"中，物流企业要对运费、车辆、驾驶员进行添加及设置。

三个费用的设置，没有顺序。在本节，我们从运输费用开始设置，如图 7-11 所示。在设置运输费用时，有两种计费依据可以选择，一种是按体积，一种是按重量。这两种计费方式建议大家都要选择，这样，就可以给需要配送的企业更多计费方面的选择，也可以为物流企业吸引更多的客户。

选择不同的计费依据，对应的描述和数量单位也不一样。若按体积，则一般以立方米计；若按重量，则以千克计。确定价格，然后点击，运输费用的设置就完成了。

接着，设置驾驶员，如图 7-12 所示。填入驾驶员的姓名、性别、出生年月、联系电话即可。在填写出生年月时，一定要按照系统所要求的格式来填写。

除了设置运输费用外，企业还需在"库位管理"中购买合适的库位，用于囤放运输中需要中转的货物。如图 7-13 所示，填写库位名称、地址、大小及类型。库位的类型大致可分为车库和囤货库。而其中，库位的单位价格、日折旧率、残值率是系统默认的，由教师设置。

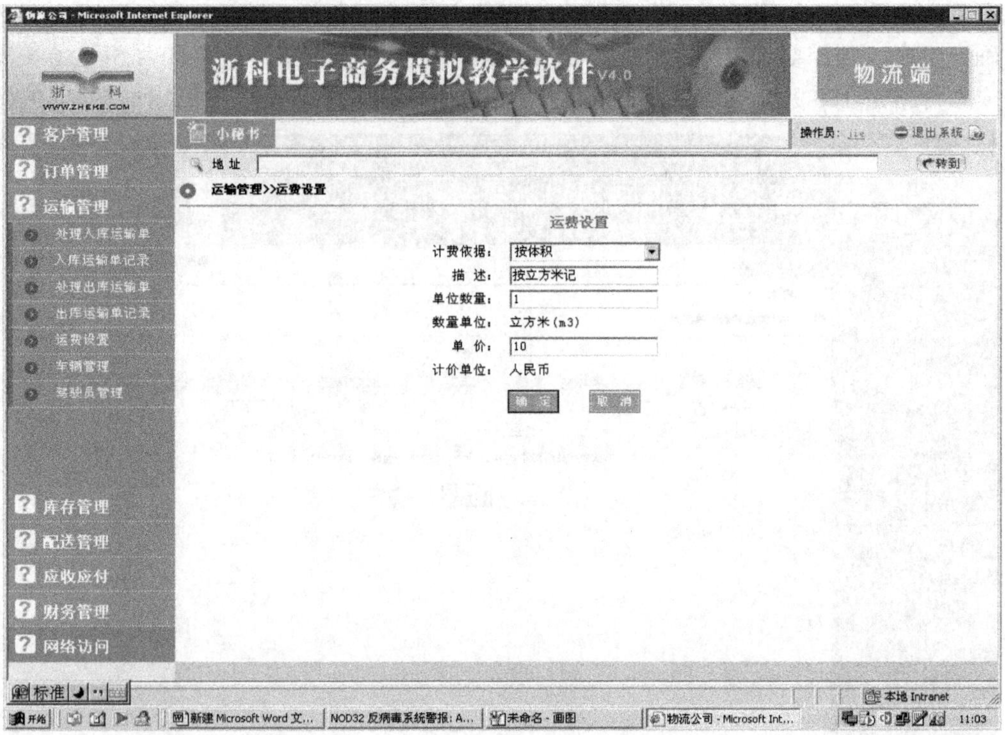

图 7-11　运费的设置

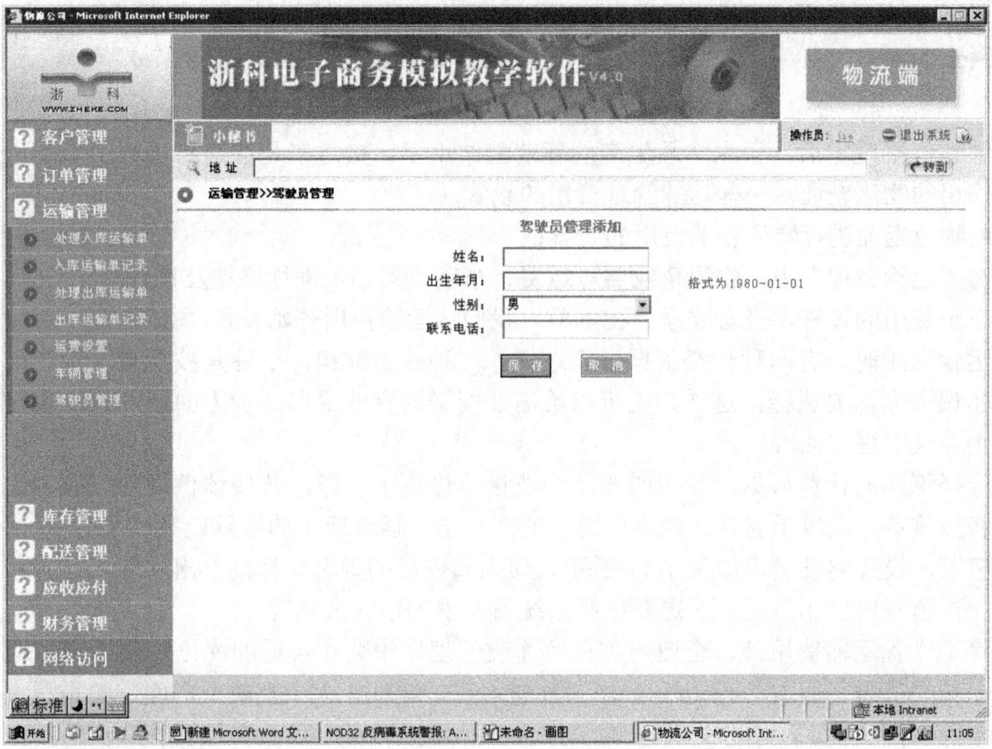

图 7-12　驾驶员管理

运费、驾驶员、库位全部设置后，物流企业才可以进行后面的操作。从系统来讲，当厂家和商场需要配送时，在网上选择物流企业才可以看到该物流企业的链接。此环节如果没有完成，物流企业将无法进行货物的配送。

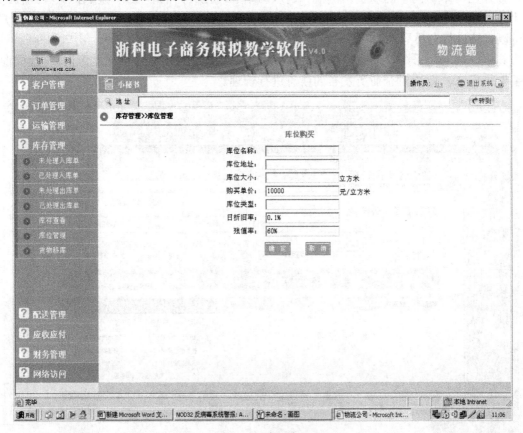

图 7-13　购买库位

实训一　B2B 交易

1．实训目的

(1) 熟悉商贸网的界面，了解商贸网的主要功能。

(2) 掌握如何在商贸网注册会员。

(3) 掌握如何发布商业信息及加入公司库。

(4) 掌握如何查找供应信息，使用高级搜索进行信息的筛选。

(5) 掌握如何进行询价，如何进行合同的签订。

2．实训环境

(1) 标准配置的 PC 机每人 1 台，并接入互联网。

(2) 操作系统采用 Windows XP。

(3) 安装 ZK—28 浙科软件。

3. 实训步骤

(1) 通过"网络访问"访问商贸网站，熟悉商贸网的界面及其主要功能。

打开在网络访问中的商贸网链接。进入网站后，在页面的右上角可以看到"注册会员"和"会员登录"的提示，如图7-14所示。如果是新用户，则要先进行注册；如果是老用户，则可以直接进行会员登录的操作。在商贸网中，分成采购的、销售的、网上出口和商业资讯。

其中，商场是采购，厂家是销售，商业资讯则是提供政府的一些采购意向。"我的商务助手"是厂家、商场对企业所发布的信息进行管理。

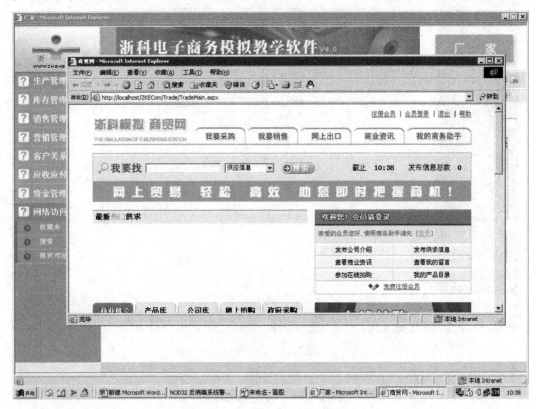

图7-14　访问 B2B 商贸网站

(2) 在商贸网注册成会员并登录。

新用户点击注册会员的链接，进入注册页面，如图7-15所示。根据要求逐步填写登录名、密码，并尽量写得详细。联系信息其实就是在我们进行角色初始化时填写的企业信息，诸如联系人、联系电话、传真、联系地址和E-mail地址等。

在填写注册内容时，要同时申请EDI。点击页面上的"申请"链接，进行EDI的申请，如图7-16所示。按页面提示填写正确信息，并提供联系人的身份证号，进行申请登记表的递交。

申请到EDI之后，在注册会员的页面中出现EDI地址，此时可以再查看有无漏填或者填写不正确的。若有，则予以修改；若无，则选择提交。这样，在商贸网就成功完成注册，成为会员。接下来即可进行会员登录，如图7-17所示。

以后再浏览商贸网发布或浏览信息时，直接进行会员登录就可以了。

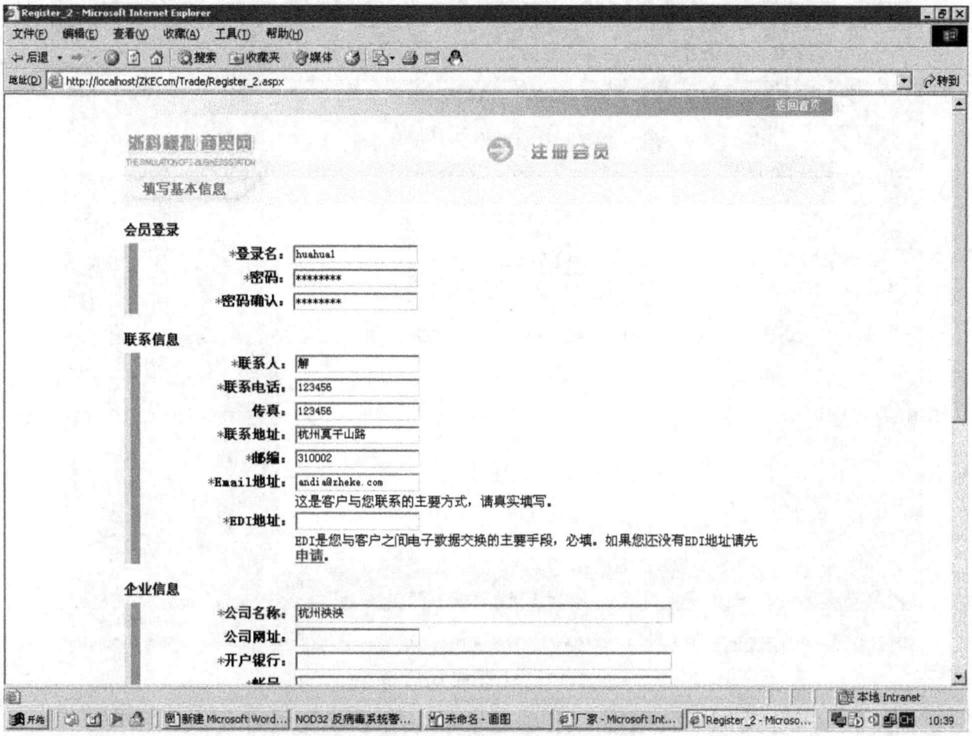

图 7-15　填写注册会员的相关信息

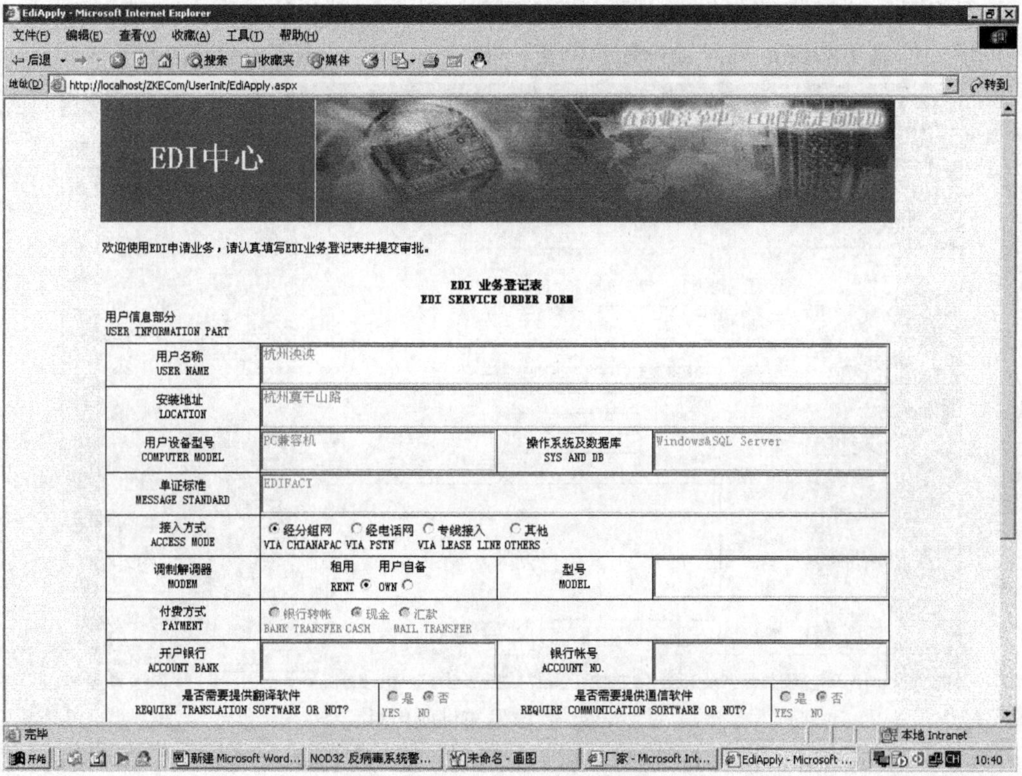

图 7-16　EDI 申请登记表

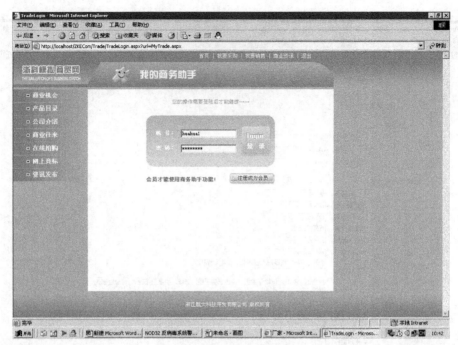

图 7-17　注册成功后登录

（3）发布商业信息及加入公司库。成功登录后，厂家、商场即可发布信息。其中，厂家发布的是供应信息，如图 7-18 所示，商场发布的是求购信息。无论是求购信息还是供应信息，产品参数一定要填写仔细，产品介绍要写得生动。如果条件允许，还可以配上相关图片，以增加信息美观度，同时提升信息的点击率。

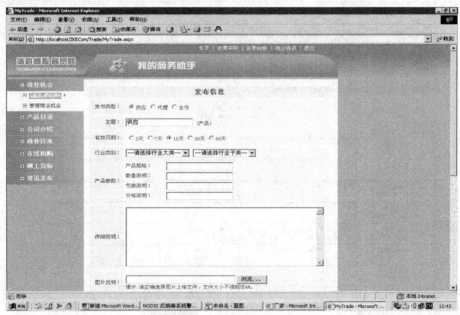

图 7-18　厂家发布供应信息

（4）查找供应信息，使用高级搜索进行信息的筛选。商场键入"男装"进行搜索。在搜索时应注意，如果进行的是大范围的搜索，则搜索的关键字越少，搜索到的结果就越多；

如果进行的是精细有目标的搜索，则关键字越详细越好。找到搜索结果后，可以点击进入，查看详细信息，如图 7-19 所示就是商场通过商贸网搜索到的厂家的供应信息。

图 7-19　商场搜索到厂家的供应信息

(5) 询价及双方签订合同。

前面，商场顺利地搜索到了厂家的供应信息，并对此信息有极大的兴趣。此时，商场可以向厂家就详细的价格及交易方面的问题进行询问，点击"询价"链接填写询价单，如图 7-20 所示。填写询问的主题及主要内容，并且确定希望对方回复的时间。在页面的下面，还可以对希望进一步了解的信息进行选择，打"√"即可。完成后单击"发送"按钮，此询价单就以 EDI 报文形式传输到厂家。

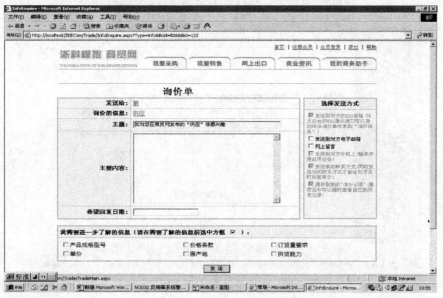

图 7-20　商场填写询价单

厂家收到询价单后应在对方希望回复的日期之前进行答复，如图 7-21 所示。

图 7-21　厂家收到询价单进行处理

厂家对此询价单可以进行删除或处理。厂家一般都会选择处理每一份询价单，然后给商场更为详细的报价单。在报价单中，厂家对商场所询价的商品进行选择，并根据不同的数量给予一定的价格优惠以吸引更多的买家。

填写完报价单后，可以进行发送，报价单即时送达商场。

在此过程中，大家可以看到，无论是询价还是报价单，包括后面双方合同的签订都是以 EDI 报文形式进行传输的，如图 7-22 所示。

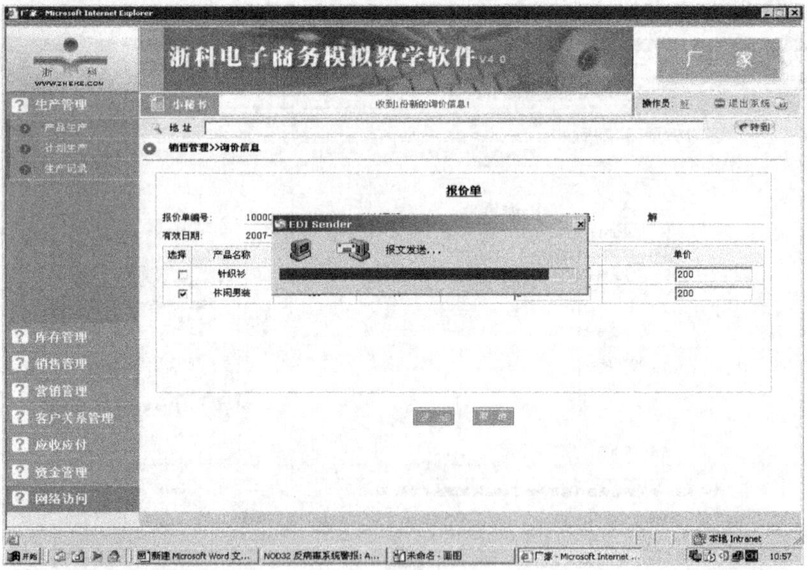

图 7-22　报价单以 EDI 报文形式发送

商场在收到厂家发来的报价单后，进行处理，如对所报价格满意，即拟写购销合同，如图 7-23 所示。商品的数量和单价可以结合报价单中所提供的数量和单价。选择交货日期、交货地点和付款期限等。在普通的商业贸易往来中，我们建议，付款期限在交货日期之后七天内为宜。当然，也可以根据企业的不同需求进行选择。

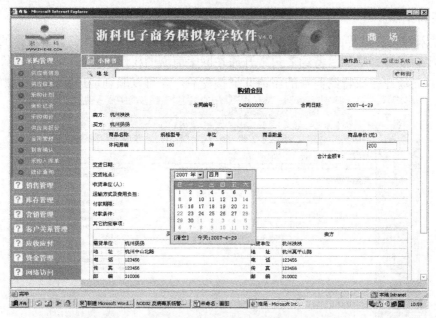

图 7-23　商场收到厂家报价单后拟写的购销合同

厂家在收到商场的购销合同后，如果对其中条款不满意，则可予以修订；如满意则可以直接进行合同的签订。

合同签订完毕后，商场需等待厂家进行配送，具体的配送过程在实训四中将详细说明。

 思考题

1. 在商贸网上注册要注意哪些问题？
2. 在交易双方签订合同时有哪些注意事项？
3. 双方数据的传输皆通过 EDI 来完成。结合 EDI 的特点说说这样做的好处。

实训二　　B2C 交易

1. 实训目的

(1) 熟悉网上商城的界面。
(2) 掌握如何在网上商城注册会员。
(3) 掌握如何发布及管理产品信息。
(4) 掌握如何查找信息。
(5) 掌握如何正确使用"购物车"及支付信息。

2. 实训环境

(1) 学生已完成 B2B 的操作。

(2) 消费者角色已初始化。

(3) 操作环境及 PC 要求同实训一。

3．实训步骤

(1) 进入网上商城界面。商场在进行 B2C 交易之间，需要到"资金管理"的柜台业务去办理"代理业务"中的"特约商户"开通在网上商城的权限，如图 7-24 所示。银行需要及时审批。商场在完成特约商户的申请并被接受后，才可以顺利地进行网上商城的注册。

图 7-24　商场申请特约商户

(2) 在网上商城注册会员。商场通过"网络访问"进入网上商城注册，如图 7-25 所示。注意：商场注册是通过"商家入口"来进行的，如图 7-26 所示。消费者则通过"收藏夹"进入"网上商城"进行注册。注意：消费者注册是通过"新用户注册"来完成的。

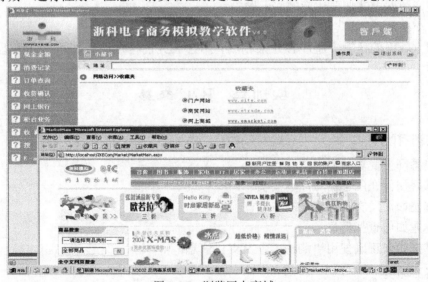

图 7-25　浏览网上商城

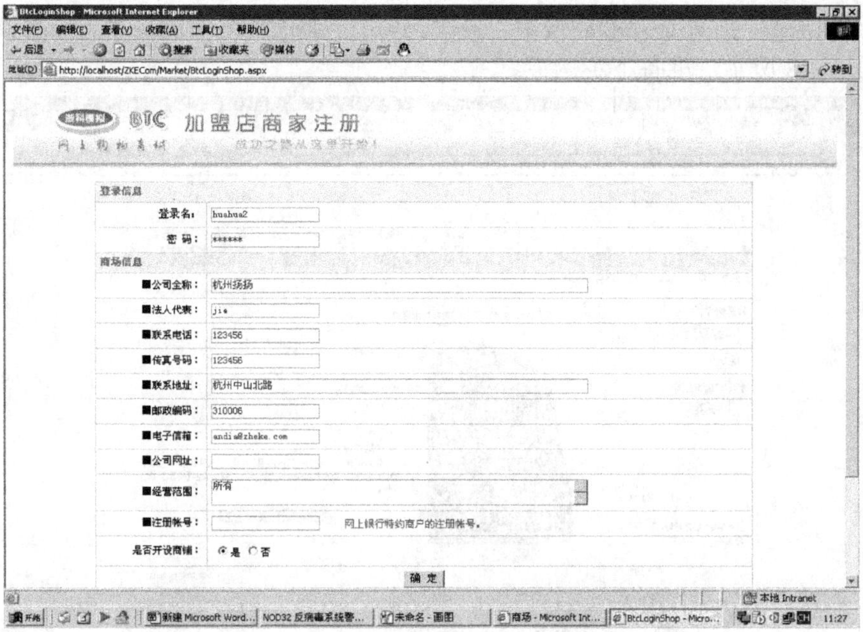

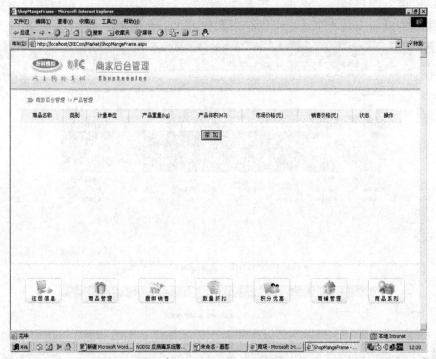

图 7-26 商场注册为网上商城用户

(3) 发布及管理产品信息。商场注册成功并登录后，到"商家后台管理"进行"产品管理"，如图 7-27 所示，添加和发布商品并对商品的规格进行解释。除了对商品进行基本的发布外，商家还可以对本企业在网上商城的营销进行管理。有关此内容，我们将在实训三作详细说明。

图 7-27 商场进行产品发布和管理

(4) 查找信息。消费者登录后搜索"休闲男装",查找到结果后,点击进入商品详情的页面,如图 7-28 所示,准备下步购买。

图 7-28 "休闲男装"的页面

(5) 正确使用"购物车",进行网上支付。消费者把商品放入"购物车"后,可以选择继续购物,也可以选择结账。点击"查看购物车",如图 7-29 所示,可以进行消费的修改,即可以继续购物或清空购物车,也可以结束购物去收银台结账。

图 7-29 消费者的购物车

选定商品去收银台后，即生成订单。订单生成后，消费者可以选择付款方式。为了保证网上交易的安全和无骗，我们建议选择货到付款。支付通过网上银行来进行，如图 7-30 所示，在支付时，还可以查看订单号，卡内余额等情况。

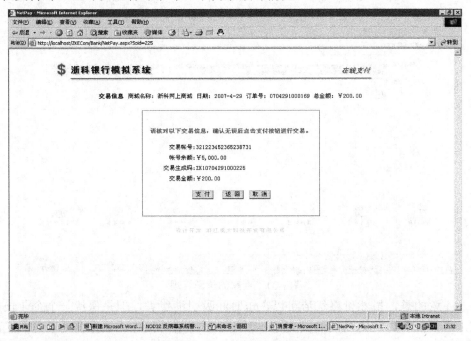

图 7-30　生成订单后进行支付

 思考题

1. 在网上购物要注意哪些方面？
2. 网上商家在管理商品时，如何满足不同消费者的不同要求？

实训三　网络营销

1. 实训目的
(1) 掌握如何在网上商城管理商品。
(2) 掌握如何发布吸引人的信息。

2. 实训环境
(1) B2B 及 B2C 的操作已进行到合同签订完毕。
(2) 操作环境及 PC 要求同实训一。

3. 实训步骤
以 B2C 为例子。商家可通过不同的促销措施来激发更多消费者的购买欲望。可以进行积分优惠或者数量折扣。商场可以在登录网上商城后到商家后台管理，如图 7-31 所示，进行营销措施的更改和发布。

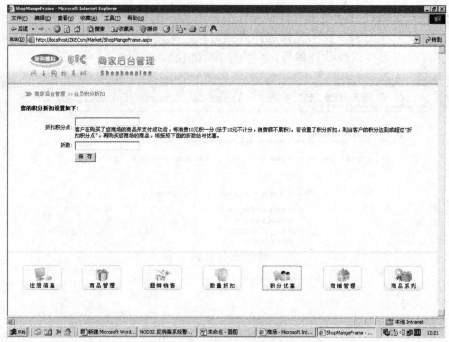

图 7-31　商家的营销管理

需要注意的是，虽然价格优势可以在短时间吸引消费者，但是保持一个企业长久的生命力还是需要强有力的商品质量做支撑。因此除了价格折扣外，最重要的还是保证商品的质量。每个消费者都希望可以拿到性价比较高的商品，此外，商家还可以通过推广系列产品来巩固客户群，建立忠实消费群体。

 思考题

如果你是一名网络商家的管理者，你会推出怎样的网络营销措施来吸引消费者？

实训四　网上物流

1．实训目的

(1) 掌握如何选择物流公司。

(2) 掌握如何进行运输管理。

2．实训环境

(1) 学生已完成 B2B 及 B2C 签订合同环节的操作。

(2) 操作环境及 PC 要求同实训一。

3．实训步骤

(1) 选择物流公司。

厂家进入"销售管理"的"已处理合同"，点击已处理合同的编号，如图 7-32 所示，对配送事实进行确认并选择物流公司,如图 7-33 所示。商场则在"销售管理"/"订单管理"中来选择物流公司。

图 7-32 点击合同编号进行配送准备

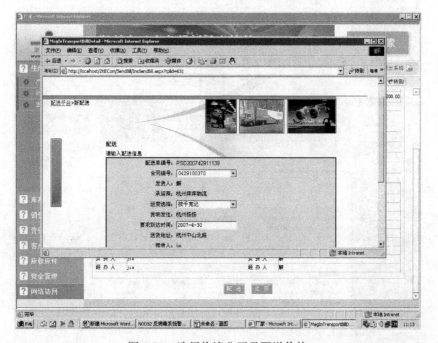

图 7-33 选择物流公司及配送价格

物流公司提供了两种不同的配送方式,因此,在选择配送价格时,厂家(商场)可根据产品的体积或重量,选择一个较为优惠的价格。因为是在网上选择,所以,厂家(商场)可以更好地进行价比三家,通过网络浏览不同的物流公司,然后选择其一来完成配送。

(2) 物流配送和运输管理。

在本系统的物流配送中，实现的是门对门的配送方式，即卖方不需要把货送去运，买方也不需要去收，都是由物流公司发车前来装货和送货。

物流公司在接到新配送单后进行处理，如图 7-34 所示。简单处理完成后，进入"运输管理"来处理入库运输单，并准备发车去装将要配送的货物，如图 7-35 所示。在填写入库运输单时，要把发往卖方的车辆的型号、驾驶员都一一配置好，并可以根据卖方要求送达的时间来选择是否是紧急配送。这样，对物流的车辆、驾驶员和库位可以进行较为合理的调配，不会出现货物无人送，车辆无人驾驶或人员空闲的情况。

图 7-34　处理新配送单

图 7-35　物流处理入库运输单并准备发车

物流公司发车前往发货方处，发货方将货物发出运至物流公司的货车上，并且填写配送单，明确发送货物的数量、体积和重量，以计算此配送的费用，如图7-36所示。在配送单填妥后，货物的出库手续才算完成。

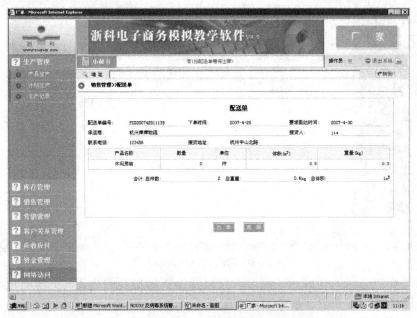

图7-36　发货方进行商品的出库操作

物流公司将货物运到公司的仓库并进行入库处理。货物到仓库后，可在"运输管理"中处理"入库运输单"，也可以观察"小秘书"栏，只要有新信息，就会进行信息的滚动提示，直接点击查看也可以。对"待处理入库运输单"进行处理，如图7-37所示。处理完入库运输单后，将货物放入公司仓库，选择分配仓库的名称，填写入库单，如图7-38所示，完成货物入库。

图7-37　物流公司处理入库单

图 7-38　物流公司将货物入库

　　货物入了物流公司的仓库后，调度人员可根据货物需要送达的时间进行配送调配，优化公司的资源配置。可先配送紧急的，再配送不紧急的。

　　配送货物时，要选择车辆、驾驶员，并且在货物栏的选择框中打上"√"，此环节我们称之为拣货装车，如图 7-39 所示。货物装车配送出去后，还要填写出库单，用以冲去前面的商品入库。到"运输管理"中处理"出库运输单"，完成货物的出库。

图 7-39　物流公司择日将货物装车并配送

(3) 物流公司将货物送达预定的地址，买方收货。

商场、进出口商(B2B)或消费者(B2C)在收到物流公司配送的货物以后，商业机构(商场、进出口商)在"采购管理"中进行收货的确认，即入库，如图 7-40 所示。个人消费者则只需要确认收货即可。

图 7-40　商场进行商品入库

 思考题

1．配送环节应注意什么问题？
2．在操作过程中为何要注意"小秘书"栏？

实训五　网 上 支 付

1．实训目的

掌握如何进行网上支付。

2．实训环境

(1) 学生已完成 B2B、B2C 的操作。
(2) 学生已开通了网上银行。
(3) 操作环境及 PC 要求同实训一。

3．实训步骤

(1) 登录网上银行进行转账。选择转出及转入账户，并提交转账申请。

在角色初始化阶段，我们已拥有了网上银行的账号，但仅仅拥有网上银行账号是不够的，为了保证在资金交易过程中的安全性，还需要 CA 证书。因此在登录前需要下载并安装 CA 证书，保证资金转换的无欺。

可到网上银行的页面下载 CA 证书。下载前要确定自己是什么用户，商业机构使用企业客户证书，消费者则使用个人客户证书，输入密码，完成网上银行下载的初步工作，如图 7-41 所示。

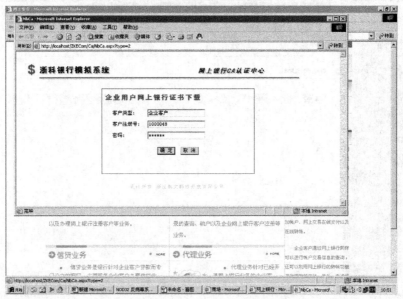

图 7-41　CA 证书下载

设置密码并确定用户后，在 CA 中心进行证书的下载。成功下载并安装 CA 证书后，就可以登录网上银行了。在登录时会出现 CA 证书号的链接，此时需要点击一下，才可以成功登录。登录成功后，要选择支付账号和收款账号，如图 7-42 所示。其中，买方转账给卖方，卖方转账给物流公司。

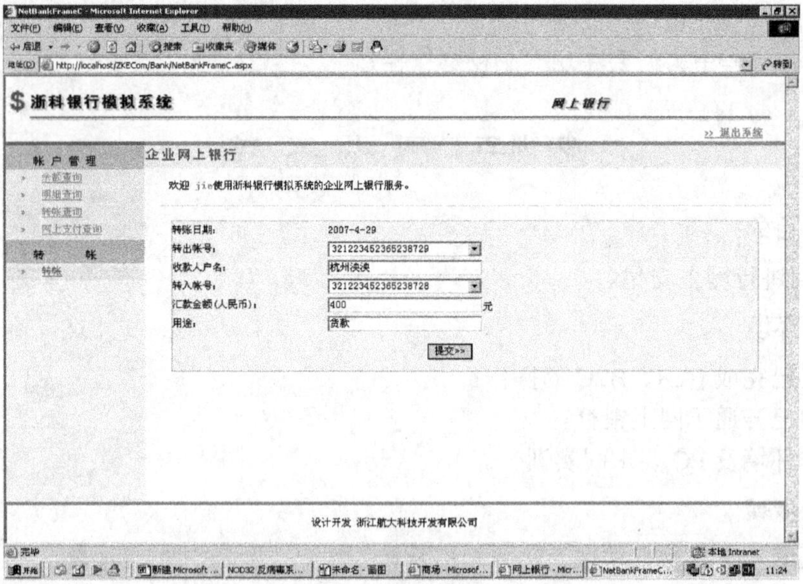

图 7-42　选择账户

(2) 银行接收到转账申请信息后进行审批处理。

(3) 转账成功后进行记账处理。

转账申请审批后，收款方进入"柜台业务"/"账户查询"中进行记账，如图 7-43 所示，并且可以登录网上银行查看收支情况。

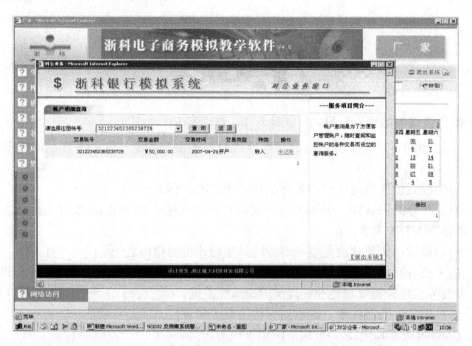

图 7-43　记账处理

 思考题

在登录网上银行之前下载的 CA 证书有什么作用？它对安全电子交易有哪些帮助？

第8章　综合练习题及答案

综合练习题一

一、判断题(请将答案填在括号内，正确写 T，错误写 F)

1. 不适当的客户需求分析报告可能导致时间的浪费和返工，并使产品的质量降低。( )
2. 商务模式创新度是电子商务网站功能评估的指标之一。( )
3. 为了充分保护 ASP 应用程序，一定要在应用程序的 Global.asa 文件上为适当的用户或用户组设置 NTFS 文件。( )
4. 网站检索、浏览速度是电子商务网站实施评价的指标之一。( )
5. 电子商务系统管理的关键在于将电子商务网站系统和业务系统进行整合，利用先进的工具和商务软件分析处理企业管理层的决策性数据。( )
6. 商品展示、会员注册、购物向导等是电子商务网站的前台功能。( )
7. Cookie(或者其他技术)被用来区别不同的访问者。( )
8. 拍卖可以是单向拍卖或双向拍卖，股票交易是双向拍卖的一个例子。( )
9. 属于结构化数据的有符号、网页、声音、图像。( )
10. 网站目录结构维护的原则是以最多的层次提供最清晰、简便的访问结构。( )

二、单项选择题

1. 企业进行新任务采购时的采购过程一般分为( )。
   A. 兴趣→知晓→评价→试用→采用
   B. 知晓→兴趣→试用→评价→采用
   C. 知晓→兴趣→评价→试用→采用
   D. 兴趣→试用→知晓→评价→采用
2. 网络营销的实质是( )。
   A. 最大程度地满足顾客需求　　　　　　B. 增加企业盈利能力
   C. 实现企业市场目标　　　　　　　　　D. 顾客需求管理
3. 企业网络营销售前服务的主要工作是( )。
   A. 提供信息服务　　　　　　　　　　　B. 建立客户数据库
   C. 提供订单查询服务　　　　　　　　　D. 提供网上技术服务
4. 公认的高效廉价的网上营销手段是( )。
   A. 搜索引擎注册　　B. 交换链接　　C. 电子邮件　　　　D. 网络社区
5. 属于评估网站促销推广效果主要内容的是( )。

A．评估 Web 服务器的统计技术　　　　B．评估用户反馈

C．评估网络促销方式　　　　　　　　D．评估网络服务商

6．商务网站的直接收益主要表现在(　　　)。

A．企业形象的提升　　　　　　　　B．销售区域的扩大

C．服务方式的改变　　　　　　　　D．采购费用的降低

7．网络型入侵检测系统的数据源为(　　　)。

A．系统日志　　　　　　　　　　　B．应用程序日志

C．网络上的数据包　　　　　　　　D．网络侦听记录

8．SCCN 的整个交易流程为：询价和报价、洽谈、签约和(　　　)。

A．认证　　　　　B．执行　　　　　C．汇款　　　　　D．划账

9．交易子系统采用 B/S 结构为用户提供服务。在交易子系统中，实现业务逻辑的对象类是(　　　)。

A．边界类　　　　　B．控制类　　　　　C．实体类　　　　　D．自定义类

10．不适合在网上销售的产品是(　　　)。

A．木材　　　　　B．起重机　　　　　C．天然气　　　　　D．黄金

11．可以防止篡改交易相关信息并能进行身份确认的技术是(　　　)。

A．数字签名　　　　B．SSL 协议　　　　C．数字证书　　　　D．SET 协议

12．通用网址是新一代中文上网技术，帮助互联网用户直接在浏览器栏输入相关机构的(　　　)。

A．域名　　　　　B．名称　　　　　C．网址　　　　　D．IP

13．策划网站促销活动的一般步骤是(　　　)。

A．进行网络促销调查→确定网络促销对象→设计网络促销内容→确定网络促销方式

B．确定网络促销对象→进行网络促销调查→确定网络促销方式→确定网络促销费用

C．确定网络促销对象→设计网络促销内容→确定网络促销方式→确定网络促销费用

D．确定网络促销对象→进行网络促销调查→设计网络促销内容→确定网络促销方式

14．Microsoft IIS 服务器的最大缺陷是(　　　)。

A．缓冲区溢出　　B．RPC 漏洞　　C．注册表访问漏洞　　D．SMB 漏洞

15．在现有的支付方式中，因受金融政策制约，尚未形成气候的是(　　　)。

A．B2B 支付　　　B．B2C 支付　　　C．C2C 支付　　　D．以上都对

16．电子商务网站的前台后台完成的交易需要与物流平台建立好接口，其目的是(　　　)。

A．满足在线支付的功能　　　　　　B．保证网络平台已经搭建完毕

C．确保有交易意外风险的保障措施　　D．保证将用户购买的商品及时送达

17．发送应用服务器商务逻辑层次的应用编程模式是(　　　)。

A．XML　　　　　B．ODBC　　　　　C．JSP　　　　　D．Javabeans

18．能对系统访问、应用运行、存取失败等情况进行记录，从而为系统的故障诊断分析和性能优化提供依据的系统管理功能是(　　　)。

A．性能配置管理　　　　　　　　　B．存取控制管理

C．系统日志管理　　　　　　　　　D．会话管理

19. 统一资源定位器(URL)的作用在于(　　　　)。

A. 维持超文本链路　　　B. 信息显示　　　C. 向服务器发送请求　　　D. 文件传输

20. 物流配送中心验收入库时验收的内容包括(　　　　)。

A. 货单、质量、数量　　　　　　　　　　　B. 质量、数量、包装

C. 数量、包装、货单　　　　　　　　　　　D. 包装、货单、质量

21. "内容一般不超过 10 个汉字，发布在首页、重点频道首页的推荐位置，对浏览者干扰最小"描述的广告形式是(　　　　)。

A. 按钮广告　　　　　B. 通栏广告　　　　C. 文字广告　　　　　D. 旗帜广告

22. 在网络速度比较慢时，以下说法正确的是(　　　　)。

A. 应该尽量增大网站层数以减少访问底层网页所需的时间

B. 应该避免过多的网站层数以减少访问底层网页所需的时间

C. 应该保持一定的网站层数以使访问底层网页所需的时间最短

D. 网站层数与访问底层网页所需的时间长短无关

23. ASP 默认的脚本语言是(　　　　)。

A. VBScript　　　　　B. JavaScript　　　C. C/C++　　　　　　D. Perl

24. 属于电子商务网站功能评估的评价指标是(　　　　)。

A. 网站建设质量　　　　　　　　　　　　　B. 网站内容覆盖率

C. 网站技术性能指标　　　　　　　　　　　D. 电子商务应用

25. SQL Server 支持的网络协议不包括(　　　　)。

A. IPX　　　　　　　　B. TCP/IP　　　　　C. SPX　　　　　　　D. NET

26. 有关框架的描述错误的是(　　　　)。

A. 框架是对整个窗口进行划分的

B. 可以对框架进行取消边框的操作

C. 在网页制作中使用框架越多越好

D. 一个三框架结构对应四个页面文件

27. 搜索引擎在引用网页关键字时，将要分析的栏目是(　　　　)。

A. scr　　　　　　　　B. font　　　　　　C. meta 和 title　　　D. hef

28. 在 Internet 上完成名字与地址间映射的系统称为(　　　　)。

A. URL　　　　　　　　B. DNS　　　　　　C. DBMS　　　　　　D. DHCP

29. 以下选项中，不是流程改善遵循的基本原则的是(　　　　)。

A. 交叉处理　　　　　B. 串行处理　　　　C. 分批处理　　　　　D. 并行处理

30. 在企业网络营销的对象中，最重要的网络营销受众群是(　　　　)。

A. 产品制造者　　　　B. 产品使用者　　　C. 购买决策者　　　　D. 购买影响者

31. 企业在制定网络营销的销售计划时，最适当的方法是(　　　　)。

A. 由上级部门制定　　　　　　　　　　　　B. 由销售部门制定

C. 上下结合共同制定　　　　　　　　　　　D. 由公司总裁制定

32. 关于防火墙，不正确的说法是(　　　　)。

A. 防火墙是软件

B. 防火墙是 Internet 上公认网络存取控制最佳的安全解决方案

C．防火墙的工作目的主要是防范外部攻击，而对来自内部的问题很少顾及

D．防火墙的安全性与研发的技术息息相关

33．在 MSDOS 状态下采用 Telnet 命令格式正确的是(   )。

A．Telnet shu．edu．cn 23   B．Ftp 202．120．6．5 23

C．Telnet shu．edu．cn 80   D．Telnet 127．0．0．1 80

34．广告发布管理不能统计的内容是(   )。

A．广告被浏览的次数

B．广告被点击的次数

C．浏览广告后实施了购买行为的用户数量

D．产品的销量

35．一般来说，建立站点目录较好的习惯是(   )。

A．直接将图像文件放置在各个栏目目录下

B．在根目录下建立一个总的 images 目录存放图像文件

C．在每个目录下，建立一个 images 目录存放图像文件

D．为每个栏目建立一个单独的 images 目录存放图像文件

36．属于电子商务网站技术性能指标的是(   )。

A．满意度指标   B．完成度指标   C．新颖性指标   D．实用性指标

37．Windows 2000 网络管理员，为了实现客户机的 IP 地址自动分配，已经在 Windows 2000 Server 上安装了 DHCP 服务，而且配置了地址池，当启动 DHCP 服务后，客户端仍然不能从 DHCP 获得 IP 地址，查看错误为：服务器是非法的……，解决此问题的方法是(   )。

A．重新安装 DHCP 服务   B．把地址池更改为 169.254.0.0 的网段内

C．为 DHCP 服务器在 AD 中授权   D．重新启动 DHCP 服务

38．阿里巴巴平台属于(   )。

A．面向中间交易市场的 B2B 模式   B．面向制造商的垂直 B2B 模式

C．面向销售商的垂直 B2B 模式   D．面向中间交易市场的 B2C 模

39．依据电子商务应用深度评价标准，无法实现网上支付的电子商务网站属于电子商务的(   )。

A．标准应用   B．初级应用   C．中级应用   D．高级应用

40．客户需求分析报告的基本格式一般包括(   )。

A．题目版面、综合描述、时间特性、其他需求、参考资料

B．题目版面、序言、个别描述、系统特性、其他需求、参考资料、附录

C．序言、时间描述、系统特性、其他非功能需求、参考资料

D．题目版面、序言、系统特性、其他非功能需求、其他需求、附录

41．面向对象分析建模的过程不包括(   )。

A．对象认定   B．关系认定   C．属性认定   D．结构认定

42．以下选项中不能用于文件压缩的程序是(   )。

A．ARJ   B．TurboZip   C．WinZip   D．FrontPage

43．网站管理的核心是(   )。

A．网站权限管理 B．网站内容管理

C．备份管理 D．用户基本信息管理

44．2006年6月《商务部关于网上交易的指导意见》征求意见稿中关于网上交易参与方中规定：法律规定从事商品和服务交易须具备相应资质，应当经过(　　　)审批。

A．税务管理机关和其他主管部门 B．工商管理机关和其他主管部门

C．公安管理机关和其他主管部门 D．政府主管部门和其他主管部门

45．需要签订三方合作合同的商务网站建设项目监理的是(　　　)。

A．咨询式监理和里程碑式监理

B．咨询式监理和全程式监理

C．里程碑式监理和全程式监理

D．咨询式监理、里程碑式监理和全程式监理

46．关于Linux操作系统下列说法正确的是(　　　)。

A．单用户、多任务网络操作系统 B．多用户、多任务网络操作系统

C．多用户、单任务网络操作系统 D．单用户、单任务网络操作系统

47．购买搜索关键词是网站推广的必选形式，其原因是(　　　)。

A．投入比较低、效果比较好，属于主动型广告

B．投入比较低、效果计费透明，属于主动型广告

C．成本比较高、效果比较好，属于被动型广告

D．成本比较低、效果比较好，属于被动型广

48．仅仅承担和完成某一项或几项物流配送功能的企业称为(　　　)。

A．加工型物流配送企业 B．综合性物流配送企业

C．代理型物流配送企业 D．功能性配送企业

三、多项选择题

1．网站安全状况监控主要监控的不安全因素有(　　　)。

A．泄密 B．病毒攻击 C．丢失系统的完整性 D．未授权存取

2．系统验收过程中，以需方为主负责的有(　　　)。

A．制定验收大纲 B．制定验收测试大纲

C．成立验收测试小组 D．准备验收相关文档

3．电子商务流程再造不是对现有流程细枝末节的修改，而是在打破原有工作规则基础上的重新设计，其重要原则有(　　　)。

A．Eliminate B．Simplify C．Integrate D．Automat

4．关于项目经理和项目顾问叙述正确的有(　　　)。

A．项目经理在项目管理中起决定性的作用，处在上下各方的核心地位

B．项目经理不一定是技术专家，但需要有技术背景和管理经验

C．项目顾问直接参加项目实施，并对项目的运作提供咨询和建议

D．商务网站的项目经理由电子商务的技术、产品等方面的专家参加

5．软、硬件厂商对客户的服务程度是分不同级别的，主要看(　　　)

A．商务网站建设的采购规模 B．商务网站的社会影响力

C. 商务网站的开发环境　　　　　　　　　D. 商务网站的功能

6. 收集互联网上竞争者信息的主要途径有(　　　)

A. 访问竞争者及其网站　　　　　　　　　B. 收集竞争者网上发布的产品信息

C. 收集竞争者网上发布的促销信息　　　　D. 从其他网上媒体摘取竞争者的信息

7. 属于电子商务网站服务质量评估的评价指标有(　　　)。

A. 客户投诉降低率　　　　　　　　　　　B. 客户响应时间降低率

C. 电子商务网站检索速度　　　　　　　　D. 对消费者满意度的提升作用

8. 制定电子商务网站实施进度计划的目的主要包括(　　　)。

A. 协调资源　　　　　　　　　　　　　　B. 保证按时获利

C. 使资源在需要时可以利用　　　　　　　D. 保证网络平台已经搭建完毕

9. 电子商务网站评价的三级指标体系应相对稳定，每个指标的评价标准需要(　　　)。

A. 一直保持稳定不变　　　　　　　　　　B. 根据网站类型动态调整

C. 随电子商务发展情况动态调整　　　　　D. 根据评估专家的意愿随时调整

10. 服务器向客户机证实自身的方法有(　　　)。

A. 给出包含私人密钥的、可验证的证明

B. 演示它能对此私人密钥加密的报文进行解密

C. 给出包含公开密钥的、可验证的证明

D. 演示它能对此公开密钥加密的报文进行解密

11. 属于商务网站运行状况评估的评价指标有(　　　)。

A. 投资回报率　　　　　　　　　　　　　B. 电子商务交易率

C. 电子商务采购率　　　　　　　　　　　D. 商务网站营销推广力度

12. UML 是可视模型化的软件标准，它为基本的结构块提供的表示形式有(　　　)。

A. 符号　　　　　B. 属性　　　　　C. 方法　　　　　D. UML 框图

13. 在商务网站的系统测试中，属于用户界面测试的有(　　　)。

A. 站点地图　　　　B. 导航条　　　　C. 链接　　　　D. 表单

14. 网络采购与传统采购的主要区别有(　　　)。

A. 网络采购扩大了选择范围　　　　　　　B. 网络采购更方便

C. 网络采购更快捷　　　　　　　　　　　D. 网络采购使购买决策行为感性化

15. 属于 Web 服务器软件的有(　　　)。

A. Apache　　　　B. IIS　　　　C. Linux　　　　D. IBM DB2

16. 关于 Delphi 法，以下说法不正确的有(　　　)。

A. Delphi 法又称加权平均法　　　　　　　B. 缺点是要求有大量的历史数据

C. 不适合确定权系数和评价标准　　　　　D. 通过有控制的反馈有效收集专家意见

17. 客户及合作伙伴的隐私资源管理包括(　　　)。

A. 注册管理　　　　B. 信用管理　　　　C. 客户群分析　　　　D. 消费倾向分析

18. 需求调研的工作程序包括(　　　)。

A. 需求调研　　　　B. 需求分析　　　　C. 需求表达　　　　D. 需求验证

19. 在网络营销案例选型时，对于 B2C 交易网站，一般参考的网站有(　　　)。

A. www.dangdang.com　　　　　　　　　B. www.amazon.com

C. www.alibaba.com   D. www.ebay.com

20. 电子商务网站评估的作用和意义主要表现在(　　　)。

A. 提高电子商务的效益

B. 规范电子商务应用系统的建设

C. 为推进我国电子商务应用的迅速发展服务

D. 为电子商务公司实施监理及工程的验收评价服务

综合练习题二

一、判断题(请将答案填在括号内，正确写 T，错误写 F)

1. 网络型入侵检测系统往往以系统日志、应用程序日志等作为数据源。(　　　)

2. FAQ、即时通讯属于网络客户服务方式。(　　　)

3. PHP 程序可以运行在 Unix、Linux 或者 Windows 操作系统下。(　　　)

4. 网站检索、浏览速度是电子商务网站实施评价的评价指标之一。(　　　)

5. 为了充分保护 ASP 应用程序，一定要在应用程序的 Global.asa 文件上为适当的用户或用户组设置 NTFS 文件权限。(　　　)

6. 网络消费需求和传统消费需求一样，它都是现实生活中人的需求，没有必要刻意将其区分。(　　　)

7. 直接影响商务网站可实施性的法律因素包括电子合同、电子签名、数字证书、合同责任、侵犯专利权、侵犯版权等。(　　　)

8. 不适当的客户需求分析报告可能导致时间的浪费和返工，并使产品的质量降低。(　　　)

9. 网站的业务性数据是指在企业业务进行过程中所产生的数据，是直接供管理者进行决策的数据。(　　　)

10. 供应链问题电子商务解决方案的实施，通常不要求与后台系统(如存货和支付)的结合。(　　　)

二、单项选择题

1. 广告发布管理不能统计的内容是(　　　)。

A. 广告被浏览的次数

B. 广告被点击的次数

C. 浏览广告后实施了购买行为的用户数量

D. 产品的销量

2. 交易子系统采用 B/S 结构为用户提供服务。在交易子系统中，实现业务逻辑的对象类是(　　　)。

A. 边界类　　　　　B. 控制类　　　　　C. 实体类　　　　　D. 自定义类

3. 在世界范围内，域名是树状结构，这个树状结构由(　　　)管理。

A. WWW　　　　　B. DNS 中心　　　　C. Inter NIC　　　　D. 各国主服务器

4. 下面选项中，不是信息失真原因的是(　　　)。

A．信源提供的信息不完全、不准确　　B．信息在编码、译码和传递过程中受到干扰

C．信宿接受信息出现偏差　　D．信息在理解上的偏差

5．电子商务网站的前台后台完成的交易需要与物流平台建立好接口，其目的是（　　　）。

A．满足在线支付的功能　　B．保证网络平台已经搭建完毕

C．确保有交易意外风险的保障措施　　D．保证将用户购买的商品及时送达

6．属于评估网站促销推广效果主要内容的是（　　　）。

A．评估 Web 服务器的统计技术　　B．评估用户反馈

C．评估网络促销方式　　D．评估网络服务商

7．客户需求分析报告的基本格式一般包括（　　　）。

A．题目版面、综合描述、时间特性、其他需求、参考资料

B．题目版面、序言、个别描述、系统特性、其他需求、参考资料、附录

C．序言、时间描述、系统特性、其他非功能需求、参考资料

D．题目版面、序言、系统特性、其他非功能需求、其他需求、附录

8．属于电子商务网站技术性能指标的是（　　　）。

A．满意度指标　　B．完成度指标　　C．新颖性指标　　D．实用性指标

9．在进行商务网站实施财务管理的过程中，比较和分析实际进度与计划进度的偏差时使用（　　　）。

A．综合分析法　　B．比较分析法　　C．净值分析法　　D．加权平均法

10．网上市场调查中问题设计所提问题一般不应超过（　　　）。

A．5 个　　B．10 个　　C．15 个　　D．20 个

11．电子商务销售的工作程序是（　　　）。

A．制定销售计划→选择销售渠道→建立销售队伍→跟踪管理

B．制定销售计划→建立销售渠道→培训销售队伍→跟踪管理

C．选择销售渠道→建立销售渠道→培训销售队伍→跟踪管理

D．建立销售渠道→制定销售计划→建立销售队伍→跟踪管理

12．物流配送中心验收入库时验收的内容包括（　　　）。

A．货单、质量、数量　　B．质量、数量、包装

C．数量、包装、货单　　D．包装、货单、质量

13．以下选项中，不是流程改善遵循的基本原则的是（　　　）。

A．交叉处理　　B．串行处理　　C．分批处理　　D．并行处理

14．检查和衡量项目经理管理成败、水平高低的基本标志是（　　　）。

A．组织精干的项目管理班子

B．确保项目目标实现，保证用户的满意

C．指定项目阶段性目标和项目总体控制计划

D．履行合同义务，监督合同执行，处理合同变更

15．以下选项中，属于企业生产活动中心环节的是（　　　）。

A．企业生产物流　　B．企业采购物流

C．企业销售物流　　D．企业退货物流

16．关键词检索类型的搜索引擎的工作原理是(   )。

A．在索引数据库中排序→从互联网上抓取网页→建立索引数据库

B．从互联网上抓取网页→建立索引数据库→在索引数据库中排序

C．建立索引数据库→从互联网上抓取网页→在索引数据库中排序

D．以上都不正确

17．网站推广的基本方法为(   )、建立链接、发送电子邮件、发布新闻、提供免费服务、发布网络广告、使用传统的促销媒介。

A．推荐和广告相结合　　　　　　　B．电话宣传促销

C．搜索引擎注册　　　　　　　　　D．网络营销

18．SCCN 的整个交易流程为询价和报价、洽谈、签约及(   )。

A．认证　　　　　　B．执行　　　　　　C．汇款　　　　　　D．划账

19．关于对服务器主机选择，叙述错误的是(   )。

A．需要硬件本身具有可扩展的结构

B．网站服务器必须具有良好的安全性

C．服务器的计算能力和网络吞吐能力呈线性关系

D．选择网络适配器类型和接口都较多的产品

20．购买搜索关键词是网站推广的必选形式，其原因是(   )。

A．投入比较低、效果比较好，属于主动型广告

B．投入比较低、效果计费透明，属于主动型广告

C．成本比较高、效果比较好，属于被动型广告

D．成本比较低、效果比较好，属于被动型广告

21．关于防火墙不正确的说法是(   )。

A．防火墙是软件

B．防火墙是 Internet 上公认网络存取控制最佳的安全解决方案

C．防火墙的工作目的主要是防范外部攻击，而对来自内部的问题很少顾及

D．防火墙的安全性与研发的技术息息相关

22．电子商务的任何一笔交易都包含 3 种基本的流，一般是指(   )。

A．信息流、商流、物流　　　　　　B．商流、资金流、物流

C．信息流、资金流、商流　　　　　D．信息流、资金流、物流

23．设计数据库逻辑结构，就是要建立数据模型。以下不属于数据模型要素的是(   )。

A．实体　　　　　　B．属性　　　　　　C．方法　　　　　　D．关系

24．主要从项目的社会环境、法律法规依据、建立电子商务网站的企事业单位的管理水平、领导的重视程度、项目实施的技术人员要求等方面进行分析，从而为领导决策提供依据的是(   )。

A．组织人员可行性分析　　　　　　B．经济可行性分析

C．技术可行性分析　　　　　　　　D．可实施性分析

25．有关框架的描述错误的是(   )。

A．框架是对整个窗口进行划分的

B．可以对框架进行取消边框的操作

C．在网页制作中使用框架越多越好

D．一个三框架结构对应四个页面文件

26．Windows 2000 网络管理员，为了实现客户机的 IP 地址自动分配，已经在 Windows 2000 Server 上安装了 DHCP 服务，而且配置了地址池，当启动 DHCP 服务后，客户端仍然不能从 DHCP 获得 IP 地址，查看错误为：服务器是非法的……，解决此问题的方法是（　　　）。

 A．重新安装 DHCP 服务

 B．把地址池更改为 169.254.0.0 的网段内

 C．为 DHCP 服务器在 AD 中授权

 D．重新启动 DHCP 服务

27．"内容一般不超过 10 个汉字，发布在首页、重点频道首页的推荐位置，对浏览者干扰最小"描述的广告形式是（　　　）。

 A．按钮广告   B．通栏广告   C．文字广告   D．旗帜广告

28．公认的高效廉价的网上营销手段是（　　　）。

 A．搜索引擎注册 B．交换链接   C．电子邮件   D．网络社区

29．SQL Server 支持的网络协议不包括（　　　）。

 A．IPX   B．TCP/IP   C．SPX   D．NET

30．在企业网络营销的对象中，最重要的网络营销受众群是（　　　）。

 A．产品制造者 B．产品使用者 C．购买决策者   D．购买影响者

31．网站管理的核心是（　　　）。

 A．网站权限管理   B．网站内容管理

 C．备份管理   D．用户基本信息管理

32．2006 年 6 月《商务部关于网上交易的指导意见》征求意见稿中关于网上交易参与方中规定：法律规定从事商品和服务交易须具备相应资质，应当经过（　　　）审批。

 A．税务管理机关和其他主管部门 B．工商管理机关和其他主管部门

 C．公安管理机关和其他主管部门 D．政府主管部门和其他主管部门

33．撰写客户需求分析报告的一般步骤是（　　　）。

 A．初步收集资料和信息→初步整理资料和信息→加工处理信息，形成客户需求分析报告→撰写客户需求分析报告

 B．初步选定收集信息的对象→初步收集资料和信息→加工处理信息，形成客户需求分析报告→撰写客户需求分析报告

 C．初步选定收集信息的对象→初步收集资料和信息→初步收集资料和信息→撰写客户需求分析报告

 D．以上都不正确

34．企业在制定网络营销的销售计划时，最适当的方法是（　　　）。

 A．由上级部门制定   B．由销售部门制定

 C．上下结合共同制定   D．由公司总裁制定

35．ASP 默认的脚本语言是（　　　）。

A. VBScript   B. JavaScript   C. C/C++   D. Perl

36. 一般网上商店与客户联系习惯用的方式是( )。

A. 传真   B. 电子邮件   C. 电话   D. 上门确认

37. 以下选项中不能用于文件压缩的程序是( )。

A. ARJ   B. TurboZip   C. WinZip   D. FrontPage

38. 网上市场调查中，采用问卷调查的一般步骤是( )。

A. 设计问卷→确定调查对象→组织相关人员→实施调查→调查结果分析

B. 设计问卷→选择调查方式→组织相关人员→实施调查→调查结果分析

C. 确定调查对象→选择调查方式→设计问卷→实施调查→调查结果分析

D. 选择调查方式→组织相关人员→设计问卷→实施调查→调查结果分析

39. 搜索引擎在引用网页关键字时，要分析的栏目是( )。

A. scr   B. font   C. meta 和 title   D. hef

40. 属于高级编辑主要负责的任务是( )。

A. 栏目管理   B. 信息编辑   C. 系统设置   D. 模板管理

41. 关于 XML 叙述错误的是( )。

A. XML 是一种扩展性标识语言   B. XML 用来显示数据

C. XML 具有强大的内容承载能力   D. XML 是用来创造标记语言的元语言

42. 一般来说，建立站点目录较好的习惯是( )。

A. 直接将图像文件放置在各个栏目目录下

B. 在根目录下建立一个总的 images 目录存放图像文件

C. 在每个目录下，建立一个 images 目录存放图像文件

D. 为每个栏目建立一个单独的 images 目录存放图像文件

43. 指导商情分析工作的工作程序是( )。

A. 指导、审定报告撰写提纲→分析确定拟采用的分析方法→审定初稿→审定最终稿

B. 指导、审定分析工作的总体思路→指导、审定报告撰写提纲→审定初稿→审定最终稿

C. 指导、审定分析工作的总体思路→指导审定报告撰写提纲→分析确定拟采用的分析方法→审定最终稿

D. 指导、审定分析工作的总体思路→分析确定拟采用的分析方法→指导审定报告撰写提纲→审定最终稿

44. 需要签订三方合作合同的商务网站建设项目监理的是( )。

A. 咨询式监理和里程碑式监理

B. 咨询式监理和全程式监理

C. 里程碑式监理和全程式监理

D. 咨询式监理、里程碑式监理和全程式监理

45. 在 MSDOS 状态下采用 Telnet 命令格式正确的是( )。

A. Telnet shu. edu. cn 23   B. Ftp 202. 120. 6. 5 23

C. Telnet shu. edu. cn 80   D. Telnet 127. 0. 0. 1 80

46. Microsoft IIS 服务器最重大的缺陷是( )。

A．缓冲区溢出　　　　　B．RPC 漏洞　　　C．注册表访问漏洞　　　D．SMB 漏洞

47．关于网站的评价指标，以下说法不正确的是(　　　)。

A．对网站来说，网站的平均响应时间越短越好

B．对网站来说，客户平均访问停留时间越长越好

C．网站的注册量越大，该网站对用户的吸引力一定越大

D．网站能够支持的最大在线人数是影响网站访问率提高的重要因素

48．电子合同是指通过计算机网络系统订立的，以(　　　)的方式生成、储存或传递的合同。

A．电子邮件　　　　　B．数据电文　　　C．光学手段　　　　　D．电子手段

49．拥有商品管理、订单管理、配送管理、网上支付、内容发布系统等功能的电子商务平台属于(　　　)。

A．入门级平台　　　B．标准级平台　　C．提高级平台　　　D．专业级平台

50．电子商务实际上是一种(　　　)活动。

A．网络　　　　　　B．买卖　　　　　C．生产　　　　　　D．运输

三、多项选择题

1．属于电子商务网站绩效状况评价指标的有(　　　)。

A．资金周转率提高率、投资回报率

B．电子商务应用深度和广度

C．吸引国外用户和吸引外资的增长率

D．对上下游商务伙伴开展电子商务的带动作用

2．使用关键词搜索时可采用的技巧有(　　　)。

A．多用修饰词　　　　　　　　　B．太长的关键词改用逻辑组合

C．使用双引号进行精确搜索　　　　D．选用大写字母

3．电子商务网站绩效中的社会效益评价指标主要包括(　　　)。

A．电子商务网站营销推广力度

B．电子商务网站业务模式优化效果

C．本地区吸引国外新用户及资金的增长率

D．对上下游商务伙伴开展电子商务的带动作用

4．PKI 技术主要解决网络安全中的问题，这些问题包括(　　　)。

A．数据机密性　　　　　　　　　B．数据的完整性

C．身份验证性　　　　　　　　　D．不可抵赖性

5．有关权限管理叙述正确的有(　　　)。

A．页面设计人员，主要负责栏目管理、主页审核

B．有主页管理权限的人员，不应该有审核权限

C．具有信息审核权限的人员，必须有信息编辑权限

D．用户管理主要负责注册用户管理、用户分组管理、系统设置

6．交易子系统采用 B/S 结构为用户提供服务，属于交易子系统层次架构的有(　　　)。

A．Business 层　　　　B．Entity 层　　　C．Web 层　　　　　D．User 层

7. 属于电子商务网站绩效评估中经济效益评价指标的有(　　　)。

A. 信息更新率　　　　B. 收益增长率　　C. 电子商务采购率　　　D. 成本费用降低率

8. 设计促销内容时正确的做法有(　　　)。

A. 产品投入期的促销内容应侧重于唤起消费者的购买欲望

B. 产品成长期的促销内容应侧重于宣传产品的特点

C. 产品成熟期的促销内容需要有对企业形象的大量宣传

D. 产品衰退期的促销内容侧重于密切与消费者之间的关系

9. 收集互联网上竞争者信息的主要途径有(　　　)。

A. 访问竞争者及其网站　　　　　　　　B. 收集竞争者网上发布的产品信息

C. 收集竞争者网上发布的促销信息　　　D. 从其他网上媒体摘取竞争者的信息

10. 属于电子商务网站运行评估的评估对象的有(　　　)。

A. 地方中介机构　　　　　　　　　　　B. 行业电子商务网站

C. 地区电子商务网站　　　　　　　　　D. 社会团体和事业单位

11. 网络商品中介交易的流程包括(　　　)。

A. 买卖双方根据网络商品交易中心提供的信息，选择自己的贸易伙伴

B. 网络商品交易中心从中撮合，促使买卖双方签订合同

C. 配送部门送货给买方

D. 配送部门到卖方取货

12. 入侵检测技术可分为(　　　)。

A. 基于标志　　　　B. 基于时间　　　C. 基于故障　　　　D. 基于异常情况

13. 网站内容管理方式包括(　　　)。

A. 自动更新　　　　　　　　　　　　　B. 手工更新

C. 利用动态网页技术实时更新　　　　　D. 利用内容管理系统(CMS)及时更新

14. 有关 SCM 说法正确的有(　　　)。

A. SCM 将企业内部经营的所有业务均纳入一条供应链内进行统筹管理

B. SCM 起源于 JIT

C. 随着市场竞争的日益激烈，SCM 由"推式"转为"拉式"

D. SCM 起源于 ERP

15. 能够确认网上竞争对手的方法有(　　　)。

A. 定期跟踪与分析 CNNIC 的统计报告

B. 通过专门的咨询公司获取资料

C. 利用搜索引擎从分类或关键词入手进行查找

D. 利用行业协会网站的链接进行查找

16. UML 是可视模型化的软件标准，它为基本的结构块提供的表示形式有(　　　)。

A. 符号　　　　　　B. 属性　　　　　C. 方法　　　　　　D. UML 框图

17. 有关网页中色彩叙述正确的有(　　　)。

A. 纯度相同的两种颜色不宜放在一起

B. 冷暖色调在均匀使用时不宜靠近

C. 整个页面中最好有一两种主色调

D. 暖色较冷色的记忆性强

18. 网络营销目标市场定位的实质在于(　　　　)。

A. 更好地制定销售计划

B. 取得目标市场的竞争优势

C. 吸引更多用户

D. 确定产品在用户心目中的适当位置

19. 属于合理的 Web 平台搭配方式的有(　　　　)。

A. Windows 2000 + IIS

B. Windows 2000 + Apache

C. Linux + Apache

D. Solaris for Intel + Apache

20. 在网络营销案例选型时，对于 B2C 交易网站一般参考的网站有(　　　　　)。

A. www.dangdang.com

B. www.amazon.com

C. www.alibaba.com

D. www.ebay.com

21. 电子商务产品定位的主要表现形式有(　　　　)。

A. 电子商务经销商

B. 电子商务产品制造商

C. 电子商务服务代理商

D. 电子商务交易平台提供商

22. 目前，我国网民数和宽带上网人数均位居世界(　　　　)。

A. 第一　　　　　　　B. 第二　　　　　C. 第三　　　　　　　D. 第四

23. 常用的关系型数据库有(　　　　)。

A. Oracle　　　　　　B. Word　　　　　C. DB2　　　　　　　D. Sybase

24. 电子支付的工具可以分为(　　　　)。

A. 电子货币　　　　　B. 电子支票　　　　C. 电子汇款(EFT)　　　D. 电子信用卡

综合练习题三

一、判断题(请将答案填在括号内，正确写 T，错误写 F)

1. 与其他投资一样，电子商务中的投资，无论是初创的电子商务企业，还是一个"鼠标加水泥型"企业开展电子商务，都必须经得起成本-收益分析的检验，证明其可行性。(　　　)

2. 若某网站上有信息流、资金流，能实现网上交易与网上支付，则可将该网站评为高级应用电子商务网站。(　　　)

3. 网络营销调研目标一定要清晰明了，目标要尽量全面，这样才能保证调研的效果。(　　　)

4. 电子商务网站内容信息的质量包括商品信息网页的质量、商品信息内容的条理性等。(　　　)

5. 企业最好自建电子商务物流配送系统，这样不受他人制约，能够更加方便快捷地满足顾客的需要。(　　　)

6. 需求的难点主要体现在问题的复杂性、交流障碍、不完备性和不一致性、需求易变性等方面。(　　　)

7. 网站之间的资源合作就是互换链接，互换链接就是网站合作。(   )

8. 重视用户界面设计、购物流程设计、相关产品链接、相关咨询链接、帮助、FAQ 等方面的问题，并使这些问题个性化、便捷化，有利于培养客户忠诚度。(   )

9. 必须获得并安装一个有效的服务器证书才能激活 Web 服务器的 SSL 安全特性。(   )

10. 属于结构化数据的有符号、网页、声音、图像。(   )

二、单项选择题

1. 公认的高效廉价的网上营销手段是(   )。

A．搜索引擎注册　　　B．交换链接　　　C．电子邮件　　　　　　D．网络社区

2. 交易子系统采用 B/S 结构为用户提供服务。在交易子系统中，实现业务逻辑的对象类是(   )。

A．边界类　　　　　　B．控制类　　　　C．实体类　　　　　　　D．自定义类

3. 关于对服务器主机选择，叙述错误的是(   )。

A．需要硬件本身具有可扩展的结构

B．网站服务器必须具有良好的安全性

C．服务器的计算能力和网络吞吐能力呈线性关系

D．选择网络适配器类型和接口都较多的产品

4. 属于高级编辑主要负责的任务是(   )。

A．栏目管理　　　　　B．信息编辑　　　C．系统设置　　　　　　D．模板管理

5. 2006 年 6 月《商务部关于网上交易的指导意见》征求意见稿中关于网上交易参与方中规定：法律规定从事商品和服务交易须具备相应资质，应当经过(   )审批。

A．税务管理机关和其他主管部门　　　　　B．工商管理机关和其他主管部门

C．公安管理机关和其他主管部门　　　　　D．政府主管部门和其他主管部门

6. 电子合同是指通过计算机网络系统订立的，以(   )的方式生成、存储或传递的合同。

A．电子邮件　　　　　B．数据电文　　　C．光学手段　　　　　　D．电子手段

7. 设计数据库逻辑结构，就是要建立数据模型。以下不属于数据模型要素的是(   )。

A．实体　　　　　　　B．属性　　　　　C．方法　　　　　　　　D．关系

8. 关于防火墙，不正确的说法是(   )。

A．防火墙是软件

B．防火墙是 Internet 上公认网络存取控制最佳的安全解决方案

C．防火墙的工作目的主要是防范外部攻击，而对来自内部的问题很少顾及

D．防火墙的安全性与研发的技术息息相关

9. 可以防止篡改交易相关信息并能进行身份确认的技术是(   )。

A．数字签名　　　　　B．SSL 协议　　　C．数字证书　　　　　　D．Set 协议

10. 商务网站的直接收益主要表现在(   )。

A．企业形象的提升　　　　　　　　　　　B．销售区域的扩大

C．服务方式的改变　　　　　　　　　　　D．采购费用的降低

11. 企业进行新任务采购时，购买过程一般分为(　　　　)。

A. 兴趣→知晓→评价→试用→采用　　　B. 知晓→兴趣→试用→评价→采用

C. 知晓→兴趣→评价→试用→采用　　　D. 兴趣→试用→知晓→评价→采用

12. 网络型入侵检测系统的数据源为(　　　　)。

A. 系统日志　　　　　　　　　　　　B. 应用程序日志

C. 网络上的数据包　　　　　　　　　D. 网络侦听记录

13. 电子商务网站评价指标体系可分为三个层次，第一层次反映电子商务网站的总水平，由两方面的指标组成，它们是(　　　　)。

A. 网站建设和网站应用　　　　　　　B. 网站功能和网站内容

C. 网站实施和网站绩效　　　　　　　D. 网站内容和网站服务

14. 电子商务应用深度是指(　　　　)。

A. 电子商务采购率与销售率的高低

B. 网站访问率与信息更新率的高低

C. 网上信息流、商流、资金流及其集成化的程度

D. 网上信息流、资金流、物流及其集成化的程度

15. 网上市场调查中问题设计所提问题一般不应超过(　　　　)。

A. 5 个　　　　　　B. 10 个　　　　　　C. 15 个　　　　　　D. 20 个

16. 搜索引擎在引用网页关键字时，将要分析的栏目是(　　　　)。

A. scr　　　　　　B. font　　　　　　C. meta 和 title　　　　D. hef

17. 对 Windows NT 的漏洞，不正确的解决方案是(　　　　)。

A. 立即关掉"远程注册表造访"

B. 安装防火墙

C. 共享磁盘

D. 利用代理来限制或完全拒绝网络上基于 SMB 的连接

18. 关于 XML 叙述错误的是(　　　　)。

A. XML 是一种扩展性标识语言　　　B. XML 用来显示数据

C. XML 具有强大的内容承载能力　　D. XML 是用来创造标记语言的元语言

19. 商店生成系统主要可分为三个大模块：前台商务系统、商家店面管理系统和(　　　　)。

A. 信息发布系统　　　　　　　　　　B. 站点后台管理系统

C. 管理员系统　　　　　　　　　　　D. 基本资料输入系统

20. 面向对象分析建模的过程不包括(　　　　)。

A. 对象认定　　　　B. 关系认定　　　　C. 属性认定　　　　D. 结构认定

21. 关于外观包系统，叙述错误的是(　　　　)。

A. 外观包系统是由动态网页链接组成的

B. 外观包系统是表达需求的主要手段之一

C. 制作外观包系统是为了方便进行需求确认

D. 制作外观包系统可为系统设计和建设团队提供一个清晰的开发依据

22. 下面选项中，不是信息失真原因的是(　　　　)。

A．信源提供的信息不完全、不准确

B．信息在编码、译码和传递过程中受到干扰

C．信宿接受信息出现偏差

D．信息在理解上的偏差

23．购买搜索关键词是网站推广的必选形式，其原因是(　　　　)。

A．投入比较低、效果比较好，属于主动型广告

B．投入比较低、效果计费透明，属于主动型广告

C．成本比较高、效果比较好，属于被动型广告

D．成本比较低、效果比较好，属于被动型广告

24．依据电子商务应用深度评价标准，无法实现网上支付的电子商务网站属于电子商务的(　　　　)。

A．标准应用　　　　　B．初级应用　　　C．中级应用　　　　　D．高级应用

25．属于电子商务网站技术性能指标的是(　　　　)。

A．满意度指标　　　　B．完成度指标　　　C．新颖性指标　　　　D．实用性指标

26．网上市场调查中，采用问卷调查的一般步骤是(　　　　)。

A．设计问卷→确定调查对象→组织相关人员→实施调查→调查结果分析

B．设计问卷→选择调查方式→组织相关人员→实施调查→调查结果分析

C．确定调查对象→选择调查方式→设计问卷→实施调查→调查结果分析

D．选择调查方式→组织相关人员→设计问卷→实施调查→调查结果分析

27．关于网站的评价指标，以下说法不正确的是(　　　　)。

A．对网站来说，网站的平均响应时间越短越好

B．对网站来说，客户平均访问停留时间越长越好

C．网站的注册量越大，该网站对用户的吸引力一定越大

D．网站能够支持的最大在线人数是影响网站访问率提高的重要因素

28．电子商务销售的工作程序是(　　　　)。

A．制定销售计划→选择销售渠道→建立销售队伍→跟踪管理

B．制定销售计划→建立销售渠道→培训销售队伍→跟踪管理

C．选择销售渠道→建立销售渠道→培训销售队伍→跟踪管理

D．建立销售渠道→制定销售计划→建立销售队伍→跟踪管理

29．需要签订三方合作合同的商务网站建设项目监理的是(　　　　)。

A．咨询式监理和里程碑式监理

B．咨询式监理和全程式监理

C．里程碑式监理和全程式监理

D．咨询式监理、里程碑式监理和全程式监理

30．属于电子商务网站功能评估的评价指标是(　　　　)。

A．网站建设质量　　　　　　　　　　B．网站内容覆盖率

C．网站技术性能指标　　　　　　　　D．电子商务应用深度

31．网站推广的基本方法为(　　　　)、建立链接、发送电子邮件、发布新闻、提供免费服务、发布网络广告、使用传统的促销媒介。

A．推荐和广告相结合   B．电话宣传促销

C．搜索引擎注册   D．网络传销

32．定义应用于设计、开发、部署多层基于服务器的应用程序所有方面的标准是（   ）。

A．J2EE   B．CMM   C．CGI   D．NET

33．服务器为了自动追踪网站访问者，为单个浏览器生成的日志文件是（   ）。

A．System logs   B．Cookie logs   C．Network logs   D．Database logs

34．网站管理的核心是（   ）。

A．网站权限管理   B．网站内容管理

C．备份管理   D．用户基本信息管理

35．电子商务的任何一笔交易都包含 3 种基本的流，一般是指（   ）。

A．信息流、商流、物流   B．商流、资金流、物流

C．信息流、资金流、商流   D．信息流、资金流、物流

36．商务网站营销推广力度指标属于电子商务网站的（   ）。

A．建设评价指标   B．实施评价指标

C．应用深度评价指标   D．运行状况评价指标

37．一般网上商店与客户联系习惯用的方法是（   ）。

A．传真   B．电子邮件   C．电话   D．上门确认

38．物流配送中心验收入库时验收的内容包括（   ）。

A．货单、质量、数量   B．质量、数量、包装

C．数量、包装、货单   D．包装、货单、质量

39．有关框架的描述，错误的是（   ）。

A．框架是对整个窗口进行划分的   B．可以对框架进行取消边框的操作

C．在网页制作中使用框架越多越好   D．一个三框架结构对应四个页面文件

40．用各种数学、会计学方法对网站促销推广所产生的效果进行测量和计算的评估方法是（   ）。

A．结果观察法   B．类比-对比法   C．模型模拟法   D．直接计算法

41．企业网络营销售前服务的主要工作是（   ）。

A．提供信息服务   B．建立客户数据库

C．提供订单查询服务   D．提供网上技术服务

42．在企业的业务采购类型中，采购部门更改购买条件后再进行购买指的是（   ）。

A．新任务采购   B．直接再购买   C．修正再采购   D．更正后购买

43．ASP 默认的脚本语言是（   ）。

A．VBScript   B．JavaScript   C．C/C++   D．Perl

44．电子商务实际上是一种（   ）活动。

A．网络   B．买卖   C．生产   D．运输

45．Windows 2000 网络管理员，为了实现客户机的 IP 地址自动分配，已经在 Windows 2000 Server 上安装了 DHCP 服务，而且配置了地址池，当启动 DHCP 服务后，客户端仍然不能从 DHCP 获得 IP 地址，查看错误为：服务器是非法的……，解决此问题的方法是

（   ）。

    A. 重新安装 DHCP 服务

    B. 把地址池更改为 169.254.0.0 的网段内

    C. 为 DHCP 服务器在 AD 中授权

    D. 重新启动 DHCP 服务

46. "内容一般不超过 10 个汉字，发布在首页、重点频道首页的推荐位置，对浏览者干扰最小"描述的广告形式是（   ）。

    A. 按钮广告   B. 通栏广告   C. 文字广告   D. 旗帜广告

47. 阿里巴巴平台属于（   ）。

    A. 面向中间交易市场的 B2B 模式   B. 面向制造商的垂直 B2B 模式

    C. 面向销售商的垂直 B2B 模式   D. 面向中间交易市场的 B2C 模式

48. 网络营销的实质是（   ）。

    A. 最大程度地满足顾客需求   B. 增加企业盈利能力

    C. 实现企业市场目标   D. 顾客需求管理

49. 在世界范围内，域名是树状结构，这个树状结构由（   ）管理。

    A. WWW   B. DNS 中心   C. Inter NIC   D. 各国主服务器

50. 在进行商务网站实施财务管理的过程中，比较和分析实际进度与计划进度的偏差时使用（   ）。

    A. 综合分析法   B. 比较分析法   C. 净值分析法   D. 加权平均法

三、多项选择题

1. 一般商务网站提供的在线帮助形式有（   ）。

    A. 网站地图   B. 注册说明   C. 会员制度   D. 注释

2. 电子商务网站绩效中的社会效益评价指标主要包括（   ）。

    A. 电子商务网站营销推广力度

    B. 电子商务网站业务模式优化效果

    C. 本地区吸引国外新用户及资金的增长率

    D. 对上下游商务伙伴开展电子商务的带动作用

3. 属于 Web 服务器软件的有（   ）。

    A. Apache   B. IIS   C. Linux   D. IBM DB2

4. 客户及合作伙伴的隐私资源管理包括（   ）。

    A. 注册管理   B. 信用管理   C. 客户群分析   D. 消费倾向分析

5. 关于电子商务网站功能与建设目标符合度，以下说法正确的有（   ）。

    A. 指网站功能与网站建设目标符合的程度

    B. 若网站建设目标均已实现，则符合度最高

    C. 反映网站功能与商务模式的设计是否相匹配

    D. 若网站功能完全满足客户需求，则符合度最高

6. 制定电子商务网站实施进度计划的目的主要包括（   ）。

    A. 协调资源   B. 保证按时获利

C. 使资源在需要时可以利用   D. 保证网络平台已经搭建完毕

7. 网络营销目标市场定位的实质在于(   )。

A. 更好地制定销售计划   B. 取得目标市场的竞争优势

C. 吸引更多用户   D. 确定产品在用户心目中的适当位置

8. 按照物流活动涉及空间和范围的不同，可以将物流分类为(   )。

A. 国际物流   B. 省内物流   C. 国内物流   D. 地区物流

9. 交易子系统采用 B/S 结构为用户提供服务，属于交易子系统层次架构的有(   )。

A. Business 层   B. Entity 层   C. Web 层   D. User 层

10. 使用关键词搜索时可采用的技巧有(   )。

A. 多用修饰词   B. 太长的关键词改用逻辑组合

C. 使用双引号进行精确搜索   D. 选用大写字母

11. 网站推广的渠道有(   )。

A. 网络媒体   B. 电子商务网站

C. 传统企业网站   D. 传统广告媒体

12. 数据库数据的加密可以实现的层次有(   )。

A. OS   B. DBMS 内核层

C. DBMS 外层   D. 数据表层

13. 关于商务网站实施进度控制的说法中，正确的有(   )。

A. 应该及时采取纠正措施   B. 要确保项目目标的实现

C. 应该保证资源的级别相同   D. 应该阶段性地作进展报告

14. 数据挖掘中常用的分析方法包括(   )。

A. 路径分析   B. 索引   C. 兴趣关联原则   D. 聚类分析

15. 属于商务网站业务流程的有(   )。

A. 采购流程   B. 销售流程   C. 竞价流程   D. 拍卖流程

16. 电子商务企业的产品经理应该负责的工作包括(   )。

A. 产品的市场调研   B. 产品策划   C. 产品生产   D. 产品运营和管理

17. 电子商务网站内容评估指标主要包括(   )。

A. 电子商务营销推广力度   B. 电子商务网站内容信息的质量

C. 电子商务网站内容信息数量   D. 电子商务网站检索和浏览速度

18. 自 2002 年电子商务平台出现了许多新的应用，比较典型的有(   )。

A. 商务洽谈采用短信   B. 供求信息和产品信息整合进搜索引擎

C. 诚信交易纳入基础建设   D. 占领桌面，占领浏览器

19. 已知电子商务网站评价指标体系中某个二级指标有四个三级指标(分别用 M、N、P、Q 表示)，则这四个三级指标的重要性和影响力的大小排序为(   )。

A. 0.10、0.25、0.30、0.35   B. 0.10、0.20、0.30、0.40

C. 0.15、0.20、0.25、0.50   D. 0.40、0.25、0.20、0.15

20. 属于合理的 Web 平台搭配方式的有(   )。

A. Windows 2000 + IIS   B. Windows 2000 + Apache

C. Linux + Apache   D. Solaris for Intel + Apache

综合练习题四

单项选择题

1. HTML 是一种(　　　)语言。
A. 解释　　　　　　　B. 标识　　　　　　　C. 编译　　　　　　　D. 描述

2. 如果需要图像保存透明的背景，应选择图像文件的格式是(　　　)。
A. GIF　　　　　　　B. PSD　　　　　　　C. BMP　　　　　　　D. JPG

3. 有关超链接的描述错误的是(　　　)。
A. 超链接可以链接至同一文件　　　　　　B. 超链接可以实现图片的链接
C. 超链接可以实现不同文档的链接　　　　D. 超链接可以实现不同网络之间的链接

4. 有关框架与表格的描述，正确的是(　　　)。
A. 表格比框架更有用　　　　　　　　　　B. 框架对页面区域进行划分
C. 表格对整个窗口进行划分　　　　　　　D. 每个框架都有自己独立的网页文件

5. 网络商务信息收集的适度要求是指(　　　)。
A. 能够迅速、灵敏地反映销售市场发展各方面的最新动态
B. 提供信息要有针对性和目的性，不要无的放矢
C. 信息应真实地反映客观现实，失真度小
D. 如何以最低的费用获得必要的信息

6. 一般性文章全文检索信息属于(　　　)。
A. 免费商务信息　　　　　　　　　　　　B. 收取较低费用的信息
C. 收取标准费用的信息　　　　　　　　　D. 优质优价的信息

7. 有"搜索引擎之上的搜索引擎"之称的是(　　　)。
A. 元搜索引擎　　　　　　　　　　　　　B. 分类搜索引擎
C. 全文搜索引擎　　　　　　　　　　　　D. 垂直主题搜索引擎

8. 公认的高效廉价的网上营销手段是(　　　)。
A. 搜索引擎注册　　　B. 交换链接　　　C. 电子邮件　　　　D. 网络社区

9. 网络广告最大的优点是(　　　)。
A. 互动性　　　　　　B. 经济性　　　　C. 传播性　　　　　D. 时效性

10. 不属于网络广告中 AIDA 法则的是(　　　)。
A. attraction　　　　　B. interest　　　　C. desire　　　　　D. action

11. 数据传输速率是 Modem 的重要技术指标，其单位为(　　　)。
A. bps　　　　　　　B. GB　　　　　　C. KB　　　　　　　D. MB

12. 与辅助存储器相比，下面选项中，属于主存储器优点的是(　　　)。
A. 存取速度快　　　B. 价格比较便宜　　C. 容量很大　　　　D. 价格昂贵

13. 数据库的结构类型分类中，下面选项不属于"格式化模型"的是(　　　)。
A. 层次型　　　　　B. 网络型　　　　C. 关系型　　　　　D. 指针型

14. 数字化仪属于(　　　)。

A. 运算器　　　　　　 B. 存储器　　　　 C. 输入设备　　　　 D. 输出设备

15. 计算机的核心部件指的是(　　　　)。

A. 存储器　　　　　　　　　　　　 B. 基本输入/输出设备

C. 中央处理器　　　　　　　　　　 D. Modem

16. 下面选项中，能保证网上交易安全性的是(　　　　)。

A. 厂家　　　　　　 B. 认证中心　　　 C. 银行　　　　　　 D. 信用卡中心

17. 网络交易中，企业间签定合同所用的平台是(　　　　)。

A. 信息发布平台　　 B. 信用调查平台　 C. 质量认证平台　　 D. 信息交流平台

18. 电子邮件法是按照(　　　)对网上直接调查进行的分类(　　　　)。

A. 调查方法　　　　　　　　　　　 B. 调查者组织调查样本的行为

C. 调查内容　　　　　　　　　　　 D. 调查采用的技术

19. 下面不属于传统营销促销形式的是(　　　　)。

A. 人员推销　　　　 B. 网络广告　　　 C. 销售促进　　　　 D. 宣传推广

20. 使用 Infoseek 查找短语时第一次查找的结果(　　　　)。

A. 会列出所有的组成短语的单词的文件

B. 只列出包含断语的文件

C. 只列出包含第一个字母的文件

D. 会列出所有的组成短语的单词的文件的全文

21. 关于 Linux 操作系统下列说法正确的是(　　　　)。

A. 单用户、多任务网络操作系统　　 B. 多用户、多任务网络操作系统

C. 多用户、单任务网络操作系统　　 D. 单用户、单任务网络操作系统

22. 用户在第一次使用 Outlook Express 发送和接收电子邮件之前，需要(　　　　)。

A. 修改 C-MOS 内容　　　　　　　 B. 修改客户机配置

C. 装驱动程序　　　　　　　　　　 D. 配置 ISP 的电子邮件服务器

23. 效率最高、最保险的杀毒方式是(　　　　)。

A. 手工杀毒　　　　 B. 自动杀毒　　　 C. 杀毒软件　　　　 D. 磁盘格式化

24. 统一资源定位器(URL)的作用在于(　　　　)。

A. 维持超文本链路　　　　　　　　 B. 信息显示

C. 向服务器发送请求　　　　　　　 D. 文件传输

25. 以下选项中，不是流程改善遵循的基本原则的是(　　　　)。

A. 交叉处理　　　　 B. 串行处理　　　 C. 分批处理　　　　 D. 并行处理

26. 关系数据库模型的存储结构采用(　　　)形式。

A. 记录　　　　　　 B. 索引　　　　　 C. 字段　　　　　　 D. 表格

27. 下列选项中，不是 WWW 浏览器提供的通信手段的是(　　　　)。

A. Usenet 新闻组　　 B. 电子邮件　　　 C. HTTP/IP　　　　 D. FTP

28. 在 WinZip 程序中，可以用来制作自解压文件的是(　　　　)。

A. "Actions" 菜单中的 "Make.EXE File" 项

B. "Files" 菜单中选择 "Make.EXE File" 项

C. 在 "NewArchive" 对话框中填入 "self" 参数

D．打开 WinZip 程序，用 Shift+M 快捷键

29．在 HTML 语言中，当浏览器无法显示图片时，要显示该图片的相关属性可以使用的标记是(   )。

A．align　　　　　B．scr　　　　　C．alt　　　　　D．default

30．在 Internet 上，完成"名字—地址""地址—名字"映射的系统叫做(   )。

A．地址解析　　　B．正向解析　　　C．反向解析　　　D．域名系统

31．信息都是具有时效性的，其价值与时间成(   )。

A．正比　　　　　B．反比　　　　　C．同时增　　　　D．同时减

32．信息加工整理的过程为信息的储存、(   )、信息的加工处理。

A．信息的保密　　B．信息的纠错　　C．信息的传播　　D．信息的整理

33．网络营销的主要内容包括网上市场调查、网络营销策略制定、(   )、网上价格营销策略、网上渠道选择和直销、网上促销和广告网络、网络营销管理与控制。

A．网上安全性测试　　　　　　　　B．网上广告调查

C．网上用户调查　　　　　　　　　D．网上产品和服务策略

34．网络商务信息收集的困难为 Internet 检索信息的困难、网络资源缺乏有效的管理、(   )、各种检索软件检索方法不统一。(   )

A．网络信息鱼目混珠　　　　　　　B．安全性不能提高的困难

C．用户资料不能提供的困难　　　　D．网络用户质量不能保证的困难

35．调查资料的审查主要解决的是调查资料的(   )问题。

A．准确性和方便性　　　　　　　　B．真实性与合格性

C．快捷性和标准性　　　　　　　　D．正确性和权威性

36．WWW 服务器采用超文本链路来链接信息页，本链路由(   )维持。

A．URL　　　　　B．HTML　　　　C．HTTP/IP　　　D．端口

37．对调查资料的审查可以采用两种方法(   )。

A．外观审查和内涵审查　　　　　　B．广度审查和深度审查

C．多方审查和单一审查　　　　　　D．技术审查和研究审查

38．完成创建组的手续之后，用户可以用两种方法加入刚创建的邮件列表，一是取得 HTML 代码，用户可以在主页完成订阅手续，二是直接通过(   )加入或者退出。(   )

A．BBS　　　　　B．Web 页　　　　C．电子邮件　　　D．Usenet

39．网站推广的基本方法为(   )、建立链接、发送电子邮件、发布新闻、提供免费服务、发布网络广告、使用传统的促销媒介。

A．推荐和广告相结合　　　　　　　B．电话宣传促销

C．搜索引擎注册　　　　　　　　　D．网络营销

40．网上单证是面对(   )的。

A．商家　　　　　B．银行　　　　　C．认证中心　　　D．网络消费者

41．从消费者的角度说，(   )不是决定消费者购买的唯一因素，但却是消费者肯定要考虑的一个非常重要的因素。

A．产品的价格　　　　　　　　　　B．购买的便捷性

C．产品的时尚和新颖　　　　　　　D．产品的购买参与程度

42. 目前应用最广泛的电子支付方式是(　　　　)。
A. 邮局汇款　　　　B. 银行卡　　　　C. 电子货币　　　　D. 电子支票

43. 通用网址是新一代中文上网技术，帮助互联网用户直接在浏览器栏输入相关机构的(　　　　)，就能直接访问其网站或相应的网页。
A. 域名　　　　　　B. 名称　　　　　C. 网址　　　　　　D. IP

44. 2006 年 2 月中国电子商务协会授予杭州(　　　　)公司为"电子商务试点企业"。
A. 阿里巴巴公司　　　　　　　　　B. 中香化学有限公司
C. 杭州绿盛集团　　　　　　　　　D. 杭州天畅网络科技有限公司

45. 2005 年国内咨询业界权威机构赛迪顾问首次排定"中国城市电子商务成熟度"座次，(　　　　)在综合评价中位居第 9 名、电子商务应用基础完善度位居第 6 名。
A. 苏州　　　　　　B. 杭州　　　　　C. 武汉　　　　　　D. 广州

46. 2006 年由国家发改委中小企业司、信息产业部信息化推进司、商务部信息化司等开展的"2005 中国行业电子商务网站 100 强评选"中，浙江省的阿里巴巴网、商品资源网分列国内综合类 B2B 电子商务网站(　　　　)。
A. 第一、第二名　　B. 第一、第三名　C. 第一、第四名　　D. 第一、第五名

47. 面对日益严重的计算机病毒问题，我国公安部于 2000 年颁布实施了(　　　　)。
A. 《信息安全管理条例》　　　　　B. 《中华人民共和国刑法补充条款》
C. 《计算机病毒防治管理办法》　　D. 《电子认证服务管理办法》

48. 《信息网络传播权保护条例》所称信息网络传播权，是指以(　　　　)方式向公众提供作品、表演或者录音录像制品，使公众可以在其个人选定的时间和地点获得作品、表演或者录音录像制品的权利。
A. 互联网或者电视　　　　　　　　B. 报纸或者杂志
C. 卫星或者电话　　　　　　　　　D. 有线或者无线

49. 2008 北京奥运中电子商务得到广泛使用的计划称为(　　　　)。
A. 人文奥运　　　　B. 绿色奥运　　　C. 和平奥运　　　　D. 数字奥运

50. 关于改善订单处理流程所带来的好处，以下选项中，描述不正确的是(　　　　)。
A. 增加库存水平　　　　　　　　　B. 订单处理的周期缩短
C. 提高订单满足率　　　　　　　　D. 供货的准确率

综合练习题五

单项选择题

1. 以下关于 Mondex 卡的说法错误的是(　　　　)。
A. 卡内金额能被兑换成任何货币用于国际间的购买
B. 一旦遗失可以立即挂失
C. 数字签名技术的使用，使该卡的支付比现金支付更安全
D. 能通过 ATM 机方便地增加卡中金额

2. 有关在网页中使用图像的描述错误的是(　　　　)。

A．JPG、GIF 是网页上常用的图像格式

B．在保证清晰度的前提下，尽量压缩图像大小

C．如果需要图像保存透明的背景，应选择 JPG 格式图像

D．除了彩色照片和高色彩图像外，尽量使用 GIF 格式图像

3．SSL 协议层包括两个协议子层：记录协议和(　　　)。

A．握手协议　　　　　B．牵手协议　　　　C．拍手协议　　　　D．拉手协议

4．有关框架的描述错误的是(　　　)。

A．框架是对整个窗口进行划分的

B．可以对框架进行取消边框的操作

C．在网页制作中使用框架越多越好

D．一个三框架结构对应四个页面文件

5．电子合同是指通过计算机网络系统订立的，以(　　　)的方式生成、储存或传递的合同。

A．电子邮件　　　　　B．数据电文　　　　C．光学手段　　　　D．电子手段

6．网络信息服务商提供的大部分信息属于(　　　)。

A．免费商务信息　　　　　　　　　B．优质优价的信息

C．收取标准费用的信息　　　　　　D．收取较低费用的信息

7．中华人民共和国电子签名法自(　　　)开始施行。

A．2005 年 4 月 1 日　　　　　　　B．2005 年 6 月 1 日

C．2006 年 4 月 1 日　　　　　　　D．2006 年 6 月 1 日

8．既可进行商品价格比较，又可对产品和在线商店进行评级的搜索是(　　　)。

A．交互式搜索　　　B．地址栏搜索　　　C．桌面搜索　　　　D．购物搜索

9．中国《信息网络传播权保护条例》自(　　　)开始施行。

A．2005 年 6 月 1 日　　　　　　　B．2005 年 7 月 1 日

C．2006 年 7 月 1 日　　　　　　　D．2006 年 8 月 1 日

10．不属于目前国际上通用的网络广告收费模式的是(　　　)。

A．千人印象成本　　　　　　　　　B．千人点击成本

C．单位行动成本　　　　　　　　　D．访客量

11．网上单证的设计不包括(　　　)。

A．格式　　　　　　　B．风格　　　　　　C．功能　　　　　　D．费用

12．安装在持卡人所使用的计算机终端上的专用软件是(　　　)。

A．电子钱包　　　　　B．电子汇票　　　　C．电子货币　　　　D．电子支票

13．在网上进行信息交流及商务活动时，需要通过(　　　)来证明各实体的电子身份。

A．数字证书　　　　　B．数字签名　　　　C．公共密钥　　　　D．私有密钥

14．世界上最早的电子钱包系统出现在(　　　)。

A．美国　　　　　　　B．英国　　　　　　C．法国　　　　　　D．澳大利亚

15．电子现金的英文称谓是(　　　)。

A．Smart Card　　　　B．E-Cash　　　　　C．E-purse　　　　　D．E-cheque

16．目前我国智能卡的推广应用中还存在一些障碍，主要是安全问题和(　　　)。

A．资金问题 B．政策问题 C．成本问题 D．观念问题

17．PIN 指的是(   )。

A．个人代号 B．个人识别码 C．个人地址 D．个人信用

18．将工厂生产的商品运到物流中心、厂内或其他工厂的仓库入库这一部分属于生产企业物流的(   )。

A．采购物流 B．厂内物流

C．退货物流 D．废弃物与回收物流

19．以下选项中，属于企业生产活动的中心环节的是(   )。

A．企业生产物流 B．企业采购物流

C．企业销售物流 D．企业退货物流

20．在社会经济领域，网络安全主要是(   )。

A．党政机关网络安全问题 B．国家经济领域内网络安全问题

C．国防计算机网络安全问题 D．军队计算机网络安全问题

21．下列关于防火墙的说法正确的是(   )。

A．防火墙的安全性能是根据系统安全的要求而设置的

B．防火墙的安全性能是一致的，一般没有级别之分

C．防火墙不能把内部网络隔离为可信任网络

D．一个防火墙只能用来对两个网络之间的互相访问实行强制性管理的安全系统

22．以下选项中，用来保证硬件和软件本身安全的是(   )。

A．实体安全 B．运行安全 C．信息安全 D．管理安全

23．浏览 Web 网页，应使用的软件是(   )。

A．资源管理器 B．浏览器 C．电子邮件 D．Office 2000

24．协议和主机名之间应用(   )符号隔开。

A．-- B．:\\ C．:// D．/

25．目前，每个 IP 地址由(   )个二进制位构成。

A．8 B．4 C．32 D．64

26．在 Internet 上完成名字与地址间映射的系统称为(   )。

A．URL B．DNS C．DBMS D．DHCP

27．用户匿名登录主机时，用户名为(   )。

A．guest B．OK C．admin D．anonymous

28．在 MSDOS 状态下采用 Telnet 命令格式正确的是(   )。

A．Telnet shu．edu．cn 23 B．Ftp 202．120．6．5 23

C．Telnet shu．edu．cn 80 D．Telnet 127?．0．0 80

29．下列说法错误的是(   )。

A．每个框架都有自己独立的网页文件

B．每个框架的内容不受另外框架内容的改变而改变

C．表格对窗口区域进行划分

D．表格单元中不仅可以输入文字，也可以插入图片

30．一个标准的 HTML 文件是以<html>标记开始，并以(   )标记结束的。

A．</body>　　　　　B．</end>　　　　　C．</html>　　　　　D．</sub>

31．WinZip 能制作的压缩文件的格式是(　　　　　)。

A．cab　　　　　B．ARJ　　　　　C．rar　　　　　D．zip

32．HTTP 协议默认端口号为(　　　　　)。

A．21　　　　　B．80　　　　　C．8080　　　　　D．23

33．互联网络，因为其特有的强大的沟通能力，也常常被认为是一种(　　　　　)。

A．新型媒体　　　　　B．第二媒体　　　　　C．虚拟时代　　　　　D．BBS

34．下列关于定价策略的说法，正确的是(　　　　　)。

A．销售方根据消费对象的不同，或是销售的因素差异(如地点、时间的不同)，将一种无差别的商品制定出不同价格

B．在网络信息资源中，迅速地找到自己所需要的信息，不需要培训和经验积累

C．网络商务信息，对于企业的战略管理、市场研究以及新产品都毫无作用

D．虽然网络系统提供了许多检索方法，但企业营销人员还是常被淹没在信息垃圾之中

35．关于电子商务信息的传递，以下说法正确的是(　　　　　)。

A．网络信息更新及时、传递速度快，只要信息收集者及时发现信息，就可以保证信息的实效性

B．电子商务信息，由于传递速度慢、传递渠道不畅，经常导致"信息获得了但也失效了"

C．无论怎样，网络信息都是最快、最准确的

D．电子商务信息都是很滞后的

36．关于信息的说法，最准确且最完整的是(　　　　　)。

A．信息只指一般的行情消息

B．信息就是新闻消息

C．信息的概念非常广泛，从不同的角度对信息可下不同的定义

D．信息(Information)，广义地讲，它是信号的模拟型或其符号的集合

37．关于网络营销和传统营销的说法准确的是(　　　　　)。

A．网络营销暂时还是一种不可实现的营销方式

B．网络营销不可能冲击传统营销方式

C．网络营销最终将和传统营销相结合

D．网络营销将完全取代传统营销的一切方式

38．网络促销中，进行栏目内容编辑的工作程序及步骤，顺序正确的是(　　　　　)。

A．更新信息的内容→按栏目模板制作网页→测试所制作的网页→发布所修改的网页

B．按栏目模板制作网页→更新信息的内容→测试所制作的网页→发布所修改的网页

C．更新信息的内容→测试所制作的网页→按栏目模板制作网页→发布所修改的网页

D．更新信息的内容→按栏目模板制作网页→发布所修改的网页→测试所制作的网页

39．搜索引擎在引用网页关键字时，要分析的栏目是(　　　　　)。

A．scr　　　　　B．font　　　　　C．meta 和 title　　　　　D．hef

40．网上商店的日常运营管理不包括(　　　　　)。

A．订单管理　　　　　　　　　　B．销售统计

C. 客户查询和商家信用值   D. 商品预览

41. 商品的(　　　)信息，主要包括产品的名称、规格、型号、单价、功能、使用方法、注意问题等产品相关的全方位的文本信息。

    A. 文字信息   B. 图片信息   C. 其他信息   D. 电子信息

42. (　　　)是指用户可以通过商品信息管理模块来维护自身在网站上出售的商品信息。

    A. 商品信息管理   B. 商店信息维护

    C. 选择支付方式   D. 商店商品预览

43. 购物车显示模块主要采用(　　　)技术来实现。

    A. Cookie   B. Web   C. E-mail   D. SET

44. 常见的网上单证的类型有身份注册类、普通信息交流类、(　　　)和专业商务操作类。

    A. 资源交流类   B. 身份许可类   C. 信息发布类   D. 专业操作类

45. 汇丰、恒生联合 MONDEX 国际公司在(　　　)推出第一阶段的 MONDEX 卡。

    A. 中国香港   B. 日本   C. 韩国   D. 菲律宾

46. 根据合同标的(　　　)的不同，电子合同可分为信息许可使用合同与信息服务合同。

    A. 实体形式   B. 内容   C. 性质   D. 价值

47. 电子商务系统必须保证具有十分可靠的安全保密技术，必须保证网络安全的四大要素，即信息传输的保密性、数据交换的完整性、发送信息的不可否认性和(　　　)。

    A. 不可修改性   B. 信息的稳定性

    C. 数据的可靠性   D. 交易者身份的确定性

48. 通常首页被命名为(　　　)。

    A. zhuye.htm   B. homepage.htm

    C. index.htm   D. main.htm

49. 主要应用网络广告频率的广告形式是(　　　)。

    A. 旗帜广告   B. 按钮广告   C. 文字广告   D. E-mail 广告

50. 计算机网络的分类标准很多，按照使用范围分可分为(　　　)。

    A. 公有网和专用网   B. 广播式与点到点式

    C. 星型、总线型与环型等

    D. 报文交换方式与分组交换方式

综合练习题六

一、单项选择题

1. 在 FTP.EXE 应用程序中，显示远程主机目录中的信息可用(　　　)命令。

    A. ls   B. ftp   C. browers   D. Show

2. 按照界面风格的不同，FTP 软件可分为(　　　)两类。

    A. 字符界面和图像界面   B. 文本界面和字符界面

C. 字符界面和图形界面　　　　　　　　D. 图表界面和图形界面

3. 关于 FTP 的说法正确的是(　　　　　)。

A. FTP 是用于 TCP/IP 网络的比较复杂的协议之一，所以现在它的使用范围不如 HTTP 广

B. FTP 是一个客户/服务器系统

C. FTP 软件可分为两类：窗口界面和图形界面

D. 在匿名 FTP 系统中，用户仍需用密码才能进入 FTP 服务器，只不过这个密码是公开的

4. 对于图像形式的超链接，它通过(　　　　)的形式来告诉访问者这是超链接。

A. 鼠标箭头改为手状　　　　　　　　B. 鼠标箭头改为双箭头状

C. 图像反色　　　　　　　　　　　　D. 图像发声

5. HTML 语言不能(　　　　)。

A. 描述图像的位置　　　　　　　　　B. 描述图像的大小

C. 描述超链接　　　　　　　　　　　D. 直接描述图像上的像素

6. 下列 HTML 语句使用正确的是(　　　　)。

A. <p><align="center">HTML 实践教程</align></p>

B. <center>HTML 的使用技术！</center>

C. <h3> HTML 介绍 </h1>

D.
HTML 的基本使用</br>

7. 在 FrontPage 中，使用鼠标拖动的方法也可以拆分框架，其快捷键是(　　　　)。

A. Ctrl+鼠标拖动　　　　　　　　　B. Shift+鼠标拖动

C. Ctrl+Shift+鼠标拖动　　　　　　D. Alt+鼠标拖动

8. <h1>～<h6>标记用于设置段落标题的大小级数，其中最大的标题和最小的标题分别是(　　　　)。

A. h1，h6　　　　B. h6，h1　　　　C. h1，h2　　　　D. h5，h6

9. 一个三框架网页对应的网页数是(　　　　)。

A. 1　　　　　　B. 4　　　　　　C. 3　　　　　　D. 2

10. 下列选项中，生成的文件不能和格式一起复制到 FrontPage 98 中，并使 FrontPage 98 依照格式生成 html 代码的软件是(　　　　)

A. Word XP　　　B. Excel 2000　　C. Access 97　　　D. Photoshop 5.0

11. 恶性病毒的特征是(　　　　)。

A. 不破坏系统和数据　　　　　　　　B. 大量占用系统开销

C. 可能会毁坏数据文件　　　　　　　D. 仅在某一特定时间才发作

12. 大麻病毒是(　　　　)。

A. 操作系统型病毒　　B. 源码病毒　　C. 外壳病毒　　　　D. 入侵病毒

13. 下列不属于计算机病毒破坏性特点表现的是(　　　　)。

A. 占用 CPU 时间和内存开销　　　　B. 对数据或文件进行破坏

C. 软盘损坏　　　　　　　　　　　　D. 打乱屏幕的显示

14. 下列属于计算机病毒隐蔽性的表现是(　　　　)。

A．病毒侵入后，一般不立即活动，需要等一段时间，条件成熟后才作用

B．修改别的程序，并不断复制自身

C．病毒程序大多夹在正常程序之中，很难被发现

D．把正常的文章用乱码显示

15．下列关于病毒的说法正确的是(　　　　)。

A．良性病毒对计算机系统没有太多的损害

B．计算机病毒是能进行自我复制的一组计算机指令或者程序代码

C．只浏览网页不下载程序就不会感染计算机病毒

D．通过 FTP 文件下载方式得到的文件一般没有病毒

16．出现最早、最多，变种也最多的病毒是(　　　　)。

A．攻击 Unix 系统的病毒　　　　　　B．攻击 OS/2 系统的病毒

C．攻击 Windows 系统的病毒　　　　D．攻击 DOS 系统的病毒

17．如果无法清除病毒，通常应该选择(　　　　)。

A．隔离或删除　　　　B．通过　　　　C．重试　　　　　　D．关机

18．如果将一张干净的引导软盘放入一台带毒的计算机中，并热启动该计算机，那么(　　　　)。

A．该软盘一定被病毒感染　　　　B．该软盘可能被病毒感染

C．可以得到一个干净的系统　　　　D．这时候就可以使用杀毒软件了

19．计算机病毒是很擅长于隐藏自己的。以下选项中，能证明 COMMAND.COM 文件已经感染了病毒的是(　　　　)。

A．该文件最后修改日期被改变　　　　B．该文件大小被改变

C．启动时出现 Staring MSDOS 时死机　　D．杀病毒软件报告该文件已经感染了病毒

20．1999 年 4 月 19 日至 21 日，由于温保成、王飞等人非法在因特网电子公告牌上张贴帖子、散布谣言，导致了(　　　　)。

A．洛阳农业银行的挤兑事件　　　　B．郑州工商银行的挤兑事件

C．新乡招商银行的挤兑事件　　　　D．郑州交通银行的挤兑事件

21．奔腾III处理器设置了序列号功能，这种功能(　　　　)。

A．使奔腾III处理器的性能更强大　　　　B．提高系统的工作性能

C．对上网的计算机造成极大的安全隐患　　D．上网速度加快

22．用来对两个或多个网络之间的互相访问实行强制性管理的安全系统是(　　　　)。

A．隔离系统　　　　B．防火墙　　　　C．屏蔽系统　　　　　D．安全网关系统

23．下列关于防火墙的说法正确的是(　　　　)。

A．防火墙的安全性能是根据系统安全的要求而设置的

B．防火墙的安全性能是一致的，一般没有级别之分

C．防火墙不能把内部网络隔离为可信任网络

D．防火墙是只能用来对两个网络之间的互相访问实行强制性管理的安全系统

24．联合国在(　　　　)中对"电子商务"中的"商务"一词作了广义解释。

A．《电子商务示范法》　　　　　　B．《电子商业示范法》

C．《贸易法委员会电子签字示范法》　　D．《电子签字统一规则》

25. 数据库的整体结构可区分为(　　　)三类。

A. 层次型、树型、网络型　　　　　　B. 树型、网络型、关系型

C. 关系型、网络型、层次型　　　　　　D. 层次型、结构型、网络型

26. 组成 Oracle 数据库的三种类型的文件是(　　　)。

A. 数据库文件、日志文件和过程文件　　B. 数据库文件、过程文件和控制文件

C. 过程文件、日志文件和控制文件　　　D. 数据库文件、日志文件和控制文件

27. SQL Server 支持的身份验证模式是(　　　)。

A. Windows NT 身份验证、SQL Server 身份验证

B. 口令验证、密码验证

C. 密码验证、SQL Server 身份验证

D. SQL Server 身份验证、口令验证

28. 关于网络营销和传统营销的说法准确的是(　　　)。

A. 网络营销暂时还是一种不可实现的营销方式

B. 网络营销不可能冲击传统营销方式

C. 网络营销最终将和传统营销相结合

D. 网络营销将完全取代传统营销的一切方式

29. 关于网络营销在将来的品牌策略中可能起到的作用是(　　　)。

A. 网络无法针对不同的顾客提出不同的品牌计划

B. 网络无法针对不同的顾客提出不同的品牌建议

C. 通过互联网厂商可以对不同的消费者提供不同的商品

D. 与品牌计划无关，按照惯例由国外分销商的兴趣决定

30. 网络营销产生的现实基础是(　　　)。

A. 激烈的竞争　　　　　　　　　　　B. Internet 的发展

C. 生产者营销观念的变革　　　　　　D. 消费者价值观的变革

31. 网络商务信息限定了商务信息传递的媒体和途径，(　　　)属于网络商务信息的范畴。

A. 通过计算机网络传递的商务信息即人或计算机能察知的符号系统

B. 一切商务信息，能够存储在计算机上，能由 E-mail 传递

C. 由 E-mail、Web 页等传送的信息

D. 一切网络供应商、客户的商务信息

32. 在当今的网络时代，网络信息的收集绝大部分是通过(　　　)获得的。

A. 聊天程序　　　　B. 新闻组　　　　C. 搜索引擎　　　　D. BBS

33. 网络商务信息可以方便地从因特网下载到自己的计算机上管理。在原有的各个网站上也有信息存储系统，可以到原有的信息源中再次查找。说明的是网络商务信息的(　　　)。

A. 实效性强　　　　B. 准确性高　　　　C. 便于存储　　　　D. 方便性

34. 由于网络信息更新及时、传递速度快，只要信息收集者及时发现信息，就可以保证信息的(　　　)。

A. 实效性强　　　　B. 准确性高　　　　C. 便于存储　　　　D. 方便性

35. 关于电子商务信息的传递以下说法正确的是(　　)。

A. 电子商务信息，由于传递速度慢、传递渠道不畅，经常导致"信息获得了但也失效了"

B. 网络信息更新及时、传递速度快，只要信息收集者及时发现信息，就可以保证信息的实效性

C. 无论怎样，网络信息都是最快、最准确的

D. 电子商务信息都是很滞后的

36. (　　)是属于知识、经济类的信息，收费采用成本加利润的资费标准。这类信息的采集、加工、整理、更新等比较复杂，要花费一定的费用。

A. 免费商务信息　　　　　　　　　B. 低费用的信息

C. 标准信息费的信息　　　　　　　D. 优质优价的信息

37. 有关关税及相关政策和数据收集的方案，可行性不强的是(　　)。

A. 通过大型数据库检索　　　　　　B. 向建立联系的各国进口商询问

C. 查询各国相关政府机构的站点　　D. 向同行查询

38. 互联网络，因其特有的强大的沟通能力，也常常被认为是一种(　　)。

A. 新型媒体　　　　B. 第二媒体　　　　C. 虚拟时代　　　　D. BBS

39. 下列关于定价策略的说法，正确的是(　　)。

A. 销售方根据消费对象的不同，或是销售的因素差异(如地点、时间的不同)，将一种无差别的商品制定出不同价格

B. 在网络信息资源中，迅速地找到自己所需要的信息，不需要培训和经验积累

C. 网络商务信息，对于企业的战略管理、市场研究以及新产品都毫无作用

D. 虽然网络系统提供了许多检索方法，但企业营销人员还是常被淹没在信息垃圾之中

40. 最常用的检索软件是(　　)。

A. 全文数据库检索软件　　　　　　B. 非全文数据库检索软件

C. 主题指南类检索软件　　　　　　D. 非主题指南类检索软件

41. 浩瀚的网络信息资源中，迅速地找到自己所需要的信息，经过加工、筛选和整理，把反映商务活动本质的、有用的、适合本企业情况的信息提炼出来，(　　)。

A. 需要相当一段时间的培训和经验积累

B. 不需要任何培训

C. 需要一定的业务水平和极其长的培训、实践经验

D. 需要自己总结发现

42. 互换链接有两种方法，(　　)。

A. 一种是网站直接与其他网站进行交换链接，另一种是通过注册登录上搜索引擎

B. 一种是网站通过注册登录上搜索引擎，另一种是通过交换联盟实现交换链接

C. 一种是网站直接与其他网站进行交换链接，另一种是通过交换联盟实现交换链接

D. 一种是网站直接与其他网站进行交换链接，另一种是门户网站广告

43. 网上单证处理的工作环境是(　　)。

A. 在线　　　　　　　　　　　　　B. 脱机

C. 在线并进入目标网站　　　　　　D. 运行 DOS

44. 在网上商店的交易单证中，客户希望看到的说明应该是(　　　)。

A. 最少的 　　　B. 详尽的 　　　C. 适中的 　　　D. 没有

45. 主页和单证的目的是(　　　)。

A. 鼓励和方便客户的购物操作 　　　B. 宣传自己的商品

C. 吸引客户下次再次光临 　　　D. 完善的售后服务

46. 单证的处理流程设计得是否流畅，与网上商店的(　　　)有很大的关系。

A. 后台处理 　　　B. 信誉 　　　C. 效益 　　　D. 售后服务

47. 常见的网上单证类型有身份注册类、普通信息交流类、(　　　)和专业商务操作类。

A. 资源交流类 　　　B. 身份许可类 　　　C. 信息发布类 　　　D. 专业操作类

48. 对于同一位网上消费者在规定的时间内下的若干份订单，为了方便和节省送货费用，商家会(　　　)。

A. 对所购商品打折 　　　B. 免费送货 　　　C. 合并订单 　　　D. 赠送礼品

49. 网上订单的后台处理过程主要包括订单准备、(　　　)、订单登录、按订单供货、订单处理状态追踪。

A. 订单查询 　　　B. 订单打印 　　　C. 订单传递 　　　D. 订单排列

50. 订单处理流程的(　　　)特性是实现企业顾客服务目标最重要的影响因素。

A. 合理化 　　　B. 高效率 　　　C. 自动化 　　　D. 及时

51. 购物车软件由购物车显示模块、确认和支付模块、(　　　)组成。

A. 订单查询模块 　　　　　　B. 订单取消模块

C. 订单生成模块 　　　　　　D. 订单审核模块

52. 企业实现价值与顾客满意的重要保证包括提高网络消费者在网上搜寻产品信息的便利性、网上订货提前期的稳定性与网上商店送货时间的长短、(　　　)、订单处理状态跟踪等因素。

A. 产品的时尚性 　　　　　　B. 送货的准确性

C. 产品的质量 　　　　　　D. 顾客的反馈意见

53. 电子合同是指通过计算机网络系统订立的，以(　　　)的方式生成、存储或传递的合同。

A. 电子手段 　　　B. 光学手段 　　　C. 数据电文 　　　D. 电子邮件

54. SCCN(　　　)合同的履行。

A. 参与 　　　　　　B. 不参与

C. 不一定参与 　　　　　　D. 在一定的条件下参与

55. 用于网上支付的电子证书最多可申请(　　　)。

A. 八张 　　　B. 十张 　　　C. 九张 　　　D. 不限

56. 下面不属于电子钱包高级功能的有(　　　)。

A. 管理账户信息 　　　　　　B. 管理电子证书

C. 处理交易记录 　　　　　　D. 连接商家与银行网络的支付网关

57. 用户采用(　　　)验证身份的方式时，能享受信息服务和使用交易服务中的洽谈等交易功能。

A. 用户名和密码 　　　　　　B. 用户名密码和 CA 证书密码

C．CA 证书密码 D．其他

58．电子商务系统必须保证具有十分可靠的安全保密技术，必须保证网络安全的四大要素，即信息传输的保密性、数据交换的完整性、发送信息的不可否认性和( )。

　　A．不可修改性　　　　　　　　　B．信息的稳定性

　　C．数据的可靠性　　　　　　　　D．交易者身份的确定性

59．汇丰、恒生联合 MONDEX 国际公司在( )推出第一阶段的 Mondex 卡。

　　A．中国香港　　　　B．日本　　　　C．韩国　　　　D．菲律宾

60．对于销售物流下面说法正确的是( )。

　　A．将商品从供应商运到工厂　　　　B．将商品从供应商运到物流中心

　　C．将商品从供应商运到仓库　　　　D．将商品从工厂的物流中心运到消费者

61．为生产所需而从供应商处采购的原材料、零部件从供应商处运回厂内的物流被称为( )。

　　A．厂内物流　　　B．采购物流　　　C．销售物流　　　D．退货物流

62．关于企业退货物流的说法不正确的是( )。

　　A．企业在采购以后因入库验货不合格而向供应商退货会产生退货物流

　　B．企业生产的商品在销售后因为各种原因而被消费者退回也会产生退货物流

　　C．退货物流活动开展的好坏会影响企业在自己的客户群中的信任度

　　D．退货物流活动开展的好坏不会影响企业的经济利益

63．以下选项中，位于生产企业生产活动开始的是( )。

　　A．企业内部物流　　　　　　　　B．企业采购物流

　　C．企业退货物流　　　　　　　　D．企业销售物流

64．企业对在生产过程中排放的无用物包括有害物质进行运输、装卸、处理等物流活动属于( )。

　　A．销售物流　　　　　　　　　　B．退货物流

　　C．采购物流　　　　　　　　　　D．废弃物与回收物流

65．在原有的局域网上附加一些特定的软件，将局域网与因特网连接起来，从而形成企业内部网( )。

　　A．WWW　　　　　B．Extranet　　　C．Intranet　　　D．Internet

66．在计算机中，存储器存储容量 1 TB 等于( )。

　　A．1024 B　　　B．1024 KB　　　C．1024 MB　　　D．1024 GB

67．ROM 表示计算机的( )。

　　A．随机存储器　　B．只读存储器　　C．控制器　　　D．运算器

68．DOS 属于( )软件。

　　A．单用户、单任务操作系统　　　　B．单用户、多任务操作系统

　　C．多用户、多任务操作系统　　　　D．编译系统

69．完成对计算机数据的算术运算、逻辑运算和逻辑判断等操作的器件是( )。

　　A．控制器　　　　B．运算器　　　　C．存储器　　　D．传感器

70．计算机断电后，RAM 中的数据将( )。

　　A．继续保留　　　B．完全丢失　　　C．转存到 ROM　　　D．转存到 CD-ROM

71．目前，常用的文字处理软件有(   )和 WPS 等。

A．UCDOS   B．Windows 98   C．Microsoft Excel   D．Microsoft Word

72．扫描仪利用光学扫描原理，从纸上"读出"文字或图形、图像，然后把获得的信息送入计算机，由计算机通过(   )对读入的信息进行分析与处理。

A．识别软件   B．字处理软件   C．数据处理软件   D．辅助设计软件

73．人们通常所说的内存，实际上指的是(   )。

A．HD   B．CPU   C．RAM   D．CD-ROM

74．单用户多任务的含义是，只允许(   )用户上机，但允许将一个用户程序分为若干个任务，使它们并发执行，从而有效地改善系统的性能。

A．一个   B．二个   C．十个   D．十个以上

75．网络操作系统就是(   )之间的接口。

A．用户和计算机   B．计算机和计算机

C．网络用户和计算机网络   D．计算机网络和计算机网络

76．(   )是一个把分布于世界各地不同结构的计算机网络用各种传输介质互相连接起来的网络。

A．局域网   B．城域网   C．远程网   D．因特网

77．WWW 客户程序在 Internet 上被称为(   )。

A．WWW 浏览器   B．客户机   C．主机   D．服务器

78．HTTP 是(   )。

A．超文本标注语言   B．文本传输协议

C．一种互联网协议   D．一种互联网服务

79．广义地讲，买主和卖主之间的在线资金交换被称为(   )。

A．电子结算   B．支票结算   C．现金结算   D．信用卡结算

80．由银行或金融机构支持的数字结算方式，它按支付时间的先后可分为先付和后付两种，这种结算方式被称为(   )。

A．电子结算   B．电子代币   C．电子现金   D．电子支票

81．电子现金是一种以(   )形式流通的货币。

A．智能   B．数据   C．现金   D．电子

82．以下电子现金所不具备的特性是(   )。

A．成本较低   B．银行和商家之间应有协议和授权关系

C．风险较大   D．存在货币兑换问题

83．使用电子现金的三方，包括(   )均需安装电子现金软件。

A．客户、商家、银行   B．商家、银行、认证中心

C．客户、商家、认证中心   D．客户、银行、认证中心

84．下列以数据形式流通的货币是(   )。

A．电子支票   B．电子货币   C．电子支付   D．电子现金

85．下面选项中，不是 SET 电子钱包具有的功能的是(   )。

A．向认证中心申请数字证书   B．向支付网关查询证书状态

C．加密解密   D．数字签名

86. 有一种可存放信用卡、电子现金、所有者的身份证书、所有者地址以及在电子商务网站的收款台上所需的其他信息，功能和实际钱包一样的软件是(　　　)。

A．电子钱包　　　　B．电子现金　　　C．电子支票　　　　D．智能卡

87. 电子商务活动中的电子钱包软件通常都是(　　　)。

A．免费提供　　　　B．有偿提供　　　C．自己编制　　　　D．自己购买

88. 电子钱包中记录的每笔交易的状态有四种，分别是成功、订单接收、订单拒绝和(　　　)。

A．订单放弃　　　　B．订单未完成　　C．订单失败　　　　D．订单遗失

89. 启动和配置电子钱包的过程不包括(　　　)。

A．启动电子钱包　　　　　　　　　B．设置长城卡信息

C．建立银行卡账户　　　　　　　　D．确定配套的浏览器软件

90. 做好企业的生产物流除了可以缩短产品的生产周期，还可以(　　　)。

A．降低生产成本　　　　　　　　　B．提高生产效率

C．提高生产质量　　　　　　　　　D．减少废次产品

91. 生产企业或流通企业卖出产品或商品的物流过程称为(　　　)。

A．供应物流　　　　B．销售物流　　　C．生产物流　　　　D．企业物流

92. 关于企业退货物流的说法不正确的是(　　　)。

A．企业在采购以后因入库验货不合格而向供应商退货会产生退货物流

B．企业生产的商品在销售后因各种原因而被消费者退回也会产生退货物流

C．退货物流活动开展的好坏会影响企业在自己的客户群中的信任度

D．退货物流活动开展的好坏不会影响企业的经济利益

93. 从销售点收回产品包装用的容器属于(　　　)。

A．回收物流　　　　B．厂内物流　　　C．销售物流　　　　D．退货物流

94. FTP利用公共账号(　　　)进行匿名登录。

A．guest　　　　　　B．admin　　　　C．elnet　　　　　　D．Web

95. Telnet是一个独立的程序，文件名为(　　　)，可以在本地运行Telnet，访问远程计算机。

A．Telnet.dbf　　　　B．Telnet.exe　　C．Telnet.txt　　　　D．Telnet.inf

96. Telnet匿名登录的账号是(　　　)。

A．anonymous　　　　B．logged in　　　C．guest　　　　　　D．Telnet

97. 既可以作为留言板，也可以作为聊天(沙龙)、讨论的场所是(　　　)。

A．URL　　　　　　　B．FTP　　　　　C．BBS　　　　　　D．WWW

98. 新闻组也是一种常见的Internet服务，它与(　　　)相似。

A．公告牌　　　　　　B．搜索引擎　　　C．电子邮件　　　　D．远程登录

99. 公告板上不可能有(　　　)。

A．Windows XP的原代码　　　　　B．金庸全集

C．本套试卷的答案　　　　　　　　D．一套免费的正版Windows XP正式版

100. 数据文件压缩的主要目的是(　　　)。

A．调用快　　　　　　B．保密　　　　　C．网上传输快　　　D．不会感染病毒

101．下列各类文件中，(　　　　)文件的可压缩率最小。

A．文本　　　　　　　B．程序　　　　　　C．数据　　　　　　D．图形

102．以下选项中，不是 WinZip 的功能的是(　　　　)。

A．压缩　　　　　　　　　　　　　　B．解压缩

C．杀毒　　　　　　　　　　　　　　D．进行简单的图形处理

103．下列选项中，不属于压缩与解压缩软件的是(　　　　)。

A．ARJ　　　　　　　B．WinZip　　　　　C．TurboZip　　　　D．Cool3D

104．有关 WinZip 的说法正确的是(　　　　)。

A．目前版本是 7.0，文件大小为 1230 KB

B．可以到网站 www.winzip.com.cn 免费下载

C．利用 WinZip 还可以进行杀毒

D．不可以制作自解压文件

105．WinZip 能制作的压缩文件的格式是(　　　　)。

A．CAB　　　　　　　B．ARJ　　　　　　C．RAR　　　　　　D．ZIP

106．电子信箱地址的格式是固定的，电子信箱地址格式"用户名@主机名"中的主机名(　　　　)。

A．ISP 设置　　　　　B．由用户设置　　　C．不可更改　　　　D．可以任意更改

107．POP3(　　　　)。

A．是 Internet 上基于 TCP/IP 的网络层协议

B．是电子邮件接收协议

C．定义了邮件发送和接收之间的连接传输

D．不是邮件系统中的基本协议之一

108．使用 Outlook Express 时，可以设置(　　　　)默认电子邮箱账号。

A．三个以内　　　　　B．两个　　　　　　C．多个　　　　　　D．一个

109．同时利用多个(　　　　)服务器帮助发邮件是 Diffondi Cool 软件的特别之处。

A．NES　　　　　　　B．POP　　　　　　C．FTP　　　　　　D．SMTP

110．与国际传真和国际电话相比，电子邮件的特点是(　　　　)。

A．价格高　　　　　　B．价格低　　　　　C．速度快　　　　　D．速度慢

111．每个电子信箱都有地址，这种地址在(　　　　)范围内是唯一的。

A．全球　　　　　　　B．全国　　　　　　C．全省　　　　　　D．同一个 ISP

112．电子邮件的发送和接收过程中，接收和发送是由(　　　　)完成的。

A．用户的电脑　　　　B．互联网　　　　　C．ISP 的邮件服务器　　D．WWW

113．在对 Outlook Express 中的电子邮箱账号进行设置时，(　　　　)可以任意填写。

A．密码　　　　　　　　　　　　　　B．接收邮件服务器

C．发送邮件服务器　　　　　　　　　D．显示姓名

114．若 Outlook 可以发送电子邮件，不能接受电子邮件，可能是(　　　　)错误。

A．POP3 服务器地址　　　　　　　　B．SMTP 服务器地址

C．用户名或密码　　　　　　　　　　D．其他

115．使用 Internet Explorer 浏览器时，可以在"Internet 选项"中通过"安全"选项卡

对 Web 站点设置安全等级，其中受限站点的默认安全级别是(　　　　)。

    A．高级　　　　　　　　B．中级　　　　　　　　C．低级　　　　　　　　D．无级别

116．若 Internet Explorer 不能打开任何网站的网页，可能是(　　　　)。

    A．安全等级设置过高　　　　　　　　B．SMTP 服务器地址错误

    C．安全等级设置过低　　　　　　　　D．服务器要求身份验证

117．在 FrontPage Express 中，对段落格式可(　　　　)进行设置。

    A．使用格式工具栏

    B．单击"编辑"→"段落"，利用"段落"对话框

    C．单击"格式"→"列表"，利用"列表属性"对话框

    D．单击"格式"→"项目符号和编号"，利用"列表属性"对话框

118．对于图像形式的超链接，它通过(　　　　)的形式来告诉访问者这是超链接。

    A．鼠标箭头改为手状　　　　　　　　B．图像反色

    C．鼠标箭头改为双箭头状　　　　　　D．图像发声

119．如果要在适当位置插入图像，可以用(　　　　)命令。

    A．单击"图像"→"编辑"　　　　　　B．单击"图像"→"插入"

    C．单击"编辑"→"图像"　　　　　　D．单击"插入"→"图像"

120．通用图像格式 GIF 最多可以使用的颜色数是(　　　　)。

    A．16 色　　　　　　　B．216 色　　　　　　C．256 色　　　　　　D．512 色

二、判断题

1．在 http://www.pku.edu.cn 中，http 表示遵守 HTTP 文本传输协议，WWW 表示 WWW 服务器；pku 表示北京大学；edu 表示教育机构；cn 表示中国。(　　　　)

2．Internet Explorer 把各种 Web 站点分成安全、不安全、限制三种安全区域，并对各个区域分别指定不同的安全等级。(　　　　)

3．用户可以通过主页访问网络上有关的信息资源。(　　　　)

4．Telnet 服务使用默认端口号 23。(　　　　)

5．Internet 区域是默认区域，用来包括除其他三个区域之外的所有 Web 站点，因此它的安全等级最高。(　　　　)

6．URL 的内容包括协议、服务器名称、路径及文件名。(　　　　)

7．协议和主机名之间应用 "://" 符号隔开。(　　　　)

8．Internet 所使用的协议中，IP 协议提供了网间网连接的完善功能。(　　　　)

9．目前，每个 IP 地址由 16 个二进制位构成。(　　　　)

10．在 Internet 上完成名字与地址间映射的系统称为 DHCP。(　　　　)

11．.EXE、.COM、.TXT 等文件可以在 WinZip 8.0 中直接运行。(　　　　)

12．WinZip 能制作 cab 格式的压缩文件。(　　　　)

13．超链接可以使访问者方便地从一个网页转移到另一个网页。(　　　　)

14．一个网页上的框架最好不要超过 5 个。(　　　　)

15．可以在记事本中建立 HTML 文档，存为 .txt 文档即可。(　　　　)

16．<font size="+1">第一章 Linux 的安装
这条语句是错误的，因为 size 的属性值

应该是数值。（　　　　）

17. 新病毒总是先于杀病毒软件出现，因此，杀病毒软件应定期不断地更新才能较好地预防病毒。（　　　　）

18. 传染性是计算机病毒特点之一，却不是病毒的共性。（　　　　）

19. 病毒程序大多以隐形的形式存在，它单独出现，很难被发现。（　　　　）

20. 瑞星杀毒软件的实时监控程序是一种防火墙。（　　　　）

21. 新购置的软件也要进行病毒检测。（　　　　）

22. 在不联网的情况下，软盘是传染病毒的最主要渠道。（　　　　）

23. 杀毒不仅可以选用杀毒软件，还可以手动摘除病毒代码。（　　　　）

24. 源码病毒是在程序被编译之后才插入到源程序中去的，而且病毒程序一般是在语言处理程序或连接程序中。（　　　　）

25. 病毒程序大多夹在正常程序之中，很难被发现，这属于病毒的潜伏性。（　　　　）

26. 嵌入型病毒攻击高级语言编写的程序。（　　　　）

27. 长度比较法和内容比较法不能区别程序的正常变化和病毒攻击引起的变化，这是因为它们不能识别保持宿主程序长度不变的病毒。（　　　　）

28. 网络安全主要涉及的领域有社会经济领域、电子商务领域和教育领域。（　　　　）

29. 属于防火墙应有功能的有过滤进、出网络的数据包，对密码进行加密和管理进、出网络的访问行为。（　　　　）

30. 电子钱包是与浏览器一起工作的助手应用程序。（　　　　）

31. 电子商务立法所覆盖的范围应当是"商务"和"通讯手段"两个子集所形成的交集。（　　　　）

32. DB2 是 IBM 公司开发的关系数据库管理系统，只有一种版本。（　　　　）

33. SYBASE 是世界上第一个真正基于 Client/Server 结构的 RDBMS 产品。（　　　　）

34. 数据库就是信息的集合，这种集合与特定的主题和目标相联系。（　　　　）

35. DB2 是 IBM 公司开发的关系数据库管理系统。（　　　　）

36. SQL Server 是 HP 公司开发的一个关系数据库管理系统。（　　　　）

37. 互联网信息资源多而分散，且缺乏有效的管理。（　　　　）

38. 网络信息更新及时、传递速度快。（　　　　）

39. 数据库就是信息的集合，这种集合与特定的主题和目标相联系。（　　　　）

40. Sybase 是英国 SYBASE 公司推出的客户机/服务器结构的关系数据库系统。（　　　　）

41. 计算机的中央处理器(CPU)的主频越高，表明 CPU 的运算速度越快，性能也越好。（　　　　）

42. 在计算机中，存储器容量以字节(Byte)为基本单位，一个字节由 8 个二进制位(bit)组成。（　　　　）

43. 大多数计算机仅需输入 guest 即可登录到远程计算机上。（　　　　）

44. Network Marketing 主要是指网络营销是在虚拟的计算机空间进行运作。（　　　　）

45. 网络营销是有效的营销工具，企业实施网络营销时只要大胆投入肯定没有风险。（　　　　）

46. 网上商店的单证需要一个详尽的解释来说明如何使用单证和进行购买。（　　　　）

47．身份注册类网上单证不但可以注册身份，也可以发布信息。（　　　　）

48．不同类型的网上单证在网站内部的处理流程是基本相同的。（　　　　）

49．信息交流类网上单证在发布信息前必须先注册。（　　　　）

50．网上商店应该让消费者在任何页面均可进入"订单查询"，以便对提交的订单进行查询和修改。（　　　　）

51．客户不可以将已生效的电子订单删除。（　　　　）

52．如果电子订单处于"已收款"状态，则客户无论采取何种方式，均不能取消该订单。（　　　　）

53．区分有形信息产品合同和无形信息产品合同的意义在于合同的履行方式不同。（　　　　）

54．在电子商务条件下，买卖双方的权利和义务是对等的。（　　　　）

55．为保证电子合同的有效性，在有条件的情况下，可对在网上订立的电子合同，在网下签字确认。（　　　　）

56．防火墙是用来对两个或多个网络之间的相互访问实行强制性管理的安全系统。（　　　　）

57．在物流中常用的运输工具包括汽车、轮船、火车和飞机等。（　　　　）

58．远洋航运是国际货物运输的主要方式。其主要优点是能够运输数量巨大的货物，适合于进行长距离、高价值、高密度、便于机械设备搬运的货物运输。其营运范围不受限制，可靠性与可接近性较好。（　　　　）

59．目前，随着企业对供应链管理重视程度的提高，越来越多的企业愿意购买第三方运输。对许多企业来说，与提供运输服务的企业合作有很多优点，可以让本企业从琐碎的运输活动中解放出来，集中精力进行产品的开发和制造。（　　　　）

60．装卸搬运是指在一定地域范围内进行的、以改变货物存放状态和空间位置为主要内容和目的的物流活动。通常情况下，货物存放状态和空间位置是分开考虑的。（　　　　）

综合练习题参考答案

综合练习题一参考答案

一、判断题

1．T　2．T　3．T　4．T　5．T
6．T　7．T　8．T　9．F　10．F

二、单项选择题

1．C　2．C　3．A　4．C　5．B　6．D　7．C　8．B
9．C　10．C　11．A　12．B　13．B　14．A　15．A　16．D
17．D　18．C　19．A　20．D　21．C　22．C　23．A　24．C
25．D　26．C　27．C　28．B　29．B　30．B　31．C　32．C
33．A　34．D　35．D　36．D　37．C　38．A　39．B　40．B
41．B　42．D　43．A　44．B　45．D　46．B　47．D　48．D

三、多项选择题

1. ABCD 2. ABCD 3. ABCD 4. ABC 5. ABCD 6. ABCD
7. ABD 8. ACD 9. BC 10. CD 11. BC 12. AD
13. ABCD 14. AB 15. AB 16. ABC 17. ABC 18. ABC
19. AB 20. ABCD

综合练习题二参考答案

一、判断题

1. F 2. T 3. T 4. T 5. T
6. T 7. T 8. T 9. T 10. F

二、单项选择题

1. D 2. C 3. C 4. D 5. D 6. B 7. B 8. D
9. A 10. B 11. B 12. C 13. B 14. B 15. A 16. B
17. C 18. B 19. C 20. D 21. A 22. D 23. D 24. D
25. C 26. C 27. C 28. C 29. D 30. B 31. A 32. B
33. A 34. C 35. A 36. B 37. D 38. B 39. C 40. C
41. B 42. D 43. D 44. D 45. A 46. A 47. D 48. B
49. B 50. B

三、多项选择题

1. AC 2. BC 3. CD 4. ABCD 5. AD 6. ACD
7. BD 8. CD 9. ABCD 10. BC 11. ABC 12. AD
13. ABCD 14. ACD 15. ABCD 16. AD 17. ABCD 18. ABCD
19. AC 20. AB 21. CD 22. B 23. ACD 24. ABD

综合练习题三参考答案

一、判断题

1. T 2. F 3. T 4. T 5. F
6. T 7. F 8. T 9. T 10. F

二、单项选择题

1. C 2. C 3. C 4. C 5. B 6. B 7. D 8. A 9. A
10. D 11. C 12. C 13. A 14. D 15. B 16. C 17. C 18. B
19. B 20. B 21. D 22. D 23. D 24. B 25. D 26. B 27. D
28. B 29. D 30. C 31. C 32. A 33. B 34. A 35. D 36. D
37. B 38. C 39. D 40. D 41. A 42. C 43. A 44. B 45. C
46. C 47. A 48. C 49. C 50. A

三、多项选择题

1. ABCD 2. CD 3. AB 4. ABC 5. ABC 6. ACD

7. ABCD　　8. ACD　　　9. ACD　　　10. BC　　11. ABCD　12. ABC
13. BD　　　14. CD　　　15. ABCD　16. ABD　　17. BCD　　18. ABCD
19. ABC　　20. AC

综合练习题四参考答案

单项选择题

1. B　　2. A　　3. D　　4. D　　5. B　　6. B　　7. A　　8. C　　9. A
10. A　11. A　12. A　13. C　14. C　15. C　16. B　17. D　18. D
19. B　20. A　21. B　22. D　23. D　24. A　25. B　26. D　27. C
28. A　29. C　30. D　31. B　32. D　33. D　34. A　35. B　36. A
37. A　38. C　39. C　40. D　41. A　42. B　43. B　44. B　45. B
46. B　47. C　48. D　49. D　50. A

综合练习题五参考答案

单项选择题

1. B　　2. C　　3. A　　4. C　　5. B　　6. C　　7. A　　8. D　　9. C
10. D　11. D　12. A　13. A　14. B　15. B　16. C　17. B　18. B
19. A　20. A　21. A　22. A　23. B　24. C　25. C　26. B　27. D
28. A　29. C　30. C　31. D　32. B　33. A　34. A　35. A　36. C
37. C　38. A　39. C　40. D　41. A　42. A　43. A　44. C　45. A
46. C　47. D　48. C　49. D　50. A

综合练习题六参考答案

一、单项选择题

1. A　　2. C　　3. B　　4. A　　5. D　　6. B　　7. A　　8. A　　9. B
10. D　11. C　12. A　13. C　14. C　15. B　16. D　17. A　18. B
19. C　20. D　21. C　22. B　23. A　24. A　25. C　26. D　27. A
28. C　29. C　30. A　31. A　32. C　33. C　34. A　35. B　36. C
37. D　38. A　39. A　40. C　41. A　42. C　43. C　44. A　45. A
46. A　47. C　48. C　49. C　50. C　51. C　52. B　53. C　54. D
55. B　56. D　57. B　58. D　59. A　60. D　61. B　62. A　63. B
64. D　65. C　66. D　67. B　68. A　69. B　70. B　71. D　72. A
73. C　74. A　75. C　76. D　77. A　78. C　79. A　80. B　81. B
82. A　83. A　84. D　85. B　86. A　87. D　88. B　89. D　90. B
91. B　92. D　93. A　94. A　95. B　96. C　97. D　98. A　99. D
100. C　101. D　102. D　103. D　104. C　105. D　106. A　107. B　108. D
109. D　110. B　111. A　112. C　113. D　114. A　115. A　116. A　117. A

118. A　119. D　120. C

二、判断题

1. T　2. F　3. T　4. T　5. F　6. T　7. T　8. T　9. F
10. F　11. T　12. F　13. T　14. F　15. F　16. F　17. T　18. F
19. F　20. T　21. T　22. T　23. T　24. F　25. F　26. F　27. T
28. F　29. T　30. T　31. T　32. F　33. T　34. T　35. T　36. F
37. T　38. T　39. T　40. F　41. T　42. T　43. T　44. F　45. F
46. F　47. F　48. T　49. T　50. T　51. F　52. F　53. T　54. T
55. F　56. T　57. T　58. F　59. T　60. F

附录一 助理电子商务师考试试题一(附参考答案)

一、判断题(共 20 题,每题 1 分,满分 20 分。请将正确答案填在括号内,正确写 T,错误写 F)

1. 在 WWW 环境中,信息是以信息页的形式显示与链接的。(　　　)

2. 主页是用户使用 WWW 浏览器访问 Intranet 上 WWW 服务器所看到的第一个页面。(　　　)

3. URL 是 FTP 的地址编码,采用 URL 可以用一种统一的格式来描述各种信息资源。(　　　)

4. HTTP 协议是目前在 WWW 中应用最广的协议。(　　　)

5. 文件路径是指文件在服务器系统中的绝对路径。(　　　)

6. 本地 Internet 区域只适用于连接到本地网络的服务器。(　　　)

7. 为进行网络中的数据交换而建立的规则、标准或约定叫做网络协议。(　　　)

8. 在 TCP/IP 网络中,每一台主机必须有一个 IP 地址。(　　　)

9. TCP/IP 协议规定,每个 IP 地址由网络地址组成。(　　　)

10. 在全世界范围内,域名是网状结构,这个网状结构称为域名空间。(　　　)

11. FTP 服务基于浏览器/服务器模式。(　　　)

12. FTP 软件是用户使用文件传输服务的界面,按照界面风格的不同,可分为字符界面和图形界面。(　　　)

13. 匿名 FTP 服务器通常不允许用户上传文件。(　　　)

14. 在网页中插入图像时,用得最多的图像格式是 GIF 和 JPEG。(　　　)

15. 超链接表示若干对象之间的一种联系。(　　　)

16. 表格单元中不仅可以输入文字,也可以插入图片。(　　　)

17. 表格对页面区域进行划分,而框架对整个窗口进行划分。(　　　)

18. HTML 是一种专门用来设计网站的计算机标记语言。(　　　)

19. 计算机病毒按其表现性质可分为良性的和恶性的。(　　　)

20. 病毒程序大多夹在正常程序之中,很容易被发现。(　　　)

二、单项选择题(共 40 题,每题 1 分,满分 40 分。请将正确选项代号填在括号中。)

1. 正确的 URL 格式为(　　　)。

A. (协议)：//(主机名)：(端口号)/(文件路径)/(文件名)

B. (主机名)：//(协议)：(端口号)/(文件路径)/(文件名)

C. (协议)：//(主机名)：(端口号)/(文件名)/(文件路径)

D. (协议)：//(端口号)：(主机名)/(文件路径)/(文件名)

2. 协议和主机名之间用符号(　　　)隔开。

A. "：/"　　　　　　　B. "：\\"　　　　　　　C. "：//"　　　　　　　D. "：\"

3. IE5 将 Internet 划分成 Internet 区域、本地 Internet 区域、可信站点和(　　　)。

A．不可信站点 　　　　B．远程区域 　　　C．受限站点 　　　　D．本地区域

4．TCP/IP 协议是(　　　)网络上所使用的协议。

A．Internet 　　　　B．Intranet 　　　C．Extarnet 　　　　D．LAN

5．TCP 是传输控制协议，IP 协议又称(　　　)。

A．局域网协议 　　　B．广域网协议 　　　C．互联网协议 　　　D．内联网协议

6．Internet 上计算机的 IP 地址有(　　　)两种表示形式。

A．IP 地址和域名 　　　　　　　　　　B．IP 地址和中文域名

C．IP 地址和网络 　　　　　　　　　　D．网络和域名

7．每个 IP 地址由 32 个二进制位构成，分 4 组，每组(　　　)个二进制位。

A．4 个 　　　　　B．16 个 　　　C．32 个 　　　　D．8 个

8．Telnet 在运行过程中，实际上启动的是两个程序，一个叫 Telnet 客户程序，另一个叫(　　　)。

A．Telnet 服务程序 　　　　　　　　　B．Telnet 服务器程序

C．Telnet 运行程序 　　　　　　　　　D．Telnet 执行程序

9．一个标准的 HTML 文件是以<html>标记开始，并以(　　　)标记结束。

A．<html> 　　　　B．</htm> 　　　C．<htm> 　　　　D．</html>

10．对于计算机病毒的潜伏性，下列正确的说法是(　　　)。

A．病毒侵入后，立即活动

B．病毒侵入后，一般不立即活动，条件成熟后也不作用

C．病毒侵入后，一般不立即活动，需要等一段时间，条件成熟后才作用

D．病毒侵入后，需要等一段时间才作用

11．驻留型病毒感染计算机后，把自身驻留部分放在(　　　)中。

A．ROM 　　　　　B．软盘 　　　C．硬盘 　　　　D．RAM

12．以下选项中，不是网上市场调研的主要内容的是(　　　)。

A．市场需求研究 　　　　　　　　　　B．网站建设研究

C．营销因素研究 　　　　　　　　　　D．竞争对手研究

13．使用 E-mail 进行市场调研，不是应注意问题的是(　　　)。

A．首先传递最重要的信息 　　　　　　B．邮件背景的选择

C．把文件标题作为邮件主题 　　　　　D．邮件越短越好

14．在线调查表的主要内容有事前准备、调查问卷的设计和(　　　)。

A．问卷分析 　　　B．事后的检查 　　　C．邮件列表 　　　D．营销方法

15．网上调查要注意的问题有因特网的安全性问题和(　　　)。

A．因特网无限制样本问题 　　　　　　B．网民文化结构问题

C．开放性问题 　　　　　　　　　　　D．因特网无国界问题

16．常用的聚类方法有样品聚类法、系统聚类法和(　　　)。

A．判别分析法 　　　　　　　　　　　B．探索性分析法

C．回归聚类分析 　　　　　　　　　　D．平共处模糊聚类法

17．两个变量之间不精确、不稳定的变化关系称为(　　　)。

A．回归关系 　　　B．相关关系 　　　C．聚类关系 　　　D．线性关系

18. 相关系数只能描述两个变量之间的变化方向及密切程度，并不能揭示二者之间的（　　　）。

A．内在本质联系　　B．内在功能　　C．外在联系　　D．外在功能

19. 时间序列分析主要用于系统描述、系统分析和（　　　）。

A．预测未来　　　　B．系统集成　　C．功能描述　　D．预测描述

20. 曲线图可分为简单曲线图和（　　　）。

A．单一曲线图　　　B．矩形曲线图　　C．正弦曲线图　　D．复合曲线图

21. Usenet 顶级类别 Comp 表示（　　　）。

A．商业　　　　　　B．政府　　　　　C．军事　　　　　D．计算机

22. Usenet 中判断某个组的主题有两种方法，即阅读讨论组的章程和（　　　）。

A．从讨论组中的文章内容中判断　　　B．从网址中判断

C．打电话　　　　　　　　　　　　　D．用电子邮件咨询

23. 选择旗帜广告服务提供商时主要应当考虑（　　　）个方面的要素。

A．四　　　　　　　B．五　　　　　　C．六　　　　　　D．三

24. 以下选项中，不属于公告栏广告发布技巧的是（　　　）。

A．写一个好标题　　　　　　　　　　B．在相关的类别、地点发布广告

C．注意发布频率　　　　　　　　　　D．文字处理

25. 以下选项中，不属于选择旗帜广告提供商时主要考虑的要素的是（　　　）。

A．提供商的信息服务种类和用户服务支持

B．提供商的经营业绩

C．提供商的设备条件和技术力量配备

D．提供商的通信出口速率

26. 以下选项中，不属于新闻组中发布信息的技巧的是（　　　）。

A．在发布信息的同时使用动画

B．在新闻组中发布网站，并请求别人提出意见

C．张贴一些能为观看者提供有价值信息的文章

D．经常在选定的新闻组中张贴消息或回复别人张贴的消息

27. 网站模版是指网站内容的总体结构和（　　　）。

A．页面格式总体规划　　　　　　　　B．网页制作规划

C．动画制作规划　　　　　　　　　　D．数据库规划

28. 索引网站的方式基本分为使用 Spider 对网站进行索引和（　　　）。

A．全文索引　　　　B．目录索引　　　C．选择索引　　　D．关键索引

29. 搜索引擎排名优先级标准有时也可能被称做（　　　）。

A．相关索引　　　　B．排列组合　　　C．目录索引　　　D．相关分数

30. 以下选项中，不属于选择关键字的策略的是（　　　）。

A．不断地寻找关键字　　　　　　　　B．使用更长的关键字

C．词意相反的关键字　　　　　　　　D．关键字的组合

31. 商店生成系统主要可分为三个大模块：前台商务系统、商家店面管理系统和（　　　）。

A．信息发布系统　　　　　　　　　　B．站点后台管理系统

C．管理员系统　　　　　　　　　　　D．基本资料输入系统

32．以下选项中，不属于消费者在网上商店进行购物的操作的是(　　　　)。

A．浏览产品　　　　B．选购产品　　　　C．订购产品　　　　D．信息发布

33．伴随网络消费者在网上商店进行购物的是网上商店提供的(　　　　)。

A．信息发布系统　　B．数据库系统　　　C．信用卡管理系统　D．购物车

34．以下选项中，不属于网上商店订单处理流程的关键因素的是(　　　　)。

A．价格因素　　　　B．时间因素　　　　C．成本因素　　　　D．供货准确性因素

35．SCCN 的整个交易流程为询价和报价、洽谈、签约和(　　　　)。

A．认证　　　　　　B．执行　　　　　　C．汇款　　　　　　D．划账

36．要使网上交易成功首先要能确认对方的(　　　　)。

A．身份　　　　　　B．信用程度　　　　C．资金多少　　　　D．是否上网

37．数字证书采用公钥体制，即利用一对互相匹配的密钥进行(　　　　)。

A．加密　　　　　　B．加密、解密　　　C．解密　　　　　　D．安全认证

38．数字证书的作用是证明证书中列出的用户合法拥有证书中列出的(　　　　)。

A．私人密钥　　　　B．加密密钥　　　　C．解密密钥　　　　D．公开密钥

39．在电子钱包内可以装入各种(　　　　)。

A．电子货币　　　　B．数字证书　　　　C．用户资料　　　　D．认证资料

40．电子钱包是与浏览器一起工作的(　　　　)。

A．应用软件　　　　B．信息系统　　　　C．集成系统　　　　D．助手应用程序

三、多项选择题(共 40 题，每题 1 分，满分 40 分。每题的备选答案中有两个或两个以上符合题意的答案，请将正确选项代号填在括号中。错选、少选或多选均不得分)

1．主页一般包含的基本元素有(　　　　)。

A．文本(Text)　　　　　　　　　　　B．图像(Image)

C．表格(Table)　　　　　　　　　　　D．超链接(Hyperlink)

2．URL 的内容包括(　　　　)。

A．传输协议　　　　　　　　　　　　B．存放该资源的服务器名称

C．资源在服务器上的路径及文件名　　D．文本

3．Internet 将顶级域名分成(　　　　)。

A．商业顶级域名　　　　　　　　　　B．国际顶级域名

C．国家顶级域名　　　　　　　　　　D．通用顶级域名

4．BBS 常用的功能有(　　　　)。

A．阅读文章　　　　B．收发 E-mail　　C．发表文章　　　　D．交流聊天

5．以下选项中，属于计算机病毒的主要特点的是(　　　　)。

A．破坏性　　　　　B．隐蔽性　　　　　C．传染性　　　　　D．时效性

6．相对于传统商务信息，网络商务信息具有的显著特点是(　　　　)。

A．实效性强　　　　B．便于存储　　　　C．准确性高　　　　D．集中性好

7．网络市场调查中邮发给调查对象的调查表，其构成部分有(　　　　)。

A. 问候语   B. 提问用纸和回答栏

C. 问题项目单   D. 编码栏

8. 网上市场调研的样本类型有( )。

A. 随机样本   B. 信息样本   C. 过滤性样本   D. 选择样本

9. 下面( )属于网上单证设计时需要注意的地方和可以采用的技巧。

A. 线条流畅   B. 尽力使客户在购物时感到方便

C. 提供可视化的线索和与购物车链接   D. 个性化和问候语

10. 网上订单的后台处理的过程主要包括( )。

A. 订单传递   B. 收发电子邮件

C. 订单登录   D. 订单处理状态追踪

11. 以下( )属于网上购物的购物车应该具备的功能。

A. 自动跟踪并记录消费者在网上购物过程中所选择的商品

B. 允许购物者随时更新购物车中的商品

C. 完成对数据的校验

D. 具有良好的扩展性和接口

12. 购物车软件应该由以下( )组成。

A. 购物车显示模块   B. 用户交流模块

C. 确认和支付模块   D. 订单生成模块

13. 完善网上商店订单处理流程的原因主要来自( )。

A. 客户   B. 银行   C. 企业   D. 认证中心

14. 以下选项中,属于网上单证常见问题的是( )。

A. 客户不知道订单是否提交成功   B. 有效的订单但尚未付款

C. 购物订单的确认、提交与订单合并   D. 网上支付出现错误

15. 电子合同按照自身的特点分类,可以分成( )。

A. 信息产品合同与非信息产品合同   B. 有形信息产品合同与无形信息产品合同

C. 信息许可使用合同与信息服务合同   D. 有价合同与无价合同

16. 网络安全的四大要素为( )。

A. 信息传输的保密性   B. 数据交换的完整性

C. 发送信息的不可否认性   D. 交易者身份的确定性

17. 采用数字签名,能够确认以下( )几点。

A. 保证信息是由对方签名发送的,签名者不能否认或难以否认

B. 保证信息是由签名者自己签名发送的,签名者不能否认或难以否认

C. 保证信息签发后未曾做过任何修改,签发的文件是真实文件

D. 保证信息自签发后到收到为止未曾做过任何修改,签发的文件是真实文件

18. 以下选项中,属于电子钱包中的账户信息的是( )。

A. 用户身份   B. 卡说明   C. 卡品牌   D. 证书语言

19. 以下选项中,属于标准 X.509 数字证书内容的是( )。

A. 证书的版本信息

B. 证书的序列号,每个证书都有一个唯一的证书序列号

C. 证书使用者对证书的签名

D. 证书所使用的签名算法

20. 电子钱包中记录每笔交易的交易状态有(　　　)几种。

A. 成功　　　　　　B. 订单接收　　　C. 未完成　　　　　　D. 订单拒绝

21. 在电子商务充分被使用的今天,营销战略中网络营销能够体现的作用是(　　　)。

A. 对营销竞争战略影响

B. 胜负的关键在于如何适时获取、分析、运用这些自网络上获得的信息

C. 由于网络的自由开放性,网络时代的市场竞争是透明的,人人都能掌握竞争对手的
产品信息与营销作为

D. 对企业跨国经营战略影响

22. 关于网络营销的看法中,作为电子商务师,下列说法比较客观的是(　　　)。

A. 已经和传统营销完整地结合

B. 将影响到营销所涉及的各个方面

C. 网络营销只是局限于一种营销手段和媒体的改变

D. 在很长一段时间内网络营销与传统营销是相互影响和相互促进的局面,最后实现融
洽的内在统一

23. 在进行网络营销时,欲收集境外厂商报价,比较可行的方法有(　　　)。

A. 通过厂方站点查询　　　　　　　B. 利用生产商协会的站点查询

C. 利用讨论组查询　　　　　　　　D. 利用 Trade-Lead 查询

24. 如果一个电子商务师所服务的是进行国际贸易的企业,下列选项中,数据比较有
价值的是(　　　)。

A. 关税　　　　B. 产品价格　　　C. 国际贸易数据　　　D. 贸易政策

25. 作为电子商务师,在网络营销行为中,欲收集销售商的报价,下列选项中,比较
可行的方案有(　　　)。

A. 查询政府酒类专卖机构的价格　　　B. 通过商务谈判定价

C. 查询销售商站点的报价　　　　　　D. 聊天室和 BBS

26. 网络商务信息具有的优于传统商务信息显著特点的是(　　　)。

A. 实效性强　　　　B. 准确性高　　　C. 便于存储　　　　　D. 收益大

27. 常规的网络商务信息可以分为四个等级,其中有(　　　)。

A. 无价商务信息　　　　　　　　　B. 收取较低费用的信息

C. 收取标准信息费的信息　　　　　D. 优质优价的信息

28. 下列关于网络商务信息的存储的说法中正确的是(　　　)。

A. 网络商务信息没办法存储

B. 网络商务信息可以方便地从因特网下载存储到自己的计算机上使用

C. 自己本地信息资料遗失后,还可以到原有的信息源中再次查找

D. 网络商务信息是只能存储在网站上,极不方便

29. 电子商务良好实施的组织中,网络商务信息对企业行为中(　　　)起到重要的影响
(　　　)。

A. 有关网络营销决策和计划方面

B．有关企业的战略管理方面

C．有关市场研究方面

D．有关新产品开发方面

30．有关网络营销和传统营销的特点描述正确的是(　　　　)。

A．网络营销能够使市场个性化得到体现，最终将适应每一个用户的需求

B．建立顾客对于虚拟企业与网络营销的信任感，是网络营销成功的关键

C．顾客不是网络营销竞争的焦点

D．基于网络时代的目标市场、顾客形态、产品种类与以前会有很大的差异

31．网络营销中通过在线调查表进行市场调查是常见的方式。在线调查表设计中应注意的问题是(　　　　)。

A．必须明确提问的意思和范围

B．问题设计应力求简明扼要

C．所提问题不应有偏见或误导和不要诱导人们回答

D．避免引起人们反感或难以回答的问题

32．网络营销中进行广告发布，选择发布媒介时如果选择了旗帜广告，要考虑的条件有(　　　　)。

A．要考虑广告的效率

B．要考虑广告的收益

C．要考虑广告费用

D．要考虑所选择的媒体的形象是否与广告推广形象吻合

33．通常，进行广告信息发布时，电子商务师选择在公告栏发布信息，应注意的技巧包括(　　　　)。

A．留下准确及时的联系方式　　　　　　B．内容部分要简明扼要

C．一个好标题　　　　　　　　　　　　D．在相对广泛的区域和地点发布广告

34．通常，进行广告信息发布时，电子商务师选择在新闻组发布信息，应注意的技巧包括(　　　　)。

A．张贴有价值信息的文章，建立信誉度

B．经常在选定的新闻组中张贴消息或回复别人张贴的消息

C．可以使用网站网页升级更新通知

D．以请求别人提出意见的方式发布网站

35．如果企业在搭建电子商务平台时，通过购买商店管理软件系统来搭建企业的网上商店平台，优点是(　　　　)。

A．比较适合于大中型企业

B．生成的商店会是具有规模效应的一组商店中的一分子

C．不需要大力推广简单快捷

D．可以根据企业自己的特性搭建个性化网上商店

36．在进行市场数据分析时，通常用到的几种主要的图表是(　　　　)。

A．雷达图　　　　　B．曲线图　　　　　C．面积图　　　　　D．柱形图

37．电子商务师在收集各国生产商的背景资料时，方案可行的有(　　　　)。

A．利用 Yahoo 等目录型的搜索工具收集

B．利用 Infoseek 等数量型的搜索工具查询

C．通过地域性的搜索引擎查询

D．通过 YellowPage 等商业工具查询

38．在网络市场调研的行为中，良好的针对调查过程的管理和控制是非常必要的，通常采用的步骤应该包括的要点有(   )。

A．网上调查项目的设定   B．明确调查对象

C．明确调查目的   D．调查方法的选择

39．普遍的营销概念中，关于营销的研究，通常包括(   )。

A．广告策略的研究   B．分销渠道的研究

C．价格研究   D．产品的研究

40．E-mail 是一种非常方便的互联网沟通工具，电子商务师在使用 E-mail 作为市场调研工具时，应注意(   )。

A．邮件应该言简意赅   B．首先传递最重要的信息

C．把文件标题作为邮件主题   D．尽量使用 ASCII 码纯文本格式文章

参 考 答 案

一、判断题

1．T   2．F   3．F   4．T   5．F   6．F   7．T   8．T

9．F   10．T   11．F   12．T   13．T   14．T   15．F   16．T

17．T   18．F   19．T   20．F

二、单项选择题

1．A   2．C   3．C   4．A   5．C   6．A   7．D   8．B   9．D

10．C   11．D   12．B   13．C   14．B   15．A   16．D   17．B   18．A

19．A   20．D   21．D   22．A   23．B   24．D   25．B   26．A   27．A

28．B   29．D   30．C   31．B   32．D   33．D   34．A   35．B   36．A

37．B   38．D   39．A   40．D

三、多项选择题

1．ABCD   2．ABC   3．BCD   4．ABCD   5．ABCD   6．ABC

7．ABCD   8．ACD   9．BCD   10．ACD   11．ABCD   12．ACD

13．AC   14．ABCD   15．ABC   16．ABCD   17．BC   18．BCD

19．ABD   20．ABCD   21．ABCD   22．BD   23．ABCD   24．ABCD

25．ABC   26．ABC   27．BCD   28．BC   29．ABCD   30．ABD

31．ABCD   32．ABCD   33．ABCD   34．ABCD   35．AD   36．ABCD

37．ABCD   38．ABCD   39．ABCD   40．ABCD

附录二　助理电子商务师考试试题二(附参考答案)

一、判断题(请将正确答案填在括号内，正确的填 T，错误的填 F)

1. 目前所有关系数据库管理系统如 Oracle、Sybase、DB2、Informix、SQL Server 等均采用 SQL 作为基础工具语言。(　　　　)

2. Oracle 是微软公司开发的一种适用于大型、中型和微型计算机的关系数据库管理系统。(　　　　)

3. 防火墙的安全性能是固定的，不可以设置。(　　　　)

4. "主页"是 Internet Explore 每次启动时最先打开的起始页，有三种设置方法：使用当前页、使用默认页、使用空白页。(　　　　)

5. FTP 协议是 TCP/IP 协议的一部分，它定义了本地登录客户机与远程服务器之间的交互过程。(　　　　)

6. 区域品牌设置统一品牌形象，这样可以利用知名品牌的信用带动相关产品的销售，这一营销策略不会对企业的全局产生不利影响。(　　　　)

7. 判断某个新闻组的主题可以通过阅读讨论组的章程或者通过文章的内容进行判断。(　　　　)

8. 如果订单处于"未处理"状态，可通过 E-mail 或电话方式取消订单。(　　　　)

9. 购物车显示模块主要采用 Cookie 技术来实现，Cookie 被称为客户端持有数据(Client-side persistent information)，这是存储在 Web 客户端的小的程序文件。(　　　　)

10. 采用数字签名，能够保证信息自签发起到收到为止未曾做过任何修改，签发的文件是真实文件。(　　　　)

二、单项选择题

1. 以下是网络商品直销的优点，其中说法正确的是(　　　　)。
A. 能够有效地增加交易环节
B. 大幅度地增加交易成本
C. 增加消费者所得到的商品的最终价格
D. 有效地减少售后服务的技术支持费用

2. 以下不属于检索工具按照服务提供方式分类的是(　　　　)。
A. 全文数据库检索软件　　　　　　　B. 非全文数据库检索软件
C. 元搜索引擎　　　　　　　　　　　D. 主题指南类检索

3. 必须依靠强大的数据库作为后盾，能够提供完整的文献和信息检索，查全率很高，对检索技术的要求很高。这种搜索引擎是(　　　　)。
A. 全文数据库检索软件　　　　　　　B. 非全文数据库检索软件
C. 主题指南类检索软件　　　　　　　D. 元搜索引擎

4. 以下不属于电子支票类的电子支付工具是(　　　　)。
A. 电子支票　　　B. 电子汇款　　　C. 电子划款　　　D. 智能卡

5. 关于厂内物流，说法不正确的是(   )。

A. 将所采购的原材料和零部件等放入仓库并加以妥善保管，在生产需要时及时出库送到生产现场

B. 生产的商品从工厂、物流中心或外单位的仓库送到批发商手中

C. 将工厂生产的商品运到物流中心、厂内或其他工厂的仓库入库

D. 物流中心和工厂的仓库对商品进行必要的运输包装和流通加工等。

6. 商业企业在商品经营中的物流活动包括商品的进、销、调、存、退各个不同的阶段，其物流活动的重点和目的也各不相同，以下说法错误的是(   )。

A. 尽可能降低商品采购进货的成本及其相关的费用就会给企业带来更高的利润

B. 商业企业的内部物流的主要作用是保证商品的正常销售

C. 销售物流使商品的交易活动得以完成，并通过良好的销售活动维系企业与客户的关系，做好售后服务

D. 企业的退货物流完成的则是向商品的采购据点的退货，对大型企业并不重要

7. 以下对防火墙的说法错误的是(   )。

A. 只能对两个网络之间的互相访问实行强制性管理的安全系统

B. 通过屏蔽未授权的网络访问等手段把内部网络隔离为可信任网络

C. 用来把内部可信任网络对外部网络或其他非可信任网的访问限制在规定范围之内

D. 防火墙的安全性能是根据系统安全的要求而设置的，因系统的安全级别不同而有所不同

8. 关于统一资源定位器的说法错误的是(   )。

A. URL 是 WWW 的地址编码

B. 采用 URL 可以用一种统一的格式来描述各种信息资源，包括文件、服务器的地址和目录等

C. 它完整地描述了 Internet 上超文本的地址

D. 在 WWW 上的所有能被访问的信息资源，都有一个不唯一的地址，即 URL

9. 以下网址属于 C 类网址的是(   )。

A. 127.0.0.1   B. 192.168.0.1   C. 172.30.115.46   D. 10.30.115.234

10. 当我们要在网页中制作"超链接"时，应注意(   )。

A. 必须使用非成对标记<a>来完成链接工作

B. 在<a>标记中，可以使用绝对网址或相对网址表示链接目标

C. "绝对网址"通常用来链接当前网站中的其他网页

D. "相对网址"主要用来链接其他网站的网页

11. 有关受限站点区域叙述正确的是(   )。

A. 该区域包含用户不信任的站点   B. 该区域默认安全等级为"低"

C. 可直接下载或运行文件   D. 该区域默认安全等级为"中低"

12. 关于用 FrontPage 制作网页，说法正确的是(   )。

A. 必须懂得 HTML 语言

B. 利用 FrontPage，用户只可以自定义表格

C. 可以把网页上的文本转换为表格

D．一个网页上可以有无限个框架，不会影响网页下载时间

13．以下不属于入侵病毒按传染方式分类的是(   )。

A．磁盘引导区传染的计算机病毒　　　B．操作系统传染的计算机病毒

C．一般应用程序传染的计算机病毒　　D．外壳病毒

14．关于计算机病毒的入侵方式说法错误的是(   )。

A．操作系统型病毒，它可以导致整个系统的瘫痪

B．源码病毒，在程序被编译之前插入FORTRAN、C或PASCAL等语言编制的源程序，
　　完成这一工作的病毒程序一般是在语言处理程序或连接程序中

C．外壳病毒，易于编写，不易发现

D．入侵病毒，一般针对某些特定程序而编写

15．网络营销对传统营销渠道产生了一定冲击，以下说法错误的是(   )。

A．中间商的重要性有所提高

B．由跨国公司所建立的传统的国际分销网络对小竞争者造成的进入障碍将明显降低

C．分销商将很有可能不再承担售后服务工作

D．通过互联网，生产商可与最终用户直接联系

16．网络营销对传统营销方式产生了巨大的影响，其中说法错误的是(   )。

A．逐步体现市场的个性化，最终应以每一个用户的需求来组织生产和销售

B．网络营销的企业竞争是一种以市场为焦点的竞争形态

C．实施客户关系管理是网络营销成功的关键

A．基于网络时代的目标市场、顾客形态、产品种类与以前会有很大的差异

17．网络营销对传统营销策略的影响不包括(   )。

A．对传统产品品牌策略冲击　　　　　B．对定价策略的影响

C．对传统营销渠道的冲击　　　　　　D．对传统广告障碍的巩固

18．网络营销对营销战略的影响，说法错误的是(   )。

A．使小企业更难于在全球范围内参与竞争

B．网络时代的市场竞争是透明的，人人都能掌握竞争对手的产品信息与营销作为

C．使得全球营销的成本核算低于地区营销，企业将不得不进入跨国经营的时代

D．不但要熟悉跨国市场顾客的特性以争取信任，并满足他们的需求，还要安排跨国生
　　产、运输与售后服务等工作，并且这些跨国业务都是经由网络来联系与执行的

19．以下对网络商务信息的分级叙述错误的是(   )。

A．第一级是免费商务信息，主要是社会公益性的信息

B．第二级是收取较低费用的信息，只收取基本的服务费用

C．第三级是收取标准信息费的信息

D．第四级是优质优价的信息，网络商务信息大部分属于这一范畴

20．关于网络营销对传统广告障碍的消除，说法不正确的是(   )。

A．网络空间具有无限扩展性，因此在网络上做广告可以较少地受到空间篇幅的局限

B．不能根据访问者特性如硬件平台、域名或访问时搜索主题等方面有选择地显示其
　　广告

C．迅速提高的广告效率也为网上企业创造了便利条件

D. 可以根据其注册用户的购买行为很快地改变向访问者发送的广告

21. 为了清楚地表现各种数值资料相互对比的结果,可以选择( )。

A. 圆饼图   B. 柱形图   C. 曲线图   D. 面积图

22. Z 公司要收集某品牌红酒销售商的报价信息,以下方案不可行的是( )。

A. 查询销售商站点的报价   B. 查询政府酒类专卖机构的价格

C. 利用邮件直接询问   D. 通过商务谈判定价

23. 营销因素研究的内容不包括( )。

A. 本企业的产品在整个市场的占有率   B. 市场潜在需求量有多大

C. 促销策略的研究   D. 价格研究

24. 使用 E-mail 进行市场调研,以下说法错误的是( )。

A. 尽量使用 ASCII 码纯文本格式文章   B. 首先传递最重要的信息

C. 把文件标题作为邮件主题   D. 邮件越详细、越长,则越好

25. 以下对新闻组的定级类别介绍正确的是( )。

A. comp 商业类   B. sci 科学类   C. rec 计算机类   D. alt 杂类

26. 在线调查表设计中应注意的问题有( )。

A. 网络市场调查中邮发给调查对象的调查表由问候语、问题项目单、回答栏、编码栏 4 个部分构成

B. 诱导人们回答

C. 所提问题可以有偏见或误导

D. 提问的意思和范围不必明确

27. 关于公告栏广告的发布技巧,以下说法不正确的是( )。

A. 写一个好标题   B. 对内容部分,要简明扼要

C. 在相关的类别、地点发布广告   D. 考虑服务商的设备条件和技术力量配备

28. 以下关于新闻组高效率的管理运行机制,说法正确的是( )。

A. 用户每次利用新闻组客户端软件下载的都是新标题和新文章

B. 访问新闻组不可以和浏览主页、发送电子邮件、下载和 FTP 上传文件同时进行

C. 切断网络连接后,用户不可以在本地阅读、回复文章

D. 新闻组客户端软件能够对各种新闻组信息进行有效的组织,这将降低用户的新闻处理效率

29. 网上商店的单证是商家与用户之间交易的凭证,进行设计时需要注意的地方和可以采用的技巧有( )。

A. 把干扰减少到最小,广告总是必需的

B. 要有详细的说明,不怕冗长

C. 给客户一个永久存放的地方

D. 提供可视化的线索和与购物车链接

30. 以下对网上购物车的说法,错误的是( )。

A. 伴随网络消费者在网上商店进行购物的是网上商店提供的购物车,商店最后按照客户购物车的信息确定客户的订单

B. 网上电子商厦提供的购物车能完成的功能是否合理和完整对于客户订单的最后确定

十分重要

C. 购物车应完成和支付网关接口的接通

D. 禁止购物者随时更新购物车中的商品，以免客户删除已购买的商品

31. 以下对订单的各种状态叙述错误的是( )。

A. 待处理：由于订单的信息不详，需要得到客户的确认

B. 已确认：表示客户提交的订单采用的是货到付款方式，并且已经被商店的订单处理员视为有效订单。进入配货流程

C. 已收款：表示客户已经收到这份订单订购的商品

D. 未处理：表示客户订单刚刚提交，还没有进行配送处理

32. 关于数字证书的原理说法正确的是( )。

A. 每个用户自己设定一把公有密钥，用它进行解密和签名

B. 数字证书采用公钥体制，即利用一对互相匹配的密钥进行加密、解密

C. 设定一把私有密钥为一组用户所共享，用于加密和验证签名

D. 当发送一份保密文件时，发送方使用接收方的私钥对数据加密，而接收方则使用自己的私钥解密

33. SET 协议涉及的对象不包括( )。

A. 消费者　　　　　　B. 离线商店　　　C. 收单银行　　　　　　D. 认证中心(CA)

34. 电子货币是相对传统货币而言的一种新型的支付手段种类，以下介绍错误的是( )。

A. 电子货币主要有智能卡形式的支付卡(如 Mondex 卡)或数字方式的货币文件(如 eCash 和 CyberCoin)

B. 电子货币具有用途广、使用灵活、匿名性、快速简便等特点

C. 使用电子货币需要直接与银行连接才可进行操作

D. Mondex 卡用于网下的支付，eCash 用于网上的支付

35. 与在现场购物用的 Mondex 不同，eCash 主要用于在互联网上进行购物和获得服务。以下说错误的是( )。

A. 早期的电子货币推广顺利，已得到普遍的应用

B. 电子货币不必分成与现钞相应的面额，尤其适用金额较小的业务的支付

C. 出于安全考虑，实际付款是消费者使用安全加密协议对 eCash 进行加密，并发给商家

D. 电子货币与信用卡的不同之处在于，银行是将资金贷给每个持卡人

36. 关于证书认证中心(Certificate Authority)的说法错误的是( )。

A. 在 SET 交易中，CA 对持卡人、商户发放证书，不能对获款的银行、网关发放证书

B. CA 中心为每个使用公开密钥的用户发放一个数字证书，数字证书的作用是证明证书中列出的用户合法拥有证书中列出的公开密钥

C. CA 机构的数字签名使得攻击者不能伪造和篡改证书

D. 作为电子商务交易中受信任的第三方，承担公钥体系中公钥的合法性检验的责任

37. 有关电子钱包(E-wallet)说法错误的是( )。

A. 一个在 SET 交易中运行在银行卡持卡人端的软件

B. 不能帮助持卡人管理用于 SET 购买的银行卡账户并存储购买信息

C. 持卡人的银行卡信息和与卡对应的证书都存放在电子钱包里

D. 电子钱包是与浏览器一起工作的助手应用程序

38. 对中国银行电子钱包的具体使用功能，理解正确的是(　　　　)。

A. 对银行卡账户信息修改以后，先前交易仍将列在购买记录窗口的新卡说明中

B. 可以改变那些状态为"有效"的卡的过期日期等信息，原已申请并安装的证书的状态不会改变

C. 电子钱包所选购买记录的细节显示在面板的较高位置

D. 如果"证书警告"优先选项未被激活，那么即使所使用的银行卡没有一个有效的证书，电子钱包程序也将处理购买记录而不使用证书提供的额外保护

39. 关于 SET 协议运行的目标，说法不合理的是(　　　　)。

A. 保证信息在互联网上安全传输

B. 保证电子商务参与者信息的相互沟通

C. 保证网上交易的实时性

B. 效仿 EDI 贸易的形式，规范协议和消息格式

40. 以下属于电子钱包中记录的每笔交易的交易状态的有(　　　　)。

A. 成功、订单接收、订单拒绝和未完成

B. 成功、订单接收和未完成

C. 订单接收、订单拒绝和未完成

D. 订单拒绝、未完成和成功

三、多项选择题

1. 关于一些常用数据库的介绍错误的是(　　　　)。

A. Sybase 是美国 IBM 公司在 20 世纪 80 年代中期推出的客户机/服务器结构的关系数据库系统，也是世界上第一个真正的基于 Client/Server 结构的 RDBMS 产品

B. Oracle 是微软公司开发的一种适用于大型、中型和微型计算机的关系数据库管理系统

C. DB2 是 IBM 公司开发的关系数据库管理系统

D. SQL Server 是微软公司开发的一个关系数据库管理系统，以 Transact-SQL 作为它的数据库查询和编程语言

2. 以下对元搜索引擎叙述正确的是(　　　　)。

A. 没有自己的数据

B. 由检索器根据用户的查询输入检索索引库，并将查询结果返回给用户

C. 服务方式为面向网页的全文检索

D. 不能够充分使用元搜索引擎的功能，用户需要做更多的筛选

3. 机器人搜索引擎是(　　　　)。

A. 由一个称为蜘蛛(Spider)的机器人程序以某种策略自动地在 Internet 中搜集和发现信息

B. 由索引器为搜集到的信息建立索引

C. 由检索器根据用户的查询输入检索索引库

D. 该类搜索引擎的缺点是信息量小、更新不及时

4. 商业企业在商品经营中的物流活动包括商品的进、销、调、存、退各个不同的阶段，其物流活动的重点和目的也各不相同，以下说法正确的是(　　　　)。

A. 尽可能降低商品采购进货的成本及其相关的费用就会给企业带来更高的利润

B. 商业企业的内部物流的主要作用是保证商品的正常销售

C. 销售物流使商品的交易活动得以完成，并通过良好的销售活动维系企业与客户的关系，做好售后服务

D. 企业的退货物流完成的则是向商品的采购据点的退货，对大型企业并不重要

5. 从总体上看，以下属于防火墙应具有的基本功能的是(　　　　)。

A. 过滤进出网络的数据包　　　　　　B. 管理进出网络的访问行为

C. 记录通过防火墙的信息内容和活动　　D. 封堵某些禁止的访问行为

6. 关于 TCP/IP 协议说法错误的是(　　　　)。

A. 是 Internet 所使用的协议，是事实上的工业标准

B. TCP 是传输控制协议，规定一种可靠的数据信息传递服务

C. TCP/IP 协议规定，每个 IP 地址由物理地址和主机地址两部分组成

D. IP 协议是传输控制协议，规定一种可靠的数据信息传递服务。

7. 关于 IP 地址分类说法错误的是(　　　　)。

A. A 类地址第一组数字的首位一定为 0

B. D 类地址用于将来的扩展之用

C. B 类地址的范围是 128~191

D. 每个 C 类网络所能容纳的主机数为 255 台

8. 以下情况可能与病毒有关的是(　　　　)。

A. 系统异常死机的次数增加　　　　　B. 系统运行速度异常慢

C. 出现莫名其妙的隐藏文件　　　　　D. 硬盘出现坏道

9. 在 www.sina.com.cn 中(　　　　)。

A. www 表示 WWW 服务器　　　　　B. com 表示商业机构

C. com 表示政府机构　　　　　　　　D. cn 表示中国

10. 以下对 FTP 登录方式的说法正确的是(　　　　)。

A. 有的 FTP 服务器要求用户输入合法的用户标识(ID)和口令(Password)

B. 有的提供称为"匿名 FTP 服务"的服务

C. 匿名 FTP 服务器通常允许用户上传文件

D. 匿名 FTP 是最受欢迎的 Internet 服务之一

11. FTP 软件是用户使用文件传输服务的界面，以下说法正确的是(　　　　)。

A. 按照界面风格的不同，FTP 软件可分为两类：字符界面和图形界面

B. 字符界面的 FTP 软件采用命令行方式进行人机对话

C. 图形界面的 FTP 软件则提供了更直观、方便、灵活的窗口环境

D. 早期的各种操作系统下的 FTP 软件和 Windows 9X 中内置的 FTP 应用都属于图形界面的 FTP

12. 用 FrontPage 制作网页时需注意(　　　　)。

A. 为了便于管理，用户自己编辑的网页最好保存在一个固定的文件夹中

B. 预览完毕，要注意返回"普通"视图，否则无法编辑或修改网页。

C. 一个网页上的框架可以无限多

D. 使用"框架"菜单下的"保存页面"，这种方法只保存当前所选框架中的网页

13. 以下对网页制作中的框架叙述正确的是(　　　　)。

A. 通过框架技术能够把 Web 浏览器的窗口分成几个独立的区域，每个区域即为一个框架

B. 框架是能够独立变化和滚动的小窗口

C. 通过合理的组织和编排，可以更好地展示 Web 网页，使其更加美观

D. 框架与表格相似，所不同的是表格对页面区域进行划分，而框架对整个窗口进行划分

14. 有关受限站点区域叙述错误的是(　　)。

A. 该区域包含用户不信任的站点　　　　B. 该区域默认安全等级为"低"

C. 可直接下载或运行文件　　　　　　　D. 该区域默认安全等级为"中低"

15. 以下网址属于 B 类网址的是(　　　)。

A. 135.10.0.25　　　　B. 192.168.0.1　　　　C. 172.30.115.19　　　　D. 127.0.0.1

16. 统一资源定位器 URL 用来定位信息资源所在位置，其格式不可以是(　　　　)。

A. (协议)：/(主机名)：(端口号)//(文件路径)/(文件名)

B. (协议)：(端口号)//(主机名) /(文件路径)/(文件名)

C. (协议)：//(主机名)/(文件路径)/(文件名)

D. (协议)：//(主机名)：(端口号)/(文件路径)/(文件名)

17. 关于 B 类地址叙述错误的是(　　　)。

A. 第一组数字的第一位一定为 0　　　　B. 第二位一定为 1

C. B 类地址的范围是 128～191　　　　　D. 172.0.0.1 是一个 B 类地址

18. 关于 TCP/IP 协议对 IP 地址的规定错误的是(　　　　)。

A. 由网络地址和物理地址两部分组成

B. 网络地址的长度决定每个网络能容纳多少台主机，主机地址的长度决定整个网间网能包含多少个网络

C. 每个 IP 地址由 32 个二进制位构成，分 4 组，每组 8 个二进制位

D. 有 IP 地址：127.0.0.1

19. 以下对安全等级叙述正确的是(　　　　)。

A. 单击自定义级别按钮可自定义安全等级

B. Internet 区域的默认安全等级为"中"。

C. 可信站点区域：该区域可直接下载或运行文件，而不用担心会危害个人计算机。该区域默认安全等级为"高"

D. 受限站点区域：该区域包含用户不信任的站点。该区域默认安全等级为"高"

20. IE 5.0 将 Internet 划分成(　　　　)。

A. Internet 区域　　　　　　　　　　　B. 本地 Intranet 区域

C. 可信站点区域　　　　　　　　　　D. 受限站点区域

21. 以下属于 BBS 常用功能的有(　　　　)。

A. 阅读文章　　　　B. 发表文章　　　　C. 收发 E-mail　　　　D. 交流聊天

22. 有关域名的说法正确的是(　　　　)。

A. Internet 上计算机的 IP 地址有两种表示形式：IP 地址和域名

B. 所谓域名(Domain Name)，就是用人性化的名字表示主机地址

C. 一个域名由若干部分组成，各部分用"."分隔，第一部分是一级域名，也称顶级域名

D. 比用数字式的 IP 地址表示主机地址更容易记忆

23. 主页一般包含以下基本元素(　　　　)。

A. 文本　　　　　　B. 图像　　　　　　C. 表格　　　　　　D. 超文本

24. 根据病毒存在的媒体可分为(　　　　)。

A. 网络病毒　　　　　　　　　　　　B. 文件病毒

C. 引导型病毒　　　　　　　　　　　D. 以上三种情况的混合型

25. 对计算机病毒的防范，可以从以下几个方面进行(　　　　)。

A. 对新购置的计算机系统用检测病毒软件检查已知病毒，证实没有病毒传染和破坏迹象再实际使用

B. 软盘做 DOS 的 FORMAT 格式化后，仍要检测病毒

C. 在保证硬盘无病毒的情况下，能用硬盘引导启动的，尽量不要用软盘启动

D. 新购置的硬盘或出厂时已格式化的软盘中不可能有病毒，不需要对硬盘进行低级格式化

26. 计算机病毒按其入侵方式可分为(　　　　)。

A. 操作系统型病毒，它可以导致整个系统的瘫痪

B. 源码病毒，在程序被编译之前插入 FORTRAN、C 或 PASCAL 等语言编制的源程序，完成这一工作的病毒程序一般是在语言处理程序或连接程序中

C. 外壳病毒，常附在主程序的首尾，对源程序不作修改

D. 入侵病毒，一般针对某些特定程序而编写

27. 市场需求研究的主要目的在于掌握市场需求量、市场规模、市场占有率，以及如何运用有效的经营策略和手段，以下属于其研究内容的是(　　　　)。

A. 市场潜在需求量的大小

B. 本企业的产品在整个市场的占有率

C. 具体分析谁是购买商品的决定者、使用者和具体执行者，以及他们之间的相互关系

D. 分析研究进入策略和时间策略，从中选择和掌握最有利的市场机会

28. 以下对网络营销和传统营销未来发展的认识正确的是(　　　　)。

A. 互联网作为新兴的虚拟市场，它将覆盖所有的群体

B. 互联网作为一种有效的渠道有着自己的特点和优势，但对于许多消费者来说，也可能不愿意接受或者使用这种新的沟通方式和营销渠道

C. 一些以人为主的传统营销策略所具有的独特的亲和力是网络营销没有办法替代的

D. 网络营销不会完全取代传统营销

29. 网络营销对传统营销方式的冲击表现在(　　　　)。

A. 逐步体现市场的个性化，最终应以每一个用户的需求来组织生产和销售

B. 网络营销的企业竞争是一种以顾客为焦点的竞争形态

C. 实施客户关系管理是网络营销成功的关键

D. 基于网络时代的目标市场、顾客形态、产品种类与以前有很大的差异

30. 用户及消费者购买行为的研究内容包括(　　　　)。

A. 用户的家庭、地区、经济等基本情况

B. 研究用户对特定的商标或特定的商店产生偏爱的原因

C. 了解消费者喜欢在何时、何地购买

D. 促销策略的研究

31. 以下对网上市场调研的样本类型解释正确的是(　　　　)。

A. 随机样本是指按照随机原则组织抽样，任意从因特网网址中抽取样本

B. 过滤性样本是指通过对期望样本特征的配额，来限制一些自我挑选的不具代表性的样本

C. 过滤性样本对于已建立抽样数据库的情形最为适用

D. 选择样本用于因特网中需要对样本进行更多限制的目标群体

32. 选择旗帜广告服务提供商时有很多技巧，包括(　　　　)。

A. 考虑服务商提供的信息服务种类和用户服务支持

B. 张贴一些能为观看者提供有价值信息的文章

C. 考虑服务商的设备条件和技术力量配备

D. 考虑提供商的通信出口速率

33. 新闻组中发布信息的技巧有(　　　　)。

A. 经常地在选定的新闻组中张贴消息或回复别人张贴的消息

B. 张贴一些能为观看者提供有价值信息的文章

C. 网站升级通知

D. 在新闻组中发布网站，并请别人提出意见

34. 以下对新闻组的定级类别介绍错误的是(　　　　)。

A. comp 商业类　　　　　　　　　　B. sci 科学类

C. rec 计算机类　　　　　　　　　　D. sco 社会、文化类

35. 公告栏广告的发布有很多技巧，下面说法正确的是(　　　　)。

A. 写一个好标题　　　　　　　　　　B. 内容部分要简明扼要

C. 在相关的类别、地点发布广　　　　D. 应考虑提供商的通信出口速率

36. 正确利用 E-mail 进行广告活动，需要注意以下问题(　　　　)。

A. 正确使用电子邮件的签名　　　　　B. 正确书写信的内容

C. 让客户被动地索取广告　　　　　　D. 群发邮件，集中发送的大量电子邮件

37. 相对于传统商务信息，网络商务信息具有的显著特点包括(　　　　)。

A. 只有通过计算机网络传递的商务信息才属于网络商务信息的范畴

B. 实效性强

C. 增加了信息传递的中间环节，从而增加了信息的误传和更改

D. 便于存储

38. 以下对常用的商情分析工具的介绍正确的是(   )。

A. 判别分析是判别样本所属类型的一种多元统计方法，在生产、科研与日常生活中都经常用到

B. 时间序列分析是依据某种准则对个体(样品或变量)进行分类的一种多元分类的一种多元统计分析方法

C. 用来描述两个变量相互之间变化方向及密切程度的数字特征量称为相关系数

D. 回归分析包括一元线性回归方程、二元线性回归方程、多元线性回归方程

39. 网络营销对传统广告障碍的消除表现在(   )。

A. 网络空间具有无限扩展性，因此在网络上做广告可以较少地受到空间篇幅的局限

B. 可根据访问者特性如硬件平台、域名或访问时搜索主题等方面有选择地显示其广告

C. 迅速提高的广告效率也为网上企业创造了便利条件

D. 可以根据其注册用户的购买行为很快地改变向访问者发送的广告

40. Y公司要收集某品牌红酒销售商的报价信息，以下方案可行的是(   )。

A. 查询销售商站点的报价   B. 查询政府酒类专卖机构的价格

C. 利用邮件直接询问   D. 通过商务谈判定价

41. 网上电子商厦提供的购物车能完成的功能是否合理和完整对于客户订单的最后确定十分重要，因此购物车应该具备的功能有(   )。

A. 在购物车中显示这些商品的清单，以及这些商品的一些简要信息

B. 完成和支付网关(payment gateway)接口的接通

C. 完成对数据的校验、确认以及将订单存档

D. 禁止购物者随时更新购物车中的商品，以免客户删除已购买的商品

42. 网上购物应该提供以下功能(   )。

A. 允许查询订单   B. 允许修改订单

C. 禁止删除订单   D. 允许合并订单

43. 完善网上商店订单处理流程的关键因素包括(   )。

A. 时间因素   B. 供货准确性因素

C. 成本因素   D. 信息因素

44. 关于数字证书的原理说法错误的是(   )。

A. 数字证书采用公钥体制，即利用一对互相匹配的密钥进行加密、解密

B. 每个用户自己设定一把公有密钥，用它进行解密和签名

C. 当发送一份保密文件时，发送方使用接收方的私钥对数据加密，而接收方则使用自己的私钥解密

D. 设定一把公共密钥为一组用户所共享，用于加密和验证签名

45. CA机构，又称为证书认证中心(Certificate Authority)，对其说明正确的是(   )。

A. 在SET交易中，CA对持卡人、商户发放证书，不能对获款的银行、网关发放证书

B. CA中心为每个使用公开密钥的用户发放一个数字证书，数字证书的作用是证明证书中列出的用户合法拥有证书中列出的公开密钥

C. CA机构的数字签名使得攻击者不能伪造和篡改证书

D. 作为电子商务交易中受信任的第三方，承担公钥体系中公钥的合法性检验的责任

46. SSL 协议能确保两个应用程序之间通信内容的保密性和数据的完整性，以下对 SSL 协议的解释错误的是(　　　　)。

A. SSL 协议属于网络应用层的标准协议

B. SSL 记录协议基本特点：连接是专用的、连接是可靠的

C. SSL 握手协议基本特点：连接是专用的、连接是可靠的

D. SSL 可用于加密任何基于 IPX/SPX 的应用

47. SET(Secure Electronic Transaction)是安全电子交易的英文缩写。它是一个在互联网上实现安全电子交易的协议标准，下面说法正确的是(　　　　)。

A. 会话层的网络标准协议

B. 规定了交易各方进行交易结算时的具体流程和安全控制策略

C. SET 通过使用公共密钥和对称密钥方式加密保证了数据的保密性

D. SET 通过使用数字签名来确定数据是否被篡改，保证数据的一致性和完整性，并可完成交易以防抵赖

48. 电子货币是相对传统货币而言的一种新型的支付手段种类，以下介绍正确的是(　　　　)。

A. 电子货币主要有智能卡形式的支付卡(如 Mondex 卡)或数字方式的货币文件(如 eCash 和 CyberCoin)

B. 电子货币具有用途广、使用灵活、匿名性、快速简便等特点

C. Mondex 卡用于网下的支付，eCash 用于网上的支付

D. 使用电子货币需要直接与银行连接才可进行操作

49. Mondex 卡的使用特点有(　　　　)。

A. 卡内金额能被兑换成任何货币，用于国际间的购买

B. 能通过 ATM 机方便地增加卡中金额

C. 匿名操作

D. 可在互联网上进行购物和获得服务

50. 在使用中银电子钱包时应特别注意的问题有(　　　　)。

A. 电子钱包必须经持卡人在线申请电子证书获得批注方可使用

B. 从电子钱包中删除卡账户，并没有删除和此卡账户相关的电子证书

C. 证书有效时，方可进行网上支付

D. 用于网上支付的卡的电子证书可任意申请，没有限制

四、技能题

1. 在 B2C 商城购物并用电子钱包支付货款。

2. 在电子商务实验室进行网上商品发布以及网上询价，首先以分公司登录，添加一个新产品，产品名称为各人的登录账号；接着以客户身份对新增产品进行询价，发布询价单，询价单标题为各人的登录账号。

3. 在电子商务实验室网络营销前台，搜索内容为有关"电子商务"的新闻，并阅读其中一条新闻。

4. 在电子商务实验室网络营销前台，注册并设置一个电子邮件账号，账号为考生准考

证的后 4 位，邮件服务器为 mail.ecp.net。

5. 在电子商务实验室电子支付前台，申请一个个人支付账号，用户名为考生准考证的后 6 位，密码为 1234，其他属性自拟。

五、操作题

1. 在电子商务师实验室中的 B2C 购物网站中购买金龙鱼花生油，并按照货到付款的方式完成整个交易流程。

2. 在电子商务师实验室中申请并下载电子合同身份证书。

3. 在电子商务师实验室中申请个人支付账号，用户名为考生的准考证号，并查询生成的 PIN 及其密码。

4. 在电子商务实验室网上单证处理后台，添加一个标题为考生登录账号的单程流程设计，此流程包含两个节点模块，分别为身份注册类型以及身份验证类型，身份验证类型节点的关联模板是身份注册类型模板，模板的标题均为考生的准考证号。

5. 在电子商务实验室进行网上商品发布以及网上询价，首先以分公司登录添加一个新产品，产品名称为考生的准考证号；接着以客户身份对新增产品进行询价，发布询价单，询价单标题为考生的准考证号。

6. 在电子商务师实验室中以自己的准考证号注册一个 BBS 账号并以准考证号为标题发布一条信息，发布完成后查看该消息。

7. 在电子商务师实验室中以自己的考号为标记添加一个新闻组服务器并发布新闻。

8. 在电子商务师实验室中发布旗帜广告(广告形式任选)。

9. 在电子商务师实验室中利用网上商店生成系统建立一个名为个人准考证号的网上商店，设置商店的 Logo 和商店采用的页面模板，在商店中添加网络新闻(标题和内容自拟)和商品，并将商店发布到搜索引擎。

10. 在电子商务师实验室中以自己的准考证号为用户名申请一个电子邮件账号，并对其进行设置。

11. 请建立一个网上商店，名称、所有者均为考生准考证号的后六位，内容自拟。完成后浏览所建立的商店。

12. 请申请个人安全电子邮件证书，并下载该证书。

13. 请在网络营销中制作在线调查问卷，调查内容自拟，并进行回答。

14. 请在 B2B 中添加商品，以 CA 认证方式登录，并对所添商品发布询价单。

15. 请用网络营销 BBS 发布一条商务信息，用户名和标题均为考生准考证号的后六位，内容自拟，完成后浏览所发布的信息。

16. 请在 C2C 商城中注册用户，用户名、密码均为考生准考证号的后六位，其他要素自拟。(可使用其他试题的相关资料)

17. 请在上一步完成后，登录 C2C 商城，发布一条拍卖的产品信息。(可使用其他试题的相关资料)

18. 请申请银行卡，账号为考生准考证号的后六位。(可使用其他试题的相关资料)

19. 请在 B2C 商城购物，商品自选，并用银行卡进行支付，其他要素自拟。(可使用其他试题的相关资料)

20．请申请电子邮件账号并对账号进行设置，账号为考生准考证号的后六位。

21．请在电子商务实验室中订阅一份"文学艺术类"的电子杂志，订阅人的电子邮箱为×××@ecp.net。

22．请在电子商务实验室的"denews.ecp.net"新闻服务器上的"×××business"新闻组中，发布一条主题和内容均为"×××店开张，欢迎惠顾"的商务信息。(×××为考生的准考证号)

23．请在电子商务实验室中向你的客户 jambol(jamol@ecp.net)发送一封客户信息调查问卷，调查内容包括客户姓名、年龄、性别、学历。

24．请在电子商务实验室中发布一条类别为网络，标题和内容为"本店开张，欢迎惠顾"，发表人为"×××"的文字广告。

25．请在电子商务实验室中查看一个名为"京华白雪毫"的商品的详细信息。

26．请在电子商务实验室中使用电子钱包中的德意卡，选择自提方式购买五盒"瑞士莲夏威夷果仁巧克力"。

27．请在电子商务实验室中申请一张德意卡。

28．请在电子商务实验室中设计一个×××个人网店管理员的登录流程，其中包括身份注册和身份验证，身份注册信息包括用户名、密码、年龄、性别、电子邮件和学历。

29．请在电子商务实验室中使用网络卡，购买两瓶"百事吉XO700毫升装"。

30．请在电子商务实验室中设计一个模板标题为"×××的身份注册"模板，身份注册信息包括用户名、密码、年龄、性别、电子邮件和学历。

31．设计一个流程，其中包括"采购订单添加"和"采购商品列表"两部分，添加的"采购订单"中的商品必须出现在"采购商品列表"中。请在"电子商务师实验室"中，使用"网上单证"中的"信息交流"类型模版设计该流程，"采购订单"包括"订单编号"、"产品名称"、"进货价"和"产品简介"四个部分。

32．设计一个虚拟论坛，要求有注册、验证、发布信息(项目有标题、发言内容)，并且发布的信息要能看得见。设计完毕请到前台试用该虚拟论坛进行发言。

33．李文是某高校电子商务专业毕业生，毕业后到一知名电子商务网站注册为B2C特约商户并开了网上商店，商户名称为"***商户"，专卖商品类别为"数码产品"，专卖店名称为"***专卖店"，经营品牌为"***品牌"。入驻商城后，他先对公司简介、配送说明、支付说明和售后服务等网店信息进行设置(信息自定义)，然后添加了一批新商品，商品名称为"***笔记本电脑"，进货价2000元，市场价2500元，优惠价2200元，期初记账为10台，开张第一天，李文收到小张订购15台笔记本电脑的订单，由于库存不足，李文又采购入库20件该商品，交货方式为送货上门，运输方式为火车，结算方式为网上支付。然后，按照订单要求，将15台笔记本电脑发给小张。请在电子商务实验室中模拟完成该实验。(注册信息中，***为考生准考证号的后6位，其他信息自定义。)

34．凯达公司是一家玩具厂商，其产品名称为"***玩具"，售价为50元/个，锐丽公司是一家玩具经销商，经过市场调查获悉，凯达公司生产的玩具销路很好。为了得到较低的折扣，锐丽公司向凯达公司申请成为签约商户并向其发出订购100个玩具的询价单，凯达公司见到锐丽公司的询价单后，立即进行报价，随后双方进入网上洽谈室进行洽谈，经过磋商，凯达公决定以每个40元的售价卖给锐丽公司，并最终签定交易100个玩具的合同。

请在电子商务师实验室模拟完成以上操作流程。(凯达公司注册为"凯达***"，锐丽公司注册为"锐丽***"，***为考生准考证后6位，直接下载使用CA证书，洽谈内容自定义。)

35．大宇公司主营进口业务，万通公司是一家国外出口公司，主要出口各种手机。为了更好地开展进口业务，大宇公司将万通公司列为贸易伙伴，编号为"X***"，类型为"出口***"，双方交易的商品编号为"P***"，品名为"Sumsun***手机"。大宇公司想进口一批手机，便开始制单，交货时间为2005年12月20日，卖主编码为贸易伙伴名称，添加商品为"Sumsun***手机"，制单完毕后，大宇经贸公司将此单据生成平文，然后又译成EDI报文，最后将此报文发送。请在电子商务实验室模拟完成以上操作。(大宇经贸公司注册名为"大宇***"，万通公司注册名为"万通***"，***为考生准考证号的后六位，其余信息自定义。)

36．王华在一家软件公司从事销售工作，为了增强对公司的宣传，王华以企业名称为"software***"、主营行业为"电脑、软件"为主要信息注册了一个用户，发布了一条标题为"***新款管理软件上市，欢迎使用！"、内容与标题一致的"合作"类型的商业信息，发布后搜索并查看该条商业信息。请在电子商务师实验室中模拟完成以上操作。(***代表考生准考证号的后三位。)

37．刘芳喜欢收集各种明信片，经常在网上进行交易，这次她准备把一套全新的长城明信片拿出来拍卖，名为"长城***明信片"，起拍价为15元，在线10天，最后这套明信片被一顾客以50元的价格拍到。请在电子商务师实验室中模拟完成以上交易。(***代表准考证号的后三位)

38．请在电子商务师实验室中申请一张个人网上银行卡，并存入50 000元人民币。然后到网上商城购买一部"三星N628"手机，选择支付方式为"网上支付"，配送方式为"送货上门"。购买完毕，再通过订单查询加以确认。

(提示：为避免注册信息重复，请以考生准考证号的后三位加以区分，所需其他信息自定义。)

39．请到电子商务师实验室开一家网上商店，网店名称为"***shop"，经营的商品为"***product"。期初商品库存为100件，为随时监控库存数据，请对库存作预警设置：设置库存上限为80件，下限为10件，并查询溢货数量。请在电子商务师实验室模拟完成上述操作。(***代表考生准考证号的后3位，其他信息自定义。)

40．请到电子商务师实验室中模拟完成以下操作：将一款全新的录音笔放在网上拍卖，设置拍卖商品名称为"***录音笔"，起拍价为50元，底价为400元，商品在线3天。一位网友见到这款商品后迅速以405元的价格成功拍到这款录音笔。(***代表考生准考证号的后三位，所需其他信息自定义。)

41．请到电子商务师实验室的网络营销模块设计一份调查问卷，问卷类型为"学习热点"，问卷标题为"请选择你喜欢的专业***"，该问卷包含的选项有电子商务师、网络编辑师、注册会计师、项目管理师。设计完毕，选择"电子商务师"一项投一票并查看投票结果。然后发布一条类别为"IT行业"、标题和内容均为"***辅导班开始招生，欢迎报名参加！"的文字广告，并将网站链接设置为www.study***.com。

请在电子商务师实验室完成上述操作。(***代表考生准考证号的后3位，其他信息自定义。)

42．请在电子商务师实验室中注册一个网上单证用户，并设计一个供用户填写和显示购物信息的简单流程，流程标题为"***订单流程"，选择身份注册类型的模板，模板标题为"***订购信息"，该模板中包含"用户名"、"口令"、"送货地址"、"特殊要求"四项信息。其中"送货地址"为必填项，"特殊要求"一项多行显示。第一个节点填写的信息显示在第二个节点中。设计完毕，测试该流程。(***代表考生准考证后三位，其他信息自定义。)

43．请在电子商务师实验室中完成以下操作：以"China***"为公司名称注册一进口商。添加一个"TRADE***"类型的贸易伙伴"Canada***"，贸易伙伴编号为"***"，新增一种交易商品，商品编号为"***"，商品名称为"***computer"。填制一份贸易单据，交易货物为该商品，然后将该单据生成平面文件，再将其转为 EDI 报文，最后模拟发送该 EDI 报文。

44．李林想开一家网上商店，于是到一知名电子商务网站申请成为特约商户，商户名称为"***商户"，专卖商品类别为"笔记本电脑"，专卖店名称为"***专卖店"，经营品牌为"***品牌"。入驻商城后，对商店的模板、Logo、Banner 作了设置，然后发布网店，并添加了一批新商品，商品名称为"***笔记本电脑"，进货价为 3000 元，市场价为 5000 元，优惠价 4200 元。期初记账为 30 台，开张第一天，就收到张远以"送货上门/网上支付"方式订购 15 台笔记本电脑的订单，李林受理该订单后，按照订单要求，将 15 台笔记本电脑发货给张远。请在电子商务实验室中模拟完成该实验。(注册信息中，***为考生准考证号的后 3 位，其他信息自定义。)

45．L 公司是一家空调生产商，企业名称为"L***"，其产品为"***空调"。W 公司是一家物流公司，企业注册为"W***"，该物流公司拥有 2 个仓库和 2 辆卡车。L 公司为了顺利开展业务，特向 W 公司申请物流服务。W 公司经过审核，批准了 L 公司的申请。于是 L 公司让 W 公司往仓库里发了 200 台空调，及时补充了库存。请在电子商务师实验室模拟完成上述操作。(***代表考生准考证号的后 3 位，其他信息自定义。)

46．YM 公司想通过网上招标采购一批空调(公司注册名为"YM***")，于是新建招标项目，在网上发布招标公告。L 公司是一家空调生产商，企业名称为"L***"，其产品为"***空调"。L 公司看到 YM 公司的招标公告后，立即制作了项目投标书。到了招标截止日，YM 公司组织专家对供应商标书进行评定，最终宣布 L 公司为中标单位并和该公司签订了采购 100 台空调的合同。请在电子商务师实验室模拟完成上述操作(***代表考生准考证号的后 3 位，其他信息自定义。)

参 考 答 案

一、理论部分试题

判断：　1．T　　2．F　　3．F　　4．T　　5．F
　　　　6．F　　7．T　　8．F　　9．T　　10．T

二、单项选择题

1．D　2．C　3．A　4．D　5．B　6．D　7．A　8．D　9．B
10．B　11．A　12．C　13．D　14．C　15．A　16．D　17．D　18．A
19．D　20．B　21．B　22．C　23．A　24．D　25．B　26．A　27．D

28. A　29. D　30. D　31. C　32. B　33. B　34. B　35. A　36. A

37. B　38. D　39. B　40. A

三、多项选择题

1. AB　　2. AD　　3. ABC　　4. BC　　5. ABCD　　6. CD

7. AD　　8. ABC　　9. ABD　　10. ABD　　11. ABC　　12. ABD

13. ABCD　14. BCD　　15. AC　　16. AD　　17. AB　　18. BD

19. AD　　20. ABCD　21. ABD　　22. ABD　　23. ABC　　24. AB

25. ABC　26. ABCD　27. ABD　　28. BCD　　29. ABCD　30. ABC

31. ABD　32. ACD　　33. ABCD　34. AC　　35. ABC　　36. ABCD

37. BD　　38. ACD　　39. ABCD　40. ABD　　41. ABC　　42. ABD

43. ABCD　44. BC　　45. BCD　　46. ACD　　47. BCD　　48. ABC

49. ABC　50. AC

四、技能题

第 1 题答案：

第一步，申请个人支付账号。

步骤一：点击电子商务师实验室首页→电子支付，即可进入电子支付模块首页。(考核点：进入电子支付模块首页，http://localhost/ecp/bank/bankweb/index.asp)

步骤二：点击个人账号办理栏目中的"申请个人支付账号"，然后在弹出的页面中输入要使用的用户名，点击"确定"。(考核点：申请个人支付账号登录，http://localhost/ecp/bank/bankweb/personal/InputNewName.asp)

步骤三：进入个人信息填写栏目。(考核点：进入个人信息填写栏目，http://localhost/ecp/bank/bankweb/personal/WriteNewUser.asp)输入相应的个人信息(密码为123456)，并选择自动审批项。点击"提交"，即可完成申请。(考核点：完成申请，http://localhost/ecp/bank/bankweb/personal/ApplyUserResult.asp)

步骤四：点击"返回首页"。(考核点：返回首页，http://localhost/ecp/bank/bankweb/index.asp)

步骤五：在首页的个人用户服务区内，点击查询账号审批结果链接，进入查询登录界面。(考核点：进入查询审批结果登录界面，http://localhost/ecp/bank/bankweb/personal/QueryLogin.asp)

步骤六：输入注册的用户名和密码，点击"登录"，进入个人银行账号申请审批结果页面并将申请所得支付账号记录在考卷上。(考核点：进入审批结果页面，http://localhost/ecp/bank/bankweb/personal/ConfirmResult.asp)

第二步，在 B2C 网上商城用电子钱包进行购物。

步骤一：点击进入网络营销首页——网上商场，并点击"会员注册"按钮，按要求填写用户名等信息。

步骤二：点击立即购买，将万基西洋参油放入购物车，将数量改为 2，并点击"重新计价"按钮。

步骤三：点击收银台按钮，然后用会员账号登录收银台页面。

步骤四：付款方式选择网上在线支付，然后选择送货方式，点击"确定"按钮。

步骤五：点击"使用电子钱包支付"按钮，弹出电子钱包登录框。

步骤六：如果没有登录账号，点击"新建用户按钮"。

步骤七：填写注册用户信息，用户 ID 为各自登录账号，点击"确定"按钮，添加成功。

步骤八：用刚注册的用户账号登录，进入电子钱包页面。(考核点：登录进入电子钱包，http://localhost/ecp/bank/WalletBuy/main.asp?userid=zhongsu&password=123456&cert=)

步骤九：点击图中"添加"按钮，给电子钱包添加网上支付卡。

步骤十：按照提示，点击"下一步"，按要求输入卡的说明。

步骤十一：点击"下一步"，然后按照提示进行卡信息设置。

步骤十二：点击"下一步"，然后选择中文语种。最后点击"完成"按钮，即可完成银行卡的添加。

步骤十三：此时系统提示是否转入认证中心获取证书。

步骤十四：点击"确定"，进入虚拟银行获取证书的页面。

步骤十五：点击上图中的"获取证书链接"，即可完成证书的获取。

步骤十六：此时重新以用户 ID 登录进入电子钱包。

步骤十七：此时可以看到证书还未导入。首先点击上图中的卡，然后点击下方的"获取证书"按钮。

步骤十八：弹出获取证书协议。

步骤十九：点击"接受"按钮，弹出证书注册信息表。

步骤二十：填写完两页注册信息后，点击"确定"按钮，即可完成电子证书的使用申请。

步骤二十一：输入用户 ID 和口令，进入电子钱包页面。

步骤二十二：点击账号选择里面的"卡支付"，此时该卡会弹出输入 PIN 码的提示。

步骤二十三：在上图中输入德意卡的 PIN 码，弹出支付确认页面。

步骤二十四：点击"确认"按钮，即可完成电子钱包的在线支付。此时收款方返回持卡人支付成功的信息。

步骤二十五：完成支付后，会有页面提示。

步骤二十六：再次登录电子钱包，查看购买情况。

第 2 题答案：

第一步，发布产品。

步骤一：点击电子商务师→电子合同→(后台)网上报价。以分公司身份登录，分公司管理区选择商品维护。

步骤二：添加新品种和商品信息。

第二步，发布询价单。

步骤一：点击电子商务实验师首页→电子合同→(前台)网上询价。(考核点：进入电子合同前台网上询价界面 http://localhost/ecp/x2x/btob/ebargain/xjlB.asp#)

步骤二：点击左边框中的"会员登录"，然后在登录页面填入所指定的学号、密码，进行登录(考核点：进入登录界面，http://localhost/ecp/x2x/btob/ebargain/login.asp)。登录成功后进入会员服务页面。

步骤三：点击图中左边框中的"搜索引擎"，寻找欲购买的商品，进入搜索页面。

步骤四：在上图中，选择欲购买询价的商品。

步骤五：点击"发布询价单"，进入询价单填写页面，填写询价单，询价单标题为各人的登录账号。

步骤六：点击"完成"按钮，即可完成对所购买商品的询价单的填写。

第3题答案：

步骤一：点击网络营销模块的前台→搜索引擎模块。

（考核点：<http://192.168.11.218/ecp/ecpweb/search/search.asp>;）

步骤二：点击分类搜索。

（考核点：<http://192.168.11.218/ecp/ecpweb/search/searcholD.asp>;）

步骤三：在新闻分类的输入框中键入"电子商务"，单击"搜索"。

（考核点：<http://192.168.11.218/ecp/ecpweb/search/serxwH.asp>;）。

步骤四：点击阅读一条电子商务的新闻。

（考核点：<http://192.168.11.218/ecp/ecpweb/search/newspage.asp?nid=70>;）

第4题答案：

步骤一：点击网络营销模块的前台→电子邮件模块。

（考核点：<http://192.168.11.218/ecp/ecpweb/mailrel/default.asp>;）

步骤二：点击注册E-mail账号，在页面中填入相关信息。

（考核点：<http://192.168.11.218/ecp/ecpweb/mailrel/register.asp>;）

步骤三：设置已注册好的电子邮件，填入显示名称，单击"下一步"。

（考核点：<http://192.168.11.218/ecp/ecpweb/mailrel/step1.asp>;）

第5题答案：

步骤一：点击电子商务师实验室首页→电子支付→虚拟银行服务。

（考核点：<http://localhost/ecp/bank/bankweb/index.asp>;）

步骤二：点击申请个人支付账号进入申请个人用户名页面。

（考核点：<http://192.168.11.218/ecp/bank/bankweb/personal/InputNewName.asp>;）

步骤三：按要求输入用户名，单击"确定"，进入填写用户个人信息页面。

（考核点：<http://192.168.11.218/ecp/bank/bankweb/personal/WriteNewUser.asp>;）

五、操作题

38题评分要点：

申请个人网上银行

个人银行存款

会员注册

购买商品

电子支付结算

查询订单

39题评分要点：

申请B2C特约商户

商户入驻

模板设置

Logo 设置

Banner 设置

新增商品

期初商品

库存预警设置

40 题评分要点：

买方(卖方)登录 C2C 网站，注册成为网站会员

卖方发布拍卖的商品

买方查询正在拍卖的商品

买方出价参与竞拍商品

会员以管理员身份登录，进入后台管理

41 题评分要点：

注册网络营销会员

新增问卷

投票

新增文字广告

42 题评分要点：

添加新的单证模板

查找符合条件的单证模板

添加新单证流程

添加单证流程新的节点

查找符合条件的单证流程

查找符合条件的模板输入信息

43 题评分要点：

用户登录 EDI 网站，成为 EDI 会员。

会员登录，进入 EDI 应用系统，浏览 EDI 系统结构。

新建贸易伙伴类型

新建贸易伙伴

新增商品

新建单证

报文生成发送处理

44 题评分要点：

申请个人网上银行

个人银行存款

申请 B2C 特约商户

会员注册

商户入驻

模板设置

Logo 设置

Banner 设置

发布网店

发布网店到搜索引擎

新增商品

期初商品

购买商品

电子支付结算

45 题评分要点：

注册电子银行

会员注册

CA 证书下载验证

下载数字证书

供应商登录

发货处理

新增仓库

新增车辆

申请物流服务

审批服务申请

入库处理

46 题评分要点：

采购商新建招标项目

查看招标公告

供应商下载投标书

供应商投标

采购商截止招标项目

采购商发布中标广告

查看中标公告

签订合同

附录三 助理电子商务师知识测试模拟试题(附参考答案)

一、判断题(请将正确答案填在括号内,正确写 T,错误写 F)

1. 在 WWW 环境中,信息是以信息页的形式显示与链接的。(　　　)

2. 主页是用户使用 WWW 浏览器访问 Intranet 上 WWW 服务器所看到的第一个页面。
(　　　)

3. URL 是 FTP 的地址编码,采用 URL 可以用一种统一的格式来描述各种信息资源。
(　　　)

4. HTTP 协议是目前在 WWW 中应用最广的协议。(　　　)

5. 文件路径是指文件在服务器系统中的绝对路径。(　　　)

6. 本地 Internet 区域指适用于连接到本地网络的服务器。(　　　)

7. 为进行网络中的数据交换而建立的规则、标准或约定叫做网络协议。(　　　)

8. 在 TCP/IP 网络中,每一台主机必须有一个 IP 地址。(　　　)

9. TCP/IP 协议规定,每个 IP 地址由网络地址组成。(　　　)

10. 在全世界范围内,域名是网状结构,这个网状结构称为域名空间。(　　　)

11. FTP 服务基于浏览器/服务器模式。(　　　)

12. FTP 软件是用户使用文件传输服务的界面,按照界面风格的不同,可分为字符界面和图形界面。(　　　)

13. 匿名 FTP 服务器通常不允许用户上传文件。(　　　)

14. 在网页中插入图像时,用得最多的图像格式是 GIF 和 JPEG。(　　　)

15. 超链接表示若个对象之间的一种联系。(　　　)

16. 表格单元中不仅可以输入文字,也可以插入图片。(　　　)

17. 表格对页面区域进行划分,而框架对整个窗口进行划分。(　　　)

18. HTML 是一种专门用来设计网站的计算机标记语言。(　　　)

19. 计算机病毒按其表现性质可分为良性的和恶性的。(　　　)

20. 病毒程序大多夹在正常程序之中,很容易被发现。(　　　)

二、单项选择题(请将正确选项代号填在括号中)

1. 正确的 URL 格式为(　　　)。

A. (协议)://(主机名):(端口号)/(文件路径)/(文件名)

B. (主机名)://(协议):(端口号)/(文件路径)/(文件名)

C. (协议)://(主机名):(端口号)/(文件名)/(文件路径)

D. (协议)://(端口号):(主机名)/(文件路径)/(文件名)

2. 协议和主机名之间用符号(　　　)隔开。

A. ":/"　　　　　　B. ":\\\\"　　　　　　C. "://"　　　　　　D. ":\\"

3. IE 5.0 将 Internet 划分成 Internet 区域、本地 Internet 区域、可信站点和(　　　)。

A. 不可信站点　　　　B. 远程区域　　　　C. 受限站点　　　　D. 本地区域

4．TCP/IP 协议是(　　　　)网络上所使用的协议。

A．Internet　　　　　B．Intranet　　　　　C．Extranet　　　　　D．LAN

5．TCP 是传输控制协议，IP 协议又称(　　　　)。

A．局域网协议　　　　B．广域网协议　　　C．互联网协议　　　　D．内联网协议

6．Internet 上计算机的 IP 地址的两种表示形式为(　　　　)。

A．IP 地址和域名　　　　　　　　　B．IP 地址和中文域名

C．IP 地址和网络　　　　　　　　　D．网络和域名

7．每个 IP 地址由 32 个二进制位构成，分 4 组，每组(　　　　)个二进制位。

A．4　　　　　　　B．16　　　　　　　C．32　　　　　　　D．8

8．Telnet 在运行过程中，实际上启动的是两个程序，一个叫 Telnet 客户程序，另一个叫(　　　　)。

A．Telnet 服务程序　　　　　　　　B．Telnet 服务器程序

C．Telnet 运行程序　　　　　　　　D．Telnet 执行程序

9．一个标准的 HTML 文件是以<html>标记开始，并以(　　　　)标记结束。

A．<html>　　　　　　B．</htm>　　　　　C．<htm>　　　　　D．</html>

10．对于计算机病毒的潜伏性，下列正确的说法是(　　　　)。

A．病毒侵入后，立即活动

B．病毒侵入后，一般不立即活动，条件成熟后也不作用

C．病毒侵入后，一般不立即活动，需要等一段时间，条件成熟后才作用

D．病毒侵入后，需要等一段时间才作用

11．驻留型病毒感染计算机后，把自身驻留部分放在(　　　　)中。

A．ROM　　　　　　B．软盘　　　　　　C．硬盘　　　　　　D．RAM

12．以下选项中，不属于网上市场调研主要内容的是(　　　　)。

A．市场需求研究　　　　　　　　　B．网站建设研究

C．营销因素研究　　　　　　　　　D．竞争对手研究

13．使用 E-mail 进行市场调研，不是应注意问题的是(　　　　)。

A．首先传递最重要的信息　　　　　B．邮件背景的选择

C．把文件标题作为邮件主题　　　　D．邮件越短越好

14．在线调查表的主要内容有事前准备、调查问卷的设计和(　　　　)。

A．问卷分析　　　　B．事后的检查　　　C．邮件列表　　　　D．营销方法

15．网上调查要注意的问题有因特网的安全性问题和(　　　　)。

A．因特网无限制样本问题　　　　　B．网民文化结构问题

C．开放性问题　　　　　　　　　　D．因特网无国界问题

16．常用的聚类方法有样品聚类法、系统聚类法和(　　　　)。

A．相关聚类法　　　　　　　　　　B．时序聚类法

C．回归聚类分析　　　　　　　　　D．和平共处模糊聚类法

17．两个变量之间不精确、不稳定的变化关系称为(　　　　)。

A．回归关系　　　　B．相关关系　　　C．聚类关系户　　　　D．线性关系

18．相关系数只能描述两个变量之间的变化方向及密切程度，并不能揭示二者之间的

(　　　)。

    A．内在本质联系　　　B．内在功能　　　C．外在联系　　　　　D．外在功能

19．时间序列分析主要用于系统描述、系统分析和(　　　)。

    A．预测未来　　　　　B．系统集成　　　C．功能描述　　　　　D．预测描述

20．曲线图可分为简单曲线图和(　　　)。

    A．单一曲线图　　　　B．矩形曲线图　　C．正弦曲线图　　　　D．复合曲线图

21．Usenet 顶级类别 com 表示(　　　)。

    A．商业　　　　　　　B．政府　　　　　C．军事　　　　　　　D．计算机

22．Usenet 中判断某个组的主题有两种方法，即阅读讨论组的章程和(　　　)。

    A．从讨论组中的文章内容中判断　　　　B．从网址中判断

    C．打电话　　　　　　　　　　　　　　D．用电子邮件咨询

23．选择旗帜广告服务提供商时主要应当考虑(　　　)个方面的要素(　　　)。

    A．四　　　　　　　　B．五　　　　　　C．六　　　　　　　　D．三

24．以下选项中，不属于公告栏广告发布技巧的是(　　　)。

    A．写一个好标题　　　　　　　　　　　B．在相关的类别、地点发布广告

    C．注意发布频率　　　　　　　　　　　D．文字处理

25．以下选项中，不属于选择旗帜广告提供商时主要考虑要素的是(　　　)。

    A．提供商的信息服务种类和用户服务支持

    B．提供商的经营业绩

    C．提供商的设备条件和技术力量配备

    D．提供商的通信出口速率

26．以下选项中，不属于新闻组中发布信息技巧的是(　　　)。

    A．在发布布信息的同时使用动画

    B．在新闻组中发布网站，并请求别人提出意见

    C．张贴一些能为观看者提供有价值信息的文章

    D．经常在选定的新闻组中张贴消息或回复别人张贴的消息

27．网站模板是指网站内容的总体结构和(　　　)。

    A．页面格式总体规划　　　　　　　　　B．网页制作规划

    C．动画制作规划　　　　　　　　　　　D．数据库规划

28．索引网站的方式基本分为使用 Spider 对网站进行索引和(　　　)。

    A．全文索引　　　　　B．目录索引　　　C．选择索引　　　　　D．关键索引

29．搜索引擎排名优先级标准有时也可能被称做(　　　)。

    A．相关索引　　　　　B．排列组合　　　C．目录索引　　　　　D．相关分数

30．以下选项中，不属于选择关键字策略的是(　　　)。

    A．不断地寻找关键字　　　　　　　　　B．使用更长的关键字

    C．词意相反的关键字　　　　　　　　　D．关键字的组合

31．商店生成系统主要可分为三大模块：前台商务系统、商家店面管理系统和(　　　)。

    A．信息发布系统　　　　　　　　　　　B．站点后台管理系统

    C．管理员系统　　　　　　　　　　　　D．基本资料输入系统

32. 以下选项中，不属于消费者在网上商店进行购物操作的是(　　　　)。
   A．浏览产品　　　　　B．选购产品　　　C．订购产品　　　　D．信息发布
33. 伴随网络消费者在网上商店进行购物的是网上商店提供的(　　　　)。
   A．信息发布系统　　　B．数据库系统　　C．信用卡管理系统　　D．购物车
34. 以下选项中，不属于网上商店订单处理流程关键因素的是(　　　　)。
   A．价格因素　　　　　B．时间因素　　　C．成本因素　　　　D．供货准确性因素
35. SCCN 的整个交易流程为：询价和报价、洽谈、签约和(　　　　)。
   A．认证　　　　　　　B．执行　　　　　C．汇款　　　　　　D．划账
36. 要使网上交易成功首先要能确认对方的(　　　　)。
   A．身份　　　　　　　B．信用程度　　　C．资金多少　　　　D．是否上网
37. 数字证书采用公钥体制，即利用一对互相匹配的密钥进行(　　　　)。
   A．加密　　　　　　　B．加密、解密　　C．解密　　　　　　D．安全认证
38. 数字证书的作用是证明证书中列出的用户合法拥有证书中列出的(　　　　)。
   A．私有密钥　　　　　B．加密密钥　　　C．解密密钥　　　　D．公开密钥
39. 在电子钱包内可以装入各种(　　　　)。
   A．电子货币　　　　　B．数字证书　　　C．用户资料　　　　D．认证资料
40. 电子钱包是与浏览器一起工作的(　　　　)。
   A．应用软件　　　　　B．信息系统　　　C．集成系统　　　　D．助手应用程序

三、多项选择题(每题的备选答案中有两个或两个以上符合题意的答案，请将正确选项代号填在括号中。错选、少选或多选均不得分)
1. 主页一般包含的基本元素有(　　　　)。
   A．文本(Text)　　　　　　　　　　B．图像(Image)
   C．表格(Table)　　　　　　　　　　D．超链接(Hyperlink)
2. URL 的内容包括(　　　　)。
   A．传输协议　　　　　　　　　　　B．存放该资源的服务器名称
   C．资源在服务器上的路径及文件名　D．文本
3. Internet 将顶级域名分成(　　　　)几大类。
   A．商业顶级域名　　B．国际顶级域名　C．国家顶级域名　　D．通用顶级域名
4. BBS 常用的功能有(　　　　)。
   A．阅读文章　　　　　B．收发 E-mail　　C．发表文章　　　　D．交流聊天
5. 以下选项中，属于计算机病毒主要特点的是(　　　　)。
   A．破坏性　　　　　　B．隐蔽性　　　　C．传染性　　　　　D．时效性
6. 相对于传统商务信息，网络商务信息的显著特点包括(　　　　)。
   A．实效性强　　　　　B．便于存储　　　C．准确性高　　　　D．集中性好
7. 网络市场调查中邮发给调查对象的调查表，由(　　　　)构成。
   A．问候语　　　　　　　　　　　　B．提问用纸和回答栏
   C．问题项目单　　　　　　　　　　D．编码栏
8. 网上市场调研的样本类型有(　　　　)。

A．随机样本　　　　　B．信息样本　　　　　C．过滤性样本　　　　　D．选择样本

9．下面选项中，属于网上单证设计时需要注意的地方和可以采用的技巧的是(　　　　)。

A．线条流畅　　　　　　　　　　　B．尽力使客户在购物时感到方便

C．提供可视化的线索和与购物车链接　　D．个性化和问候语

10．网上订单的后台处理过程主要包括(　　　　)。

A．订单传递　　　　　　　　　　　B．收发电子邮件

C．订单登录　　　　　　　　　　　D．订单处理状态追踪

11．以下选项中，属于网上购物的购物车应具备的功能的是(　　　　)

A．自动跟踪并记录消费者在网上购物过程中所选择的商品

B．允许购物者随时更新购物车中的商品

C．完成对数据的校验

D．具有良好的扩展性和接口

12．购物车软件应该由(　　　　)组成。

A．购物车显示模块　　　　　　　　B．用户交流模块

C．确认和支付模块　　　　　　　　D．订单生成模块

13．完善网上商店订单处理流程的原因主要来自(　　　　)。

A．客户　　　　　　B．银行　　　　　　C．企业　　　　　　D．认证中心

14．以下选项中，属于网上单证常见问题的有(　　　　)。

A．客户不知道订单是否提交成功　　　　B．有效的订单但尚未付款

C．购物订单的确认、提交与订单合并　　D．网上支付出现错误

15．电子合同按照自身的特点分类，可以分成(　　　　)。

A．信息产品合同与非信息产品合同　　　B．有形信息产品合同与无形信息产品合同

C．信息许可使用合同与信息服务合同　　D．有价合同与无价合同

16．网络安全的四大要素为(　　　　)。

A．信息传输的保密性　　　　　　　B．数据交换的完整性

C．发送信息的不可否认性　　　　　D．交易者身份的确定性

17．采用数字签名，能够确认以下(　　　　)几点。

A．保证信息是由对方签名发送的，签名者不能否认或难以否认

B．保证信息是由签名者自己签名发送的，签名者不能否认或难以否认

C．保证信息签发后未曾做过任何修改，签发的文件是真实文件

D．保证信息自签发起到收到为止未曾做过任何修改，签发的文件是真实文件

18．以下选项中，属于电子钱包中的账户信息的是(　　　　)。

A．用户身份　　　　B．卡说明　　　　C．卡品牌　　　　D．证书语言

19．以下选项中，属于标准 X.509 数字证书内容的是(　　　　)。

A．证书的版本信息

B．证书的序列号，每个证书都有一个唯一的证书序列号

C．证书使用者对证书的签名

D．证书所使用的签名算法

20．电子钱包中记录每笔交易的交易状态有以下(　　　　)几种。

A. 成功　　　　　B. 订单接收　　　C. 未完成　　　　　D. 订单拒绝

参 考 答 案

一、判断题

1. T　2. F　3. F　4. T　5. F　6. F　7. T　8. T　9. F
10. F　11. F　12. T　13. T　14. T　15. F　16. T　17. T　18. F
19. T　20. F

二、单项选择题

1. A　2. C　3. C　4. A　5. C　6. A　7. D　8. B
9. D　10. C　11. D　12. B　13. C　14. B　15. A　16. D
17. B　18. A　19. A　20. D　21. D　22. A　23. B　24. D
25. B　26. A　27. A　28. B　29. D　30. C　31. B　32. D
33. D　34. A　35. B　36. A　37. B　38. D　39. A　40. D

三、多项选择题

1. ABCD　2. ABC　3. BCD　4. ABCD　5. ABCD
6. ABC　7. ABCD　8. ACD　9. BCD　10. ACD
11. ABCD　12. ACD　13. AC　14. ABCD　15. ABC
16. ABCD　17. BC　18. BCD　19. ABD　20. ABCD

参 考 文 献

[1] 电子商务师(国家职业资格培训教程. 助理电子商务师. 国家职业资格三级)[M]. 北京：中央广播电视大学出版社，2005.

[2] 电子商务师(国家职业资格培训教程：基础知识. 助理电子商务师. 国家职业资格三级)[M].北京：中央广播电视大学出版社，2005.

[3] 宋文官. 电子商务实用教程[M]. 3 版. 2007.

[4] 陈月波. 电子商务实务[M]. 北京：电子工业出版社，2007.

[5] 陈月波. 电子商务概论[M]. 北京：清华大学出版社，北京交通大学出版社，2004.

[6] 祁明. 电子商务实用教程[M]. 北京：高等教育出版社，2000.

[7] 宋文官. 电子商务实用教程[M]. 2 版. 北京：高等教育出版社，2002.

[8] 浙江省计算机应用能力培训办公室组. 电子商务教程[M]. 杭州：浙江人民出版社，2003.

[9] 章剑林. 电子商务概论[M]. 杭州：浙江大学出版社，2003.

[10] 梁春晓，安徽. 电子商务[M]. 北京：清华大学出版社，2001.

[11] 王全胜，等. 电子商务原理[M]. 北京：北京大学出版社，2002.

[12] 费名瑜. 电子商务概论[M]. 北京：高等教育出版社，2002.

[13] 宋文官，瞿彭志，黄敏学. 电子商务师[M]. 北京：中央广播电视大学出版社，2002.

[14] 甄卓铭. 电子商务基础教程[M]. 大连：东北财经大学出版社，2001.

[15] 梅绍祖，李伊松，鞠颂东. 电子商务与物流[M]. 北京：人民邮电出版社，2001.

[16] 修文群，张蓬，等. ERP/CRM/SCM/BI 协同商务建设指南[M]. 北京：科学出版社，2004.

[17] 张铎. 电子商务与物流讲座[EB/OL]. [2009-3-5].
http://wwww.doc88.com/P-6160108319.html.

[18] 兰宜生. 电子商务基础教程[M]. 2 版. 北京：清华大学出版社，2007.

[19] 邵家兵. 电子商务概论[M]. 北京：高等教育出版社，2006.

[20] 褚福灵. 网络营销基础[M]. 北京：机械工业出版社，2003.

[21] 姜旭平. 电子商贸与网络营销[M]. 北京：清华大学出版社，2001.

[22] 沃德•汉森. 网络营销原理[M]. 成湘洲，译. 北京：华夏出版社，2001.

[23] 史达. 网络营销理论与实务[M]. 北京：经济科学出版社，2003.

[24] 尚晓春. 网络营销策划[M]. 南京：东南大学出版社，2002.

[25] 章剑林. 电子商务培训教程[M]. 杭州：浙江科学技术出版社，2006.

[26] 藏良运. 电子商务支付与安全[M]. 北京：电子工业出版社，2006.

[27] http://www.taobao.com.

[28] http://www.alipay.com.

[29] http://china.alibaba.com.

[30] http://www.alimama.com.

[31] http://www.qianbao.com/index.html.

[32] http://www.umpay.com.

[33]   http://www.ccb.com/portal/cn/home/index.html.

[34]   http://www.126.com.

[35]   http://www.wealsoft.com.

[36]   http://www.5944.net.

[37]   http://www.51.net.

[38]   http://www.ca365.com.

[39]   http://admin.myelp.com/openssl.rar.

[40]   http://www.echere.com.